Nationalismes, antisémitismes et débats autour de l'art juif

Collection PASSAGES
Volume 66

Ouvrage publié avec le soutien
du Centre André Chastel
et de la Fondation pour la Mémoire de la Shoah

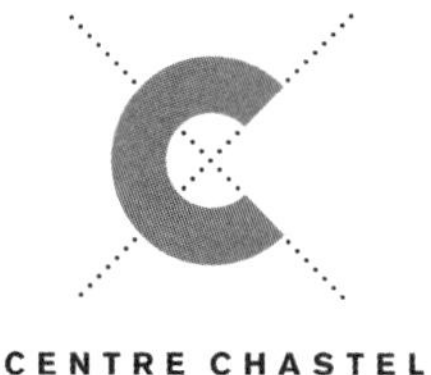

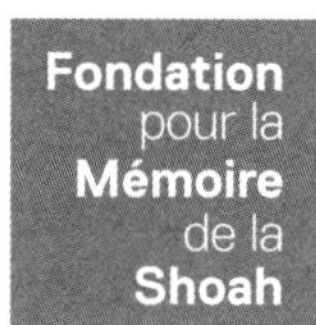

Illustration de couverture
Anonyme, portrait d'un groupe d'artistes d'origine polonaise, dont Adolphe Basler et Léopold Zborowski, à la terrasse de la Rotonde, Montparnasse, Paris, photographie, 1925
© Centre Pompidou, MNAM-CCI, Bibliothèque Kandinsky, Dist. RMN-Grand Palais, Fonds Marc Vaux , MV2556.2

ISSN 2104-9777
ISBN 978-2-7351-2936-2

Alessandro Gallicchio

Nationalismes, antisémitismes et débats autour de l'art juif

De quelques critiques d'art
au temps de l'École de Paris (1925-1933)

Traduit de l'italien par
Katia Bienvenu

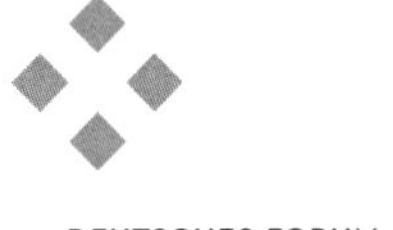

DEUTSCHES FORUM
FÜR KUNSTGESCHICHTE
CENTRE ALLEMAND
D'HISTOIRE DE L'ART
PARIS

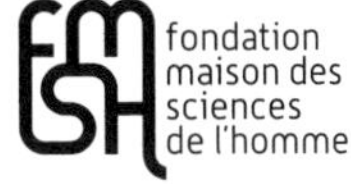

Sommaire

Introduction

Pour comprendre le rapport entre l'avant-garde et le soi-disant « retour à l'ordre » qui se propage dans l'entre-deux-guerres, il faut identifier le rôle joué par la critique d'art dans les relations entre art et politique à Paris à cette époque. En effet, dès la fin du XIXe siècle, de nombreux critiques d'art liés plus tard à l'École de Paris s'aventurent dans des querelles qui marqueront un tournant majeur dans la politisation des discours sur l'art. On assiste, d'une part, à une profusion de débats associant art et nationalisme xénophobe et antisémite d'extrême droite ; d'autre part, à des affrontements très vifs sur l'existence d'un « art juif ». Animés par des personnalités telles que Louis Vauxcelles, Camille Mauclair, Waldemar-George et Gustave Kahn, ils témoignent de choix intellectuels polyphoniques et déroutants, et confirment le caractère ambivalent de ces décennies.

Ces tensions font suite à la transformation de la profession d'« écrivain d'art » à la fin du XIXe siècle. Selon Françoise Lucbert, cette activité polymorphe a cessé d'être l'apanage de poètes et de lettrés ; elle est désormais pratiquée par des journalistes qui collaborent à des quotidiens, par des historiens de l'art qui aspirent à une critique spécialisée, par des artistes qui veulent défendre leurs théories, par des amateurs d'art, des collectionneurs et des marchands qui visent souvent à promouvoir leurs propres intérêts[1]. L'éclectisme de ces profils correspond alors à une explosion des supports et des formats éditoriaux : les comptes rendus, les préfaces des catalogues d'exposition, les monographies d'artistes, les écrits sur l'art, les textes théoriques, les romans ou encore les films sont autant d'espaces permettant la circulation massive de propositions critiques[2].

En raison d'une diffusion toujours plus large de la presse, le critique obéit aussi très souvent aux lois du marché pour assurer sa stabilité financière[3]. Les articles paraissant dans la presse spécialisée et les courtes monographies consacrées aux artistes contemporains sont ainsi les principales sources de rémunération des protagonistes de Montparnasse qui nous occupent. Leur lien avec le marché de l'art repose sur le soutien réciproque entre artistes, galeristes et critiques, qui forment une sorte de système autonome. Ainsi, les « plumes » sont liées aux estimations du marché – et donc aux effets de mode – et subissent inévitablement l'influence des nouvelles tendances.

Paris fait école

Ces mutations s'accomplissent à Paris dans la première moitié du XXe siècle : tous les styles, écoles, mouvements, manifestes et dogmes qui s'y succèdent sont autant de signes révélateurs d'une communauté artistique en effervescence et irréductiblement hétérogène. L'abondante littérature sur les avant-gardes a montré, à juste titre, une multiplicité de langages à l'œuvre dans un contexte cosmopolite, en soulignant les effets bénéfiques de cette situation sur le travail des artistes. Ce récit attribue ainsi à Paris un rôle central dans le développement de la vie artistique de l'époque et décrit la ville comme un épicentre culturel, louant ses qualités d'agrégateur et de source d'inspiration. Si l'imaginaire collectif a retenu cette image, c'est largement grâce à des ouvrages ou à des projets d'exposition tels que « Paris, capitale des arts (1900-1968)[4] », qui ont confirmé l'importance de la capitale française (Montmartre, Montparnasse et Saint-Germain-des-Prés) dans les grands moments de rupture et d'expérimentation de la peinture et de la sculpture internationales.

À partir des années 1980, les historiens de l'art ont toutefois commencé à porter un regard nouveau sur ce chapitre de l'histoire, en introduisant des clés de lecture inédites. Non seulement le périmètre d'analyse a été élargi à d'autres esthétiques, dont le réalisme de l'entre-deux-guerres est sans doute l'exemple le plus significatif[5], mais la recherche s'est aussi mise à déconstruire un discours prioritairement centré sur l'histoire des formes pour avancer une lecture plus « identitaire ». C'est le cas notamment de l'exposition du Jewish Museum de New York, intitulée « The Circle of Montparnasse. Jewish Artists in Paris (1905-1945)[6] », qui a présenté en 1985 une sélection de travaux d'artistes juifs à Paris en revendiquant le critère de judaïté comme seul principe de sélection et comme fil rouge de l'analyse critique. Cette approche « ethnique » de l'histoire de l'art s'est attardée sur les identités de certaines de ces figures et a permis d'évaluer l'impact des équilibres politiques contemporains sur leur vie et sur leur travail.

De nombreuses études ont aussi été consacrées à l'École de Paris dans le contexte géographique particulier du quartier de Montparnasse ; des contributions anglophones ont notamment étudié les influences du nationalisme et de l'antisémitisme sur la construction des discours artistiques. Si elles ont apporté un éclairage fondamental, elles ont également eu tendance à réduire la complexité des critiques d'art à une catégorisation trop figée et à les restreindre aux seuls courants d'extrême droite. Il en résulte une opposition binaire entre l'école cosmopolite de Paris et une présumée « École française », où s'affrontent, dans une fatale imperméabilité, les artistes français et les artistes étrangers, les artistes juifs assimilés et les non-assimilés, les artistes défenseurs de la tradition nationale et les « dégénérés ».

Kenneth Silver évoque ainsi ces thématiques en reconstituant les stratagèmes utilisés pour définir un art « national » à Paris après la Première Guerre mondiale. Selon lui, l'opposition entre un art cosmopolite et un art national doit se lire à la lumière de la rhétorique antiallemande. Elle se serait radicalisée avec le conflit entre la France et l'Allemagne, l'une se rapportant à l'univers latin et l'autre au « Nord ». De plus, l'Allemagne était associée à la barbarie et s'opposait à la France « civilisée », fille de l'humanisme. Toute influence étrangère, et notamment juive, était alors perçue comme une tentative de désacraliser la tradition nationale[7].

Romy Golan, en s'appuyant sur ces conclusions, s'attache à démontrer que le concept d'art national s'est élaboré au sein des mouvements du « rappel à l'ordre », sous l'influence de l'extrême droite. Elle insiste sur l'intérêt des artistes et des critiques pour les maîtres de la tradition. L'orientation classique s'inscrivait dans une tendance plus générale qui s'était volontairement opposée, selon Golan, aux avancées avant-gardistes des années précédant la Première Guerre mondiale. En outre, l'auteure met en relation l'importance accordée à l'esprit latin supposé de la société française avec les nouvelles tendances d'inspiration classique, dont Jean-Dominique Ingres et Pierre Puvis de Chavannes étaient les modèles[8].

Ces recherches doivent cependant être croisées avec les études plus récentes sur l'histoire de l'histoire de l'art en France au XXe siècle. La nécessité s'y fait jour de considérer toute la diversité des politiques culturelles touchant à la relecture de l'art gothique du XIIIe siècle, du classicisme des XVIIe et XVIIIe siècles, et de l'explosion des arts du XIXe siècle. C'est en effet aussi au sein des structures officielles, éloignées des extrémismes de droite, que se développent d'autres tendances « nationalisatrices[9] ». Beaucoup d'historiens de l'art et de critiques d'art nourrissaient l'imaginaire d'un « art national » et glorieux fondé sur ces trois grandes périodes où, selon Louis Réau par exemple, la « francité » s'était librement exprimée et imposée en tant que style et culture[10]. Cette forme d'appropriation nationale du discours sur l'art confirme certes l'apparition du mythe de la « renaissance », mais elle ne se résume pas exclusivement au discours xénophobe et antisémite de l'extrême droite.

En présentant un premier bilan de l'histoire de la critique d'art en France dans l'ouvrage *Perspectives croisées. La critique d'art franco-allemande (1870-1945)*, Pierre Vaisse a salué avec enthousiasme l'intérêt de l'historiographie pour les tendances nationalistes, mais il a également souligné qu'une orientation idéologique parfois excessive était à l'origine de ces études. Il s'agit souvent d'assimiler les lectures de l'art national à des positions esthétiques et politiques réactionnaires : le cas est fréquent, mais ne devrait pas constituer un principe absolu[11].

Le contexte instable de l'entre-deux-guerres

Durant l'entre-deux-guerres se succèdent des faits politiques, sociaux et économiques de première importance, dont le krach boursier de Wall Street en 1929 est le plus emblématique. La longue dépression qui s'ensuit fragilise les systèmes politiques des années 1930 et favorise la naissance de mouvements nationalistes, ouvrant la voie aux grandes dictatures fascistes. On assiste alors aux prémices de l'évolution radicale de la critique d'art, en réponse au durcissement du discours xénophobe, racial et antisémite. L'année 1925 est en effet un tournant majeur pour les débats sur l'art national. Dans ce contexte, la présence juive dans le panorama artistique parisien fait l'objet d'attaques répétées. Ces thématiques commencent à occuper, avec toute leur portée propagandiste, les pages des revues spécialisées et des quotidiens. Dans une France de plus en plus confrontée au retour des « valeurs pures » de la tradition, l'étranger – et tout particulièrement le Juif – est devenu la cible privilégiée d'une partie de la critique xénophobe et antisémite liée à l'Action française.

Malgré l'accession au pouvoir du Cartel des gauches en 1924, de nombreux mouvements ou associations de droite, tels les Croix-de-Feu ou la Fédération nationale des camelots du roi, se sont affirmés sur la scène politique française en professant des idéaux antiparlementaires et en participant à un « réveil national » influencé par des visions racistes[12]. Ces orientations politiques ont eu un fort impact sur la construction culturelle de la nation et sur la défense du *genius loci* artistique, comme l'illustre le débat, né en 1925, sur l'existence d'un art juif. Fritz Vanderpyl a en effet provoqué cette polémique dans un article du *Mercure de France*, où il attribuait l'incapacité des artistes juifs à produire des œuvres valables au caractère fondamentalement aniconique de leur culture d'origine[13]. Pierre Jaccard a ensuite renchéri en interprétant le deuxième commandement du Décalogue comme l'expression d'une inaptitude à représenter les formes plutôt que comme une loi imposée[14]. Ces théories fallacieuses ont été volontairement instrumentalisées pour défendre l'image d'un art – et d'un artiste – national et chrétien, donc français, et pour justifier la marginalisation des artistes étrangers. Les penseurs de droite s'en sont alors emparés pour développer leurs propos discriminatoires.

Les réactions des critiques d'art d'origine juive n'ont cependant pas tardé. Adolphe Basler, Marek Szwarc, Gustave Kahn et Louis Vauxcelles se sont à leur tour lancés dans le débat ; leurs prises de position, allant du rejet des théories antisémites à une forme de soumission aux pressions assimilationnistes, permettent d'évaluer les différentes perceptions de l'art et de l'artiste juifs à cette date[15]. Entre le refus et l'assimilation, les critiques d'art explorent un large spectre d'attitudes qui seront au centre de ce livre. Bousculés entre la liberté qui avait marqué le cosmopolitisme de Montparnasse et l'essor des politiques autoritaires, de nombreux critiques d'origine juive proposèrent une redéfinition identitaire sans cesse renouvelée. Les conséquences en furent considérables sur certains comportements, dont l'apparente duplicité révèle un clivage qu'il va s'agir d'expliciter. C'est pourquoi nous avons choisi d'assigner à notre étude la date butoir de 1933. Cette année constitue en effet une rupture radicale : Adolf Hitler proclame sa dictature totalitaire, fondée sur le racisme biologique et l'antisémitisme, et l'horizon vers lequel se tournent les orientations idéologiques européennes s'assombrit dangereusement. Comme Éric Michaud le souligne avec justesse, les sociétés de cette période semblent avoir été touchées par un mythe national composé de deux éléments : le prestige de l'art et l'incarnation chrétienne. On les retrouve dans beaucoup de textes rédigés par des idéologues et l'on comprend dès lors que le national-socialisme avait inauguré une nouvelle formule, la « dictature du génie », qui pouvait donner corps, et donc forme, aux motivations idéologiques des nouvelles nations[16]. Les conséquences d'un tel changement permettent aux voix extrêmes de s'imposer brutalement. Un nouveau chapitre de l'histoire débute, enclenchant une violente et irréversible dynamique discriminatoire.

Le point de départ de cette étude se situe quant à lui au milieu des années 1920, avant l'uniformisation autoritaire des discours sur l'histoire. Nous assistons alors à de véritables querelles critiques, symptômes de l'explosion des nationalismes. Le terme de nationalismes est ici employé au pluriel, car nous nous intéressons aux différentes expressions de cette doctrine, qui vont de l'influence de l'extrême droite française sur la critique d'art au rôle joué par le mouvement sioniste dans le questionnement des notions d'art ou d'artiste étranger, juif, français ou parisien. Jusqu'à présent, ces définitions ont essentiellement été analysées sous l'angle d'une histoire du tournant conservateur en France ou à partir de lectures immergées dans les milieux sionistes ; elles n'ont pas été assez interrogées selon des perspectives croisées et comparées.

La politisation des discours sur l'art

De toute évidence, il existe une vraie frange radicale de droite à Paris, comme l'a si bien démontré Neil McWilliam, qui a longuement travaillé sur les relations entre l'Action française, le classicisme et le traditionalisme en France. Ses études confirment que, sous l'égide de Charles Maurras, des hommes clés tels que Lucien Chantal, Henri Mazet et Louis Dimier définissent de façon dogmatique le style calme et équilibré, la force des proportions et le retour aux formes classiques comme nécessaires à l'esthétique nationale[17]. Une rhétorique propagandiste et protectionniste qui dénonce la présence « métèque » et juive s'accorde avec une résurgence de l'extrême droite à l'époque. À partir de 1929, ces théories se retrouvent dans les écrits de Camille Mauclair et de Maurice Feuillet parus dans *Le Figaro* et *Le Gaulois artistique*. La critique d'art associée à ces orientations idéologiques n'a cependant pas encore fait l'objet d'une approche prosopographique. Les auteurs laissent rarement place au doute et écartent souvent toute hypothèse d'ambivalence ou de contradiction. Tout se passe comme si les critiques d'art avaient vécu dans un inexorable déterminisme idéologique.

Il faut puiser dans les travaux sur l'éveil d'une « critique d'art juive » proche des mouvements sionistes français, comme l'ont définie les études pionnières de Dominique Jarrassé[18], pour élargir cette analyse à un « autre » discours nationaliste s'appuyant sur le même principe de catégorisation d'art et d'artiste étrangers et juifs. En prenant comme angle la catégorie d'artiste juif, il devient possible de porter un regard transversal sur l'élaboration d'un double discours critique. D'un côté, la propagande d'extrême droite développe une rhétorique fondée sur la xénophobie et l'antisémitisme afin de discréditer l'art des « métèques », vu comme une déformation des notions d'ordre et d'équilibre propres aux formes classiques. De l'autre, ce durcissement idéologique éveille une « critique d'art juive » qui s'est emparée de ces mêmes catégories pour en faire un point de force de son analyse. La judaïté des artistes et de leurs œuvres a été transformée en facteur positif pour leur promotion. Ici, le renversement de perspective permet d'exalter la découverte d'une histoire et d'une tradition juives dans la description des œuvres et dans le traitement biographique de leurs auteurs[19]. La parution de *La Revue juive* (1925) et la diffusion des tribunes artistiques de périodiques tels que *L'Univers israélite* (1844-1940) et *Menorah* (1922-1933), proches du sionisme, ont introduit un nouveau style critique qui privilégie des lectures « ethniques ». À cette époque, le sionisme culturel promu par André Spire s'impose et pousse les artistes à concevoir des œuvres inspirées par les traditions, la liturgie ou le folklore juifs. S'appuyant volontairement sur l'idée de « race », ces orientations fondent donc la réflexion critique sur une dimension « ethnique » de l'art juif[20]. Cette approche se développe alors dans la collection « Artistes juifs » de la maison d'édition Le Triangle entre la fin des années 1920 et le début des années 1930. Parmi les « plumes » qui participent à cette nouvelle aventure, on retrouve des figures jusqu'à présent décrites comme appartenant exclusivement aux courants conservateurs : Adolphe Basler, Waldemar-George et Louis Vauxcelles n'en sont que les exemples les plus connus. Force est de constater que des critiques d'art ont pu, dans une même période, s'exprimer aussi bien en faveur d'un extrême que de l'autre. Cet ouvrage s'attache à questionner ces incertitudes et ces hésitations en proposant une lecture qui traverse la riche variété de réactions face aux faits les plus sombres de l'histoire sociale et politique de la France de l'entre-deux-guerres.

Des critiques d'art aux parcours singuliers

Il n'est donc pas envisageable de livrer un récit univoque sur la critique qui a accompagné cette période. Il s'agit plutôt de comprendre comment ces histoires se croisent perpétuellement et échappent souvent aux grandes catégorisations. Aussi examinerons-nous la production des discours sur l'art par des acteurs dont certains sont connus et d'autres moins, et suivrons-nous la figure du critique d'art aux prises avec les équilibres instables de l'entre-deux-guerres. En effet, contrairement à certaines idées reçues, la première moitié du XXe siècle se caractérise davantage par une multitude de contradictions et de malentendus que par une série d'oppositions nettes entre avant-garde et « retour à l'ordre », rupture et continuité, ou encore classicisme et modernité.

Dans l'abondante littérature consacrée à l'École de Paris ou, plus généralement, à Montparnasse, il n'existe quasiment aucune étude approfondie sur les raisons qui ont amené beaucoup de critiques d'art à adopter des postures parfois contradictoires. Si la thèse de l'opportunisme est valable dans un certain nombre de cas, il est aussi vrai que les conditions de subsistance matérielle ont largement influencé leurs positionnements. Pour bien comprendre ces critiques, il faut donc non seulement analyser leurs textes, mais encore reconstituer le maillage de leurs connaissances, leur ancrage dans le tissu socio-politique et les besoins matériels ou identitaires à l'origine de leurs choix.

Tout cela requiert une approche prosopographique, dont l'efficacité a déjà été soulignée par Marie Gispert et Catherine Méneux. Selon celles-ci, en effet, la critique d'art matérialiserait « la socialisation des acteurs de la vie culturelle, leurs débats et la polysémie de leurs positionnements. Les écrits des critiques d'art ont pourtant souvent été cités comme de simples sources sans tenir compte du contexte de leur énonciation et surtout de l'identité et de la personnalité de leurs auteurs[21] ». Afin de mieux saisir l'individu et ses relations avec l'histoire politique et sociale, nous nous attacherons à mettre en lumière les aspects qui déterminent la trajectoire des critiques, les omissions et les non-dits, en croisant les données personnelles, religieuses, géographiques, économiques, politiques, culturelles et linguistiques. Nous verrons que cette approche permet de mesurer l'influence du critique sur l'évolution de l'art et sur sa réception par le public, ainsi que la perception qu'il avait lui-même de l'art de son époque[22]. La prise en compte de tous ces éléments a été rendue possible par le dépouillement systématique des revues, quotidiens, catalogues d'exposition et monographies. L'étude des périodiques permet non seulement de repérer les collaborateurs des rédactions, mais aussi de reconstituer les réseaux d'influence dont ils bénéficiaient. Le travail minutieux qui a été mené ainsi sur les sources, pour la plupart inédites, révèle très clairement la diversité des acteurs et la complexité de leurs personnalités. Il s'agit à la fois de suivre l'histoire individuelle et humaine du critique d'art et, plus largement, de comprendre son ancrage dans l'histoire politique afin d'élargir les perspectives monographiques.

À partir de 1925 environ, par exemple, Maurice Feuillet, Marcel Hiver et Camille Mauclair se font les porte-parole de la rhétorique d'extrême droite, à laquelle ils adhèrent pour des raisons et avec des objectifs très différents. Si Maurice Feuillet incarne véritablement la figure institutionnelle du conservateur engagé dans le financement et l'élaboration des suppléments artistiques des quotidiens *Le Figaro* et *Le Gaulois* – journaux de droite appartenant à François Coty –, Marcel Hiver et Camille Mauclair semblent quant à eux avoir emprunté cette voie pour des raisons plus personnelles. Le premier, acteur peu connu de la scène de Montparnasse, fonde en 1929 sa revue indépendante *CAP* (*Critique Art Philosophie*), tirée à très peu d'exemplaires et essentiellement produite pour régler des comptes personnels. En fustigeant le cosmopolitisme et en criant au complot juif, il réagit à la crise économique par le repli sur un chauvinisme extrême. De son côté, à partir des années 1920, Camille Mauclair rejoint les puissantes rédactions des journaux de François Coty, suscitant la perplexité dans le milieu artistique de l'époque. Poète symboliste et intellectuel d'avant-garde, il n'avait jamais donné auparavant le moindre signe d'adhésion aux idéaux de droite. Il se lance néanmoins dans une campagne conservatrice, nationaliste et xénophobe contre les arts contemporains dans *Le Figaro* et *L'Ami du peuple*. Si cet aspect de la personnalité de Camille Mauclair a généralement été évoqué comme un simple état de fait, nous questionnerons la radicalisation de ses positions critiques en lien avec le caractère financier de sa collaboration avec François Coty[23] et la précarité de sa situation professionnelle.

Loin de minimiser la portée des propos de Mauclair, il faut pourtant comprendre les dynamiques qui sont à l'origine de la radicalisation de sa pensée. À cette fin, nous analyserons les réseaux d'influence auxquels il a participé. Il en va de même pour Maurice Feuillet, qui collabore lui aussi avec François Coty, et pour Marcel Hiver, seul représentant d'un militantisme critique indépendant. L'hétérogénéité de ces profils montre que, si la posture, le langage et le vocabulaire sont communs, chaque critique d'art relève d'une histoire différente – preuve qu'on ne saurait interpréter les voix de l'extrême droite comme formant une seule entité.

Un cas très frappant à cet égard est celui d'Adolphe Basler, critique d'art d'origine juive polonaise, qui a vécu et travaillé à Paris dans l'entre-deux-guerres et a été naturalisé français[24]. Initialement proche des groupes et des esthétiques d'avant-garde, il s'en éloigne à partir des années 1920 pour revendiquer une vision nationaliste, xénophobe et antisémite de l'art. Ce changement radical pourrait sembler à première vue irréversible, mais il se double en réalité d'une forte ambiguïté. Malgré de violentes attaques contre l'avant-garde, non seulement Basler a continué à fréquenter ses protagonistes, mais il a encore publié des textes élogieux (bien que rares) sur leur travail. Ses oscillations apparaissent alors comme le symptôme d'une situation complexe, où la dimension identitaire et les pressions sociale et politique se révèlent déterminantes dans la genèse d'un tel comportement. Plus on élargit la recherche à d'autres figures de la critique d'art de cette époque, plus il devient évident qu'il ne s'agit pas là d'un cas isolé. Suivre les sinuosités de ces parcours individuels est essentiel pour comprendre tant la nature de ces changements que l'ensemble de leurs raisons et de leurs motivations.

On retrouve les mêmes ambiguïtés dans le cas de Waldemar-George. Comme Basler, ce dernier est d'origine juive polonaise et très actif dans les débats sur l'art et l'artiste étrangers et juifs. Dans ses écrits, il affiche pourtant des positions xénophobes et antisémites. Son parcours a été décrit comme une trajectoire allant de l'avant-gardisme international du début du siècle à l'adhésion aux principes « néoconservateurs » de l'entre-deux-guerres. Cette interprétation se fondait sur la conviction qu'il avait opté pour une assimilation totale à la tradition française, en embrassant également les connotations nationalistes et xénophobes d'une partie du milieu intellectuel de l'époque. Il convient cependant, en s'appuyant sur un travail inédit sur les sources primaires liées aux cercles sionistes, de proposer une vision nuancée de cette lecture, désormais nourrie de preuves documentaires surprenantes. En pleine période « assimilationniste », Waldemar-George, aussi bien qu'Adolphe Basler, côtoie les rédactions des revues et des maisons d'édition proches du sionisme en offrant des lectures « juives » de l'art contemporain.

Aussi, dans sa monographie consacrée à Waldemar-George, Yves Chevrefils Desbiolles définit-il ce dernier comme un homme-symptôme de sa génération, le décrivant comme « un homme au destin sinueux qu'on ne peut toutefois réduire ni à son antijudaïsme bien réel – et non à un quelconque antisémitisme – ni à son ralliement enthousiaste à la figure de Mussolini ». Son parcours est marqué par une certaine outrance « provoquée par les perpétuelles oscillations d'un Don Quichotte qui s'épuise à prendre fièrement et à contretemps le contre-pied de tout[25] ». Il s'agit ici de montrer que ces contretemps et ces contre-pieds sont déterminés tant par la pression de la politique xénophobe de l'époque sur le métier de critique que par des questions de subsistance matérielle liées à l'économie de l'art, sans pour autant perdre de vue les réelles ambitions littéraires qui animent ces personnages.

C'est grâce aux découvertes faites dans les archives du critique d'art italien (d'origine juive) Guido Ludovico Luzzatto que nous avons pu comprendre et approfondir l'ampleur de l'éveil d'une « critique d'art juive » et reconstituer les réseaux de revues, rédactions et galeries vouées à cette cause. Luzzatto a travaillé avec les éditions Le Triangle, notamment sur la collection « Artistes juifs », et contribué à une diffusion internationale des artistes juifs contemporains. Ses échanges avec Michel Kiveliovitch, fondateur et mécène de la maison d'édition Le Triangle, jettent en effet un nouveau regard sur les stratégies et les ramifications de cette entreprise promotionnelle, en permettant de resituer les contributions d'Adolphe Basler et de Waldemar-George.

Enfin, l'étude des discours critiques élaborés dans les cercles intellectuels promouvant la notion « d'art, d'artiste et de critique d'art juifs » est complétée par l'évocation de personnalités telles que Gustave Kahn, Marek Szwarc, Louis Vauxcelles, Joseph Milbauer, Jacques Biélinky et d'autres auteurs moins connus. Dans le cas de Gustave Kahn, Dominique Jarrassé a déjà montré que le critique a proposé une analyse formelle de l'art dans des tribunes officielles comme le *Mercure de France*, tout en s'engageant, avec un langage aux références « ethniques », dans la promotion des artistes juifs à travers l'organisation d'expositions, la rédaction d'articles et le soutien économique de leurs pratiques dans *Menorah* ou *L'Univers israélite*[26]. De là, on s'aperçoit que le périmètre d'analyse peut être étendu à l'Aide amicale aux artistes. Cette association créée pour soutenir des artistes en difficulté, et dont Gustave Kahn était justement le président, permet de reconstituer tout un réseau de relations et d'intérêts qui éclaire la complexité de ces liens.

L'étude des organes de diffusion (revues, maisons d'édition, monographies), des efforts de promotion (expositions et ventes) et des dispositifs d'aide (associations et mécénat) aux « artistes juifs » montre à quel point les stratégies rhétoriques de l'entre-deux-guerres se répondent dans un contexte d'instabilité qui favorise des discours et des pratiques extrêmes. Ces éléments permettent non seulement de révéler les contradictions et les paradoxes inhérents aux parcours de chaque auteur, mais aussi de faire émerger un réseau parallèle d'artistes, de galeristes et de critiques né en opposition aux pressions nationalistes et antisémites, et enfin de dévoiler les multiples strates de discours construits au contact étroit de la grande histoire et de celle, personnelle, des hommes qui l'ont traversée.

Chapitre 1
La critique d'art au temps de l'École de Paris

Le cosmopolitisme de l'École de Paris

Dans la première moitié du XXᵉ siècle, Paris est la capitale incontestée des arts internationaux, où se précipite avec enthousiasme une foule d'artistes, poètes, acteurs, musiciens, philosophes et écrivains. La Première Guerre mondiale et l'après-guerre ont déclenché de grandes vagues migratoires qui ont accru de façon exponentielle la présence d'étrangers sur le territoire français. Si les facteurs économiques sont déterminants, ils ne sont cependant pas les seuls à avoir contribué à l'essor de ces communautés urbaines ; l'état social, politique et culturel des autres pays européens a également joué. Avant 1914, la France bénéficiait en effet d'un contexte économique favorable au développement et à la modernisation où étaient engagés les marchés financiers d'Europe centrale. Après 1918, la victoire à l'issue du conflit mondial et la reconnaissance militaire et politique des forces alliées avaient fait d'elle une grande puissance économique européenne. Ce seront précisément les « années folles » qui approuveront un flux migratoire plus circonscrit provenant de l'axe oriental, où un pourcentage élevé de la population avait fui la révolution bolchevique et, dans le cas plus spécifique des communautés juives, les nombreuses persécutions perpétrées lors des pogroms. La République française représentait l'oasis où trouver refuge, en raison du besoin de main-d'œuvre qu'avaient entraîné les pertes de la Première Guerre mondiale[1].

La réorganisation sociopolitique européenne a amené un noyau hétérogène de groupes sociaux à envisager l'émigration. Pour les artistes et les intellectuels, le choix était Berlin, Munich ou Paris. Des centaines d'artistes désireux de connaître le climat de liberté qu'offrait la capitale française, que l'on disait cosmopolite et dont la presse vantait l'avant-garde et l'universalisme, ont rejoint son milieu artistique et littéraire. La plupart des nouveaux arrivants identifiaient Montparnasse comme le quartier le plus en vogue. Le processus d'intégration qu'ils entamaient contribuait à redéfinir continuellement les caractères identitaires issus de la confrontation permanente entre différentes cultures. Avec tous ses cafés bondés, Montparnasse constituait en effet un centre d'accueil privilégié pour cette bohème éclectique. Les nouveaux arrivants avaient entendu parler des révolutions picturales et rêvaient d'intégrer les mouvements d'avant-garde à travers un langage cubiste, orphiste, futuriste ou expressionniste[2]. Le mythe de l'internationalisation des arts, la recherche d'un dépassement de la perception locale du *genius loci* et les échanges continus entre les centres névralgiques de cette Europe créatrice avaient certainement influé sur la soif d'expérimentation qui régnait à Montparnasse. Les notions de local, de régional ou de national commençaient à perdre leur sens face à une quête de modernité qui ne débattait plus de la transmission culturelle d'un savoir artistique, mais bien de sa destruction ou de sa contamination. Les artistes, influencés par l'utopisme d'un art extra-national, multipliaient les expériences[3].

Des études quantitatives dressant une cartographie des présences artistiques étrangères dans le Paris de l'entre-deux-guerres ont démontré que les artistes, comme tous les autres migrants, avaient tendance à habiter dans un quartier où d'autres compatriotes s'étaient déjà installés. La démographie migratoire semble confirmer que les Italiens s'étaient établis à Ménilmontant, les Turcs à Passy, les Scandinaves à Montparnasse, les Hollandais rue de la Gaîté, les Juifs issus de la « Mitteleuropa » dans le quartier de l'Hôtel de Ville, tandis que les populations venant de l'Est se trouvaient plutôt dans celui de la Bastille[4]... D'où il ressort que, dans les années 1920, Montmartre ou Montparnasse étaient parfois des lieux de résidence, mais se distinguaient avant tout comme lieux de vie et de création. De nombreux représentants du milieu intellectuel allemand étaient arrivés de Berlin, et même de l'Allemagne tout entière. Les fauvistes, Henri Matisse et le couple Delaunay constituaient une des principales attractions parisiennes, avec bien évidemment l'atelier de Wilhelm Lehmbruck et le salon des Stein. La critique d'art et les marchands les plus avertis n'avaient pas hésité à se rendre dans ces lieux privilégiés de rencontres. Carl Einstein, Paul Westheim, Herwarth Walden, Paul Cassirer, Ernest Brummer et Heinrich Thannhauser observaient avec intérêt les dynamiques nées dans ce contexte et publiaient des comptes rendus détaillés sur les évolutions picturales françaises dans des revues comme *Der Sturm*, *Kunst und Künstler* et *Das Kunstblatt*[5]. Dès 1914, Guillaume Apollinaire citait ces cercles et leur point de ralliement : le Dôme, café situé au carrefour Montparnasse-Raspail[6]. Parallèlement, de plus en plus d'artistes nés dans l'Empire russe s'installaient définitivement à Paris. Fuyant les persécutions ou tout simplement en voyage d'étude, des sculpteurs tels qu'Alexander Archipenko, Jacques Lipchitz et Ossip Zadkine avaient quitté leur pays natal pour profiter pleinement de l'effervescence parisienne. Marie Vassilieff avait même fondé une académie dans son atelier du 21, avenue du

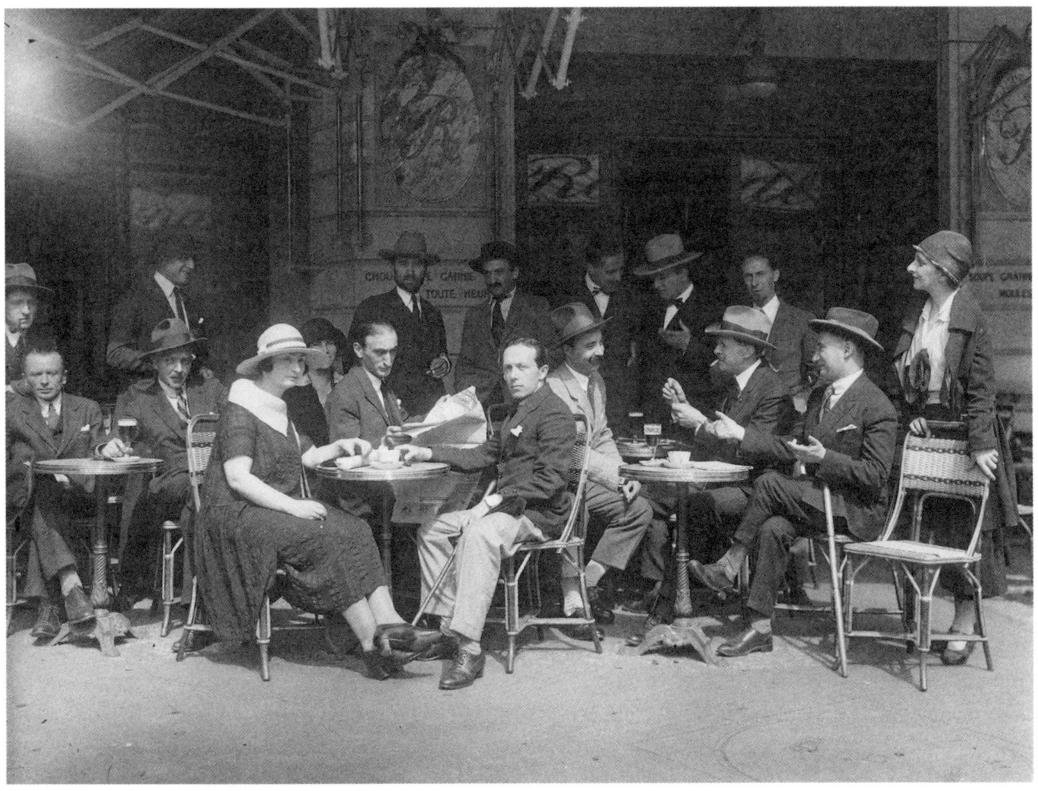

1 Anonyme, portrait d'un groupe d'artistes d'origine polonaise, dont Adolphe Basler, Léon Zack et Léopold Zborowski, à la terrasse de la Rotonde, Montparnasse, Paris, photographie, 1925, Paris, Centre Pompidou, Bibliothèque Kandinsky, Fonds Marc Vaux, MV2556.2

Maine, non loin du Dôme qui, pendant la Première Guerre mondiale, s'était transformé en cantine pour tous les artistes du quartier[7].

On assiste alors à la lente et inexorable formation d'un quartier d'arts libres à Paris qui, dans l'entre-deux-guerres, aura pour centre névralgique le carrefour Vavin si encensé, pivot de la rive gauche parisienne et théâtre des fêtes excentriques dans ses cafés (ill. 1). Beaucoup de grands noms ont fréquenté les terrasses créatives de l'époque. Au 105, boulevard du Montparnasse, la célèbre Rotonde, tenue par Victor Libion, a accueilli des personnalités telles que Pablo Picasso, Amedeo Modigliani, Diego Rivera, Ilya Ehrenbourg, Ortiz de Zárate et Max Jacob, tout comme des artistes plus expérimentés tels que Fernand Léger. Au numéro 103, en revanche, le Café du Parnasse recevait des artistes comme Chaïm Soutine, Pinchus Krémègne et Natalia Gontcharova. La Coupole, ouverte en 1924, avait bénéficié de la vitalité artistique du quartier pour la décoration de ses salles : Fernand Léger, Othon Friesz, Isaac Grünewald, Georges Kars et Marie Vassilieff, notamment, ornèrent certaines de ses imposantes colonnes. S'il a été inauguré plus tard, le Select – 99, boulevard du Montparnasse – s'est pourtant imposé immédiatement comme un lieu de vie plus nocturne. C'est là que se réunissait la colonie américaine dont faisait partie Ernest Hemingway, et que se déroulaient les défis alcooliques de Jules Pascin et Chaïm Soutine. Enfin, le Dôme, qui déjà avant la guerre était un point de ralliement, rassemblait encore le cercle artistique allemand auquel participaient, entre autres, Alfred Flechtheim et Wilhelm Uhde[8].

C'est alors que les marchands d'art s'imposèrent comme des personnages clés dans la promotion des artistes de Montparnasse. En effet, ces cénacles n'étaient pas uniquement composés d'artistes se tenant éloignés du marché de l'art ; au contraire, ils confiaient la commercialisation de leurs œuvres aux bons soins de personnalités toujours plus en vue. Parmi elles, on peut citer les grands noms de Léopold Zborowski et Daniel-Henry Kahnweiler. Avec l'ouverture de l'hôtel Drouot en 1857, Paris avait développé un solide marché d'art nourri par maintes personnalités – Paul et Léonce Rosenberg, Paul Durand-Ruel, ainsi que d'autres, plus jeunes, comme Jeanne Bucher, René Gimpel, Paul Guillaume, Pierre Loeb, Ambroise Vollard et Christian Zervos – qui avaient contribué à la reconnaissance des recherches artistiques contemporaines. De plus, les artistes étaient soutenus par des collectionneurs comme Leo et Gertrude Stein, Rolf de Maré, la marquise Luisa Casati et Ricciotto Canudo. Cette impulsion allait de pair avec les tentatives de promotion internationale qui avaient caractérisé les récits de Walther Halvorsen en Suède et les lectures critiques ou les traductions d'Ardengo Soffici, Adolphe Basler, Otto Grautoff, André de Ridder et beaucoup d'autres[9].

Le rôle des académies indépendantes ne doit toutefois pas être sous-évalué. Un réseau d'académies et d'ateliers actifs en dehors des circuits institutionnels s'était constitué, proposant aux jeunes artistes un enseignement libre et varié, auquel il était en outre possible d'accéder sans passer par un concours d'admission. Quantité de jeunes femmes et d'étrangers s'étaient ainsi inscrits aux académies Julian, Colarossi, Delécluse, de la Grande Chaumière, Vitti, Ranson, Matisse, Vassilieff et Lhote.

Autant attirés par Paris que les artistes, de nombreux critiques d'art originaires d'Europe de l'Est s'étaient rapidement installés dans la capitale. Ils occupaient de multiples fonctions, le plus souvent dictées par des nécessités économiques, et partageaient leur temps entre les galeries commerciales, la rédaction d'articles pour des revues, les rendez-vous mondains et les ateliers d'artistes. Les plus célèbres d'entre eux étaient certainement les Polonais Waldemar-George et Adolphe Basler, débarqués à Paris au tournant du XXe siècle, mais on peut y ajouter une myriade d'autres noms attestant la richesse et la diversité d'une profession toujours plus en vogue. La critique d'art était le miroir de l'hétérogénéité culturelle à laquelle elle était affiliée. Immergés dans ce panorama, les critiques ont joué un rôle central dans le soutien et la diffusion de ce que l'on nommera bientôt l'École de Paris.

C'est André Warnod[10] qui, dans un article paru le 27 janvier 1925 dans *Comœdia*[11], regroupa les artistes résidant et travaillant à Montparnasse sous l'étiquette « École de Paris », soulignant ainsi l'influence exercée par la ville non seulement sur leur vie, mais aussi sur leur pratique. Une telle catégorisation doit être comprise comme strictement géographique ; elle délimite en effet une aire, Paris, et plus spécifiquement un quartier, Montparnasse, qui unit des esthétiques parfois très éloignées les unes des autres. Warnod affirme que, dans les premières décennies du XXe siècle, Marc Chagall, Pablo Picasso, Jules Pascin, Léonard Tsuguharu Foujita, Amedeo Modigliani, Chaïm Soutine, Jacques Lipchitz, Kees Van Dongen, Juan Gris, Ossip Zadkine, Moïse Kisling et Louis Marcoussis étaient devenus des personnalités importantes de la scène artistique parisienne. L'esthétique éclectique de l'École de Paris est l'un des aspects les plus significatifs de ce groupe qui, n'étant pas issu d'un noyau déterminé, se trouve soumis à de permanentes redéfinitions. La description qu'en donne Warnod fournit toutefois un détail crucial pour comprendre ce phénomène : l'École de Paris, à ses débuts du moins, désignait ce groupe d'artistes qui avaient décidé d'œuvrer dans la capitale afin de s'intégrer à la tradition artistique française. Les maîtres qui servaient de référence étaient perçus comme les dignes représentants de l'« art français » : Jean Fouquet, Nicolas Poussin, les frères Le Nain, Camille Corot, Gustave Courbet et Paul Cézanne. Cependant, la liberté stylistique et poétique issue des processus d'expérimentation auxquels recouraient les jeunes artistes donnait des résultats très variés et suivait des trajectoires artistiques personnelles et autonomes qu'il est difficile de catégoriser, et qui rendent problématique la définition de Warnod.

Celui-ci avait pourtant précisé que, au-delà des intentions partagées, l'absence de style commun et de manifeste poétique accentuait l'importance de la ville comme facteur de cohésion. C'était en effet Paris, et le désir d'œuvrer en son sein, qui réunissait ces artistes issus de cultures et de milieux sociaux différents, et qui permettait à la critique de jouer un rôle majeur dans la lecture de ces recherches. En outre, son analyse s'était arrêtée sur l'intérêt fondamental de créer une peinture internationale ne se bornant pas à trouver des sources

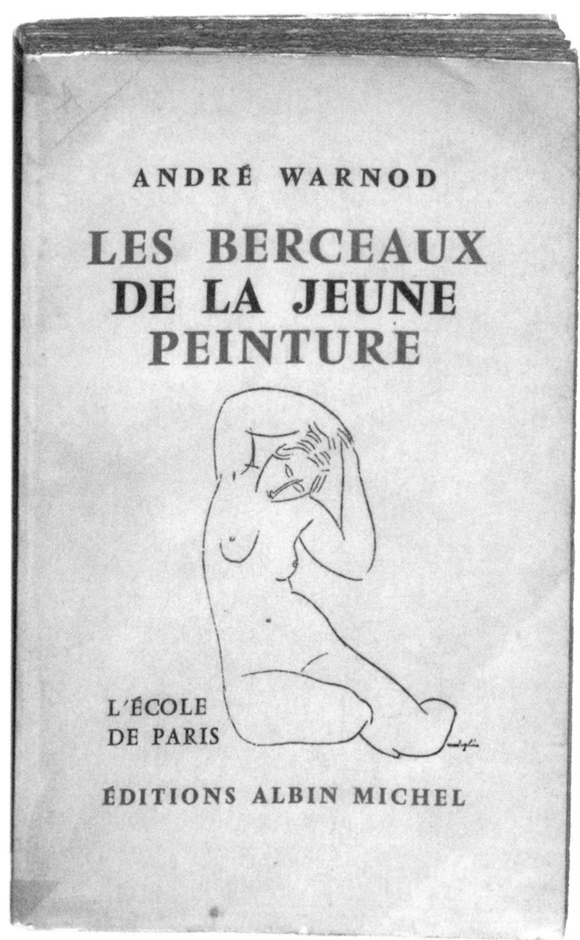

2 André Warnod, *Les Berceaux de la jeune peinture. L'École de Paris, avec 121 dessins et 16 hors-texte*, Paris, Albin Michel, 1925, couverture

d'inspiration dans les « sujets nobles et historiques de la culture française[12] », mais se soumettant à un quotidien évocateur. L'objectif était de réaliser, en art, ce que les artistes expérimentaient dans leur propre vie.

La catégorisation introduite par Warnod paraît fluctuer entre des mécanismes d'inclusion et d'exclusion. Si, en recourant à Paris, il avait été possible de regrouper les pratiques artistiques favorisées par le cosmopolitisme de la ville, l'emploi du terme « école » révélait la vocation sectaire d'un paradigme historique controversé. Le caractère fluide et éclectique de ces esthétiques ne semble pas correspondre à la définition classique d'une école picturale.

Dans son ouvrage intitulé *Les Berceaux de la jeune peinture. L'École de Paris*, publié en 1925 (ill. 2), Warnod insiste sur le caractère international du groupe :

« Les artistes étaient de partout et de nulle part[13]. » En effet, dans cet environnement, les nationalités se brisaient sur les échanges interculturels incessants. Comme on l'a vu, le point de rencontre n'était plus l'École des beaux-arts, au sein de laquelle on tentait encore de promouvoir un langage académique, mais bien les cafés, où s'engageaient les débats artistiques les plus ardents et où l'on commençait à exposer les œuvres. Pensons, par exemple, aux véritables expositions-ventes qu'Auguste Clergé organisait dès 1921 au Café du Parnasse et qui avaient conduit Warnod à affirmer : « Il est certain que le choc de toutes ces races, de toutes ces civilisations, cette soif de liberté que chacun apporte de son pays mettent à Montparnasse une fièvre que ne lui donneraient pas les peintres français qui ont leurs habitudes. Mais faut-il le regretter[14] ? » Et André Salmon de confirmer : « Lorsque cet art vivant commença de s'imposer, c'est à Montparnasse que chacun dut venir en reconnaître les effets. C'est à Montparnasse que se mêlèrent, accourus d'un peu partout et parfois de fort loin, les disciples étrangers constitués en une École de Paris [...][15]. »

Paris paraissait ainsi se distinguer par sa disposition à encourager indirectement un dialogue permanent entre universalité et singularité. Le mythe de la modernité avait promu cette dialectique, et la confusion culturelle qui s'était instaurée avait concouru à la dissolution des références identitaires et à la relativisation des différences raciales, sexuelles et religieuses. L'universalisme était souvent synonyme d'un internationalisme pacifiste qui reconnaissait en l'étranger un homme universel autant qu'un homme autre, mettant en relief le concept d'altérité au sein même de l'universalité. Les communautés artistiques s'efforçaient de défendre le principe qu'aucune culture ne devait exercer d'hégémonie sur une autre et, simultanément, de favoriser une ou plusieurs formes de transnationalisme. La présence massive d'artistes étrangers avait ainsi contribué à élargir le fossé qui s'était creusé entre l'« art officiel » et l'art indépendant. Venus à Paris pour des raisons diverses et fascinés par la capitale des arts, les artistes avaient créé un art international que Gladys Fabre a défini comme l'« Internationale de l'esprit[16] ».

L'École de Paris a été, et demeure, l'objet de lectures critiques tendant à instrumentaliser sa dimension cosmopolite. Au fil du temps, elle devint en effet la cible privilégiée d'une frange conservatrice de la culture française proche de l'extrême droite, de plus en plus protectionniste et xénophobe, dénonçant hargneusement la présence étrangère et juive dans la capitale[17]. Aux accusations lancées contre les « métèques » s'ajoutaient les injures antisémites dont beaucoup d'artistes ont subi les conséquences : Chagall, Soutine, Modigliani, Pascin et Kisling, par exemple. Bien que ces derniers aient été loués dans les écrits de Warnod, ils étaient de plus en plus perçus à la lumière de l'appartenance communautaire.

Beaucoup d'artistes juifs présents à Paris, ayant été enrôlés dans l'armée pendant la Première Guerre mondiale, avaient obtenu la citoyenneté française. Cet acte de reconnaissance les avait déclarés fils légitimes de la nation et leur avait apparemment épargné les accusations xénophobes. La critique d'extrême droite avait alors révisé ses arguments, se concentrant maintenant sur le facteur « culturel ». Il s'agissait de démontrer le danger de l'altérité à travers les théories de la contamination[18]. L'« abâtardissement » du paysage artistique constituait l'un des principaux griefs, pour des critiques tels que Camille Mauclair et Maurice Feuillet, comme pour l'ensemble du cercle d'intellectuels qui gravitait autour de l'Action française[19]. Dans le cas de la judaïté, une telle simplification permettait d'identifier la cause principale de la désagrégation de la tradition française si célébrée[20].

Les connotations « ethnique » et « nationale » figuraient en effet parmi les *topoi* de l'époque. Jusqu'au milieu des années 1920 au moins, les artistes étrangers (ou juifs) de Paris avaient été au centre d'une critique qui tendait à les soutenir. Outre Warnod, on peut également citer Charles Fedgal :

> « Les peintres de l'École de Paris sont assez souvent des créateurs, ils ont une personnalité, une originalité propre. S'ils ne renient point les influences qu'ils ont reçues chez nous – de David à Degas, en passant par Delacroix, Courbet, Corot, les impressionnistes, de Cézanne à Segonzac, en passant par Matisse, Bonnard, Vuillard et Marquet, par Gleizes, Lhote et Gromaire, par Derain, Luc-Albert Moreau, Waroquier, Vlaminck, Alix et Favory –, ils sont la preuve que ces influences, une fois assimilées et transformées par chacun d'eux, "selon la race, selon les hérédités ethniques", contribuent à donner à l'art d'aujourd'hui son intérêt et sa nouveauté, sa jeunesse hardie et sa vie pénétrée[21]. »

Un assimilationnisme avéré, ayant intégré plastiquement les leçons de la tradition, pouvait donc être la preuve irréfutable d'une certaine fidélité envers la patrie. Il importe de rappeler que ce cercle n'était pas uniquement composé d'étrangers, mais se nourrissait aussi de nombreuses présences françaises. L'École de Paris est en effet trop souvent victime de lectures qui, façonnées sur la réception critique de l'époque, tendent à la décrire comme un cénacle d'immigrés désespérés. Dans ces milieux, les nationalités se confondent, tout comme les confessions et les styles.

L'indignation conservatrice était certainement alimentée par le fait que l'École de Paris était de plus en plus confondue avec l'« École juive de Paris », créant un redoutable malentendu. Les répercussions d'une confusion dictée par le protectionnisme culturel sont encore évidentes aujourd'hui, comme en témoigne une historiographie promouvant trop souvent les publications qui usent volontairement de certains termes en les isolant de leur contexte originel. Le très important dictionnaire des *Artistes juifs de l'École de Paris (1905-1939)* en est un exemple éclatant. Édité par Nadine Nieszawer pour reconstituer la présence juive à Montparnasse, il est dangereusement axé sur les seuls artistes juifs[22]. En réduisant ainsi la complexité de ce chapitre de l'histoire de la peinture moderne, l'auteur introduit leurs travaux en s'arrêtant sur le style pictural qui serait le fruit de lointaines origines juives et deviendrait par conséquent l'« expression mélancolique du présent ». Les lignes sinueuses des paysages et des personnages rappelleraient l'alphabet des écritures anciennes, alors que la vivacité du regard des artistes, par nature privé de toute forme d'influence classique, favoriserait la recherche d'une beauté passée au filtre du *pathos* inspiré par leurs origines[23]. De telles formules rhétoriques sont fréquentes dans les textes qui tendent à réhabiliter l'« école juive » parisienne. Les passages sont récurrents où un romantisme juif présumé sert à définir la pratique des artistes de Montparnasse[24].

Bien qu'elles soient censées justifier une vraie présence juive au sein de l'École de Paris, ces approches perturbent sa définition et la confinent dans une exclusivité erronée. L'énumération des présences juives est certes nécessaire, mais elle ne peut fonder une approche critique visant à ramener la pratique des artistes à une simple appartenance religieuse et culturelle[25]. Dans cette fluctuation constante de définitions et de catégories, l'École de Paris devient souvent l'objet de lectures critiques tendancieuses qui se plient à de multiples revendications identitaires et nationales. La lente mais significative transformation en « École juive de Paris » doit donc avant tout être comprise comme l'expression d'un antisémitisme dans les arts introduit par le contexte politique changeant de l'époque.

Les milieux intellectuels et les idéologies politiques

Aux élections de 1919, le Bloc national – une alliance des partis du centre et de la droite composée en grande partie d'anciens combattants – s'était imposé dans la « Chambre bleu horizon », ainsi nommée d'après la couleur de l'uniforme de ses représentants. Jusqu'en 1924, ce Bloc avait tenté la réconciliation avec les catholiques en réprimant le mouvement ouvrier et en se montrant inflexible quant aux dettes de guerre infligées à l'Allemagne. L'opinion publique, toujours traumatisée par les atrocités du conflit, plaçait ses espoirs dans l'ordre et la stabilité, et dans le retour à l'union qui avait marqué les Français à l'époque de l'Union sacrée. Aux origines du succès de cette coalition se trouvait donc un certain triomphe de la pensée de droite qui se concrétisait dans le rejet des aspirations révolutionnaires et dans la confiance démesurée en une politique économique privilégiant les intérêts des classes les plus aisées[26].

Entre 1922 et 1924, le président du Conseil des ministres, Raymond Poincaré, avait alors poussé le Bloc national à droite en adoptant une politique intransigeante envers l'Allemagne qui, tardant à payer les réparations de guerre, avait vu débarquer l'armée française dans le bassin de la Ruhr. Pourtant, devant les pressions internationales et l'isolement diplomatique, Poincaré se trouvait contraint à faire machine arrière et à retirer immédiatement ses troupes afin d'éviter une dégradation des échanges diplomatiques et financiers. Outre les graves conséquences économiques qu'il eut sur le pays, ce faux pas avait sanctionné l'échec de la pensée politique de droite qui croyait en une France forte et invincible. Aux nouvelles élections, en 1924, les radicaux et les socialistes s'étaient aisément emparés des Chambres. S'opposant violemment aux politiques menées jusque-là, le Cartel des gauches avait adopté une posture plus sociale, mais sans parvenir à résoudre les problèmes financiers qui avaient largement déterminé la chute du Bloc national. La position délicate du gouvernement, aux prises avec une dévaluation croissante du franc et en rupture avec tous les cercles financiers, sera le point de départ de la crise politique qui conduira aux nouvelles élections de 1928 et au retour triomphal de la droite de Poincaré[27].

Bien que le président ait formé un gouvernement d'unité nationale qui veillait à maintenir la paix intérieure, les forces de droite avaient exercé une telle pression qu'elle pouvait influencer le programme politique du nouvel élu sur la stabilité financière et internationale. Un virage protectionniste, ainsi qu'un réseau accru de relations diplomatiques visant à sauvegarder le capital économique du pays, avait redonné espoir aux esprits les plus conservateurs. Dans ce contexte, qui dura jusqu'en 1932, les jeunes générations, toujours plus sceptiques face au parlementarisme républicain, commencèrent à rejeter le système classique des partis. Avec lui, le jeu politique traditionnel s'était en effet évanoui, détrôné par l'essor de nouveaux groupes. Nombre de mouvements ou d'associations s'étaient déjà créés. Ils se consacraient au militantisme politique, avec pour objectifs de promouvoir l'efficacité, d'assurer la paix, de limiter les pouvoirs du Parlement et de renforcer l'exécutif. De telles orientations avaient encouragé la naissance des « ligues », ces groupes de pression sociale et politique d'extrême droite qui s'appuyaient sur les idéaux antiparlementaires et dont les exemples majeurs sont les Croix-de-Feu ou la Fédération nationale des camelots du roi, groupe affilié au parti de l'Action française[28].

Il ne faut pas oublier le rôle joué par le krach boursier de Wall Street en 1929 et la longue dépression économique qui a marqué les années 1930. La crise internationale avait fait chuter les productions et les investissements, les prix et les salaires, et fait bondir le taux de chômage. Les répercussions économiques qui se manifestèrent en Europe à partir de 1930 avaient révélé un système politique toujours plus fragile, et favorisé l'émergence de mouvements nationalistes aux revendications territoriales, identitaires et raciales – les prémisses des grandes dictatures fascistes.

Le meilleur exemple d'organisation nationaliste radicale est l'Action française, que courtisait une certaine frange de la critique d'art. Fondée par Henri Vaugeois et Maurice Pujo en 1898, elle se rapprocha du monarchisme avec Charles Maurras, qui professait un nationalisme intégral. Le mouvement s'était rapidement distingué par son caractère antisémite. Dans les premières années du XXe siècle, il avait activement participé à ce « réveil national » qui promouvait un discours alarmiste face à la menace allemande – position qui s'était radicalisée pendant l'entre-deux-guerres[29]. Né à l'époque de l'affaire Dreyfus, il avait lancé une revue bimensuelle de petit format qui était devenue la tribune officielle du mouvement et joua un rôle déterminant dans les débats sur le capitaine. En 1894, Alfred Dreyfus, d'origine juive alsacienne, fut accusé d'avoir trahi la patrie en livrant des documents sensibles aux Allemands, et transféré sur l'île du Diable par le tribunal militaire. S'affrontèrent alors les « dreyfusards » (partisans de l'innocence du capitaine), représentés par la Ligue des droits de l'homme, et les « antidreyfusards » (partisans de sa culpabilité), représentés par la Ligue de la patrie française[30]. Dans cette confrontation, qui soulignait le poids de l'antisémitisme au sein de la société française, l'Action française avait joué un rôle fondamental précisément au moment où Émile Zola avait publié son « J'accuse » dans *L'Aurore*. Ce n'est pas un hasard si de nombreuses personnalités liées à ce parti furent de fervents antidreyfusards. Pensons par exemple à Maurice Barrès, Charles Maurras ou encore Édouard Drumont. Dès sa création, le mouvement s'était réjoui de la condamnation du capitaine et avait contesté le décret de grâce dont il avait bénéficié : à ses yeux, ce Juif était un traître[31]. Pour justifier ses positions antisémites, Maurras lui-même avait utilisé l'affaire Dreyfus afin de démontrer, au fil de virulents articles, le danger juif pour la société française[32].

Dans ce contexte s'était diffusé un mouvement de droite fortement nationaliste. Après la Première Guerre mondiale, la naissance des Camelots du roi et une politique toujours plus orientée à droite avaient ravivé la rancœur envers l'étranger et le Juif. Il suffit, par exemple, de penser à l'héritage de Drumont[33] à la fin des années 1920 : son texte antisémite *La France juive* comme ses autres

« best-sellers », *La Fin du monde* ou *La Dernière Bataille*, étaient toujours plus en vogue dans les cercles conservateurs. Dans l'entre-deux-guerres, certains des collaborateurs de *La Libre Parole* – revue où Drumont avait publié ses premières réflexions antisémites – contribuèrent à sa relecture. Des personnalités telles que Jean Drault, Albert Monniot, Lucien Pemjean et Urbain Gohier s'étaient appliquées avec ferveur à faire redécouvrir ses idées ainsi que celles de Barrès[34]. Les politiques protectionnistes mises en œuvre pour combattre une crise financière qui ne cessait de s'aggraver reprenaient directement certains principes du nationalisme français de la fin du XIXe siècle. Barrès était l'exemple parfait de l'intellectuel politisé de droite engagé dans la défense de la patrie. Il avait insisté à plusieurs reprises sur une forme esthétique de narcissisme, principale caractéristique de la politique conservatrice exprimée dans ses « trilogies romanesques » du début du siècle, tels *Le Culte du moi*, le *Roman de l'énergie nationale* et *Les Bastions de l'Est*[35]. Il n'est donc pas étonnant de constater des références à l'univers protectionniste de l'écrivain. La question du travail et du chômage croissant avait été résolue en recourant à des mesures qui s'accordaient avec son credo. Son discours intitulé « Protection des ouvriers français », publié en 1893, contient en effet un passage digne du protectionnisme économique le plus intransigeant :

> « Mais si, contrairement à l'opinion des économistes orthodoxes et des socialistes collectivistes, on pense que l'idée de patrie est belle, bonne, légitime, il convient que l'influence de cette conception se fasse sentir en économie sociale, de même qu'elle se fait sentir dans la politique, dans l'éducation publique, et on arrive à cette conclusion que la planète n'est pas un atelier, mais une collection d'ateliers ayant des intérêts peut-être solidaires, mais distincts[36]. »

Malgré son caractère cosmopolite, le panorama artistique du Paris des années 1920 devait se confronter à ce contexte social et politique spécifique. Le cas de Mauclair ou de Feuillet confirme l'existence de liens solides entre l'art, la critique, le collectionnisme, les partis, les « ligues » et les groupuscules extrémistes, dont l'Action française est l'exemple le plus évident. Si les liens entre l'idéologie politique et les orientations esthétiques ont donné lieu à un certain nombre de contributions historiographiques, les incidences sur la construction de la pensée critique méritent une analyse plus exhaustive qui prenne en considération la vaste production de ces années-là.

Vers 1910, Louis Vauxcelles (ill. 3) affirme que le critique d'art idéal ne doit pas être un théoricien au ton ennuyeux et sévère, savant et technique, mais un

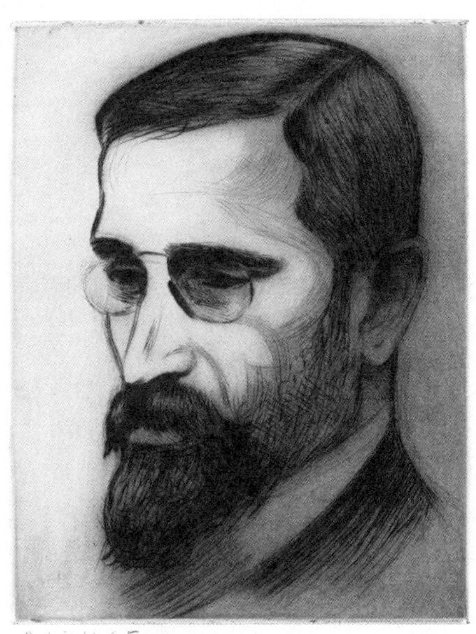

3 Raphaël Schwartz, *Portrait de Louis Vauxcelles*, 1912, estampe, 29,5 × 22,5 cm, Paris, Petit Palais, musée des Beaux-Arts de la Ville de Paris, inv. PPG1686

journaliste averti, en accord avec son temps. La nature des écrits sur l'art de cette période risque alors de changer en fonction de l'adhésion des auteurs à l'idéologie des forces intellectuelles dominantes[37]. Vauxcelles (Louis Mayer, écrivant sous le pseudonyme de Pinturicchio) en est un exemple. Il est né en 1870, à Paris, dans une famille d'origine juive ; après avoir suivi des cours d'histoire de l'art à la Sorbonne et à l'École du Louvre, il décide d'entreprendre une carrière de journaliste et commence à collaborer avec la revue *Gil Blas*. Son nom devient célèbre dès 1905 lorsqu'il applique le qualificatif de fauvistes aux artistes qui deviendront bientôt les « fauves », et se trouve également à l'origine de l'appellation du courant cubiste, ayant décrit en 1908 les œuvres de Braque comme un assemblage de cubes. Dans l'entre-deux-guerres, il continuera à jouer un rôle fondamental dans la diffusion de l'art contemporain en ne cessant de rédiger des préfaces ou des articles consacrés à des artistes contemporains. Ses écrits paraissent principalement dans *Le Carnet des artistes*, *L'Amour de l'art* (revue qu'il fonda), *Excelsior* et *Le Carnet de la semaine*[38].

La reconstitution de son travail dans les années 1920 requiert une contextualisation précise. Vauxcelles est l'un des exemples les plus flagrants des mutations poétiques dues aux influences sociopolitiques de la droite protectionniste. Après avoir soutenu la peinture d'avant-garde et un certain cosmopolitisme, il développa dans les années 1920 un discours conservateur aux accents xénophobes, très probablement influencé par le désir d'écarter tout soupçon quant à sa propre judaïté. Les traces d'accusations dont est souvent l'objet « le Juif Mayer » remontent à 1919 : on lui reprochait sa collaboration avec les « boches des ghettos allemands[39] ». En effet, outre ses origines déclarées, Vauxcelles avait participé aux polémiques de l'affaire Dreyfus, se rangeant du côté du capitaine. Ces positions, revendiquées avec conviction, lui avaient valu les attaques de personnalités comme Louis Dimier qui, en 1922, l'avait qualifié de promoteur délibéré d'un art étranger et juif en France[40]. Le critique s'était définitivement exprimé en faveur de l'internationalisme, se heurtant frontalement aux politiques dissuasives de Mauclair et de Feuillet[41].

Son parcours critique est par ailleurs marqué par un brusque changement de cap qui coïncide avec la rigidité politique de ces années. En 1923, proclamant toujours plus hautement son lien avec la tradition nationale, Vauxcelles avait ainsi approuvé le classement par subdivision nationale des artistes participant au Salon des Indépendants, qui devait se substituer à l'ordre alphabétique. Paul Signac, à l'origine de cette nouvelle mesure, avait provoqué ce que l'on nomma la « querelle des Indépendants ». La polémique qui surgit à la suite de cette répartition par nationalité prit des proportions inattendues. L'inquiétude quant à l'étranger, et son influence supposée néfaste sur l'« autochtone », l'avait emporté sur le modèle internationaliste dans une société toujours plus hostile au dialogue. Marcel Gromaire, Moïse Kisling, Fernand Léger, Jean Metzinger, Marc Chagall et Léopold Survage avaient signé une pétition pour s'opposer à un tel choix. Léger, l'un des plus fervents adversaires de cette mesure, avait dénoncé « un caporalisme égalitaire et un libéralisme de mascarade[42] ». Il avait alors quitté le comité tandis que d'autres, tel Kisling, se demandaient quel comportement adopter face à ces nouvelles directives.

Vauxcelles, en pleine querelle, avait alors publié clairement sa position protectionniste ; « Hélas ! Où sont les xénophobes ? » parut en 1923 dans *Le Carnet de la semaine* :

> « Il paraîtrait [que la décision] a soulevé d'indignation le Tout-Montparnasse des Empires centraux. Et j'apprends qu'il se prépare à *La Rotonde*, où se parlent tous les dialectes du monde, et parfois même le français, un grand monôme, suivi d'un meeting de protestation contre les nationalistes du comité des "Indépendants". [...] Il ne s'agit point ici de politique chauvine, d'expulsion ou autres pogroms (un pogrom décrété par moi, cela ne manquerait point de piquant). Hé non ! Ne transformons point en problème politico-financier une simple mesure, disons d'hygiène, de salubrité, qui vise à la bonne tenue, à Paris, d'un quarteron de Moldo-Valaques. Et si je suis qualifié de réactionnaire, tant pis pour moi[43]. »

La position du critique semble paradoxale. Après avoir soutenu les colonies d'artistes étrangers actifs à Paris, il adhère à des choix institutionnels teintés de xénophobie. En niant l'importance des questions politiques et financières, il fait bien plus qu'affirmer leur influence, il confirme l'importance de la pression idéologique sur sa décision. La rhétorique de la « salubrité » et de l'« hygiénisme » avait en effet été employée en grande partie par les protagonistes de la scène artistique de l'après-guerre désireux de retrouver un ordre qui, à leurs yeux, semblait désormais perdu. Les Salons étaient devenus les tribunes des opinions populaires, où il n'était pas souhaitable de tomber sur l'omniprésent Vauxcelles[44].

La conséquence directe de ces affirmations est visible dans son soutien indéfectible à la défense et à la promotion du mythe de l'École française. En 1925, toujours dans *Le Carnet de la semaine*, il condense toutes ses préoccupations sur le futur de la tristement célèbre « école » :

> « Une horde de barbares s'est abattue tel un fléau, telle une pluie de sauterelles sur Montparnasse et, des estaminets du 14e, descendue rue La Boétie en poussant de rauques cris de guerre germano-slaves... D'autant plus que la culture de ceux-là est de si fraîche date ! Sont-ils du village ? Non. Quand ils parlent de Poussin, connaissent-ils le maître ? Ont-ils jamais vraiment regardé un Corot ? Ou lu une poésie de La Fontaine ? Ce sont des gens d'ailleurs qui ignorent (et dans le fond de leur cœur méprisent) ce que Renoir appelait la gentillesse française, soit les vertus de tact, l'analyse nuancée de notre race... Ce peintre [Segonzac] indique aux égarés la bonne vieille route française. Le péril est conjuré et sauf l'honneur de l'École française[45]. »

Durant ces années, les attaques contre l'artiste étranger se font toujours plus dures et rejoignent les réflexions historiques d'un certain académisme français.

En outre, chevauchant subrepticement la rhétorique antigermanique, le critique semble confirmer les orientations de la politique internationale française qui s'est incarnée dans l'invasion de la Ruhr. En voulant défendre l'héritage de l'école artistique nationale, Vauxcelles utilise un ton national-patriotique caractéristique de l'Action française, comme le montrent certains passages emblématiques reproduits dans l'avant-propos du catalogue de l'exposition de Janus Januszewski organisée dans la galerie Armand Drouant en 1927 :

> « Parmi les artistes étrangers qui résident chez nous, j'en vois de deux sortes : les uns, débarqués il y a six semaines des rives du Vadar ou des Monts Carpathes, établissent leurs quartiers d'hiver à la Rotonde ; puis, de ce bastion, descendent en bataillons serrés à la conquête de Paris ; ils sont pressés, ne s'embarrassent ni de talent ni de scrupules, campent fiévreusement sur notre sol, se hâtent d'en extraire tout le minerai possible. Oserai-je traiter ces personnages encombrants d'indésirables ? Ma foi, pourquoi ne pas l'oser ? D'autres sont venus en France depuis quinze ou vingt ans, attirés par le renom glorieux de notre école ; ils se sentent en communion de cœur et d'âme avec nous[46]. »

Il introduit ainsi deux profils d'artiste étranger, le profiteur et l'assimilé, et définit la différence fondamentale entre ses compagnons d'aventure, installés depuis longtemps à Paris et donc parfaitement intégrés à la culture française, et les nouveaux arrivants, traités avec mépris et dépeints comme de purs arrivistes. L'École de Paris retourne ainsi au centre des accusations, au point de contraindre Vauxcelles à confirmer en 1929 sa xénophobie avérée :

> « Ils sont pour la plupart venus des pays slaves, scandinaves, hollandais et tchécoslovaques ; nombre d'entre eux théorisent plus volontiers qu'ils ne peignent ; habiles en affaires, rompus à toutes les combinaisons, ils vont d'un marchand à l'autre, se poussent dans la vie, et jouent des coudes avec autorité. Ils apparaissent, oserai-je dire sans qu'on puisse me taxer de xénophobie, assez encombrants[47]. »

Warnod s'était lui aussi exprimé sur de tels sujets, mais, comme on peut le deviner, il avait adopté une position plus tolérante qui s'appuyait à nouveau sur l'assimilationnisme. Sa défense consistait à valoriser les nombreuses naturalisations d'artistes étrangers et leur admiration pour la culture française, caractéristiques indispensables de « francité » :

> « Qu'il y ait des indésirables à Montparnasse et ailleurs, c'est bien certain. Mais les peintres qui ont acquis leur culture en France, qui ont toujours vécu à Paris, doivent-ils être traités de la même façon ? Et puis, il y a la question des naturalisations, la question de la guerre. Un étranger qui s'est engagé n'est-il pas devenu français[48] ? »

Pour les partisans du nationalisme extrême, l'acquisition de la nationalité n'avait pourtant aucune importance. Le processus d'assimilation était insuffisant, car les valeurs culturelles, comprises dans ce cas selon leur variante « ethnique », n'étaient transmissibles que par l'hérédité. La condition de l'étranger, et plus encore celle du Juif, ne pouvait être distinguée d'un simple amour de la patrie adoptive[49]. Ainsi, un bon nombre des artistes de l'École de Paris étaient devenus la cible d'une critique qui tendait à imposer une certaine forme de marginalisation sociale. Prenons l'exemple de la Ruche : on s'en souvient comme d'un lieu de création et de dialogue, mais elle reflétait une certaine marginalité économique et sociale. Il s'agissait d'un ghetto du XVe arrondissement, comme le rapporte Jeanine Warnod dans un chapitre intitulé « La Villa Médicis de la misère[50] ». Cette « cité d'artistes » du passage Dantzig, inaugurée en 1902 par Alfred Boucher, s'était rapidement peuplée d'artistes à la recherche d'un atelier ou, plus simplement, d'un refuge. À l'époque précédant la Première Guerre mondiale, elle avait en effet accueilli Fernand Léger, Robert Delaunay, Amedeo Modigliani et Roger de La Fresnaye, pour s'ouvrir ensuite aux artistes venus de l'Est, dont Marc Chagall, Moïse Kisling, Pinchus Krémègne, Morice Lipsi, Michel Kikoïne (ill. 4)… La plupart avaient rencontré des difficultés financières en raison d'un marché de l'art qui, dès la seconde moitié des années 1920, avait commencé à favoriser de plus en plus nettement les peintres français. L'atmosphère avait changé et même André Salmon, protagoniste de l'art vivant si célébré, avait envisagé le retour des « métèques » dans leur patrie pour la défense et la sauvegarde des autochtones[51].

Les liens entre l'art et l'idéologie démontrent l'importance d'un événement charnière comme la Première Guerre mondiale, qui entraîne un changement drastique de la société. Le désir de calme et d'ordre qui s'était imposé après 1918 avait modifié le système des arts de la capitale cosmopolite qui, tout en préservant son image de croisement international, ne parvenait plus à dissimuler ses tensions internes. Cette époque est en effet marquée par de nombreux débats auxquels participe tout Montparnasse. L'enquête sur le « musée français d'art moderne », lancée par *L'Art vivant*, est emblématique à cet égard. En 1925, Florent Fels, alors à la direction de la revue, publie une enquête de Georges Charensol entièrement consacrée au musée français d'art moderne

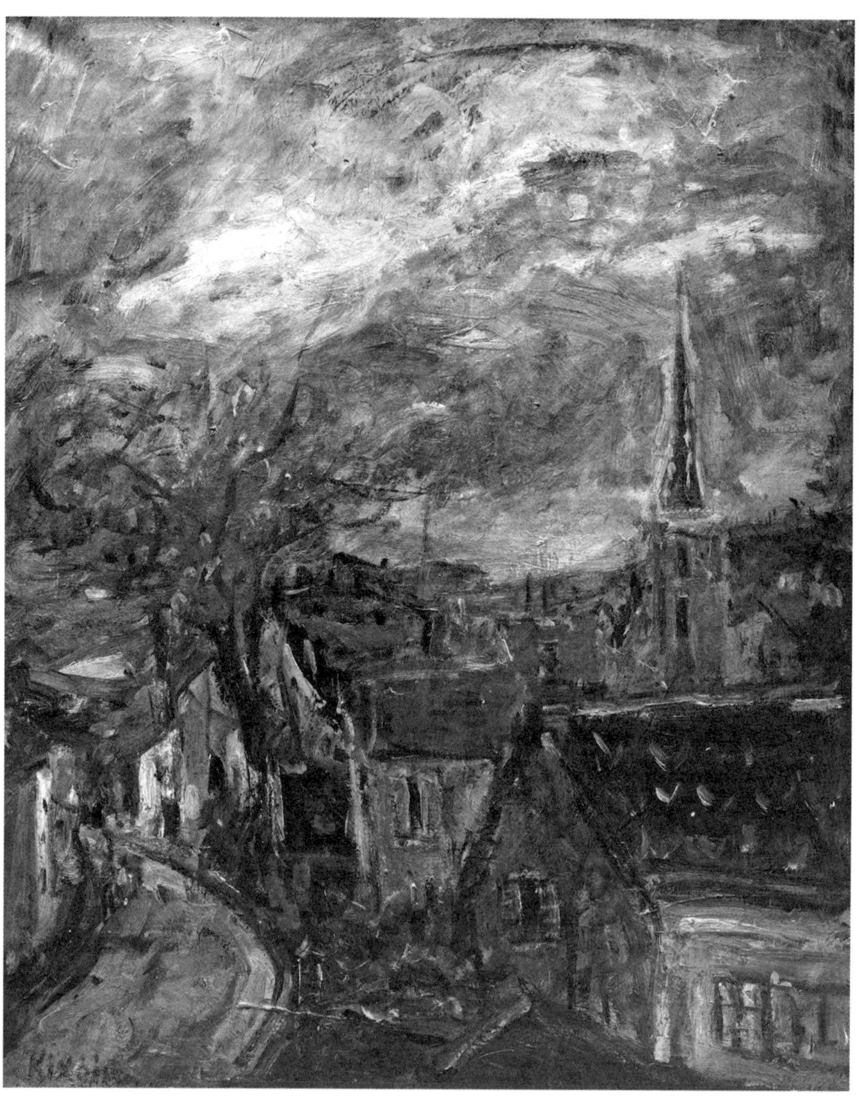

4 Michel Kikoïne, *Église de Gentilly*, s.d., huile sur toile, 60,8 × 50 cm, Paris, musée d'Art et d'Histoire du Judaïsme, inv. 98.05.003

qu'était le musée du Luxembourg. Depuis 1818, cette institution s'était ouverte à la production d'artistes vivants pour promouvoir les œuvres d'art contemporain avant leur entrée au musée du Louvre. Petit à petit, et plus précisément vers la fin du XIXe siècle, certains problèmes logistiques avaient suscité une réflexion sur l'utilité du musée. Les capacités limitées des espaces, ainsi que les premières oppositions entre école nationale-académique et école internationale, avaient conduit à repenser ses fonctions. En 1922 se concrétise finalement l'hypothèse du transfert des écoles étrangères contemporaines dans le tout nouveau musée du Jeu de paume, ce choix s'accorde avec le changement des critères d'exposition des Salons des Indépendants[52].

L'enquête veut solliciter les réactions des personnalités actives dans le panorama artistique et culturel, dont de nombreux intellectuels, écrivains, critiques et marchands d'art. Charensol rédige un questionnaire qui semble subtilement transcrire les inquiétudes de l'époque :

> « Faut-il transformer le Luxembourg ? Ou fonder un nouveau musée ? [...] Faut-il y admettre les meilleurs peintres français depuis cinquante ans, comme on l'a fait pour l'exposition actuellement ouverte au Pavillon de Marsan ? [...] Que pensez-vous de la création d'un “Musée français d'art moderne” ? [...] Quels sont les dix artistes - peintres et sculpteurs - actuellement vivants qui doivent y entrer les premiers[53] ? »

Ces interrogations tentent de problématiser la question du musée du Luxembourg en faisant cependant référence à certains événements révélateurs de l'air du temps, dont l'exposition d'art national « Cinquante ans de peinture française (1875-1925) » qui s'est tenue au pavillon de Marsan. L'exposition citée par Charensol avait fait l'objet d'un important article de Gustave Kahn dans le *Mercure de France*. Ce dernier y soulignait efficacement les qualités de cette opération : s'insérant à l'intérieur de ce projet de valorisation de l'École française mis en œuvre dès 1904 par Henri Bouchot, il examine l'existence d'un art national et ses critères de sélection[54]. Pour cela, l'une des nombreuses interrogations de Charensol porte spécifiquement sur les artistes étrangers. Le critique n'a pas hésité à poser la question provocante : « Faut-il admettre les artistes étrangers établis en France[55] ? » La réflexion nécessaire sur l'admission des étrangers aurait favorisé un éclaircissement quant à l'étiquette « française » du futur musée. Le problème résidait donc dans l'identification des œuvres et des artistes qui auraient pu correspondre à la définition de l'art moderne national.

À l'exception de René Gaffé[56], d'André Level[57] et de Léonce Rosenberg[58], favorables à la présence des étrangers, personne n'avait répondu à cette provocation, évitant de se prononcer à la première personne sur des thématiques si délicates et considérant presque comme acquise la division entre Français et étrangers. Tous avaient tacitement accepté de répondre à une enquête sur l'éventuelle construction d'un musée d'art français sans remettre en cause les fondements conceptuels et les éventuels critères de sélection qui, vu les présupposés de départ, auraient suivi la subdivision par nationalité[59].

Fels s'était déjà exprimé sur le musée du Luxembourg dans *Les Nouvelles littéraires*. Il y avait présenté les trois candidats à la direction du nouveau musée : André Salmon, Pierre Andry-Farcy et Louis Vauxcelles. Selon Fels, le candidat le mieux placé était Vauxcelles, car il était parfaitement intégré au milieu de ce que l'on appelait « l'art vivant » et le plus habile à solliciter son réseau de contacts[60]. Le critique était convaincu de la nécessité d'un musée qui représenterait l'art contemporain français et permettrait aux étudiants et aux touristes en voyage à Paris de découvrir une gamme actualisée de propositions artistiques. Proche des jeunes artistes et se faisant quelquefois leur défenseur, il publia, en 1925 toujours, un recueil intitulé *Propos d'artistes*[61] et consacré aux protagonistes de la scène artistique contemporaine. Il y présente l'œuvre de nombreux artistes, dont beaucoup sont étrangers et juifs – ces derniers étant principalement représentés par Chagall et Kisling. Là se reflètent les fréquentations cosmopolites de la direction d'une revue qui avait principalement révélé son ambition internationale. Dans l'introduction à l'entretien avec Chagall, il est en revanche curieux de trouver un passage où le critique explique que « le goût véritablement français » du peintre s'exprime sans concessions, tout en accompagnant le texte d'une reproduction de la *Fête juive* – hommage évident à la culture juive et à la figure du rabbin (ill. 5). Ce discours produit une confusion qui témoigne en réalité de l'incongruité créée par les premiers débats stériles voulant marginaliser les présences étrangères dans la capitale française. Chagall lui-même, malgré l'attachement indiscutable à ses origines russe et juive, sent qu'il fait partie de la culture artistique française, comme l'indiquent les premières lignes de l'entretien où il affirme, à propos de ses années de jeunesse : « J'ai trente-cinq ans. Je suis né à Witebsk, mais je suis né aussi à Paris[62]. » Plus tard, il confesse également son amour inconditionnel pour la capitale et s'attarde sur le caractère national de son art comme de lui-même : « L'art est international, mais l'artiste doit être national. Braque, pour moi, représente, au plus haut point, la tradition française[63]. » Tout en louant l'esprit français, Chagall souligne l'importance de l'appartenance nationale de l'artiste en prenant Braque pour exemple à un moment où le courant conservateur de la critique l'avait pourtant associé à l'invasion des « boches[64] ».

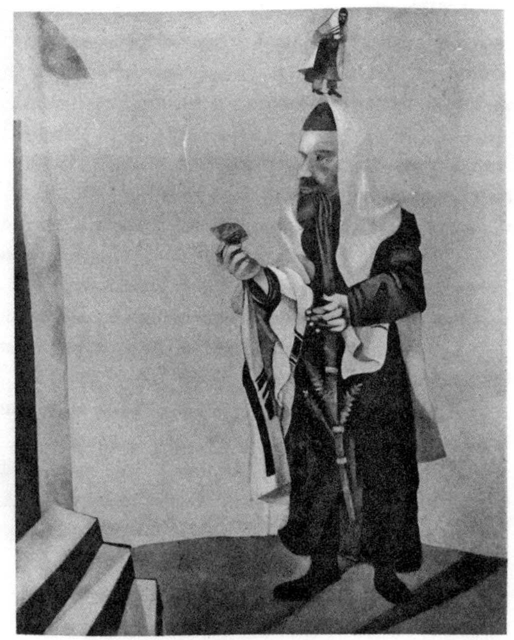

Photo Marc Vaux

FÊTE JUIVE

5 Florent Fels, *Propos d'artistes*, Paris, La Renaissance du Livre, 1925, p. 33 avec une reproduction de Marc Chagall, *Fête juive (rabbin avec un citron)*, 1914

Si Gaffé, Level et Rosenberg, sollicités dans l'enquête, plaidèrent pour une ouverture aux artistes étrangers, d'autres critiques et marchands éludèrent le problème en engageant des polémiques plus larges. Basler saisit ainsi l'occasion pour fustiger la politique du musée du Luxembourg, trop liée au Salon des artistes français[65], critiquant discrètement le chauvinisme français ; Flechtheim insista sur l'importance des rues La Boétie et Laffitte, les présentant comme de véritables centres d'art contemporain puisque « les artistes de [son] époque ne se trouv[aient] que chez les marchands[66] » ; Kahnweiler, sceptique quant aux possibilités réelles de repenser le musée, était plus enclin à promouvoir la construction d'une nouvelle institution[67], alors que Vauxcelles, le favori parmi les candidats, exprima ses réserves sur la gestion de ce qui serait devenu le nouveau centre pour l'art contemporain français[68].

La seule réponse provocatrice sur la présence des artistes étrangers – et, dans ce cas, juifs – est celle de Kisling. Contraint d'établir la liste des dix artistes qui auraient dû faire partie de la collection, il écrit :

> « Mais si tout de même on crée ce musée français d'Art moderne, voici quels sont, à mon avis, les dix peintres qui doivent y entrer les premiers : Simon Lévy, Léopold Lévy, Rudolph Lévy, Maxime Lévy, Irène Lévy, Flore Lévy, Isidore Lévy, Claude Lévy, Benoit Lévy et Moïse Kisling[69]. »

L'ironie avec laquelle il propose ses candidats reflète sans doute un ressentiment face aux débats qui tendaient à considérer l'École de Paris comme une école exclusivement juive[70]. L'artiste était en effet l'une des figures les plus emblématiques de Montparnasse. Dans son appartement de la rue Joseph-Bara se retrouvaient des artistes fraîchement – et difficilement – arrivés à Paris et désireux de profiter de l'atmosphère des « années folles[71] ».

Il faut enfin mentionner la voix de Waldemar-George qui, dans ses « réponses », maintient avec assurance sa position en faveur de la constitution d'un musée d'art moderne français, mais « en marge du Luxembourg[72] » – proposition en accord avec celle de Kahnweiler. Son silence sur la présence étrangère est révélateur si l'on songe qu'un an auparavant, dans *L'Amour de l'art* – dont il était secrétaire –, il s'était élevé avec véhémence contre la réorganisation des écoles nationales du Salon des Indépendants[73]. Le critique, d'origine polonaise et juive, tient un rôle singulier dans ce débat qui lui permet d'exprimer quelques considérations de nature plus générale. Promoteur du cosmopolitisme artistique représenté par l'École de Paris dès la fin des années 1920, poussé par une soif insatiable d'assimilation, il plaide pour la tradition picturale française. Ainsi, en décembre 1931, il commence « L'enquête sur l'art français » dans *Formes*[74]. Cette revue, fondée à la fin de l'année 1929, était active dans le champ de l'art contemporain comme de l'art ancien. Son orientation s'accordait avec les injonctions traditionalistes de l'époque qui avaient pris le dessus sur l'idéologie progressiste. L'enquête n'est pas apparue par hasard dans ces pages qui nourrissaient l'élaboration d'un nouveau concept d'art français. De nombreuses personnalités, parmi lesquelles Henri Focillon, Jean Babelon et Roger Fry, avaient ainsi pris part au débat. Waldemar-George s'était également prononcé en tentant de voir dans l'art français un esprit universaliste. Selon le critique, une telle caractéristique aurait permis à la peinture nationale d'assimiler les vertus des écoles étrangères jusqu'à atteindre l'apogée de l'art européen[75]. Six ans après les débats dans la revue *L'Art vivant*, Waldemar-George avait donc proposé une nouvelle enquête qui systématisait et renversait ses positions de 1925.

En quelques années, xénophobie et antisémitisme pénétrèrent les milieux intellectuels et déclenchèrent une « chasse à l'étranger ». Si les débats sur le classement par nationalité au musée du Luxembourg et au Salon des Indépendants avaient déjà laissé échapper quelques diatribes antisémites, l'année 1925 voit apparaître un discours de plus en plus brutal à l'encontre des artistes juifs. En témoigne la publication d'une série d'articles sur l'art juif dans le *Mercure de France*.

Les débats autour de l'art juif

Le *Mercure de France* comme *La Nouvelle Aurore*, ainsi que d'autres revues du Paris de l'entre-deux-guerres, s'exprimèrent au sujet de l'art et de la judaïté. Ainsi vit le jour un débat provocateur, qui tournait autour d'une question principale : existe-t-il un art juif ? Cette interrogation est d'ailleurs devenue le titre d'un livre de Dominique Jarrassé, où l'auteur cherche à mettre en lumière les racines historiques et les conséquences contemporaines d'un débat toujours fébrile[76]. Il analyse et contextualise les réactions issues de la polémique lancée par Fritz Vanderpyl, qui avait clairement pris position contre « l'art juif ». Tout en renvoyant le lecteur aux conclusions de Jarrassé, il nous a semblé opportun d'examiner les écrits parus dans le *Mercure de France* pour les mettre en relation avec d'autres expériences datant de cette même période. Une telle comparaison est en effet fondamentale pour comprendre la naissance de la revue *CAP*, dont le directeur, Marcel Hiver, avait décidé de se concentrer sur la question juive, fustigeant la présence massive des Juifs au sein de revues et de galeries d'art à Paris dans les années 1920. Un tel tournant semble être lié à une large diffusion de l'antisémitisme.

Dans un contexte politique toujours plus tendu, Vanderpyl publie le 15 juillet 1925 un article intitulé « Existe-t-il une peinture juive[77] ? » et provoque de vives réactions dans les pages spécialisées ou les revues proches des cercles juifs. Le critique, né à La Haye en 1876, arrive à Paris en 1900 et se met à fréquenter le cercle d'Apollinaire. Après avoir combattu dans l'armée française au cours de la Première Guerre mondiale, il obtient la nationalité française. Il travaille comme guide au musée du Louvre et collabore avec les revues les plus importantes de l'époque, s'orientant vers un conservatisme de droite qui le rendra célèbre dans les années 1920[78]. Sa contribution sur la question de l'art juif aura eu pour mérite de susciter les réponses de certains critiques ambivalents tels qu'Adolphe Basler, Louis Vauxcelles, Waldemar-George et Gustave Kahn. Les accusations les plus virulentes contre l'art juif, jusqu'en 1925 au moins, concernaient la relation qu'il entretenait avec l'art contemporain et elles visaient la colonie d'artistes juifs de l'École de Paris. Vanderpyl avait ainsi relancé le débat en s'appuyant sur les racines historiques d'une dénonciation fondée sur le deuxième commandement de l'Exode qui interdit au peuple juif de représenter les idoles divines ou terrestres[79]. Une recherche philologique aurait donné plus de poids aux attaques qui, jusque-là, étaient selon lui purement idéologiques. L'article débute ainsi :

> « Allez visiter les galeries de peinture du Louvre, de bas en haut et d'un bout à l'autre, pendant autant d'heures que vous voudrez, examinez chaque toile ou panneau et chaque nom d'artiste écrit dessous, du XIIIe au XXe siècle, vous n'y trouverez pas une seule œuvre juive, exception faite – si vous voulez – pour une *Paysanne assise* et un *Effet de givre* signés C. Pissarro[80]. »

Le constat de l'absence juive dans les salles du Louvre est le point de départ d'une argumentation visant à démontrer un principe d'infériorité, exception faite de Pissarro[81]. L'instrumentalisation de la dimension religieuse devient alors fonctionnelle et discrédite les artistes massivement présents aux Salons. Vanderpyl poursuit :

> « Or, soudain, on voit les peintres israélites foisonner. Dans les Salons d'après-guerre, les Lévy sont légion : Maxime Lévy, Irène et Flore Lévy, Simon Lévy, Géo Lévy-Say, Alkan-Lévy, Isadore Lévy, J. Benoit-Lévy, Claude Lévy, Lévy-Franckel, sans compter ceux des Lévy qui préfèrent exposer sous pseudonymes d'assonance moins hébraïque – ce qui est assez dans la manière du juif moderne[82]. »

Le ton employé pour mentionner les artistes juifs révèle l'hostilité de l'auteur à leur encontre. Dans son ensemble, le discours est pénétré de stéréotypes et débouche naturellement sur la dénonciation du caractère spéculatif de l'art, de la critique et du collectionnisme. Vanderpyl fait évidemment appel à l'aniconisme juif pour décréter avec conviction : « Le juif est bon critique. Cela fait de rudes marchands, ces critiques, qui à l'échange des idées préfèrent – si la nécessité les y pousse – l'échange des choses[83]. »

L'art juif est envisagé à partir d'une histoire du déclin de la peinture moderne. « Depuis la naissance du fauvisme, l'utilisation excessive de la couleur d'abord, et de la décomposition géométrique des formes ensuite, a conduit la création à produire des œuvres obscènes, tristes et scatologiques, dans un esprit typiquement antifrançais[84]. » Selon l'auteur, c'est seulement grâce à de telles expérimentations que l'art juif a pu se développer librement. L'intention avec laquelle la peinture d'avant-garde s'est imposée dans le panorama artistique du début du XXe siècle autorise en effet les « primitifs » israélites à exercer librement une telle profession[85]. C'est ce que dit clairement ce passage :

> « Le Juif, mélancolique chercheur de vérité, juge sceptique de la chose établie, bourreau apitoyé, oiseleur des déshérités, a, sans doute, été tenté par ce nouvel axiome qui, niant le difforme dans la création, semble admettre toutes les déformations : c'était une raison de plus pour se faire peintre[86]. »

D'après le critique, l'art juif peut exister grâce aux conditions optimales dans lesquelles œuvrent les nouveaux immigrés à Paris, et « il ne pourra évoluer sans primitifs[87] ». Dans un tel paysage, fortement défaitiste, il y a pourtant une exception : Moïse Kisling. Grâce à Vanderpyl, l'artiste est loué en raison de la distance de son art avec l'« anonyme milieu judaïque[88] ». Les motifs de ce traitement particulier sont à rechercher dans l'amitié qui liait les deux hommes à l'époque, ou dans l'admiration que le critique vouait à l'œuvre de cet artiste; quoi qu'il en soit, les jugements de Vanderpyl sont influencés par des considérations purement subjectives.

Un mois plus tard, le 15 août, Pierre Jaccard reprend l'article de Vanderpyl avec des intentions plus philologiques. L'auteur tente ainsi de mettre en évidence l'essence de l'« étude » de Vanderpyl tout en en dénonçant la superficialité, due à un discours qui, selon lui, n'est pas fondé sur une solide analyse critique. Malgré ses réserves, Jaccard estime que les conclusions de Vanderpyl sont incontestables : l'artiste juif ne possède pas les capacités représentatives de la civilisation catholique française si vantée[89].

Cela énoncé, l'article souligne à nouveau l'absence d'une tradition picturale juive pour s'attaquer ensuite à l'abondante présence d'artistes juifs dans les Salons parisiens des années 1920. Selon Jaccard, le Juif, privé des sens de la forme et de la couleur en raison de sa culture aniconique d'origine, est incapable de produire une quelconque œuvre d'art[90]. À l'entendre, de telles

« lacunes » s'observent parmi toutes les populations sémitiques, au Moyen-Orient, dans la Corne de l'Afrique et en Afrique du Nord. Cette conception, tout d'abord formulée au sein des disciplines linguistiques, puis abandonnée par les études récentes, est au centre de la réflexion de Jaccard. Il justifie ainsi sa position : « Les Hébreux [...] ne furent pas seuls dépourvus de tout art plastique. Toute la race sémitique accuse le même défaut[91]. » L'allusion à l'histoire sémitique introduit une interprétation singulière des écritures sacrées. Jaccard prétend en effet :

> « Loin d'être une loi imposée à la nature, le second commandement du Décalogue apparaît au contraire comme l'expression légalisée d'une incapacité foncière de la nature hébraïque à représenter les formes et les couleurs, incapacité qui se retrouve d'ailleurs chez tous les Sémites. Les lois ont toujours leur origine dans la société, et non la société dans les lois [...]. Les législateurs hébreux érigèrent en devoir religieux et moral une tendance naturelle et spontanée de la mentalité sémitique[92]. »

De telles accusations révèlent une forte composante idéologique, fondée sur les analyses à caractère psychologique que le philologue et historien Ernest Renan a publiées au milieu du XIXe siècle. Dans son *Histoire générale et système comparé des langues sémitiques*[93], Renan insistait sur l'opposition entre culture grecque et culture sémite, et sur l'influence des conditions climatiques et géographiques sur les mentalités et les populations – thèse que reprendra Hippolyte Taine dans ses textes sur la philosophie de l'art. L'analyse tendait à montrer la façon dont les cultures se différenciaient par opposition : d'une part la Grèce « extravertie », de l'autre la Palestine « introvertie ». En présentant les conditions géographiques et l'opposition culturelle entre les deux civilisations, Jaccard reformule habilement ces postulats :

> « [...] le désert, par son accablante et morne uniformité, détermina cette tendance spiritualiste et monothéiste des peuplades sémitiques [...]. Le contraste entre les formes gracieuses et paisibles du paysage grec et l'uniformité du sol palestinien se retrouve identique entre le caractère serein des Grecs et l'âme profonde des Sémites[94]. »

Une relecture, désormais datée, de ces sources a conduit l'auteur à trouver de solides fondements à l'antisémitisme s'appuyant sur la dénonciation de l'abstraction endémique des artistes juifs. En faisant référence au discours de Renan sur la profondeur de l'âme sémite et en l'accompagnant d'une lecture d'un autre de ses textes célèbres intitulé *L'Antéchrist*[95], Jaccard prétend qu'une telle attitude pousse les Juifs à l'altération « typiquement orientale » des images. La déformation figurale à laquelle fait allusion Jaccard est, sans l'ombre d'un doute, celle qu'exerçaient les artistes juifs appartenant au milieu cosmopolite parisien de Montparnasse. Dans un contexte plus général, ils sont comparés aux écrivains juifs, affligés d'une incapacité présumée à fournir des descriptions exhaustives, et contraints alors de donner libre cours aux potentialités d'abstraction typiques de leur « race ». L'article de Jaccard réintroduit donc une lecture antisémite qui tente en vain d'évoquer des sources faisant autorité, confirmant ainsi la caducité des fondements d'un discours essentiellement racial.

Adolphe Basler, Juif polonais, répond à la série d'articles parus dans le *Mercure de France* par un texte intitulé « Y a-t-il une peinture juive[96] ? ». Il dénonce le faux débat lancé par Vanderpyl et affirme qu'il n'existe aucun caractère ethnique dans l'art des Juifs, dans la mesure où ces derniers, ne résidant sur aucun territoire national, avaient été contraints d'assimiler le savoir des pays où ils avaient appris à peindre ou à sculpter. Il écrit :

> « Y a-t-il une peinture juive ? Non, répondons-nous. Il y a des Juifs qui ont appris à faire de la peinture et de la sculpture à Paris, à Berlin, à Munich, à Londres, à Amsterdam ; et il y a parmi eux quelques rares talents. Mais les talents sont toujours et partout fort rares[97]. »

Le critique semble s'opposer au racisme au profit d'une théorie qui refuse l'hypothèse de l'existence d'une peinture juive[98]. En parcourant à nouveau le débat sur l'art juif en France, Basler affirme que Modigliani, Mondzain, Feder et Kisling étaient des artistes français, ou qu'ils étaient de toute façon redevables à la culture française. Il se heurte en revanche à une difficulté majeure en ce qui concerne Chagall, qui recourait souvent à des sujets judaïques[99] :

> « Chagall, cet imagier de Witebsk qui, dans ses interprétations fantaisistes de la vie russe et judéo-russe, réunit la sauvagerie du moujik et l'esprit fol du jeune Juif s'étant abîmé les méninges à trop étudier le Talmud[100]. »

La véritable exception est en réalité Picasso, dont les « spéculations » ont, selon le critique, un caractère fortement talmudique et kabbalistique :

> « Le seul qui ait créé un art issu des spéculations d'une nature toute talmudique, n'est-ce pas Picasso, cet héritier des ornementistes abstraits arabes ou cabalistes juifs d'Espagne ? Réfléchissez-y[101]. »

En ramenant l'esprit « pansémitique » qui s'exprime dans le travail de Picasso à ses « lointaines origines juives » et à son « atavisme arabe », Basler suggère une improbable filiation juive du peintre. Il la met surtout en relation avec l'impossibilité de décrire son travail de façon univoque. À l'appui de ses affirmations, Basler rapporte une conversation qu'il aurait eue avec Picasso, où ce dernier lui aurait demandé si, dans sa peinture, il y avait « quelque chose de juif » :

> « C'est cet esthétisme dans lequel nous a embourbés Picasso qui me fit répondre un jour à la question posée par lui : Voyez-vous quelque chose de juif dans ma peinture ? – Pardi, tout votre cubisme n'est que du Talmud ! Est-ce à ses lointaines origines juives, est-ce à un atavisme arabe que Picasso doit cet art tout subjectif[102] ? »

Cette caractéristique rend l'œuvre de Picasso identique à une langue étrangère, comme le Talmud, ou à un langage secret et ésotérique, comme la Kabbale.

Salmon répond, quant à lui, de façon vague. En 1925, il écrit dans *L'Art vivant* : « Art juif ? Art national juif ? On en discutera [...]. Quelques artistes de sang juif ont pu, quelquefois, traduire un sentiment judaïque[103]. » La même année, la rédaction de la revue philosioniste *Menorah* consacre un article complet au débat du *Mercure de France*. Une étude sur l'histoire éditoriale de la revue a permis de reconnaître dans les initiales de l'auteur, M. A., le nom de plume de Gustave Kahn. Il s'était lui aussi demandé : « Mais pourquoi recherche-t-on s'il y a ou non une peinture juive ? » Reprenant ensuite l'article de Jaccard, il affirmait :

> « Comme le dit M. Jaccard, il est entendu que le judaïsme de jadis a préféré l'idéologie à la plastique. C'est vrai aussi pour les Arabes et les Persans, pour tous les participants du culte de la Bible jadis et encore maintenant du Coran. Actuellement, en Europe, il n'y a aucune raison pour que les aptitudes juives ne se développent pas. Leur productivité d'art s'augmente. La raison profonde, c'est qu'ils ne sont plus décidés à la laisser proscrire au nom de vétustes traditions religieuses. Si quelques-uns tâchent de trouver en eux des élèves de la tradition et de la race pour accentuer leur originalité, c'est leur droit. Pissarro n'y songeait point. C'était aussi son droit[104]. »

Kahn prend position contre la recherche des fondements religieux de cet art et tente de démystifier les interprétations historiques qui font de Camille Pissarro l'un des plus grands représentants de la peinture juive. Jarrassé prétend que Kahn avait retrouvé les traces du caractère juif d'une œuvre d'art dans le sujet représenté et, plus spécifiquement, dans son rendu tourmenté, au nom de ce judaïsme persécuté qui semblait être la marque de fabrique d'une telle peinture[105]. Il mentionne en outre que Lupus Blumenfeld, dans un article paru dans *L'Almanach de Paris* en 1926, avait repris cette piste en soutenant que les caractéristiques de l'art juif sont à rechercher dans la façon dont s'exprime l'« âme juive[106] », souvent synonyme de souffrance et de tourment.

À ce noyau de contributions, il est intéressant d'ajouter quelques éléments corollaires qui semblent compléter l'ensemble de ces lectures. Même un artiste tel que Marek Szwarc, Polonais d'origine juive, arrivé à Paris au début du XXe siècle, s'était attardé sur l'art juif dans *La Nouvelle Aurore*; il répondait aux accusations du *Mercure de France* par un article où il recensait tous les indices pouvant attester l'existence de cet art. Szwarc avait fait appel aux découvertes archéologiques (pensons à la synagogue ornée de Doura Europos en Syrie découverte entre 1921 et 1933, aux articles publiés sur les fresques des synagogues du Moyen Âge et aux nombreux manuscrits illustrés de Paris, Francfort, Vienne et Prague)[107]. Il avait même appelé à la construction d'un musée d'art juif.

> « L'Europe avait décidé que les Juifs n'avaient joué, dans l'histoire de l'art, aucun rôle. Nos amis croyaient nous défendre en invoquant le "Tu ne feras pas d'images". Nos ennemis contrevoyaient dans ce commandement un signe frappant de notre dégénérescence. L'apparition de quelques artistes juifs au commencement du XIXe siècle a, sinon ruiné, en tout cas modifié cette conception. [...] On en vint aussitôt à dire que les Juifs, en se réformant, s'étaient émancipés et européanisés; que l'influence religieuse était devenue moindre en eux, et que, après s'être libérés du commandement "Tu ne feras pas d'images", les Juifs avaient eu la possibilité de créer dans l'art plastique[108]. »

Szwarc revendique ainsi le droit à la représentation, cherchant à réfuter tout type de préjugé voulant dépeindre le Juif comme un inadapté à l'art.

C'est en définitive avec Vauxcelles, en 1932, que la question est relancée – à l'occasion de la publication d'une courte monographie consacrée justement à Szwarc, publiée par la maison d'édition Le Triangle dans une collection dédiée aux seuls artistes juifs. Le critique se déclare favorable à une vision assimilationniste et souligne quelles sont selon lui les interprétations infondées :

> « On serait assez tenté d'opter pour la thèse de l'assimilation. Les artistes, les écrivains – les critiques – juifs, nés à Paris, sont d'abord et toujours gens

> de France. Qu'ils doivent à leurs origines certaines subtilités d'antennes, soit – mais pas davantage[109]. »

En faisant référence aux œuvres du peintre, il poursuit :

> « L'art de Marek Szwarc est-il juif, au sens où l'entend M. Vanderpyl ? Goût de la déformation, de l'imagerie ? Oui, peut-être, mais la déformation d'un Marek Szwarc est pratiquée et accentuée – comme l'ont compris tous les grands artistes – selon le caractère, et c'est une nécessaire amplification des volumes ; il n'y a rien là qui révèle la marque sémitique : l'artiste se conforme aux lois éternelles. Héritier lointain d'artisans médiévaux, il use d'un graphisme fruste et vigoureux, non point entaché de naïvetés voulues, mais pathétique par la vertu de l'émotion religieuse que ce mystique ressent et veut communiquer. Parler de grimace, de bariolage oriental à propos des ouvrages sévères de Szwarc serait une plaisanterie sacrilège. Oriental ? Soit, puisque Szwarc s'est adonné à la figuration des thèmes bibliques[110]. »

À ce moment-là, et de façon surprenante, Vauxcelles met de côté ses accusations nationalistes et antisémites pour défendre le travail de Szwarc. En refusant la catégorie d'un art juif, qui est à ses yeux une sorte de sacrilège, il balaie d'un coup une décennie de condamnations antisémites.

De cette constellation complexe et stratifiée de propositions critiques sur l'art juif émerge en particulier un élément alarmant : l'exacerbation d'une hargne envers l'artiste juif et sa pratique. Jarrassé a fourni quelques clés de lecture pour comprendre le substrat idéologique qui a conduit jusqu'à ces débats. En effet, les réponses des critiques ou des historiens de l'art en disent plus long sur leurs positions politiques que sur l'art juif en lui-même. En ce qui concerne Montparnasse, il semble ainsi que ce faux débat cache les inquiétudes qu'inspirent les avant-gardes désireuses de supplanter les traditions, ou l'internationalisme qui aurait pu menacer l'art national. Les Juifs cosmopolites étaient alors décrits comme aspirant à détruire la tradition – thèse renforcée par le fait que les « Juifs » n'avaient, selon les visions les plus extrêmes, aucune tradition à défendre. Les craintes quant à la stabilité nationale se nourrissaient délibérément d'antisémitisme et utilisaient l'inaptitude artistique biblique du Juif pour dénoncer les œuvres des artistes de l'École de Paris[111].

La revue *CAP* (*Critique Art Philosophie*)

Si les débats sur l'art juif ont marqué l'année 1925, Marcel Hiver a parallèlement lancé une campagne contre les critiques et les marchands juifs qui animaient le milieu artistique de Montparnasse. Critique peu connu, Hiver a pourtant joué un rôle fondamental sur la scène internationale de l'époque. Tout en fréquentant assidûment les terrasses des cafés les plus à la mode comme la Rotonde ou le Dôme, il s'est attaqué au cosmopolitisme et a crié au complot juif. À cette fin, il a utilisé un organe de presse personnel, la revue *CAP* (*Critique Art Philosophie*) (ill. 6), dont le siège était situé à son domicile, rue Dareau, dans le quartier de Montparnasse ; il n'en reste que très peu de traces.

CAP se présente comme une « petite revue d'amateur », réservée à ceux qui écrivent pour le plaisir, en opposition à la critique journalistique et « vulgarisatrice ». Hiver revendique hautement l'indépendance de son entreprise, qui n'est soumise à aucune logique commerciale et qui pour cette raison peut se permettre, selon son fondateur, de publier des écrits échappant aux lignes éditoriales sujettes à des pressions externes. La revue propose ainsi des textes littéraires, philosophiques et critiques, accompagnés d'illustrations et de photographies. Fondée en 1924 et dirigée par le seul Hiver, elle s'éteindra en 1927 avec sept numéros à son actif. Dès le quatrième numéro, son ton se fait plus polémique et elle se transforme lentement en « un instrument d'élucidation, un outil intellectuel, un engin de combat » contre le système de l'art de Montparnasse, c'est-à-dire l'École de Paris. Dans la brève histoire éditoriale de cette revue, l'année 1927 est une étape importante : à l'occasion du lancement de son dernier numéro, *CAP* devient *Les Cahiers du CAP*, sorte de publication ultime où Hiver exprime, avec vigueur et en toute liberté, sa haine antisémite contre les critiques et marchands juifs. En un temps très court, où s'engagent les débats les plus fébriles sur la question de l'art et de la judaïté, il parvient à créer une revue indépendante et autogérée pour rappeler avec force sa désapprobation personnelle à l'égard des nouvelles organisations artistiques de la capitale française. Cas rare, sinon unique, d'un conservatisme autonome et anti-institutionnel, cette revue permet d'éclairer un aspect inédit de la « bohème » de l'époque, aux prises avec de multiples revendications nationales et identitaires.

Dès le premier numéro de *CAP*, l'objectif d'Hiver est clair – il s'agit de s'opposer au paysage éditorial ambiant :

> « Je ne méprise pas les journalistes, je les plains. [...] Forcés par les nécessités de l'information vulgarisatrice, de fournir un travail hâtif, de prendre une connaissance rapide, forcément superficielle et par conséquent incom-

préhensive d'une foule de choses hétéroclites, [le journaliste] renonce bien vite à toute extension approfondie et méthodique de la connaissance. [...] Quelle usure du tempérament intellectuel, quelle fatigue de la sensibilité chez les leaders un peu chevronnés du journalisme artistique et littéraire, chez un Raynal, chez un Salmon, par exemple, qui pourtant ne sont pas les premiers venus. [...] En tous les cas l'écrivain doit fuir le journalisme, tel qu'il est actuellement conçu. On peut se permettre d'écrire parfois un article de revue, mais ce n'est guère lucratif. [...]. On conçoit quel aspect il devrait présenter pour devenir une technique aussi loyale, aussi nécessaire, aussi méritoire que les autres. D'une part, une presse d'information stricte, sans verbiage, anonyme ; de l'autre, plusieurs grands Journaux-Revues, bimensuels ou même hebdomadaires, et qui tiendraient la masse du public au courant de tout ce qui arrive de neuf et d'intéressant dans toutes les branches de l'activité humaine [...] comme le font pour la littérature les *Nouvelles littéraires*, mais en restreignant encore le rôle du journaliste professionnel, du rédacteur en chef qui devrait se borner à faire le journal. Ces publications ne coûteraient pas cher, et constitueraient un puissant moyen de culture, car elles seraient rédigées par les meilleurs techniciens des activités auxquelles elles se trouveraient consacrées, par des artistes, des savants, et par une critique digne de son beau nom, qui est synonyme d'Intelligence[112]. »

Contrairement à Vauxcelles, selon qui le critique contemporain se consacrant à l'activité journalistique se révèle bien informé et efficace pour rendre compte des recherches les plus récentes et des expositions les plus à la mode, Hiver prétend qu'écrire sur l'art est une activité de « savants » ou de critiques dignes de ce nom, et dénonce explicitement ceux qui se bornent à rédiger des comptes rendus de discussions nées aux terrasses des cafés à Montparnasse. Malgré une telle posture, des noms tels que Jean Cassou, Georges Charensol, René Crevel et Florent Fels apparaissent dans les premiers numéros de *CAP*, conviés à participer à l'aventure qu'Hiver souhaitait mener contre la pratique la plus répandue des écrits sur l'art. Très vite pourtant, en raison de sa personnalité ambiguë et de son irascibilité, Hiver s'est isolé du reste de la communauté intellectuelle parisienne.

Hiver était en effet connu pour ses disputes et ses duels fréquents avec les principaux acteurs de Montparnasse ; il en rendait ensuite compte dans sa revue. L'un de ses affrontements les plus violents le met justement aux prises avec Vauxcelles, qu'il a décrit comme l'une des personnalités les plus excentriques et les plus narcissiques du carrefour Vavin. Pour répondre aux accusations du critique le plus célèbre de son temps, Hiver déploie toute son agressivité :

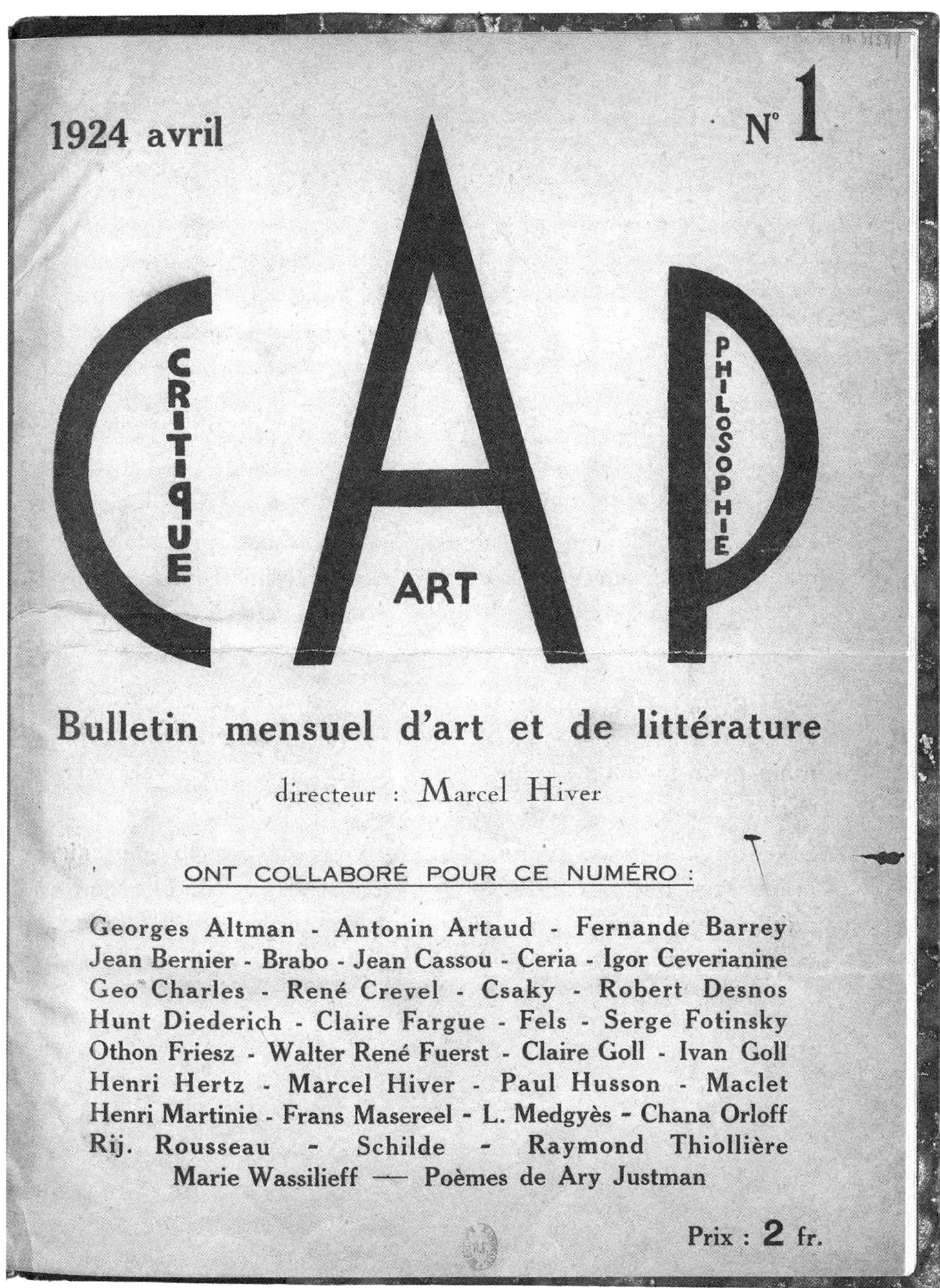

1924 avril N° 1

CAP

CRITIQUE ART PHILOSOPHIE

Bulletin mensuel d'art et de littérature

directeur : Marcel Hiver

ONT COLLABORÉ POUR CE NUMÉRO :

Georges Altman - Antonin Artaud - Fernande Barrey
Jean Bernier - Brabo - Jean Cassou - Ceria - Igor Ceverianine
Geo Charles - René Crevel - Csaky - Robert Desnos
Hunt Diederich - Claire Fargue - Fels - Serge Fotinsky
Othon Friesz - Walter René Fuerst - Claire Goll - Ivan Goll
Henri Hertz - Marcel Hiver - Paul Husson - Maclet
Henri Martinie - Frans Masereel - L. Medgyès - Chana Orloff
Rij. Rousseau - Schilde - Raymond Thiollière
Marie Wassilieff — Poèmes de Ary Justman

Prix : 2 fr.

6 *Critique Art Philosophie* [*CAP*]. *Bulletin mensuel d'art et de littérature*, n° 1, avril 1924, couverture

« Il est tout à fait impossible qu'un Vauxcelles puisse regarder d'un bon œil une petite revue qui prend pour de bon le parti des "naïfs" contre les "combinards", qui fait la guerre pour de bon aux industriels de la chronique artistique, et s'efforce avec des moyens matériels, malheureusement bien limités, de restituer à la critique un peu d'énergie, d'indépendance et de dignité. [...] Je n'ai jamais cessé d'éprouver à l'égard de M. Vauxcelles un mépris tranquille et réfléchi. Il m'arrive parfois de parcourir ses articles où se révèle, au premier coup d'œil, le "tour de main" d'un vieux chroniqueur qui a l'habitude de "faire le papier" – mais, également, hélas, la panne définitive d'une faculté de se sentir usé par cent mille prostitutions[113]. »

Hiver dépeint Vauxcelles comme un mercenaire de la presse, prêt à construire ses textes en fonction de directives éditoriales et de liens amicaux, comptant sur ses seules qualités de rédacteur habile. Il parle même de prostitution intellectuelle, dégradant son travail et exacerbant les dynamiques d'un système de l'art beaucoup plus complexe que ne le prétend l'article. Le langage utilisé par Hiver ne répond pourtant pas à de nouvelles formulations poétiques ou à de nouvelles propositions critiques, mais tend plutôt à promouvoir scandales et diatribes. Ainsi s'attaque-t-il à un autre collègue, Adolphe Basler. Dans ses deux contributions ironiquement intitulées « Bazleriana », Hiver prend pour cible le critique polonais qui, entre mai et juin 1924, est décrit comme un être médiocre :

« Je crois, pour parler franc, que M. Basler est un homme très intelligent, mais qui n'a pas le monopole de comprendre la "peinture". S'il me poussait à bout, je finirais par lui déclarer qu'il connaît la "peinture" comme un maquignon connaît le cheval et que le fait d'avoir tripoté beaucoup de toiles et d'en avoir vendu quelques-unes ne donne pas nécessairement des lumières sur la valeur des peintures envisagées non comme marchandise, mais comme poème et comme création. [...] Basler, un marchand de tableaux! Allons donc! M. Basler est un gentilhomme, un amateur qui consent parfois, en faveur de ses amis, à se dessaisir de quelques toiles en échange de quelque argent[114]. »

Dans le numéro suivant, daté des mois d'août et septembre, la réponse de Basler ne se fait pas attendre et se trouve reproduite dans la revue. Le critique emploie le même ton qu'Hiver, montrant ainsi la stérilité de ces disputes liées principalement à des questions de personne :

« Pourtant, mis à bout de patience, je vous ai déclaré, il y a un mois, au café du Dôme et en présence de nombreux artistes, que vous étiez un imbécile

> et nullement qualifié pour faire de la critique d'art. La lecture de votre revue, dont vous m'avez extorqué un abonnement, ne laisse plus douter qu'on a affaire à un crétin enragé d'être ignorant et de manquer des dons d'écrivain[115]. »

Si Basler a simplement inversé les accusations d'Hiver, ce dernier, en habile chef d'orchestre, décide de les publier, rendant probablement plus appétissante une revue qui avait en réalité quelques difficultés à survivre. La réponse du directeur est en effet ironique :

> « Phénomène ! [...] Merci pour les 15 francs, qui m'arrivent à point et d'une façon véritablement providentielle. Je vais faire un bon dîner à votre intention. Je continuerai à vous envoyer *Le Cap* – à titre gracieux[116]. »

Malgré le ton plutôt léger de ces échanges, assez peu dignes d'une revue de « savants », certains détails révèlent l'antisémitisme d'Hiver. Ainsi Basler, qui est juif, est-il décrit comme un trafiquant de marchandises au service de connaissances et d'amis, incapable de juger la peinture. En soulignant son attachement présumé à l'argent, le directeur de *CAP* reprend l'une des accusations les plus classiques contre les Juifs à l'époque.

Une autre personnalité visée par Hiver est bien évidemment Waldemar-George, qui présente le même profil « ethnique » que Basler. Dans un entrefilet intitulé « Les Belles Phrases », il est moqué pour une citation qui, sortie de son contexte, semble montrer une absence d'esprit d'analyse :

> « "Un tableau est une surface plane recouverte de couleurs" (Maurice Denis). Dix ans de pataphysique aboutissent à ce truisme idiot, que M. Waldemar-George cite avec une gravité désopilante. (Préface au catalogue de l'exposition Choubine[117]). »

Vauxcelles, Basler et Waldemar-George, trois critiques très actifs à Montparnasse durant ces années, tous trois d'origine juive, étaient devenus des cibles privilégiées pour Hiver et étaient présentés comme des partisans avérés de la dégénérescence critique de l'époque contre laquelle *CAP* devait se battre. Si le mépris toujours plus agressif envers l'« art vivant » – pour reprendre la définition forgée par Salmon dans son texte paru en 1920[118] – était évident, il n'en demeurait pas moins inexplicable à la lumière de sa fréquentation assidue des cafés de Montparnasse. Les raisons semblent surtout en être son hostilité de plus en plus farouche à la diversité. Dans son livre sur les revues d'art à

REVUES *(suite)*

Dans le même numéro de la *Vie des Lettres*, M. Léonce Rosenberg, consacre quelques pages, dont la documentation fait au Larousse une concurrence déloyale, à l'histoire de cette race d'animaux presque fossiles qu'on appelle « amateurs » et dont M. Rosenberg lui-même nous apparaît, quand on a fini de lire son article, comme un exemplaire — très « évolué ».

Sans « amateurs » pas d'art — et croyez-le bien, M. Rosenberg, c'est le « marchand » qui a tué « l'amateur ». Que de choses à écrire sur le rôle faste et néfaste du « marchand » dans la peinture moderne ! nous y reviendrons.

Nous trouvons ensuite un article de M. A.-P. Gallien « le peintre à la ligne noire » n'est pas seulement un excellent technicien du bois gravé mais un écrivain plein de verve. Son article intitulé « l'art pour l'art » bien qu'un peu fumeux, révèle un tempérament. Plus loin M. Waldemar-George nous inflige une dissertation bien raisonnable, bien plate sur Rodin, Bourdelle, Maillol, Brancusi, avec un petit mot aimable pour chacun : pour finir, sur cet étang, apothéose de Lipchitz avec feux de Bengale !

Quelques pages ensuite de M Pierre Bourgeois sur le « Lyrisme moderne », brutales, incohérentes, sans pensée profonde.

« Le critérium lyrique est l'utilité » écrit M. Pierre Bourgeois. Comment peut-on prononcer des affirmations aussi sommaires, aussi incomplètes. Ce pragmatisme primaire est très fâcheux. Votre formule, Bourgeois rend compte de la beauté d'une roue d'auto, d'une carène d'avion, d'un building de ciment armé, mais ce n'est pas une beauté « lyrique ».

Est-ce en fonction de ce concept d'utilité (si vague, si sujet à mal entendus) qu'on appréciera le « Printemps » de Botticelli, ou « L'Exhortation a l'amour » du Titien, ces parfaits poèmes. Tout un Pôle de l'art vous échappe, mon cher Bourgeois, à vous comme à d'autres, comme à Jeanneret, qui a écrit sur le style moderne de si fortes pages, mais qui a le tort de vouloir nous faire prendre pour des tableaux un lavis d'ingénieur, ou une épure d'architecte. Plus fortes, plus lucides et compréhensives sont les pages consacrées par M. Nicolas Beauduin « à la Nouvelle conscience poétique et à ses moyens nouveaux d'expression ». C'est avec fruit qu'on lira ces réflexions pénétrantes sur la poésie moderne sur ce nouvel « Humanisme » que M. Beauduin a nommé « Cosmogonique » et dont il nous a donné quelques expressions lyriques assez réussies.

— Au sommaire de ce numéro d'autres articles encore de Fernand Léger, Speth, Harlaire, Ivan, Goll, Soupault.

M. Gabriel Brunet s'exprime d'une façon judicieuse sur le « malaise de la critique ». Depuis deux ans, avec des moyens matériels d'expression malheureusement bien limités, je n'ai pas cessé moi-même, de répéter que la maladie de l'art moderne, comme d'ailleurs celle dont souffre la civilisation européenne tout entière, est un abaissement profond des facultés critiques.

Il faut constituer avant tout une sévère critique de la critique, et porter la guerre dans la République des camarades.

●

A ce même propos, j'ai lu avec plaisir dans un numéro récent du journal Interventions (dirigé par l'authentique et très moderne poète qu'est Paul Dermée, un article de M. Gérard de Lacaze-Duthiers sur la « réforme de la critique ». Je me réjouis de voir le penseur et l'esthéticien qu'est M. Gérard de Lacaz-Duthiers présenter des vues si proches des nôtres, et pousser l'indulgence jusqu'à reprendre (d'une façon peut-être un peu trop discrète), les termes mêmes dont nous nous étions servis dans un article paru dans la revue Montparnasse, vers mai 1923.

Je me permettrai de faire observer à M. Gérard de Lacaze-Duthiers qu'il ne s'agit pas seulement de disserter dans l'abstrait, de se mouvoir dans le vide des généralités sur la bonne et la mauvaise critique, avec cette facile supériorité de point de vue d'un esprit qui refuse de participer à tout engagement. Il faut avoir le courage de prendre soi-même parti, d'assumer des responsabilités, en faisant de la critique personnelle, en prononçant des louanges et des blâmes nominatifs, en exécutant des tirs de destruction sur des buts précis. On demande des athlètes, et non des faiseurs de périodes; des artilleurs et non des sermonnaires.

Marcel HIVER

DOCUMENTS D'ANTHROPOLOGIE MONTPARNASSIENNE

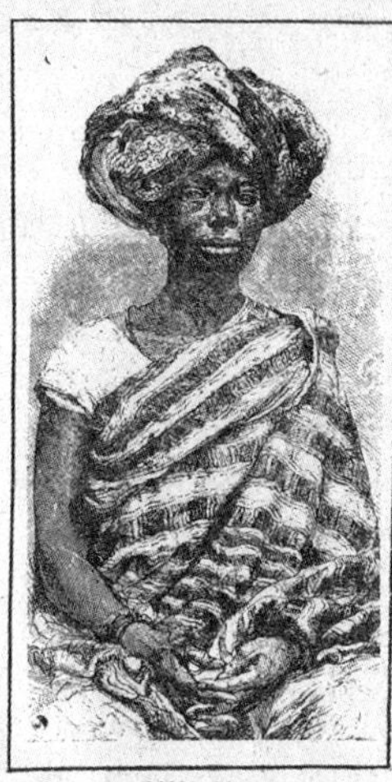

AYS. HA

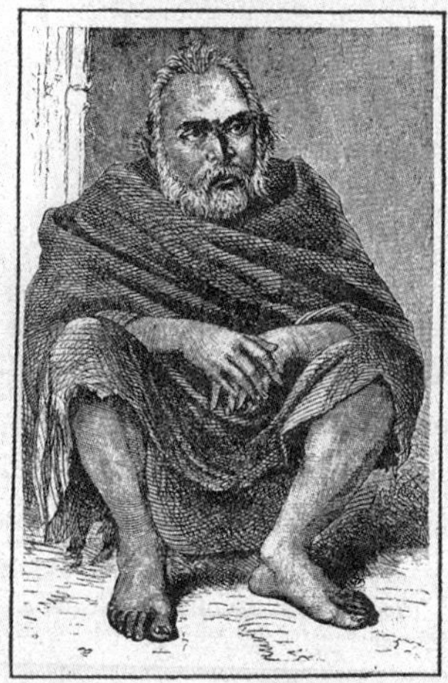

MITR. NI

7 Anonyme, *Ays. ha* et *Mitr. ni*, illustrations dans « Documents d'anthropologie montparnassienne », *CAP*, n° 1, avril 1924, p. 16

Paris, Yves Chevrefils Desbiolles évoque ces diatribes, décrivant Hiver comme l'*alter ego* de l'écrivain antisémite Léon Daudet. *CAP* est comparé à *Forum*, un autre support qui véhicule le credo antisémite en pourfendant le système de la critique et du marché de l'art parisien. Selon Chevrefils Desbiolles, de telles réactions sont dues à un événement capital : l'« Exposition internationale des arts décoratifs et industriels modernes », qui se tint à Paris en 1925. D'une part, celle-ci marqua de façon indélébile les recherches artistiques contemporaines (pensons par exemple au purisme) ; de l'autre, elle favorisa une certaine forme de commercialisation de l'art[119].

Comme on l'a vu, le refus de la valeur spécifiquement commerciale du produit artistique avait rapidement évolué vers l'antisémitisme, le Juif étant facilement associé à l'habileté dans les rapports marchands. De nombreux marchands et collectionneurs d'origine juive avaient alors été accusés de conspiration. L'orientation conservatrice d'Hiver remontait en outre à la publication de certaines vignettes satiriques faisant allusion à l'« anthropologie montparnassienne », où était fustigée la diversité culturelle de ce quartier. Deux exemples emblématiques : *Ays.ha* et *Mitr.ni*, dont les légendes semblent lacunaires (ill. 7). Si le premier personnage pourrait être Aïcha Goblet, la « modèle noire » de Montparnasse que l'on appelait aussi Ayesha[120], le second est Mitrani, décrit par les récits de l'époque comme un grand savant et connaisseur de l'histoire juive réduit à vivre dans la rue[121]. Dans les deux cas, on assiste à une dénonciation crue et irrespectueuse de leur présence à Paris, d'autant que presque tous les lecteurs de *CAP* connaissaient parfaitement les figures évoquées.

Ainsi n'est-il pas étonnant de lire dans le septième et dernier numéro – devenu *Les Cahiers du CAP* – l'épilogue de telles accusations où Hiver utilise, dans sa confrontation finale, le scandale de Panama, épisode célèbre de la chronique financière de la fin du XIXe siècle. En comparant l'« art vivant » et son système corrompu à la faillite de la construction d'un canal près de Panama, entreprise colossale de la part de la France, le critique recourt à un populisme conservateur de bas étage. De nombreuses figures de la politique et de la finance françaises avaient en effet été accusées de corruption, et le scandale avait fait le tour du monde. En 1892, Drumont avait déjà saisi l'occasion pour souligner que beaucoup d'investisseurs juifs avaient collaboré au projet pour en tirer profit. La seule image qui accompagne ce passage représente un cavalier brandissant une plume alors qu'il chevauche un cheval dressé (ill. 8). Sous son flanc se trouve un homme à terre qui tient une palette de peintre, un serpent enroulé à ses pieds ; ses traits chargés présentent un nez particulièrement proéminent. Un exemple comparable avait servi dans l'affiche de Jules Chéret pour le lancement de l'édition illustrée de *La France juive* de Drumont.

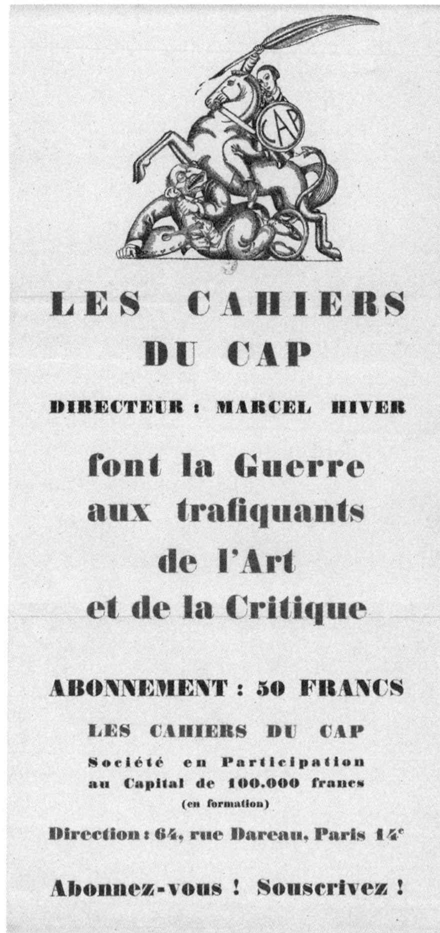
LES CAHIERS
DU CAP
DIRECTEUR : MARCEL HIVER
font la Guerre
aux trafiquants
de l'Art
et de la Critique
ABONNEMENT : 50 FRANCS
LES CAHIERS DU CAP
Société en Participation
au Capital de 100.000 francs
(en formation)
Direction : 64, rue Dareau, Paris 14e
Abonnez-vous ! Souscrivez !

8 Appel à souscription, avec l'emblème de la revue *CAP*, dans *Les Cahiers du CAP*, n° 7, 1927, p. [57]

Dans cette affiche, on peut identifier un Juif dominé par un soldat ; la composition semble ici s'inspirer des représentations de l'archange saint Michel[122]. Dans le cas des *Cahiers du CAP*, la référence paraît plutôt être saint Georges, dont la figure est probablement incarnée par Hiver, brandissant une plume en lieu et place de l'épée. Au registre inférieur, l'image stéréotypée du Juif au nez proéminent se retrouve dans les deux supports de presse ; il symbolise le mal de Montparnasse. La légende de saint Georges, qui remonte au temps des croisades, est utilisée par Hiver pour mener une croisade personnelle contre les ennemis que sont pour lui les critiques et les marchands juifs.

Pour mieux saisir le ton de cet essai, il suffit de lire quelques passages de ce texte publié sous le titre « Réflexions sur l'état de la peinture et de la critique contemporaines. Lettres aux amateurs et aux artistes qui sont de nos amis ». Hiver commence par mettre en garde la critique et par vanter sa démarche :

> « Essayer de rendre à la critique un peu d'énergie et d'indépendance, faire effort pour la restituer dans sa dignité de haute fonction intellectuelle, c'est une tentative qui a plus d'importance et peut engendrer plus de résultats qu'on ne pourrait, au premier examen, le supposer[123]. »

En renouvelant son intention de sauvegarder la critique d'art, désormais répétitive et rhétorique, il se lance de façon plus directe dans la dénonciation des marchands, parvenant à théoriser des motivations fragiles à propos des conséquences psychologiques et sociologiques de la transformation du système de l'art après le traumatisme de la Première Guerre mondiale. Il emploie alors un ton grave et catastrophique, suggère des liens présumés entre le climat dépressif de l'entre-deux-guerres, le danger des spéculateurs extérieurs et le rôle de la génération inculte des « nouveaux riches » :

> « Depuis plus de vingt ans, d'une manière absolument scandaleuse, et qui, quoi qu'on prétende, n'a d'équivalent à aucune autre époque, l'art et la critique française sont aux mains d'une bande noire, d'une véritable mafia de gros marchands de tableaux, aidés dans leur besogne par quelques littérateurs ratés, et quelques outrecuidants voyous de presse, passés à l'avancement du reportage à la critique. L'incontestable succès de cette vaste combine a été facilité, comme celui de bien d'autres entreprises également haïssables, par la profonde dépression psychologique issue de la guerre, par la fièvre de spéculation qu'engendra l'avilissement des monnaies, et surtout par le transfert des capitaux et de la puissance d'achat aux mains d'une classe de nouveaux riches incultes, tout à fait mal préparés à goûter intelligemment les œuvres de l'art, qu'ils convoitent malgré tout, car elles leur paraissent faire nécessairement partie de ce luxe qu'ils affichent, et qui est pour eux le seul moyen d'avoir socialement quelque dignité[124]. »

Avant de conclure, il s'exprime sans réserve sur les Juifs. Dans un passage où il critique les textes de Carl Einstein, il définit le célèbre intellectuel comme un phénomène de « chutspé[125] », précisant : « Ceux qui, dans le monde des beaux-arts, parlent le yiddish – et il y en a quelques-uns – ceux-là me comprendront[126]. » Il souligne également le caractère éphémère des œuvres surréalistes et affirme :

« On fabrique de l'inconscient, on le débite à la ligne et au centimètre carré. On en trafique, on en vit. » Il emprunte ensuite une citation à Rimbaud : « À vendre ce que les Juifs n'ont pas vendu... l'immense opulence inquestionnable[127]. »

Ainsi s'achève l'aventure d'Hiver et de sa revue *CAP*. Cette rhétorique précocement utilisée de façon aussi insistante à des fins antisémites, au moment précis où dans les revues les plus officielles on débattait d'un art juif et des caractéristiques nationales des pratiques artistiques, sera bientôt reprise, avec plus de vigueur même, par Mauclair et Feuillet qui, comme on le verra, dépasseront largement ces premières tentatives. Jusqu'alors, la présentation de l'École de Paris comme une école d'artistes juifs avait entretenu un malentendu porteur des tendances nationalistes les plus inquiétantes. La naissance d'un débat spécifique sur l'art juif avait précédé l'oppressante crise économique internationale qui durcira irréversiblement les positions des partis français d'extrême droite.

Chapitre 2
Revendiquer un art national

Camille Mauclair et les réseaux politiques de droite

Écrivain, poète et critique d'art, Camille Mauclair (ill. 9) naît à Paris en 1872 et grandit au sein d'une famille de catholiques alsaciens installés dans la capitale. Ses liens avec sa terre d'origine se maintiendront grâce aux propriétés qu'il possède près de Phalsbourg et de Saverne[1]. Son père décédant alors qu'il a seulement dix ans, il doit penser très tôt à acquérir une autonomie financière, tout en éprouvant l'irrépressible désir de s'affirmer dans le milieu littéraire. Il choisira un compromis : faire du journalisme sa principale source de revenus. En 1892, Mauclair commence ainsi à travailler pour le *Mercure de France*, où il dirigera – à la suite de Gabriel Albert Aurier et grâce à sa rencontre décisive avec Mallarmé en 1891 – la rubrique « Choses d'art », qui marque les débuts de sa production littéraire. Enthousiaste, il se lance dans la rédaction de poèmes et de romans, mais n'obtient pas un succès immédiat[2]. Ces difficultés le poussent de façon de plus en plus insistante vers le journalisme, malgré sa passion pour les écrits sur l'art, la musique et la poésie. Pendant cette période de formation, Mauclair doit prendre en considération sa situation personnelle complexe, qui aura des conséquences tangibles sur ses ambitions professionnelles. Dans le texte qui lui est consacré en 1905, Georges Jean-Aubry est le premier à mettre cet aspect en exergue : « Il fit ses études à Paris, ses goûts littéraires déjà fort accusés en même temps que les obligations de la vie matérielle lui firent tenter de trouver dans le journalisme les moyens d'existence[3]. »

Mauclair lui-même évoque à plusieurs reprises les obstacles qu'il rencontra durant sa carrière. Son autobiographie, intitulée *Servitude et grandeur littéraires* (1922) – référence très explicite à l'ouvrage d'Alfred de Vigny, *Servitude et grandeur militaires*[4] (1835) –, livre quelques indices essentiels pour comprendre les doutes et les tourments dont il fut victime dès ses premières années d'activité. Imaginant un dialogue entre un adulte et un enfant, Mauclair expose avec conviction les difficultés auxquelles un jeune écrivain se trouve confronté :

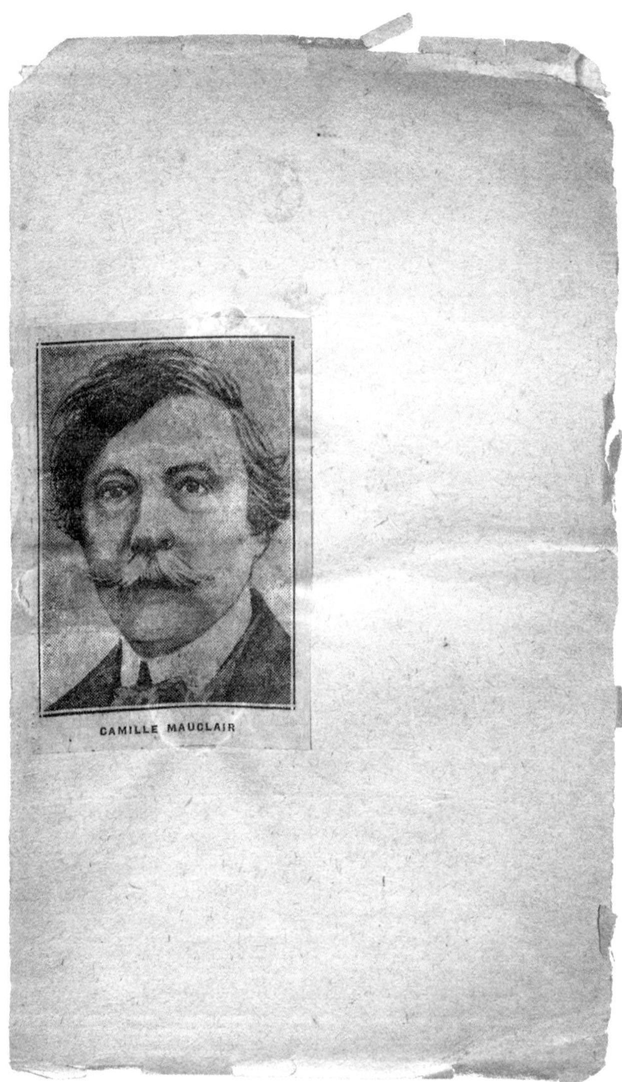

9 Anonyme, portrait de Camille Mauclair, photographie, s.d., découpé d'un article de presse et collé sur le frontispice d'un exemplaire de Camille Mauclair, *Princes de l'esprit : Poë, Flaubert, Mallarmé, Villiers de l'Isle-Adam, Delacroix, Rembrandt, etc.*, Paris, Société d'éditions littéraires et artistiques, 1920

« Et tu es pauvre, mais la bohème te fait horreur. Ne te soucie pas du dédain de tes camarades fortunés, ceux qui se veulent "les purs poètes". Ils ont des familles, des héritages futurs, des riches fiancées éventuelles dans leur confortable monde. Toi, tu n'as rien, tu es seul. Décide-toi, bon petit gars honnête et résolu. Tu es enrôlé de force dans la littérature-métier : ne la prends pas d'avance en dégoût [...]. Laisse-les ricaner, ces bourgeois-artistes, bien nés : "Il a sombré dans le journalisme." Oui, tu vivras de journalisme, petit : on n'y sombre que si l'on s'abandonne. Par lui tu nourriras tes livres, car les livres que tu feras ne se vendront jamais assez pour te suffire. Tu n'es pas un romancier à effet, dramaturge à succès, tu n'es doué que pour des recherches esthétiques, des études pieuses et ardentes sur de grands morts : mauvaise marchandise, estime platonique, mévente[5]. »

Le ton paternel et émouvant employé par Mauclair pour construire ce dialogue renvoie à des réflexions et à des sentiments personnels. L'expérience vécue, apparemment marquée par les blessures d'une existence difficile, est ainsi évoquée à travers un discours conciliant qui souligne la nécessité de faire coexister deux profils parallèles : littéraire et journalistique. Ce n'est donc pas un hasard si le titre reprend celui de Vigny, qui avait hardiment affirmé que le douloureux renoncement à soi, dicté par la « servitude » de la guerre, permettait à l'homme de sauvegarder sa dignité. La pratique journalistique était ainsi placée à un rang inférieur à celui de la littérature :

« Parce que tu es né pauvre, tu accepteras bien des besognes mal payées, l'ordre même de tes livres ira zigzaguant selon le caprice des marchands. Tu feras parfois pour leur obéir le bouquin que tu aimes peu, bien qu'honorable, tu différeras celui qui t'eût passionné, et le public et même tes amis ne s'en rendront pas compte. Résigne-toi. Tu recevras des commandes et seras encore content de les prendre, bon ouvrier en chambre dont le petit renom s'établira[6]. »

Tout en se voulant conciliant, Mauclair manifeste une forme de frustration. Il insiste sur la souffrance qu'engendre la recherche d'un équilibre précaire entre devoir et plaisir, qui l'amènera à faire des choix guidés par des considérations économiques éloignées de ses aspirations poétiques. Les conséquences – radicales autant qu'inattendues – d'une telle situation se retrouveront surtout dans sa critique d'art qui, vers la fin des années 1920, traduira une pensée résolument de droite[7]. En effet, dès 1928, Mauclair publie dans *Le Figaro* et *L'Ami du peuple* des recueils d'articles particulièrement chauvins : un Mauclair conservateur, nationaliste et xénophobe voit le jour, soutenu économiquement par une figure essentielle de la droite française, François Coty. L'aspect financier de cette collaboration ne doit pas être sous-estimé, car il tend inévitablement à radicaliser des positions critiques qui, sinon, n'auraient pu s'exprimer aussi franchement.

Le changement de cap opéré par Mauclair, que l'on situe généralement vers 1928, se préparait pourtant dès le début du siècle dans certains textes où pointe l'adhésion future aux postulats politiques de l'entre-deux-guerres. Un vif intérêt pour l'art français se manifeste dès 1904, lorsque Mauclair consacre un essai critique à un mouvement artistique qui l'avait fortement marqué. Il s'agit de *L'Impressionnisme : son histoire, son esthétique, ses maîtres*[8], qui anticipe en réalité deux ouvrages postérieurs intitulés *Les Maîtres de l'impressionnisme : leur histoire, leur esthétique, leurs œuvres*[9] et *Claude Monet*[10]. La Librairie de l'art ancien et moderne et H. Laurens – cette dernière maison d'édition avait déjà publié son *Fragonard*[11] en 1904 – contribuent à diffuser sa première pensée critique, relevant de l'« écrivain d'art ». Préférant cette dernière appellation à celle d'« historien de l'art », Mauclair revendiquait la conjonction entre goût esthétique et goût littéraire. C'est encore Jean-Aubry qui le rappelle : « Ainsi, en Camille Mauclair s'unifient logiquement le romancier, le poète et le critique pour affirmer l'une des plus attachantes et des plus nobles consciences de ce temps[12]. » Contrairement aux critiques d'art contemporains qui étaient spécialisés dans différents genres – depuis les comptes rendus des Salons jusqu'aux monographies d'artistes, en passant par les préfaces des catalogues d'exposition –, Mauclair revendiquait une légitimité littéraire selon une pratique amorcée par les poètes symbolistes[13].

Une telle attitude répondait à ses exigences linguistiques et instaurait une hiérarchie de genres. Ainsi, même dans des textes plus historiques, son style narratif prenait dans certains passages un ton presque poétique. *L'Art indépendant français sous la Troisième République*[14] et *Les États de la peinture française de 1850 à 1920*[15] peuvent apparaître comme des essais de vulgarisation historique, mais leur particularité réside dans certaines nuances qui dénotent des orientations personnelles éloignées des approches érudites. Dans le *Dictionnaire critique des historiens de l'art*, la notice que Dominique Jarrassé consacre à Mauclair souligne que « Camille Mauclair n'est pas un historien de l'art, mais un polygraphe inépuisable qui a laissé plus de cent ouvrages et plusieurs milliers d'articles. Toutefois, il a écrit des livres et des articles d'histoire de l'art qui, sans avoir un statut scientifique reconnu, illustrent néanmoins un mode de diffusion fondamental pour la discipline[16] ». En outre, selon Pierre Vaisse, non seulement Mauclair n'était pas un historien de l'art, mais il aimait particulièrement se distinguer pour ses qualités d'écrivain « engagé, artistiquement et politiquement[17] ». Dans un manuscrit autographe publié au bas de la biographie de Jean-Aubry, Mauclair lui-même rappelle :

> « Pourquoi le critique ne serait-il pas un créateur de par sa fonction même ? Hokusai, considéré comme un créateur, ne fut qu'un critique étudiant les rapports mutuels des êtres et des choses. L'homme qui envisagera les idées

> et les artistes de son temps comme Hokusai fit des animaux et des plantes [...], celui-là rendra possible l'association de ces mots : critique de génie[18]. »

Pour Mauclair, la critique d'art était alors un acte créateur pur qui permettait d'unir les besoins économiques à l'ambition littéraire :

> « Je lui demande beaucoup, parce que précisément je suis frappé de la grandeur et de la beauté que pourrait revêtir une critique vraiment digne de ce nom, et non moins frappé de l'inanité de la distinction entre critique et création. Ce qu'on appelle création, par une convention verbale et une illusion de notre esprit, n'est jamais qu'une critique des éléments sensibles de l'univers, car on n'invente rien[19]. »

Les modèles de référence sont à chercher dans la liste détaillée que fournit le critique ; il cite ainsi fièrement Charles Baudelaire et Théophile Gautier, Louis Courajod, John Ruskin, Théophile Thoré et Eugène Fromentin. On trouve aussi André Michel, Émile Mâle, Robert de La Sizeranne, Henri Focillon, Étienne Moreau-Nélaton, Gustave Geffroy, Roger Marx, Gabriel Séailles, Louis Edmond Duranty, les frères Edmond et Jules de Goncourt, Joséphin Péladan et Henry Marcel[20]. La vénération pour certains personnages célèbres comme Baudelaire et Gautier, sans oublier Courajod, doit sans aucun doute avoir stimulé les premiers pas du jeune Mauclair. Pourtant, malgré ces admirables sources d'inspiration, ses écrits s'en tiennent au format des publications vulgarisatrices que les maisons d'édition prônaient à l'époque pour diffuser l'histoire de l'art[21]. Il était alors possible d'avancer des hypothèses interprétatives personnelles, concession convenant parfaitement à Mauclair, qui n'avait pas hésité à exprimer son mécontentement envers le cercle des artistes, galeristes et critiques d'art contemporains avec lesquels il était en désaccord. Peu à peu, ses textes sur l'art prennent une tournure plus militante et se caractérisent par un ton doctrinal et paternaliste. L'art contemporain est alors perçu comme le fruit d'une « dégénération sociale », selon les postulats prévalant au sein des groupuscules réactionnaires qui défendent la tradition artistique française.

Le premier moment marquant de son positionnement esthétique peut ainsi être daté de 1905. Après la naissance du fauvisme, alors même que le critique est un protagoniste de l'avant-garde internationale et soutient Zola, il s'engage brusquement dans le débat sur la modernité en tant que défenseur de la tradition. L'expérimentation avant-gardiste, désormais considérée comme une menace effective, le conduit à radicaliser son discours, qui prendra une forme extrême et définitive dans l'entre-deux-guerres. Il faut rappeler ici que Mauclair avait initialement fréquenté les milieux proches du mouvement anarchiste. Il avait en effet rédigé des articles dans *La Revue anarchiste* ou *L'En dehors*, et animé le cercle de *L'Aurore* favorable à Dreyfus – il se définissait même comme l'un des dreyfusards de la première heure[22]. Pendant la guerre, en revanche, il avait plutôt pris ses distances avec le pacifisme au profit d'un chauvinisme antigermanique, clairement exprimé dans une publication datée de 1916, *Le Vertige allemand : histoire du crime délirant d'une race*[23]. Comme le note Vaisse, son mépris pour la « race germanique », comme il la définissait, était paradoxal dans la mesure où Mauclair s'était nourri dès sa jeunesse des fruits de cette culture. Là jouait plutôt sa réaction aux bombardements qui avaient touché Reims la même année. Suivant l'antigermanisme issu de la guerre, Mauclair avait ainsi fini par embrasser un patriotisme nationaliste qui le conduira bientôt à entamer une campagne virulente contre « l'art et l'architecture métèques », et à adhérer à l'Action française.

Malgré le succès remporté dans le milieu artistique et littéraire, sa situation économique était restée incertaine, en tout point identique à celle décrite dans les textes de la fin du XIXe siècle où il expliquait comment l'adversité familiale l'avait poussé à s'adapter par tous les moyens à une vie de privations. On peut en déduire que, à l'âge adulte, le critique avait survécu grâce aux seuls revenus provenant de son activité de journaliste. Vaisse formule une hypothèse intéressante à ce sujet : les nécessités économiques auraient largement contribué à un certain extrémisme de ses positions politiques. Il « n'est pas impossible, enfin, que la campagne de presse menée contre l'art moderne en 1929-1930 dans *Le Figaro* et *L'Ami du peuple* ait eu pour origine, autant qu'une indignation sincère, l'attrait financier d'une commande[24] ». En 1927, Mauclair avait rencontré François Coty, directeur du journal *Le Figaro*, qui décela dans son antimodernisme un terrain propice à une collaboration. Coty offrit ainsi à Mauclair une situation économique et professionnelle sans précédent, que le critique ne put refuser[25]. De telles hypothèses fournissent de nouvelles perspectives d'analyse et éclairent la véhémence avec laquelle étaient véhiculés le refus de l'étranger, l'antisémitisme et le nationalisme le plus macabre ; elles permettent en outre de comprendre cette figure mouvante qui résonnait avec les puissants changements sociaux et politiques de l'entre-deux-guerres.

En 1928, l'imprimerie Watelet – dont le siège était situé 69, avenue d'Orléans – publie un pamphlet contenant cinq articles de Mauclair parus dans *Le Figaro* la même année. Réunis sous le titre *La Folie picturale : barioleurs, profiteurs, dupes, mercantis et métèques*[26], ils se présentent comme une mise à jour de son manifeste critique. Selon l'usage à l'époque, Mauclair choisit le recueil d'articles pour rendre plus visible et plus structurée sa vision du système de

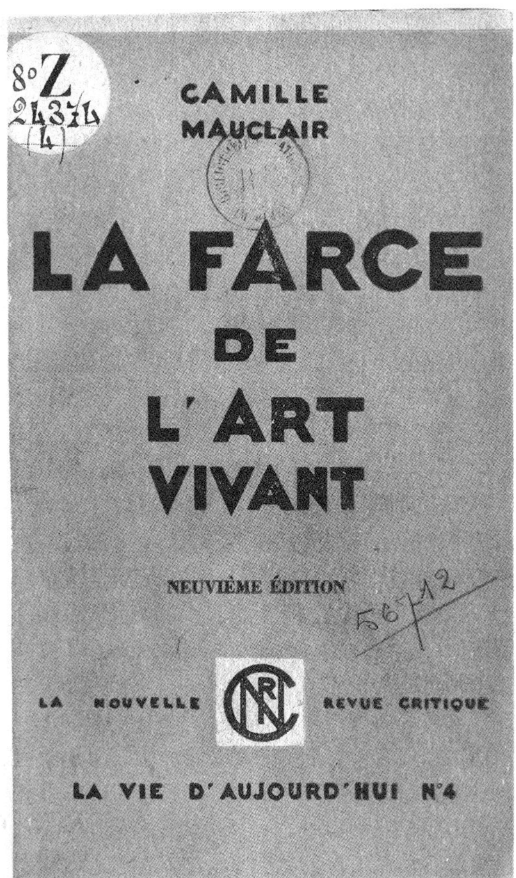

10 Camille Mauclair, *La Farce de l'art vivant I. Une campagne picturale, 1928-1929*, Paris, Éditions de la Nouvelle Revue critique, 1929 (collection « La Vie d'aujourd'hui », n° 4), couverture

l'art contemporain. Il y fustige avec ardeur la « dégénérescence » qui avait accompagné la naissance des mouvements d'avant-garde comme le fauvisme et le cubisme, accusant les marchands et les artistes juifs d'avoir copieusement alimenté un système corrompu[27].

De telles positions s'étaient élaborées à partir d'idées et de principes diffusés en partie dans *Le Figaro* et *L'Ami du peuple*, journaux pour lesquels Mauclair travaillait régulièrement. C'est à la fin des années 1920 qu'il s'était associé au milieu conservateur de droite, et plus particulièrement au parfumeur François Coty qui, parallèlement à son activité industrielle, avait multiplié les liens avec des mouvements politiques, telle l'Action française, qui partageaient l'essentiel de ses idées – notamment la peur du communisme conquérant. Dans la

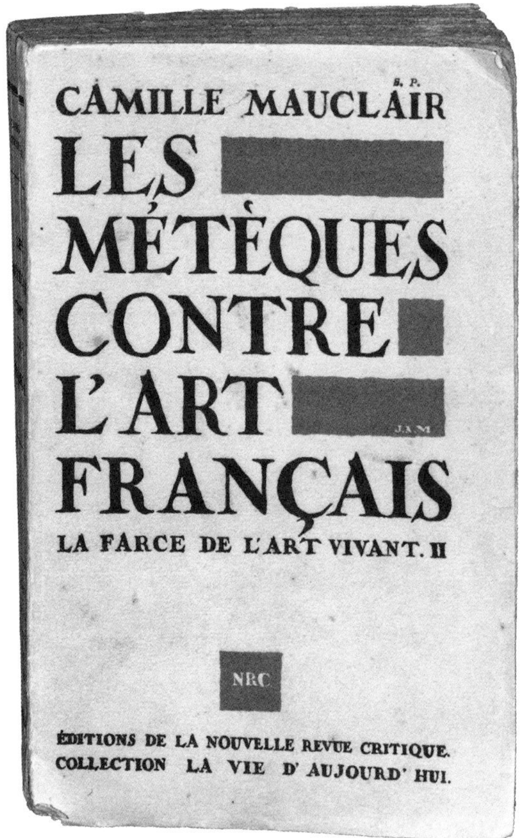

11 Camille Mauclair, *La Farce de l'art vivant II. Les métèques contre l'art français*, Paris, Éditions de la Nouvelle Revue critique, 1930 (collection « La Vie d'aujourd'hui », n° 15), couverture

plupart des cas, son engagement se traduisait par de généreuses aides financières ; ainsi la Ligue de Charles Maurras reçut-elle des sommes annuelles approchant les 10 000 francs. Les affinités entre François Coty et l'Action française sont à chercher dans le protectionnisme conservateur et le nationalisme, choix politiques qui permettaient à l'entrepreneur de maintenir son pouvoir. Un autre mouvement avait attiré son attention : le Faisceau de Georges Valois, fondé en 1925 en réaction aux positions de l'Action française jugées trop « archaïques ». Coty avait soutenu ce nouveau parti, ce qui réduisit de moitié le financement qu'il destinait à la formation de Maurras[28]. Il devient ainsi crucial d'identifier les réseaux de contacts et les supports utilisés par Mauclair pour diffuser ses propositions critiques. Comme il l'affirme lui-même dès l'avant-propos de son pamphlet (1928), c'est grâce au *Figaro* et à son directeur,

François Coty, qu'il avait pu véritablement rendre public ce que tous les artistes, amateurs et gens de bon goût pensaient sans oser le dire[29]. En réalité, le pamphlet était un préambule aux deux tomes du plus célèbre et plus radical ouvrage intitulé *La Farce de l'art vivant*, publié par les Éditions de la Nouvelle Revue critique en 1929[30] et 1930[31] (ill. 10 et 11).

Coty avait acquis quelques organes de presse pour accroître son influence. Il était convaincu de leur impact médiatique et, après maintes tentatives, il était finalement devenu propriétaire du *Figaro*. Son arrivée marqua un grand changement dans le groupe : certains furent remplacés par de nouvelles têtes, d'autres furent rappelés après leur transfert au journal *Le Gaulois* vers la fin des années 1920[32]. Le capital augmenta notablement et le siège fut transféré dans un immeuble plus luxueux sur les Champs-Élysées. Coty avait révolutionné l'identité du journal. Il avait en outre acheté *Le Gaulois*, considéré comme trop concurrentiel. Il s'était enfin lancé dans la fondation de *L'Ami du peuple*, afin de diffuser ses opinions sur les réformes de l'État et de présenter sa vision du communisme[33] – ce qu'il n'était pas possible de faire trop radicalement au *Figaro*. Pour une somme modique (10 centimes à Paris, 15 en province), cet organe de presse populaire s'adressait directement aux classes moyennes, à la petite bourgeoisie, aux anciens combattants et aux retraités. Les articles traitaient de sujets politiques, économiques, sociaux et artistiques, mais ils se distinguaient principalement par la véhémente dénonciation de l'étranger. On pourrait presque voir dans cette profusion d'écrits une sorte d'anthologie de la xénophobie où se résument tous les thèmes d'extrême droite. Le tirage important et le succès du journal témoignent de son impact sur les débats sociaux de l'époque[34]. D'autres journaux publiaient régulièrement des contributions xénophobes – il suffit de penser à *L'Écho de Paris* ou au *Journal des débats* –, mais sur un ton moins agressif. Cette violence verbale atteint son apogée au début des années 1930, peu après le krach boursier de Wall Street, alors que le chômage touche fortement la France et que la rancœur s'accentue contre la main-d'œuvre étrangère.

L'Ami du peuple consacrait une page entière aux chroniques sportives et quelques entrefilets, plus ou moins fournis, aux « choses d'art ». Dans cette section, tout sauf secondaire, Mauclair avait trouvé sa place, toujours plus proche des positions populistes de Coty. Comme l'affirma à plusieurs reprises le critique musical Jacques Dolor, les étrangers mettaient en péril la tradition intellectuelle nationale en s'opposant à ce qui était alors défini comme l'identité française, en promouvant par exemple le jazz. La même observation était reprise pour les arts plastiques où de nombreux artistes étrangers, établis à Paris, étaient accusés par Mauclair de malhonnêteté et d'infamie. Ce dernier tentait de défendre un art classique, héritier de la tradition latine et de la

Renaissance. Les étrangers débarqués à Paris, approximativement qualifiés de germano-slaves, importaient en revanche des formes « dégénérées d'art moderne », tels l'« art nègre », l'art précolombien, le fauvisme, le cubisme, le surréalisme... Selon le critique, ces tendances pouvaient être réunies sous l'étiquette péjorative d'École de Paris[35].

Pour mieux diffuser ces idées, Coty avait imaginé de prêter les bureaux du *Figaro* pour des expositions présentant des artistes français en accord avec ses principes idéologiques. On en compte au moins dix-huit, toutes inaugurées entre novembre 1929 et 1932, où trois cent dix artistes au total ont été exposés. À la tête de cette initiative, nous retrouvons le même Mauclair, qui tient à préciser :

> « L'idée directrice était et reste de regrouper, en face des désordres et des excès, un choix d'artistes soucieux de dessiner et de composer, de faire preuve de talent, de réflexion, de scrupule, en cherchant une expression non académique et nettement moderne sans briser avec la tradition, l'ordre et le goût de notre race, sans confondre l'ingénuité avec l'ignorance[36]. »

Pour y participer, il fallait posséder la nationalité française – d'où le caractère discriminatoire de telles manifestations. Vauxcelles insinue même que certaines expositions étaient organisées au domicile de Coty[37]. À ce propos, évoquons la découverte d'un catalogue de vente de sa collection privée qui permet d'avancer certaines hypothèses confirmant l'engagement artistique du parfumeur. En 1936, en effet, deux années après sa mort, les pièces de sa collection sont vendues aux enchères ; il s'agissait exclusivement d'objets antiques et classicisants, à l'exception de certains objets d'art d'Extrême-Orient. En ce qui concerne les tableaux modernes, on peut citer Adolphe Joseph Thomas Monticelli – et en particulier sa *Jeune femme dans un parc*[38] –, tandis que pour les dessins plus anciens se remarquent ceux de l'École française : « Six petits dessins, dans deux encadrements, présentant des paysages animés ou des scènes d'intérieurs[39]. » On trouve encore une pièce attribuée à Watteau, *Étude pour un personnage de la comédie italienne*[40].

Ces exemples montrent que Coty était avant tout un homme d'affaires, puis un homme politique, et qu'il avait constitué une collection privée qui, si éclectique fût-elle, n'en reflétait pas moins ses goûts. Les œuvres, parmi lesquelles on retrouvait également *La Strasbourgeoise* de Nicolas de Largillière, étaient exposées dans de somptueuses demeures, de véritables châteaux, comme le château d'Artigny à Montbazon[41] et le pavillon de musique de Madame du Barry à Louveciennes. S'il n'est pas représentatif de l'ensemble de sa collection, le catalogue occupe une place centrale pour sa valeur documentaire. On ne peut pas non plus douter que l'art ait joué un grand rôle dans l'univers de Coty et que, grâce à cette sensibilité, des personnalités comme Mauclair aient pu trouver leur place dans les journaux qu'il dirigeait. C'est ainsi que ce dernier devint rédacteur en chef des rubriques artistiques d'organes de presse influents, et directeur d'un programme d'expositions aux ressources économiques stables. Mauclair était parvenu à créer un système de l'art parallèle et autonome où l'adhésion à la cause traditionaliste de droite était la seule clause à respecter.

Coty a cependant été critiqué par des personnalités extérieures à la rédaction qui voyaient dans son ascension le risque d'un *trust* journalistique pouvant fâcheusement influencer l'opinion publique de droite et d'extrême droite. Il a été accusé de mégalomanie à plusieurs reprises[42]. Édouard Guyot, professeur de littérature et de civilisation de l'Angleterre contemporaine à la Sorbonne, interrogé à propos du phénomène Coty, a déclaré :

> « Le succès, le danger de la presse Coty, c'est cet énorme halo mis autour de faits patents et de rayonnement limité. C'est cet appel à la plus dangereuse des facultés humaines : la faculté généralisatrice. L'homme dont aucune culture scientifique n'a façonné l'esprit se passionne, s'excite, puis se trouve à son insu plongé dans un monde de terreurs imaginaires[43]. »

Le populisme artistique auquel se plie Mauclair ne reflète ni l'épaisseur de son expérience symboliste, ni la nature de ses écrits sur la révolution impressionniste. Il privilégie plutôt la circonstance. À l'époque, c'est en effet un homme vieillissant et las de cet équilibre économique précaire qui le fait céder aisément aux propositions de Coty. Son contrat lui impose d'adhérer à une position extrêmement conservatrice. Haussant le ton, Mauclair rabaisse définitivement la qualité de ses articles, dont la férocité marque le début de la période la plus sombre et la plus compromettante du critique d'art français.

Les doctrines nationalistes

Mauclair faisait désormais partie d'un groupe d'intellectuels qui s'était imposé sur la scène française depuis une vingtaine d'années et s'était inscrit dans le sillage de personnalités telles que Charles Maurras et Maurice Barrès. Dans son recueil publié en 1902, *Scènes et doctrines du nationalisme*[44], Barrès avait déjà forgé certains stéréotypes qui seront ensuite vigoureusement repris par le critique : l'instauration de l'ordre sur une vaste échelle et le retour aux valeurs traditionnelles de la vie rurale et provinciale[45]. Ces principes étaient en accord avec les idéaux diffusés par des mouvements tels que la Ligue de la patrie française et la Ligue des patriotes, dont Barrès faisait partie. En adhérant à ces formes associatives, Barrès et Maurras avaient opté pour un discours curial se référant aux notions de raffinement et de décorum de la culture française qui se traduisaient dans une propagande véhémente. Ce genre littéraire, marqué par un langage propre, dont l'expression la plus adaptée est le recueil d'articles, a sûrement influencé Mauclair. D'ailleurs, le binôme raffinement/barbarie – où le raffinement est toujours synonyme de francité – apparaît déjà dans l'ouvrage de 1888, *Le Culte du moi : sous l'œil des barbares*[46], où Barrès proclame la nécessité de défendre son propre « moi » contre les barbares – un « moi » qui se transformera rapidement en un « esprit français » dans son intégralité. Romy Golan souligne justement que son obsession pour les thèmes du barbare, de la décadence et de la corruption morale était liée au désir de réaffirmation du catholicisme français après la séparation de l'Église et de l'État. En effet, en décembre 1905, le Bloc des gauches avait promulgué une loi instituant cette séparation. Le principal artisan en avait été Aristide Briand, avec qui Barrès était en vif désaccord[47]. Cela n'a rien d'étonnant dans la mesure où, depuis la fin du XVIIIe siècle, les récits sur les invasions barbares avaient relancé la célèbre opposition entre « civilisation » et « barbarie », où la barbarie revêt une connotation fortement négative[48]. La rhétorique politique et la presse n'avaient fait que renouveler la tendance classique à puiser à la source du *topos* barbare pour exorciser la peur de l'autre[49].

Le lien entre catholicisme et critique d'art que propose Golan est légitime. Dès le début du XXe siècle, Mauclair a insisté sur la fonction spirituelle de l'art, interprétée comme un modèle moral qui aurait « chassé » (terme appartenant à la rhétorique de Barrès) les éléments perturbateurs à l'origine de la perdition : snobisme, bohème et excès de la vie parisienne. Il s'appuyait ainsi sur les principes de privation et d'affliction, cristallisations du Carême catholique. Ce n'est pas un hasard si Mauclair adhère au « Manifeste des intellectuels » qui paraît dans *Le Figaro littéraire* le 19 juillet 1919. Bien qu'il soit généralement attribué à l'Action française, ce texte réunit en réalité l'ensemble des thèses catholiques et nationalistes du tout début de l'après-guerre. Pétri de rhétorique conservatrice, il répond à l'article de Romain Rolland, paru dans *L'Humanité* en juin 1919, où les intellectuels de droite avaient été accusés de soumission au pouvoir politique de l'Église. Dans un passage crucial du manifeste, ces derniers revendiquent fermement les valeurs de la religion catholique, consacrant le rôle tutélaire de l'Église :

> « Croyants, nous jugeons que l'Église est la seule puissance morale légitime et qu'il n'appartient qu'à elle de former les mœurs ; incroyants, mais préoccupés du sort de la civilisation, l'alliance catholique nous apparaît indispensable. Enfin, plus que jamais l'élite intellectuelle a le sens de sa responsabilité sociale[50]. »

Comme on l'a vu, l'« esprit français » qui, selon les signataires, aurait sauvé l'Europe, était l'un des pivots du manifeste. Il n'est donc pas étonnant de trouver dans la liste des adhésions des noms tels que Maurice Denis, Charles Maurras, Henri Massis, Jacques Maritain et Georges Valois, pour lesquels les valeurs de la culture catholique étaient fondamentales ; tout comme il n'est pas étonnant de trouver dans ses propos un ton des plus emphatiques lorsqu'il s'agit de décrire la France salvatrice et tutélaire :

> « C'est une profonde erreur de croire que l'on travaille à la culture européenne avec des œuvres dénationalisées. L'œuvre la plus digne d'occuper la culture européenne est d'abord celle qui représente le plus spécialement son pays d'origine. Aussi bien, en posant le principe de l'intérêt national, en travaillant d'abord à la restauration de l'esprit et de l'État français, c'est à l'Europe et à tout ce qui subsiste d'humanité dans le monde que va notre sollicitude. L'humanité française en est la garantie souveraine[51]. »

Tous les propos cités jusqu'à présent correspondent à la rhétorique de la droite conservatrice après la guerre, qui opposait l'Allemagne à une salutaire civilisation latine, fondée sur la défense du christianisme et des valeurs humanistes. En effet, accusés d'incivisme après les bombardements des églises et des cathédrales médiévales françaises, dans ce que l'on appelait à l'époque les « villes martyres », les Allemands étaient désormais considérés comme les ennemis de l'Occident[52]. En 1927, ces théories avaient donné naissance à une publication fondamentale du barrésien Henri Massis, *Défense de l'Occident*[53], et connurent leur première traduction critique dans *Le Vertige allemand* de Mauclair. Ce dernier ouvrage était justement dédié à Madame Juliette Adam, monarchiste, liée au parti de Maurras et amie intime de Léon Daudet, un antisémite convaincu.

Massis avait pensé la question allemande tout en renforçant son idée d'un Occident opposé à la germanité prussienne – concept élaboré par Oswald Spengler dans *Der Untergang des Abendlandes*[54], dont le premier volume, sorti en 1918, avait suscité de nombreuses polémiques. En Allemagne, en effet, l'œuvre du philosophe avait inauguré la pensée du déclin de l'Occident, à laquelle Massis tentait d'opposer l'idée d'une Europe forte, représentée par des puissances nationales telles que la France. L'Allemagne avait alors été décrite comme un pays à la dérive, en proie aux influences de l'Est, l'origine de tous les maux occidentaux. Spengler est l'une des figures centrales de l'opposition entre la France et l'Allemagne de l'entre-deux-guerres, à l'époque où, de part et d'autre du Rhin, s'affrontaient le « prussianisme » et le nationalisme monarchique. Son catastrophisme, caractérisé par un pessimisme prévoyant la fin d'une ère glorieuse – l'ère occidentale –, avait certainement privilégié une vision politique imprégnée de valeurs patriotiques invitant à reconsidérer les us et coutumes nationaux. Les principes convoqués par Spengler sont paradoxalement identiques à ceux de l'Action française. Les notions de devoir et d'ordre s'y imposent avec véhémence. Dans son ouvrage, le philosophe proposait un bréviaire du pessimisme européen, décrivant l'angoisse humaine éprouvée face à une vie moderne qui semblait vouloir dissoudre toutes les traditions pour exalter l'internationalisme. Dans ce cadre, le cosmopolitisme devenait un signe évident du déclin de l'Occident, auquel on opposait la voie de l'empire allemand. L'Allemagne aurait ainsi dû dominer la civilisation occidentale ; cette perspective avait naturellement séduit la droite conservatrice, qui considérait l'auteur comme un théoricien de référence[55].

En France, le milieu où circulaient les thèses de Massis était assez restreint et permettait de reconstituer facilement les fréquentations politiques de Mauclair. Le critique, qui reprenait sans scrupule les *topoi* de la droite, était devenu une sorte d'*alter ego* français d'une figure emblématique comme Ugo Ojetti, auteur de *L'Italia e la civiltà tedesca*[56], virulent pamphlet antigermanique paru en 1915. Vers 1929, en tant que vice-président de la Ligue de défense de l'art et président de l'Association des critiques d'art français, il avait aussi renforcé sa position institutionnelle. Comme on le sait, cette année-là est celle du krach boursier de Wall Street. Les deux événements ne semblent pas liés, mais cet effondrement du système financier américain eut d'indéniables répercussions psychologiques sur le mode de pensée conservateur de Mauclair, le poussant même à publier des insinuations relatives à un supposé complot international. Ces théories avaient alors été diffusées par des périodiques comme *La Revue hebdomadaire*, *La Revue de Genève*, *La Revue de l'art ancien et moderne*, *L'Art et les Artistes*[57].

Ces conjectures nationalistes et xénophobes se retrouvent consignées dans *La Farce de l'art vivant I*, ouvrage paru en 1929. Dès le premier chapitre est reprise la dénonciation de la « dégénération esthétique » promue par l'École internationale de Paris. Mauclair ne juge cependant pas opportun d'instaurer le moindre dialogue avec ce milieu d'artistes, de critiques et de collectionneurs; il refuse même une confrontation avec les « Ruthènes, Bulgares, Tartares, Valaques, Slovènes, Finnois ou Polaks pour qui Giotto se prononce Ghetto, et qui constituent la "vraie École de Paris[58]" ». Faisant un usage inconsidéré du terme « métèque » forgé par Maurras au moment de l'affaire Dreyfus, le critique voulait ainsi regrouper tous les étrangers qui fréquentaient Montparnasse. Dérivé du grec *métoïkos* qui désignait les habitants de la Grèce antique dépourvus du droit de citoyenneté[59], « métèque » était alors employé avec une forte connotation péjorative. Les artistes immigrés d'Europe de l'Est, et parmi eux les nombreux survivants des pogroms de la première décennie du XXe siècle, représentaient donc une menace majeure, car potentiellement propice à une invasion orientale vouée à désacraliser la civilisation latine.

La défense de la culture nationale s'appuyant sur les valeurs de la tradition devient ainsi l'unique stratégie de défense possible. Mauclair s'oppose catégoriquement à l'art promu par les « métèques » au nom du goût : « Ce musée des horreurs, cette insulte au goût, cette pacotille effrontée, est-ce donc cela l'École française, après Manet, Degas et Puvis[60] ? » D'après lui, leur survivance est exclusivement déterminée par le conformisme endémique, le snobisme et les intérêts commerciaux d'une partie du monde de l'art parisien. Les appels à la lutte pour sauvegarder la tradition culturelle ne tardent pas à apparaître et s'accordent à la fois à la ligne journalistique du *Figaro* et à celle de *L'Ami du peuple*, reprenant certaines formulations récurrentes du style du « Manifeste des intellectuels » :

> « Il y a ici une des formes de la grande lutte à mort, reprise depuis la guerre, entre l'intégrité nationale avec toute la droiture de sa tradition intellectuelle, et l'invitation à un internationalisme d'affaires appelé poliment "bon-européanisme". Ceci [...] tend à désorganiser là comme partout notre culture, et est plus sérieux que les bariolages et les ébats d'une pègre picturale[61]. »

On assiste ainsi à l'émergence du terme de « droiture » française, garantissant rectitude et équité. Ces professions de foi s'étaient également exprimées dans la critique de la XVIe Biennale de Venise, exposition de portée internationale. À cette occasion, après avoir visité les pavillons nationaux, le critique avait manifesté tout son enthousiasme devant la décision du commissariat français et italien d'exclure du pavillon français l'École de Paris et de la placer ailleurs, dans la salle numéro 40 :

> « Cette "École de Paris", constituée par des barbouilleurs de toute provenance installés tapageusement à Paris, n'a rien de parisien ni de fran-

çais, et tout en lui faisant place, ils l'ont appelée en souriant le "Salon de Manicomi", ce qui sonnerait aussi bien si l'on ne savait que c'est là le nom de la maison de fous installée dans une île de la lagune vénitienne[62]. »

Cette lecture est confirmée par Ugo Nebbia, critique d'art italien proche du mouvement Novecento qui s'était intéressé à la scène contemporaine nationale. Dans une publication entièrement consacrée à l'exposition vénitienne, Nebbia, tout en atténuant le ton provocateur de Mauclair, ne cache pas une certaine insatisfaction face à l'éclectisme pictural de l'École de Paris. Il reconnaît ses aspects intéressants, mais souligne son caractère hétérogène : « [L'École de Paris] révèle des attitudes bien singulières : le maintien de tendances extrêmes que l'on croit dépassées, les raffinements et subtilités étrangères à notre nature, les déformations et hallucinations du lyrisme et du surréalisme[63]. »

Dans ce texte, on retrouve les termes « déformation » et « hallucination » qui, utilisés dans leur acception la plus négative, traduisent le scepticisme du critique devant ces esthétiques. Côté italien, le mouvement Novecento, majoritaire à l'époque, était dubitatif à l'égard des Italiens de Paris comme Mario Tozzi, Renato Paresce et Giorgio De Chirico. Dans la salle 40, à proximité de la rotonde de l'entrée, le « commissaire d'exposition » Paresce, avec l'aide de Tozzi, avait disposé soixante et une œuvres reflétant le panorama composite de l'école parisienne[64]. Il s'agissait en effet de présenter cette salle comme un moment d'ouverture à l'art français[65]. Le fascicule de la Biennale, publié le 30 juin 1928, rapporte cependant quelques considérations intéressantes et moins catégoriques, formulées par Paresce lui-même : « L'École de Paris n'est pas l'École française, mais les deux se rejoignent en un point et, par la force des choses, se fondent et se confondent[66]. »

Les dénonciations insistantes associent l'art français international à une maladie. Mauclair utilise ce stratagème critique en se référant bien évidemment à la rhétorique de Huysmans et en insistant sur la folie de la peinture de l'Europe de l'Est[67]. Il livre une vision difforme et fortement perturbante des nouvelles recherches artistiques, insinuant qu'elles relèvent de la pathologie – thème qui, on le verra bientôt, sera maintes fois repris. Cette interprétation forcée laisse penser que la Biennale a été, à tout point de vue, un moment crucial dans le débat sur l'art et la culture nationale. Pour Mauclair, l'une des problématiques de la manifestation était « la tendance évidente à établir un art international destructeur des caractéristiques des races, une sorte d'académisme à rebours[68] ».

Dans un chapitre de *La Farce de l'art vivant I*, intitulé « Ubu peintre roi », le critique avait ainsi opposé à un présumé « complot » une liste de noms qu'il considérait comme de véritables exemples de la « race française » : Vuillard,

Roussel, Flandrin, Bussy, Desvallières, Cerf, Lebasque, Brouet, Martin-Ferrières, Naudin, Marquet, Méheut, Jouve, Strauss, Goulinat, Déziré, Belot, Hervieu et Moreau[69]. Le goût de Mauclair se confirmait et faisait preuve d'une intransigeance sans précédent. Il suffit de penser au titre du chapitre lui-même, qui faisait référence à l'œuvre d'Alfred Jarry : l'auteur l'instrumentalisa afin de discréditer l'action de la nouvelle scène internationale alors que, vers la fin du XIXe siècle, il avait lui-même participé à la première production de la fameuse pièce, *Ubu roi*, grâce aux efforts de la troupe du Théâtre de l'Œuvre. À le lire, l'art français se trouvait dans un péril extrême en raison de la « bouffonnerie honteuse », de l'infantilisme et des nouvelles formes d'expressionnisme qui avaient désormais le vent en poupe – l'impressionnisme se voyant assigner le rôle de dernier mouvement vraisemblablement français[70].

Mauclair était convaincu que l'esthétique contemporaine se caractérisait par un nouvel académisme du « Laid » et du « Monstrueux », avec des majuscules. La culture européenne avait produit un art sériel fondé sur des idéaux qui unissaient la haine de la tradition et de la nature à celle du passé et des musées ; l'exaltation de l'individualisme autodidacte au bannissement du goût, du style et de la beauté formelle ; l'éloge du néoprimitivisme et du fétichisme exotique à la fascination pour la représentation de l'inconscient. Ces nouvelles modalités de l'art contemporain ne correspondent d'aucune façon à l'« esprit français » puisque, dans la plupart des cas, il s'agit « d'un plan général de déracinement de toutes nos habitudes intellectuelles et morales, dont ceci n'est qu'un épisode : on ne peut soulever en ce moment une pierre dans certains coins d'Europe sans trouver un grouillement de bêtes étranges, que nos meilleurs raffinés, fort séduits par l'internationalisme, examinent d'ailleurs avec une curiosité sympathique [...][71] ».

Le langage devient de plus en plus « bestial » et s'enrichit de métaphores qui devaient sûrement convaincre les lecteurs du *Figaro* et de *L'Ami du peuple*. Très satisfait, Mauclair distinguait entre « la peinture française, bel arbre que j'aime, et les exploiteurs et métèques, qui en sont l'écorce pourrie[72] ». La tournure proverbiale rendait explicite le mépris du critique qui, bien loin du langage noble de la période symboliste, avait cédé aux compromis de la rhétorique populiste. Les références au monde naturel apparaissent distinctement chez Mauclair qui, reprenant cette même critique dans un autre passage, fait allusion au « nid français » : « La place de Manet, de Claude Monet, de Degas, de Puvis, de Fantin, du Renoir de la bonne époque, reste vacante, malgré les blasphèmes des intrus souillant le nid français où ils viennent pondre[73]. » En cherchant les sources de sa pensée, Vaisse affirme que Mauclair partageait, comme nombre de ses collègues, le déterminisme d'Hippolyte Taine, qui analysait les productions artistiques à partir de critères raciaux, géographiques et climatiques[74]. En 1865, Taine avait publié ses cours sous le titre *Philosophie de l'art*, où il interprétait la race selon un facteur non pas biologique, mais plutôt territorial. D'après le philosophe, les œuvres devaient être analysées à la lumière du milieu où elles étaient produites[75]. Dans la critique de Mauclair, le concept de race, au moins jusqu'à la fin de la Seconde Guerre mondiale, est utilisé de façon générale et sans déterminisme, bien qu'il apparaisse dès 1906 dans son texte sur les crises de l'art moderne, où il évoque pour la première fois la « race américaine[76] ». À cette période, en effet, Mauclair avait décidé d'écrire une histoire de l'art fondée sur le génie de la nation et condensée dans une publication consacrée à Jean-Honoré Fragonard, en qui il voyait l'authentique précurseur des impressionnistes. Le XVIIIe siècle avait ainsi été mis au centre d'un processus de valorisation sans précédent. La thèse était claire : Fragonard était le peintre de « notre école », celui par lequel la pureté de l'expression culturelle typiquement française avait été sauvegardée[77].

En revanche, la nouvelle École française, qui lui était contemporaine, ne correspondait pas à cette vision. Pénétrée d'influences extérieures, elle était dangereusement menacée de déclin :

> « L'École française, l'art vivant, cela consiste en une trentaine de peintres extrémistes, dont plusieurs métèques, imposés par un consortium de marchands. Pour ceux-là seuls la cote, la publicité payée, le mécanisme des ventes fictives, le zèle des démarcheurs, les vitrines des beaux quartiers ou les léproseries de Montparnasse et de la rue de Seine, le bluff et les boniments[78]. »

Dans le quotidien *L'Ami du peuple*, les préoccupations qui se trouvaient au centre de ces formulations tendancieuses pouvaient être lues comme les déclinaisons d'hypothèses émises dans les rubriques économiques. Le lien entre Mauclair et les économistes du journal n'a jamais été formulé. Mauclair soulignait en effet que son engagement pour le journal était la conséquence logique de la collaboration avec Coty, ce dernier l'ayant incité à adapter ses postulats à une nouvelle catégorie de public[79]. *L'Ami du peuple* prônait le plus populiste des patriotismes et tentait de convaincre les dirigeants d'entreprises de n'embaucher que de la main-d'œuvre française. Cette politique était censée résoudre le problème du chômage et contribuer au bien-être national. L'expulsion, associée au non-renouvellement de certains contrats de travailleurs étrangers, était la seule solution envisagée pour vaincre la crise ; elle aurait permis de privilégier les besoins des autochtones. Si cette solution avait suscité de nombreuses réactions, Robert Nemours était allé encore plus loin en vantant les qualités inégalables des Français et en proposant de remplacer cent cinquante « envahisseurs » par cent Français[80]. À la lumière de ces propos, il n'est pas difficile de reconstituer la structure idéologique qui, sous différentes formes, animait cet organe de droite et avait creusé une large brèche dans les rubriques artistiques de Mauclair. En utilisant le principe d'exclusion, Coty avait encouragé toute la rédaction à décliner, dans chaque discipline, ces grilles de lecture simples qui contribuaient à véhiculer une image harmonieuse et consensuelle de la pensée critique dominante.

Comme si elle émergeait d'un pamphlet antigermanique, la rhétorique belliqueuse renforçait les attaques contre l'Allemagne. Mauclair considérait que la nouvelle « métaphysique orientale » avait désorienté les esprits germaniques – lesquels, attentifs au renouvellement de leur culture, avaient évincé les valeurs de la tradition occidentale comme la chrétienté, la latinité et la romanité[81]. Les allusions au déclin et aux théories de Spengler sont évidentes, mais l'emploi du terme « latinité » prend une importance majeure aux yeux de Mauclair : « Il y a surtout le désir de contester tout avenir à la latinité. Si elle continue de représenter la vraie, la salubre discipline mentale et morale, le germanisme qui tenta de la briser continuera de représenter la barbarie, et c'est cela qu'on ne doit plus dire[82]. » La « barbarie allemande », qui s'écarte de la tradition tant approuvée, était à nouveau au centre des accusations.

Dans le rapport de forces proposé par Mauclair, le terme de civilisation finit par coïncider avec celui de latinité. La latinité unissait au monde antique deux nations comme la France et l'Italie qui se proclamaient héritières directes de cette civilisation. Ce mythe avait donné naissance à une fraternité culturelle unique en Europe qui se traduisait par l'expression amicale de « sœurs latines ». Maurras encore, aidé par l'Action française, avait le premier fait appel au mythe latin afin de rééduquer une France à la dérive à cause de l'affaire Dreyfus. Son modèle était sans doute Rome, ville aristocratique où l'Église était un organe à la fois politique et religieux en mesure de sauvegarder une tradition éternelle[83]. Immédiatement après le premier conflit mondial, de nombreuses personnalités avaient nourri cet idéal. Songeons par exemple à Raymond Poincaré, qui avait fondé l'Union latine – une association visant à promouvoir la solidarité entre les États « latins » à travers des expositions, des voyages et des revues comme le *Bulletin de l'Union latine* ou la revue *Latinité*, créée en 1923 et dédiée à la défense des sœurs latines contre la « barbarie allemande ».

Un autre principe que partageait aussi la droite était naturellement le rejet du communisme, abordé dans le chapitre intitulé « Toujours plus à gauche » où, pointant du doigt les nouveaux passionnés d'art contemporain, Mauclair affirmait : « Ayant déclaré la guerre à l'art normal qu'ils considèrent comme "bourgeois", tous les gens qui sont ou feignent d'être d'extrême gauche font profession d'admirer une peinture toujours plus à gauche, par principe, même s'ils n'y comprennent rien[84]. » L'avant-garde artistique était ainsi lue à la lumière du bolchevisme et assimilée à l'œuvre politique du socialiste Léon Blum, « l'œil de Moscou », et à l'activité journalistique des métèques communistes accusés d'avoir « infesté » la presse[85]. L'anticommunisme était l'un des principaux points du programme politique de Coty, comme le montre une de ses publications, *Contre le communisme*[86], texte fondamental qui contient les dessins satiriques de Jean-Louis Chancel. Ce dernier, fidèle à Coty, avait publié régulièrement dans *L'Ami du peuple* et, en 1929, avait réuni cinquante dessins dans l'ouvrage *Les Écuries d'Augias*[87], confiant justement à son mécène la rédaction de la préface. L'opération, qui se présente comme un recueil posthume et organique de certaines illustrations sur l'anticommunisme parues dans les quotidiens *Le Figaro* et *L'Ami du peuple*, est en fait comparable et même similaire à celle réalisée par Mauclair.

La dérive antisémite

Le nationalisme prôné par Mauclair dans *La Farce de l'art vivant I* s'accompagne d'un antisémitisme vulgarisé qui repose sur une gamme de préjugés courants dans le milieu conservateur français durant l'entre-deux-guerres. Le problème allemand demeure évidemment central et se trouve même renforcé par les théories sur le complot juif. La fréquence de ces thématiques se constate, par exemple, à la lecture d'un passage sur l'art vivant :

> « Personne mieux qu'en Allemagne ne s'intéresse à cette aimable évolution, et c'est bien d'elle que vient le mouvement : elle y consacre ses indéniables qualités de courtière et sa patiente méthode d'infiltration. Notre snobisme est un précieux allié. Il ne peut lui être que profitable de voir la culture latine se désagréger avec le sens des patries, par l'effet d'un esprit judéo-germanique dominant le central-européen. C'est sa façon de revenir. Or, l'art est un très utile fourrier, persuadant les élites. Et c'est pourquoi l'esprit latin subit en ce moment les approches d'un des plus rudes assauts qu'on ne lui ait jamais livrés : assaut courtois et sournois, mais grave, et contre lequel nous nous défendons mal parce que l'on endort en ceci l'opinion comme à propos du communisme[88]. »

L'antisémitisme est lentement introduit dans ce discours qui s'appuie sur les valeurs sûres du patriotisme d'après-guerre. Les insinuations, influencées par les théories d'Henri Massis, insistent sur la faiblesse présumée de la culture germanique face à un judaïsme « sans patrie » qui, dans le milieu artistique du moins, aurait définitivement promu un art dépourvu de tout esprit national. Comme la plupart des thèmes antijudaïques, la non-appartenance à un État-nation permet aux antisémites de nier au peuple juif le droit d'exister et, par conséquent, de participer à la vie culturelle européenne. Avec l'affirmation d'un « art national », ce stéréotype se diffuse fortement. Il correspondait en réalité à la transposition du principe chrétien de l'Incarnation. Chaque art incarnait l'esprit de son peuple exactement comme l'hostie incarnait le corps du Christ. L'absence d'un État spécifique était au centre des discours alarmistes que Hitler lui-même tenait au début des années 1920 : il exhortait ses compatriotes à résister à la menace invisible de corrosion culturelle mise en œuvre par les Juifs[89].

Dans l'un des derniers chapitres du recueil de 1929, intitulé « Business pictural », Mauclair exprime plus clairement sa vision de l'antisémitisme en recourant à une anecdote. Le « danger juif » n'était pas lié à la seule présence des peintres métèques provenant de l'est de l'Europe, mais aussi à l'importance de certaines figures du système de l'art telles que les marchands, les critiques d'art et les collectionneurs. Le critique raconte comment les nouveaux protagonistes de l'art contemporain furent toujours influencés par des Lévy-Tripp, Gluant ou Rosenschwein – noms cités de façon provocatrice pour montrer du doigt les marchands juifs – qui cherchaient à promouvoir l'École de Paris. Mauclair décrit ainsi leur pouvoir « affabulatoire » :

> « On ne saurait qu'admirer l'activité et la méthode organisatrice de Lévy-Tripp, Gluant, Bouc et Rosenschwein et de leurs démarcheurs, si elle "faisait" dans les benzols ou les caoutchoucs au lieu de jeter, sous prétexte d'art, des pots de peinture au nez du public[90]. »

Derrière ces accusations, il y avait la peur provoquée par la crise économique mondiale qui s'était accentuée dès 1931, mais aussi un certain mal-être relatif à la valeur commerciale de l'œuvre d'art. Les premières insinuations de Mauclair sur le caractère spéculatif du marchand remontent à 1902 : un bourgeois esclave de l'argent qui contraint l'artiste à reproduire sans cesse les mêmes œuvres d'art à seule fin de satisfaire le goût de sa clientèle[91]. Dans le contexte des années 1930, bien différent de l'atmosphère cosmopolite parisienne des décennies précédentes, les préoccupations économiques avaient radicalisé son scepticisme, aboutissant aux thèses antisémites sur le complot de la finance juive[92]. Dès le début de l'après-guerre, les marchands avaient trop aisément été assimilés à la figure du Juif et de l'Allemand. En effet, Kahnweiler, Rosenberg ou encore Uhde étaient alors les principaux acteurs du marché. Selon Mauclair, ils encourageaient la « dégénérescence » des artistes relevant du cubisme, du fauvisme et du surréalisme. Ce faisant, ces personnalités avaient tout bonnement contribué à la corruption de l'esprit latin, désormais « infecté de germanité[93] ».

L'hypothèse d'un antisémitisme comme sous-produit de l'antigermanisme semble dès lors avérée. Dans un chapitre intitulé « La critique des critiques », Mauclair incite ses lecteurs à se méfier des catalogues bien illustrés que l'on pouvait trouver dans les galeries contemporaines. À le lire, ces publications avaient été inventées par les marchands afin d'augmenter la valeur de leur marchandise. Selon Mauclair, la « combine » était simple : le marchand demande à un critique de renom, un « métèque » très certainement, de publier un texte sur un artiste exposé dans la galerie ; il finance et favorise ensuite sa diffusion de façon que les artistes, critiques et galeristes accroissent non seulement leur renommée, mais aussi la valeur des œuvres. Cette pratique n'était en aucun cas révolutionnaire ou conspiratrice : il s'agissait d'un usage commercial assez répandu. Mauclair interprétait négativement les jeux spéculatifs d'un système qu'il méprisait et qui, à ses yeux, était saturé de « publicistes reptiliens[94] ». Il n'hésite pas à répéter :

> « Ces excellents directeurs de "galeries", Lévy-Tripp, Gluant, Arsénieux, Bouc, Rosenschwein et Cie [...] ont en effet l'ambition de donner à leur stock de peintures canaques une dignité d'art officiel ; [...] or, pour avoir l'air tout à fait sérieux, il faut, à la vieille façon, constituer une imposante bibliographie d'art. Les articles de publicité, cela vole ; un livre sur un peintre, cela cale sa peinture et sa personne, cela subjugue l'amateur. Si Gluant ou Lévy-Tripp déboursent trente mille francs, ils les rattraperont dix fois[95]. »

Tout en proposant une vision fondée avant tout sur la mise à l'écart du cénacle de Juifs, Mauclair se souvient avec nostalgie de l'époque où des personnalités telles que Charles Baudelaire, Théophile Gautier, Eugène Fromentin, Hippolyte Taine, Louis Courajod et Edmond de Goncourt servaient fidèlement l'art de la patrie[96]. À l'inverse, la critique contemporaine est pratiquée par des figures comme le Juif polonais Waldemar-George, dont Mauclair prétend qu'il ne sait même pas écrire dans un français correct[97].

Un autre élément contribue à intensifier ces réactions, aggravées sans aucun doute par le flux migratoire. Dès le début du XXe siècle, les Sépharades d'abord, puis les Ashkénazes d'Alsace et enfin les Juifs fuyant les pogroms d'Europe orientale avaient rejoint Paris. Ce flux avait alimenté la hargne xénophobe en créant un climat de peur collective dont les Juifs étaient les boucs émissaires[98]. Ces mutations semblent être à l'origine d'un bouleversement social qui s'accompagnera d'une atmosphère d'insécurité et d'hostilité. La peur se traduisait banalement par un langage infamant et dépréciatif s'efforçant de démontrer qu'il s'agissait d'un complot. C'est pourquoi, dans son essai, Mauclair encourageait le lecteur à imaginer un scénario réactionnaire auquel l'ensemble du système aurait dû participer :

> « Devant la camelote littéraire ou la peinture "kasher" de certains métèques, supposons la liseuse n'admettant plus le bouquin à la mode sur la table, le collectionneur (je ne parle pas du spéculateur) refusant son mur, le critique devenu sourd aux appels des clans où mijote l'arrivisme, tous déclarant avec éclat : je ne comprends pas[99]. »

Une telle rhétorique était fréquente dans les milieux financiers et tendait à accroître le mépris du Juif véhiculé par la diffusion des *Protocoles des Sages de Sion* entre 1920 et 1921[100]. Dans ce faux fabriqué au début du siècle se confirmait l'hypothèse d'une conspiration judéo-maçonnique visant l'anéantissement de la chrétienté[101]. Dans les années 1924-1925, Georges Valois et l'Action française avaient lancé une campagne contre Horace Finaly, directeur de la Banque de Paris et des Pays-Bas, d'origine judéo-autrichienne, l'accusant de dévaluer volontairement le franc. En outre, en 1926, toujours au sein de l'Action française, étaient nées certaines théories sur les rapports étroits entre le socialisme et la finance internationale, et elles prenaient à nouveau pour cible le célèbre banquier[102]. L'antisémitisme caractérisant la campagne picturale de Mauclair est lié à un protectionnisme économique de droite qui passait pour le seul remède à la crise économique et sociale que traversait alors la France.

Dans ce climat d'inquiétude et de peur se font jour une série de métaphores se référant toutes à la terminologie médicale, la virologie en particulier. Un nouveau vocabulaire s'était, semble-t-il, diffusé en France grâce aux découvertes microbiologiques de Félix d'Hérelle durant la Première Guerre mondiale et au précieux travail d'Alessandro Salimbeni, fondateur du service de vaccination de l'Institut Pasteur à Paris en 1918[103]. Cela n'échappa pas à Mauclair qui, dans ses textes, n'hésitait pas à utiliser les termes « virus » et « cancer » pour décrire l'influence exercée par le cercle de Montparnasse. Partant du principe que l'art sain, glorieux et éternel était de tradition classique[104], le critique interprétait l'avant-garde expressionniste comme un art infecté en raison d'un usage excessif, voire délirant, de la couleur. Dans un article paru dans *Les Marges* en 1926, intitulé « Enquête sur les maladies de la littérature actuelle[105] », Mauclair avait dépeint les effroyables dérives du génie français sur un ton plus inquisiteur que jamais. Dans la littérature, l'art, l'architecture et la musique, la présence étrangère et juive semblait avoir suscité une contagion culturelle indélébile et nocive pour l'immunité de l'esprit français. Mauclair était explicite :

> « Le cancer montparnassien, adhérant au flanc de Paris, ne contamine pas nombre d'étrangers venus chez nous pour s'inspirer de nos chefs-d'œuvre, de notre goût, de notre ambiance, de nos vraies mœurs, travailler, vivre décemment; à ceux-là, bon accueil [...]. Mais ceux-là sont la minorité dans l'inquiétant afflux. Au Salon d'Automne de 1928, par exemple, sur douze cent quarante exposants, il y a quatre cent soixante-seize étrangers, dont plus de cinquante pour cent sont des gens de "Mitteleuropa" [...]. Ils ont leur part nocive dans cette révolution ridicule et haineuse[106]. »

Le refus de l'altérité s'exprime dans la formule d'une contamination culturelle comparable à un virus, mais la maladie était parfois associée à un désordre cérébral ou psychologique. C'est la raison pour laquelle, en décrivant Picasso ou la peinture fauve, le critique recourait à des titres tels que « Les fous de peinture » ou « Les apprentis sorciers ». On l'a pourtant vu, dans le cas spécifique de Picasso, la plupart des positions critiques de l'époque étaient propices à ces lectures et consolidaient l'image d'un artiste apprenti sorcier et créateur polymorphe – positions dont Mauclair fournit alors une simple transcription, se limitant à les répéter et à les diffuser ailleurs.

Les inquiétudes liées au contact de l'étranger et à la contamination culturelle résonnent dans les pages alarmistes de *L'Ami du peuple*, qui redoutent aussi les conséquences sanitaires des ondes migratoires, soulignant le danger de la présence d'une foule d'immigrés « plus ou moins misérables ». Selon les journalistes de droite, les masses de migrants étaient soumises à une visite médicale superficielle qui ne garantissait aucune sécurité sanitaire. On craignait les maladies contagieuses qui auraient pu se répandre dans toute la France, mais surtout à Paris. En 1930, Robert Nemours rappelle :

> « Il est aujourd'hui établi que les taux de morbidité et de mortalité sont toujours plus élevés dans les arrondissements de Paris et de banlieue où les immigrants se sont installés en colonies, ainsi que dans les centres industriels où la main-d'œuvre étrangère atteint de fortes proportions. Autour de Paris,

> trop d'*heimatlos*, trop d'exotiques tendent une zone d'infection physiologique et morale [...] ; les contacts que leur présence impose, les alliances possibles, autant de périls pour l'hygiène parisienne, autant de risques auxquels les pouvoirs publics semblent accepter joyeusement d'exposer Paris[107]. »

L'article de Nemours s'appuie habilement sur la politique de la terreur et sur la phobie de l'étranger. Le simple usage du terme *heimatlos*, fortement connoté en raison de son étymologie germanique et principalement employé pour décrire les réfugiés – et souvent ceux d'origine juive –, en est un exemple ; ou encore l'allusion à l'infection morale, qui s'accorde parfaitement avec les craintes de contagion de l'art français.

Les réactions ne tardèrent pas, et furent réunies au sein de la rédaction internationaliste de *Comœdia*. En 1929, une troupe de défenseurs de l'École de Paris s'était élevée contre les propos inacceptables de Mauclair. À la tête de ce groupe se trouvait naturellement André Warnod, qui tentait de protéger les intérêts de la colonie cosmopolite de Montparnasse en incitant tous ses sympathisants à boycotter *Le Figaro* et *L'Ami du peuple*[108]. Loin de s'en soucier, Mauclair avait affirmé d'un ton provocateur :

> « Je veux croire que *Figaro* et *L'Ami du peuple* survivront à une telle catastrophe. Pour moi, j'en suis ravi. Quel aveu, quelle confirmation de l'utilité et de la portée de mes réflexions, et quel amusement pour les gens de goût qui se prétendent encore libres de rire devant certains étalages de Paris[109]. »

C'est ainsi que s'achève son premier recueil, plutôt alarmant déjà, qui ne précède que d'une année le second : *La Farce de l'art vivant II*. Les idées de Mauclair trouvent inévitablement un vaste écho au début des années 1930, quand le critique revient en effet aux accusations de complot international de la part des métèques. La dédicace s'adresse à « Rosenschwein, Lévy-Tripp, Trouderat, gros et petits *mercantis* ; à montparnos, souillure de Paris ; à tous les pseudo-critiques d'art métèques ou français dont j'ai gêné les affaires et dont les injures m'ont valu tant de sympathies, en gracieux remerciement[110] ». Dans l'introduction qui suit, au ton tout aussi agressif, rédigée à Rome en novembre 1930, Mauclair souligne sa filiation latine et maudit l'avant-garde. Selon lui, l'homme moderne et avant-gardiste était désormais prisonnier du progrès. Les nouvelles recherches artistiques s'appuyaient sur des notions d'originalité et de nouveauté qui l'emportaient sur les critères de qualité[111].

Ces artistes étaient pourtant très sollicités à l'étranger. Les gouvernements faisaient en effet régulièrement appel au Service d'expansion et d'échanges artistiques promu par le ministre de l'Instruction publique et des Beaux-Arts, Léon Bérard, qui répondait positivement et avec enthousiasme à de telles requêtes[112]. Très agacé par ces choix institutionnels, Mauclair affirmait que la France, à cause de ses marchands corrompus qui avaient mis en place une politique de valorisation artistique internationale, ne devait sa célébrité qu'à ses fauves, ou « super-fauves », ou aux surréalistes et aux cubistes. En revanche, ceux qui restaient fidèles à la tradition française étaient trop souvent vus comme des artistes académiques et rétrogrades. Afin d'atténuer cette onde promotionnelle, Mauclair avait même changé radicalement de position sur la crise économique. Si, dans le premier recueil, ses inquiétudes étaient perceptibles, en 1930 il se réjouit paradoxalement du krach de Wall Street : « Une rumeur grandit, on est fébriles à Montparnasse, on a la sueur froide dans les quartiers élus par la brocante picturale. Rien ne va plus. Les uns accusent la récente crise de Wall Street, les autres le marasme des affaires, les autres les difficultés politiques[113]. » Il pensait que la spéculation internationale allait avoir des répercussions négatives sur le marché de l'art parisien, dont il souhaitait la chute. Les « métèques » auraient alors quitté le territoire français pour retourner dans leur patrie, ou ailleurs, en quête de fortune[114]. Le drame de cette crise économique est ainsi lu de façon positive, comme une sorte de « purification » qui aurait définitivement libéré Paris. Avec une satisfaction non dissimulée, Mauclair décrit l'exode probable :

> « On m'a affirmé hier que des Montparnos glorieux, comme l'érudit finnois Gondomir Saltip, le professeur mohican Blood Pig, Soulographos, l'esthète grec, Bibine, l'allégoriste petit-russien, Zakousky, l'insurgé du ghetto, l'Espagnol Pomposo, qui réduit toute sa sculpture à un œuf, le futuriste Illuminanti, qui illustre La Fontaine avec des cubes, avaient demandé leurs passeports, ne vendant plus aux maudits Welches, pour regagner leurs patries respectives[115]. »

La critique d'art elle-même devient un objet d'étude pour un Mauclair ragaillardi qui place tous ses espoirs dans la remigration. Sur un ton paternaliste et en usant d'un style narratif qui rappelle ses écrits autobiographiques du début du siècle, il incite solennellement à la formation d'une relève de critiques d'art disposés à étudier les écrits d'Hippolyte Taine et de Louis Courajod[116]. En faisant référence à ce dernier et à l'école historique et artistique nationale, Mauclair veut souligner l'importance des études françaises. En effet, vers la fin du XIXe siècle, Courajod avait cherché les origines françaises de la Renaissance. Il développa ses hypothèses au cours d'un cycle de leçons dispensées à l'École du Louvre, qui donnèrent lieu à des publications comme *Les Origines de la Renaissance en France au XIVe et au XVe siècle : leçon d'ouverture du 2 février 1887*[117]. Courajod avait élaboré une conception d'origine franco-flamande selon laquelle les premières manifestations de la Renaissance auraient précédé celles de l'art italien[118]. De telles hypothèses permettaient à Mauclair de consolider son patriotisme artistique en s'appuyant sur des écrits scientifiques. Le lien avec les racines historiques et formelles de la Renaissance française était en outre une façon de faire face à l'« espéranto pictural contemporain », pour reprendre le titre de l'un des chapitres de son recueil[119].

Cette attitude se retrouve dans un autre champ disciplinaire : la critique de l'architecture. En publiant, au début des années 1930, *L'architecture va-t-elle mourir ?*, Mauclair inaugure un nouveau terrain d'étude où il applique les mêmes grilles de lecture. L'architecture contemporaine est alors comparée au « volapük » :

> « Le ciment, c'est un volapük. Et je ne dis même pas un "espéranto", de sonorité plus douce. Je dis volapük, parce que ce mot barbare me semble mieux correspondre aux abominations lecorbusières et soviétiques qu'on s'acharne à nous infliger. Et en face de cela je songe à la stabilité, au crédit, à la noblesse millénaire, receleuse de beauté, de la pierre de France[120]. »

En architecture, Le Corbusier est l'incarnation du mal soviétique et du langage barbare qui risquent de corrompre les constructions en pierre monumentales. Tout comme l'École de Paris, le mouvement moderne est décrit comme avant-gardiste, et par conséquent hostile à toute forme de lien avec le territoire. En reprenant les thèses développées dans ses articles de critique d'art, Mauclair respecte un format éditorial propice à une lecture brève et rapide : un ensemble de textes précédemment publiés dans *Le Figaro*. Les Éditions de la Nouvelle Revue critique acceptent de mettre ainsi en lumière l'un des témoignages les plus radicalement politisés de cette période. Si l'incidence des postulats politiques d'extrême droite sur la critique d'art et d'architecture de Mauclair est vérifiée et trouve de véritables confirmations dans la reconstitution de l'univers de Coty, une lettre de Le Corbusier du 5 février 1957, adressée à Pierre Dalloz, dévoile les liens présumés avec un protectionnisme idéologique qui s'accordait, selon l'architecte urbaniste, aux intérêts économiques locaux :

> « J'ai reçu un jour une lettre de Camille Mauclair qui avait rédigé les quinze articles éditoriaux du *Figaro*, vers 1931, contre moi ; campagne payée par les chambres de commerce de l'ardoise, tuile et charpente en bois ; cam-

> pagne ayant fourni le livre mis dans le commerce sous le titre magnifique : "Camille Mauclair, *L'architecture va-t-elle mourir*[121] ?". »

La question, explicite dès l'introduction de *La Farce de l'art vivant II* et répétée dans les lignes consacrées à l'avant-garde, insiste sur l'opposition rhétorique entre « langue barbare » et vocabulaire classique[122]. La rancœur nationaliste avait maintenant pris pour cible l'Allemand Wilhelm Uhde. Selon Mauclair, ce dernier incarnait pleinement la position intellectuelle « boche ». En 1928, les Éditions des Quatre Chemins – qui éditeront ensuite la revue *Formes* de Waldemar-George – avaient publié l'un de ses textes, traduit par Alain Ponchont et intitulé *Picasso et la tradition française. Notes sur la peinture actuelle*[123], qui proposait une nouvelle vision du cubisme et de l'art allemand. Le collectionneur, critique et marchand affirmait que la peinture de Picasso, définie comme la « verticale cubiste », symbolisait l'élan gothique romantique et nostalgique typique de l'esprit germanique. Cette sorte d'art métaphysique, issu de l'éros transcendantal, était donc redevable à la culture allemande et, simultanément, à l'Hellade[124]. Uhde précise en effet que l'âme allemande, tout comme l'âme grecque, était mélancolique et hostile au réel. Selon l'auteur, *L'Iliade* et *L'Odyssée* étaient gorgées de larmes et l'art des Grecs, grâce à la formalisation canonique, était une tentative de fuir la réalité. La statuaire grecque paraissait donc se réduire à la simple expression d'un mysticisme logique, comparable à celui que traduisaient les cathédrales gothiques en Allemagne. Une telle vision, assimilable à une pensée qui existait dans la seconde moitié du XIXe siècle, de Burckhardt à Nietzsche, était clairement formulée dans un passage de l'essai :

> « L'âme grecque, aussi bien que l'âme allemande, est avant tout sous le signe de l'Éros transcendantal : la nostalgie – en allemand, la *Sehnsucht*. Du sol où nous nous meurtrissons, elle envoie des flèches vers une idée imaginaire, un idéal. Le caractère de l'art gréco-allemand est romantique, sa tendance est verticale et elle ne se manifestera pas dans la forme achevée de l'image, mais dans la forme qui aspire à s'élever dans l'espace, la seule qui permette à la nostalgie de s'exprimer : la plastique et l'architecture[125]. »

Les théories d'Uhde s'opposaient fortement à celles de Mauclair quant au modèle classique de référence : le premier auteur se référait à la Grèce, à laquelle le gothique allemand était redevable ; le second à Rome, comme l'origine de l'identité latine de la France. Deux constructions théoriques s'affrontaient ainsi, fruit de la situation socio-politique d'après-guerre.

Il faut ajouter qu'Uhde, tout comme Kahnweiler, croyait au mythe d'une Europe de l'art sans frontières et avait fréquenté les milieux qui ont donné naissance à l'almanach *Europa*[126]. Dans cette publication, Paul Westheim et Carl Einstein avaient en effet réuni des contributions en français et en allemand d'artistes et d'intellectuels qui s'intéressaient aux disciplines les plus variées, de la peinture à l'architecture, de la littérature à la musique, du théâtre au cinéma. Tous étaient poussés par le désir de créer un mouvement intellectuel européen. Uhde considérait d'ailleurs que l'une des expressions les plus stimulantes de l'européisme était la peinture juive parisienne. Dépassant les impasses de la tradition française et de l'influence de Picasso, les artistes juifs de Montparnasse avaient contribué au renouvellement du style mû par un esprit international. De plus, le critique estimait que leur concours était nécessaire pour promouvoir et diffuser un tel art : « Dans l'histoire de la peinture moderne, leur influence est extraordinaire. Plus des trois quarts de tous les marchands, critiques, collectionneurs, sont des juifs [...]. C'est grâce à l'influence juive, à l'argent juif, que des tableaux de réelle valeur entrèrent dans les musées[127]. »

La perspective est ainsi inversée par rapport à celle de Mauclair. Uhde met en lumière les aspects positifs du système de l'art et fait surtout l'éloge de l'activité des marchands, des collectionneurs, des critiques et des artistes juifs. Comme on pouvait s'y attendre, ce point de vue ne passa pas inaperçu. Au début du chapitre intitulé « Un avertissement », avant d'arriver à la critique du texte d'Uhde, Mauclair déclare sans scrupule qu'il n'y a rien d'antisémite à affirmer que les Juifs n'ont pas donné naissance à des peintres ou à des sculpteurs de talent[128] puisque, à ses yeux, il ne s'agit là que d'énoncer une « vérité ». S'il reconnaît l'intelligence et la sensibilité d'Uhde, le critique dénonce son caractère

> « [...] germaniquement fumeux, lorsqu'il s'évertue par exemple à démontrer que le génie grec a retrouvé sa vraie expression dans l'"esprit vertical" de l'Allemagne. Mais son livre est intéressant [...] ce petit ouvrage lève le masque, et nous avertit nettement de ce que je n'ai cessé de dénoncer en me laissant injurier par les métèques : l'offensive massive contre la peinture française par les théories et les œuvres judéo-allemandes[129]. »

Mauclair réfute catégoriquement l'européisme d'Uhde et doute de l'esprit gréco-gothico-allemand présumé de Picasso. Selon Friederike Kitschen, Mauclair procédait à un règlement de compte sur fond d'idéologie nationaliste puisque Uhde « avait aux yeux de Mauclair l'outrecuidance de vouloir critiquer, alors qu'il était un "étranger", des peintres français comme André Derain ou Maurice Vlaminck en vantant au contraire les mérites de l'Espagnol Picasso ou des artistes étrangers, souvent juifs de surcroît, de l'École de Paris qu'il tenait pour des exemples à suivre et une source de renouveau pour l'art français[130] ».

Le critique français actualisait ainsi les théories sur le complot judéo-allemand exposées par le peintre lyonnais Tony Tollet dans son ouvrage publié en 1915 : *De l'influence de la corporation judéo-allemande des marchands de tableaux de Paris sur l'art français*[131]. Tollet y prenait ouvertement et agressivement position contre les Allemands et les Juifs. Il soutenait que, après l'écroulement de la suprématie française dans les secteurs industriels, commerciaux et scientifiques, le seul secteur où la nation pouvait encore exceller était les arts. Mais l'invasion de la « corporation juive-allemande » avait fait subir à la musique, à la littérature, à la peinture, à la sculpture et à l'architecture l'influence délétère du « gaz asphyxiant » des ennemis d'outre-Rhin. Sur l'art lui-même, il affirmait :

> « Je veux vous parler de l'influence croissante et néfaste qu'avait prise sur l'art français, pendant ces vingt dernières années, la corporation des marchands de tableaux. Je veux vous montrer par quels agissements ils sont arrivés à fausser le goût français ; quelles influences ils ont mises en œuvre pour faire entrer dans nos grandes collections publiques des spécimens d'un art dont ils avaient au préalable amplement garni leurs officines, et comment ils ont imposé à l'admiration de nos snobs des œuvres empreintes de la culture allemande, pointillistes, cubistes, futuristes, etc.[132] »

Il est certain que la pensée de Tollet est à l'origine des accusations de Mauclair qui, sans pour autant le citer explicitement, reprend ses thèses et confirme l'analyse paranoïaque du texte d'Uhde, justifiée par la crainte d'une énième tentative de destruction de la culture française *via* « un orientalisme barbare[133] ».

Le comparatisme idéologique de Maurice Feuillet

Camille Mauclair est le plus célèbre représentant de la critique d'art xénophobe rattaché aux milieux de droite néomonarchique français. Sa notoriété de lettré s'est perpétuée depuis la fin du XIXe siècle jusqu'à l'entre-deux-guerres et a ainsi contribué à la reconnaissance du critique par la communauté artistique et intellectuelle. Dans le même laps de temps, Maurice Feuillet, qui tenait un discours identique à celui du poète symboliste, ne semble pas avoir suscité le même intérêt. L'étude du contexte dans lequel s'est imposé Mauclair est donc indispensable non seulement pour comprendre les courants de pensée qui ont structuré son analyse critique, mais aussi pour reconstituer le réseau de relations qu'il a pu tisser et d'où émerge une personnalité aussi importante qu'inédite : celle de Feuillet.

Maurice Feuillet a été l'un des plus fidèles collaborateurs de François Coty dès ses premières expériences dans le journalisme : le 13 mai 1923, il fonde *Le Figaro artistique*, un supplément hebdomadaire du *Figaro*, et, en 1926, *Le Gaulois artistique*, autre hebdomadaire qui accompagnait le énième titre de l'empire Coty, *Le Gaulois*. Dans *Le Figaro artistique*, Feuillet s'était occupé de différentes rubriques signées de son nom ou du pseudonyme de Curiosa : « Carnet d'un collectionneur », « Les grandes ventes prochaines », « Revue des ventes de la semaine » et « Causerie d'un amateur d'art ». Dans *Le Gaulois artistique*, outre les articles consacrés au dessin français du XVIIIe siècle, il avait lancé en 1928 une campagne xénophobe contre l'art contemporain, intitulée « L'art français en péril » et composée de contributions critiques qui présentaient des affinités évidentes avec la rhétorique de Camille Mauclair, un de ses plus proches collaborateurs. La campagne de Feuillet s'achève en 1929, année où Coty réunit *Le Figaro* et *Le Gaulois*. La fusion a lieu le 31 mars, alors que le dernier numéro du supplément artistique est publié le 25 juillet. Dans l'intervalle, afin de manifester son engagement contre la présence étrangère dans le milieu artistique, Feuillet avait continué de façon autonome à financer, publier et diffuser *Le Gaulois artistique* qui, en 1930, aurait dû se transformer en *Hélios des revues des arts*[134] – titre dont il ne demeure pourtant aucune trace documentaire aujourd'hui. Sa résolution de publier à ses frais un tel supplément montre à quel point Feuillet adhérait à la cause nationaliste d'extrême droite et témoigne surtout de son aisance financière, contrairement à Mauclair.

On sait peu de chose de la biographie de Maurice Feuillet. Né le 18 juin 1873 à Montmartre, il suit un bref apprentissage dans la gestion économique en Allemagne et décide finalement de se consacrer à l'art en fréquentant le Louvre. Intéressé par le dessin, il commence une carrière d'illustrateur en collaborant à des organes de presse internationaux tels que *Black and White*, *Illustrirte Zeitung*, *L'Indépendance belge*, *Le Journal* ou *Le Figaro*[135]. Durant ces mêmes années, il se voue au collectionnisme, acquérant des œuvres de l'école française et flamande du XVIIIe siècle[136]. Son intérêt pour l'art japonais doit en revanche être vu à la lumière de la relation qu'il entretient avec Edmond de Goncourt[137] ; non seulement ce dernier lui a transmis cette passion, mais il l'a aussi poussé à s'inscrire à l'Association des amis de l'art japonais, pour laquelle

16-XII-28 LE GAULOIS ARTISTIQUE 67

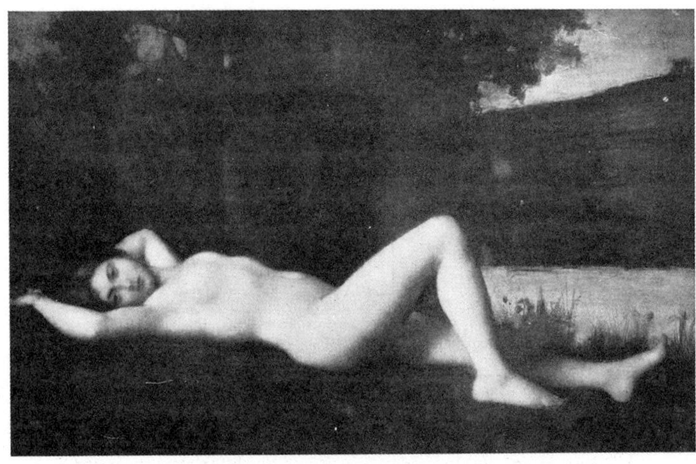

JEAN-JACQUES HENNER. — NAÏADE.
Musée du Luxembourg.

L'ART FRANÇAIS EN PÉRIL

LA RUÉE DES BARBARES

DEPUIS un certain temps déjà on assiste en France, dans le domaine des arts et des lettres, à une déformation brutale, dont le caractère sauvage, agressif et ridicule autant qu'odieux, offense et révolte les moins clairvoyants ; c'est une vague qui déferle, nous submerge et menace de tout engloutir. Sur ce sol de France où l'on a tant osé, où, plus que partout ailleurs, peut-être, l'homme a su élever son esprit vers l'infini du rêve et de l'idéal, règnent chaque jour davantage la platitude et la médiocrité. Ceux qui résistent encore, artistes et penseurs mûris par l'expérience, grandis par l'étude et le savoir, cherchent en vain, avec une tristesse mêlée d'angoisse, en quelles mains ils pourront confier, avant de mourir, le flambeau emblématique et sacré.

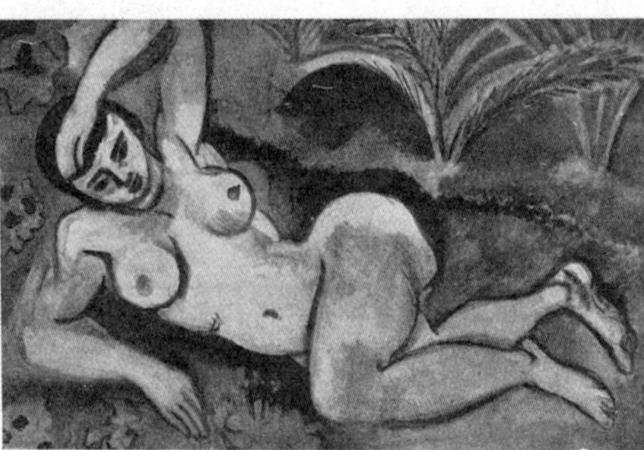

HENRI MATISSE. — FEMME NUE COUCHÉE.
Ancienne Collection Quinn.

***

Cela est venu d'au delà nos frontières, doucement d'abord et sans bruit, caché sous les apparences bénignes de formules amusantes et curieuses, dont l'application était, croyait-on, condamnée par son outrance même à une durée éphémère et sans lendemain. Certes, les corrupteurs avaient beau jeu. Nous sommes si accueillants, si bienveillants, si enthousiastes pour

12 Maurice Feuillet, « L'art français en péril. La ruée des barbares », *Le Gaulois artistique*, nº 27, 16 décembre 1928, p. 67

il illustrait les invitations[138]. Outre ces informations sporadiques et les articles parus dans *Le Figaro artistique* et *Le Gaulois artistique*, nous disposons de l'annonce – brève et formelle – de sa disparition publiée dans *Le Figaro* le 18 avril 1968 : « On nous prie d'annoncer le décès de M. Maurice Feuillet, peintre illustrateur, homme de lettres et critique d'art, ancien collaborateur du *Figaro*, officier de l'Instruction publique, officier de la Légion d'honneur, survenu à Paris le 15 avril dans sa 94e année[139]. »

La période d'activité de Feuillet, en ce qui concerne la présence d'une critique d'art réactionnaire, xénophobe et antisémite en France, correspond aux années 1928 à 1929, où le critique a lancé sa campagne sur « L'art français en péril ». Si, pour Mauclair, les difficultés économiques peuvent avoir joué un rôle important dans son adhésion esthétique au traditionalisme de ces années, pour Feuillet ses motivations se réduisent à sa seule fascination pour la politique d'extrême droite et pour l'art français du XVIIIe siècle.

La campagne de Feuillet, accueillie dans le supplément *Le Gaulois artistique*, débute le 16 décembre 1928 et s'achève le 25 juillet 1929, pour un total de neuf numéros en sept mois. Le caractère novateur de ces écrits réside dans l'usage des images et la construction graphique de la mise en pages. Dans le premier numéro de 1928, le critique fait en effet explicitement référence au regard du lecteur, l'invitant à observer ce qu'il perçoit comme une évidence, à savoir le déclin de la peinture, de la sculpture, de l'architecture, des arts appliqués, de la musique et du théâtre contemporains (ill. 12)[140]. De fait, le lecteur pouvait juger du propos de Feuillet grâce aux reproductions des œuvres. Il avait recouru à une structure discursive pédagogique offrant deux niveaux de lecture : textuel et visuel. Les photographies des œuvres, placées par paires sur la même page, stimulent la comparaison entre un maître de tradition française et un artiste d'avant-garde internationale contemporain, dont de nombreux Juifs. Une telle méthode, d'inspiration comparatiste, est renforcée par le choix des sujets qui sont presque toujours identiques.

Feuillet décrit dans le détail son processus critique et idéologique, et il en fait l'éloge en présentant le « jugement de la vision » comme une caractéristique fondamentale de la discipline historique et artistique :

> « L'image, par son caractère d'exactitude, souligne la pensée en mettant le lecteur en face d'une réalité qui enferme son esprit dans un cadre nettement délimité. J'userai donc largement de l'illustration et, joignant l'exemple à la parole, je présenterai les productions les plus typiques du cubisme, du néo-impressionnisme, du surréalisme, de l'orphisme et autres fariboles [...] chacune de leurs élucubrations monstrueuses sera accompagnée de la

> reproduction d'une œuvre picturale ou plastique, ancienne parfois, mais le plus souvent moderne, de maîtres français universellement admirés et dont la réputation est incontestable. [...] Pouvant comparer les unes avec les autres, il lui sera permis de se faire une opinion personnelle, de mesurer l'abîme qui sépare cette caricature d'art qualifié de moderne de l'art tout court, de voir lequel répond le mieux aux modes d'expression de notre race, à nos traditions, à notre idéal[141]. »

À l'instar de la méthode iconographique comparatiste employée par Heinrich Wölfflin[142], l'approche visuelle pure de Feuillet utilise l'image photographique à des fins didactiques, car la double image permet d'analyser des analogies stylistiques[143]. L'intérêt pour cette approche se retrouve également chez Émile Mâle à la même époque. En 1894 – date correspondant aux tout débuts de l'usage des reproductions photographiques pour l'enseignement de l'histoire de l'art –, Mâle avait en effet publié un texte où il exprimait son enthousiasme pour le potentiel pédagogique des nouveaux moyens photographiques : « La photographie a permis de comparer, c'est-à-dire de faire une science[144]. » La dimension scientifique est sans doute essentielle pour Feuillet dans la mesure où elle permet de mettre en évidence la « dégénérescence picturale » à partir d'une preuve visible irréfutable : l'image. Le critique construit alors un discours convoquant des images qui étayent sa campagne. Il développe un dialogue complexe entre ceux qu'il se plaît à nommer les « classiques » et les « dégénérés ». *Le Gaulois artistique* consacre les numéros 27, 28, 29, 30 et 33/34 à la peinture, et les numéros 31 et 32 à la sculpture. Les numéros 35 et 36 sont, eux, dédiés à des cas spécifiques : dans le numéro 35, des œuvres d'art extra-occidentales sont comparées à des œuvres d'artistes de Montparnasse ; le numéro 36 tente de démontrer les assonances entre les œuvres de patients atteints de troubles mentaux et l'art d'avant-garde.

Un tel corpus doit être lu et compris à la lumière des analyses de Mauclair, car y sont abordées les mêmes problématiques que dans *La Farce de l'art vivant*. À la différence de Mauclair, cependant, les articles sont autant de chapitres d'une campagne qui ne sera jamais présentée dans un livre. Les thèmes qui parcourent le texte sont encore une fois en accord avec les postulats de l'Action française qui avaient conduit Feuillet à insister sur la lutte contre l'étranger et le communisme, comme l'illustre un passage de l'introduction de 1929 où la scène artistique de Montparnasse est sévèrement critiquée :

> « Dans l'âpre lutte actuellement entreprise par le communisme germano-slave contre les forces vives des peuples gréco-latins, les chefs mystérieux

> qui la dirigent savent parfaitement qu'il leur est impossible de donner naissance à ces états impétueux capables de soulever l'enthousiasme des foules[145]. »

Là encore, le discours est chargé d'une rhétorique guerrière. Feuillet faisait en effet indirectement référence aux artistes, critiques et marchands étrangers actifs à Paris, révélant le caractère intransigeant de sa lecture. Selon lui, en France, la politique révolutionnaire bolchevique n'aurait jamais pu exercer une véritable influence grâce à l'esprit salvateur de la tradition séculaire nationale. En associant l'esprit grec et l'esprit latin, il crée une catégorie unique, celle de la civilisation antique, délaissant par exemple toutes les nuances qui avaient rendu vif le débat entre Mauclair et Uhde. Cette attitude peut s'expliquer par le fait que Feuillet n'accordait pas d'importance à de telles réflexions ou, plus simplement, qu'il vivait dans un isolement volontaire par rapport à l'art vivant et à ses diatribes, qu'il observait de loin et avec mépris. Contrairement à Mauclair, qui avait fréquenté les mouvements progressistes et anarchistes, le critique avait toujours vécu à l'abri de l'avant-garde. Ce dédain se manifeste dans les accusations lancées aux habitués du carrefour Vavin, à « ces danseurs de Charleston, buveurs de cocktails anglo-américains, aux cocaïnomanes et héroïnomanes boches[146] » qui avaient envahi « son » Paris.

Le lien viscéral avec la tradition française est attesté à la fois par sa collection de dessins, presque entièrement composée d'exemplaires de l'École française, et par sa production critique. Dans la liste de ses publications ressortent certains titres, fruits de ses passions les plus intenses : *Les Dessins d'Honoré Fragonard et de Hubert Robert des bibliothèque et musée de Besançon*[147]. En effet, Feuillet lui-même exprime tout son enthousiasme pour l'art français et la culture française :

> « J'ai toujours été amoureux du passé, de ce qui ne peut plus être, de cette Société Française du XVIIIe siècle qui, avant de s'éteindre, tel le bouquet d'un éblouissant feu d'artifice, pétille, étincelle d'esprit, de finesse et de goût, où flamboie un art qui, dans tous ses domaines, unit la grâce et la beauté au génie, une société enfin dont les mœurs se parent de courtoisie et de galante politesse[148]. »

Irrité par les tensions destructrices à l'œuvre dans les milieux de l'art, de la littérature et de la poésie contemporaines, il a publié des poèmes de Max Jacob et de Tristan Tzara afin de montrer leur ressemblance avec la peinture de Matisse, Picasso, Derain, Rouault et Van Dongen : toutes ces pratiques visaient, selon Feuillet, à une pure recherche d'originalité et de sensationnel qui n'était cependant pas conciliable avec l'esprit français, calme et équilibré par définition[149].

Aux yeux d'un critique réactionnaire, le scénario de l'art contemporain semblait donc catastrophique pour l'avenir de la culture française. Continuellement à la recherche du « génie de la nation », Feuillet avait salué avec enthousiasme deux initiatives reflétant la véhémence de la sphère politique de droite qui s'était mobilisée dans le milieu culturel : la Ligue de la défense de l'art et l'Association des critiques d'art français. La première, fondée au tout début de l'année 1929, avait pour ambition de défendre la tradition et le bon goût, l'élégance et la beauté qui distinguent l'art français[150]. Présidée par Léon Bérard, ministre des Beaux-Arts, elle comptait parmi ses adhérents de nombreuses personnalités institutionnelles. Feuillet y adhère, car il partage les principes formulés dans son manifeste : un refus catégorique de l'avant-garde, et une politique œuvrant à la conservation et à la tutelle du patrimoine national. L'association en faveur de la défense des biens matériels s'inscrivait dans une tradition qui remontait au XIXe siècle. Dans l'entre-deux-guerres, ces pratiques avaient été renouvelées grâce aux incitations de sociétés privées telles que la Sauvegarde de l'art français, qui réunissait des groupes de passionnés d'art et de journalistes dans cette « croisade » contre les vandales[151]. Le principe de la Ligue de la défense de l'art était paradoxalement le même : défendre l'art contemporain contre le « vandalisme métèque ».

Feuillet a accompagné l'annonce de cette entreprise par quatre reproductions emblématiques : l'*Olympia* d'Édouard Manet, comparée à une *Carmen algérienne* de Kees Van Dongen, et *Madame Charpentier* d'Auguste Renoir au côté d'un portrait de femme de Paul Klee (ill. 13 et 14). Le recours à deux maîtres français de la fin du XIXe siècle tels que Manet et Renoir permettait d'afficher une certaine ouverture d'esprit envers la peinture moderne et renforçait conjointement les thèses exprimées par la Ligue française contre la peinture étrangère. Les représentations « difformes » de Van Dongen et de Klee, selon le système de Feuillet, devaient apparaître encore plus « difformes » que les esthétiques impressionnistes de la fin du XIXe siècle.

Le 28 mai 1929, le critique annonce avec le même enthousiasme la création d'une structure encore plus importante, dont il est cette fois lui-même l'artisan : l'Association des critiques d'art français. Camille Mauclair en est le président et Robert Guillou le vice-président ; le cercle intellectuel formé par Coty au milieu des années 1920 venait de se reformer. Non seulement Mauclair et Feuillet avaient lancé une campagne presque simultanée contre l'art contemporain, mais ils avaient aussi fondé officiellement une association de critiques

6-III-29 LE GAULOIS ARTISTIQUE 169

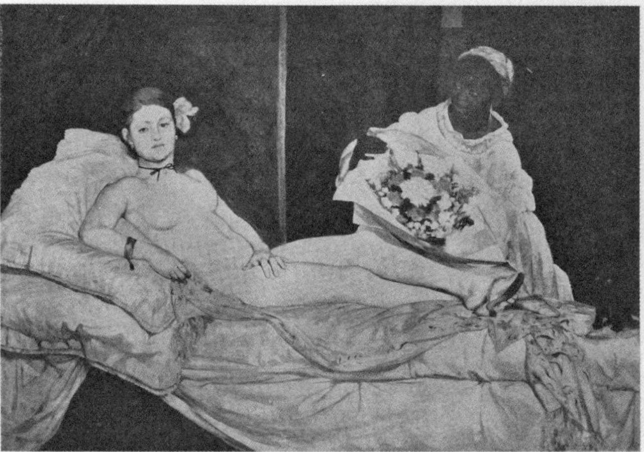

Edouard MANET. — Olympia.
Musée du Louvre.

de saisir leur pensée, personne ne peut vous contredire. On passe ainsi, sans grands efforts, pour un profond idéologue. Admirable époque que la nôtre, où il est permis de parodier les rôles de lettré et de savant sans avoir rien appris, où le premier imbécile venu est admiré pour sa sublime intelligence et où il n'y a plus que les simples d'esprit pour demander à comprendre une sculpture, une peinture, une architecture, et exiger qu'on écrive le français en français !

On peut regretter que M. Marcel Prévost fasse cette étude sur le « séparatisme poétique » avec une telle timidité, si grande prudence et tant de circonlocutions — s'excusant presque de sa hardiesse — que la courte analyse qu'il nous donne de ces résidus littéraires ressemble plus à une entreprise de « ménagements » qu'à une véritable critique. Pourtant, il ose s'aventurer dans ce cloaque, ce qui est bien méritant de sa part et prouve qu'un petit vent d'inquiétude se met à souffler sur le monde des lettres françaises.

***

Si j'ai fait cette rapide incursion au pays de la littérature futuriste, c'est pour montrer que les barbares s'attaquent à toutes les formes de la pensée, à toutes les expressions de l'esprit. Mais revenons maintenant au domaine des beaux-arts. On s'y inquiète, on s'y agite, la révolte et l'indignation y grondent.

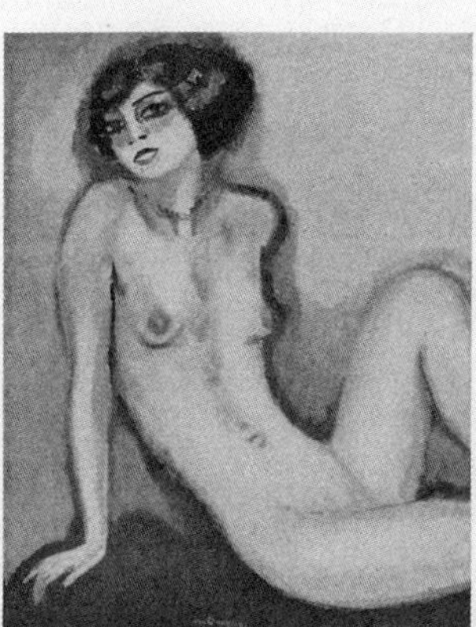

Kees van Dongen. — Carmen algérienne.
Collection particulière.

Un certain nombre de critiques d'art, Français de bonne race et de saine doctrine, viennent de se réunir. Leur but est d'opposer une digue protectrice au flot débordant des critiques marrons, nationaux et étrangers, qui, aux gages de marchands et d'officines louches, empoisonnent l'opinion publique. S'ils parviennent à assainir quelque peu ce bourbier où pullulent apôtres communistes, tortionnaires de syntaxe et dépravateurs d'idées, on leur devra infiniment de gratitude et beaucoup de reconnaissance.

Quand un perruquier, un arracheur de dents, un décrotteur, se parent du nom d'artiste, cela fait sourire. Mais ces gens exercent un métier nécessitant un apprentissage et être maître dans sa profession mérite bien un titre, tout honorifique soit-il. Au contraire, s'intituler expert ou critique n'exige aucune étude préalable ; ne requiert ni connaissances, ni expérience d'aucune sorte, pas plus que du goût et même de la probité professionnelle. Je ne connais pas de carrières plus bénévolement ouvertes. Il suffit de faire graver les mots « critique » ou « expert » sur sa carte de visite et le tour est joué. Aussi se trouvent-elles envahies par une pègre de plumitifs dont les mé-

13 Maurice Feuillet, « L'art français en péril. Ses défenseurs, ses ennemis », *Le Gaulois artistique*, n° 30, 6 mars 1929, p. 169

170 LE GAULOIS ARTISTIQUE 6-III-29

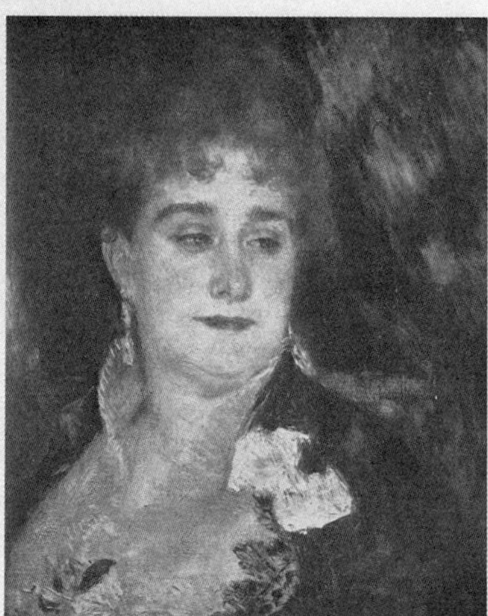

AUGUSTE RENOIR. — PORTRAIT DE MME CHARPENTIER.
Musée du Luxembourg.

faits ne se comptent plus. Ce sont eux qui, pour mériter leur sportule, chantent la gloire du futurisme, déifient les surréalistes et les fauves, et pondent leurs petites malpropretés dans des prospectus et des catalogues d'exposition distribués par milliers, dans de luxueuses revues décadentes et jusque dans de grands quotidiens. Il faut entendre le langage, tout imprégné de « kultur » allemande et d'un jargon de ghettos, de ces corrupteurs à la petite semaine : la vulgarité et le cynisme y rivalisent avec la sottise et la grossièreté.

Savourez cette phrase, par exemple. Je l'ai cueillie dans la préface du catalogue imprimé pour l'exposition récente, à Paris, d'œuvres de Paul Klee, peintre allemand de « poux mystiques » (*sic*). Je transcris sans y rien changer : « Bonjour à vous. Merci à vous, êtres, végétaux, choses que ne soutiennent pas le sol habituel et qui, pourtant, vous affirmez plus réels dans votre impondérable surréalité, que nos maisons, nos becs de gaz, nos cafés et la viande de nos amours quotidiennes... » J'en pourrais citer d'autres et de pires. Celle-ci me semble suffisante, pour l'instant.

***

Mais voici qui est mieux encore. Une ligue vient de se fonder pour, à mon exemple, « défendre les traditions de bon goût, d'élégance et de beauté qui ont toujours été celles de l'Art français, et qui risquent de s'effondrer sous une marée montante d'ignorance, de folie, de laideur et d'exotisme ». Elle s'intitule : « Ligue de la Défense de l'Art ».

Je viens de citer le début de son programme, en voici la suite : « Depuis le commencement de ce siècle, des mercantis et des métèques ont cherché et ont trop souvent réussi à imposer, dans toutes les formes de l'Art, des œuvres qui en sont la négation. L'impuissance a été érigée en originalité et l'ignorance a été muée en fraîche naïveté.

» Aucun effort n'a été omis pour faire aboutir ce mouvement. Tout a été fait pour circonvenir les pouvoirs publics et pour pervertir la jeunesse. Des exhibitions à l'étranger, déshonorantes pour la France, ont été données avec des appuis officiels comme le dernier mot de l'Art français. Nos musées, tant à Paris qu'en province, ont été envahis par des œuvres indignes d'y figurer. De toutes parts s'élèvent des constructions qui, dans quelques années, paraîtront un défi à nos longues traditions de clarté et d'élégance.

» La force de ce mouvement n'est due qu'à la faiblesse de tous ceux, plus nombreux qu'on ne croit, qui souffrent de cet état de choses. La Ligue s'est donné pour but de les grouper et de rendre leurs protestations efficaces. Absolument étrangère à toutes les coteries, ouverte à tous les efforts sincères, respectueuse de toutes les recherches sérieuses d'originalité, elle n'entend lutter que contre ceux qui, manifestement, sont des roublards, des profiteurs ou des mercantis. »

On ne saurait mieux dire.

Je sais, par expérience, qu'une association de ce genre a chance d'obtenir, ou non, les résultats qu'elle ambitionne suivant la volonté agissante de ceux qui la dirigent : tant valent les hommes, tant vaut la ligue. Celle-ci, à s'en rapporter aux personnalités qui en ont eu l'idée, a toutes les chances de réussir et de devenir puissante. Son président est M. Léon Bérard, sénateur et ancien ministre de l'Instruction

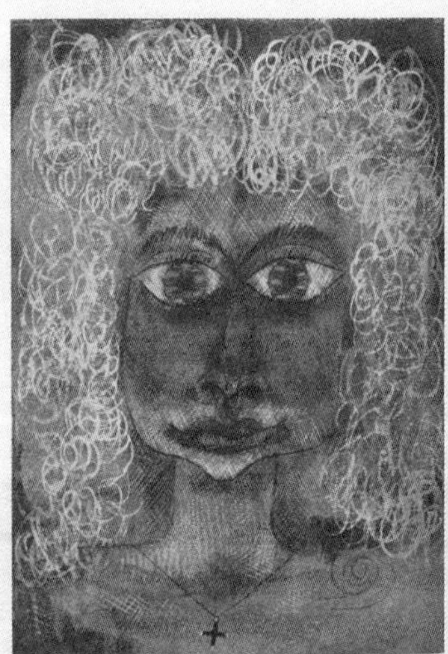

Cahiers d'Art.
PAUL KLEE. — PORTRAIT DE FEMME.
Collection particulière.

14 Maurice Feuillet, « L'art français en péril. Ses défenseurs, ses ennemis », *Le Gaulois artistique*, nº 30, 6 mars 1929, p. 170

d'art visant à s'élever contre le « mal étranger ». Dans les numéros 33 et 34 du *Gaulois artistique*, en l'accompagnant de reproductions d'œuvres de Lebasque et de Picasso – Lebasque représentant naturellement un art calme et équilibré –, Feuillet a publié le manifeste de l'association, dont voici un extrait :

> « Ce qu'on appelle l'"Art d'avant-garde" est devenu l'objet d'une énorme spéculation, avec tous les procédés de réclame et d'inflation jusqu'alors réservés aux valeurs boursières et aux denrées commerciales. [...] L'intrusion étrangère prend des proportions inquiétantes. Les Salons se multiplient, l'exhibition est obsédante. Nos artistes ne sont plus chez eux, et on ose inviter la peinture française à se régénérer sous la tutelle du germanisme. [...] Cet appel n'est pas un cri de haine : c'est un cri d'alarme. Nous sommes, quant à nous, d'accord pour lutter désormais contre cette influence délétère qui menace de conduire le goût français jusqu'à la proscription de la ruine[152]. »

Les critiques affirment expressément leur militantisme et sont résolus à se battre pour défendre la peinture française. Comme on a déjà pu le remarquer dans le cas de Mauclair, le discours antisémite est introduit ici à travers la figure du marchand, qui devient le protagoniste d'un vaste complot artistique et économique. Feuillet faisait surtout référence à des « trafiquants juifs-levantins » prêts à mettre sur le marché international les œuvres de leurs compatriotes à des fins spéculatives. Un tel scénario aurait inexorablement contribué à la marchandisation des produits artistiques, au détriment de leurs qualités esthétiques[153]. Les galeristes de la rive gauche étaient vulgairement décrits comme d'ingénieux charlatans dotés d'un esprit inventif et d'un carnet d'adresses du monde de l'art et des institutions qui leur permettait d'imposer toute une « pacotille » dont ils se portaient garants[154].

Il existait pourtant un exemple noble : Durand-Ruel[155], avec qui Feuillet fut très tôt en contact par l'intermédiaire d'Edmond de Goncourt[156]. Le marchand était dépeint comme un homme de goût, capable de conseiller sa clientèle et résolu à résister aux compromis spéculatifs[157]. Ce n'est pas un hasard si dans la page où il est cité se trouve reproduite une œuvre de Rodin, avec qui le promoteur des impressionnistes avait coutume de collaborer. Comparée à la *Pensée cubiste* de Juan Gris (ill. 15), la figure du penseur de Rodin semble prévaloir et démontrer qu'il existe une hiérarchie de styles donnant la priorité aux contenus des œuvres – et non aux conditions de vente, comme les jeunes spéculateurs avaient l'habitude de le faire. En faisant référence à une figure historique du marché de l'art, Feuillet voulait mettre en évidence le caractère purement

238 LE GAULOIS ARTISTIQUE 30-IV-29

s'avilit et la licence se métamorphose en cynique dépravation.

Il est aisé de comprendre à quel point ces mœurs nouvelles ont pu permettre à certains de semer, dans les esprits fatigués et incapables de réagir, des théories dangereuses, des doctrines perverses. Ils n'ont eu garde d'y manquer et leurs tentatives qui, dès avant 1914, étaient restées sans effet sur des êtres sains et forts, ont réussi, au delà peut-être de leurs espérances, sur les débilités et les faibles de l'après-guerre. De cet ensemencement, qui date de dix ans à peine, nous recueillons déjà les fruits empoisonnés ; plantes vénéneuses dont les rameaux se propagent dans tous les centres intellectuels et les milieux les mieux appropriés à leur culture et à leur épanouissement.

Ainsi que je le démontrais dans un précédent article, l'un des plus actifs moyens de propagande actuellement employés est la peinture, devenue prétexte à spéculation, et son meilleur démarcheur, chargé de faire accepter l'avilissement général, la destruction du goût, la régression morale, est le marchand de tableaux. Il est temps de nous occuper de ce personnage, jouant les premiers rôles dans cette farce grotesque où l'on voit une hideuse et répugnante Gorgone s'asseoir sur le trône de la Beauté renversée !

***

Autrefois on achetait une œuvre d'art pour le seul plaisir de reposer ses yeux sur un objet dont la

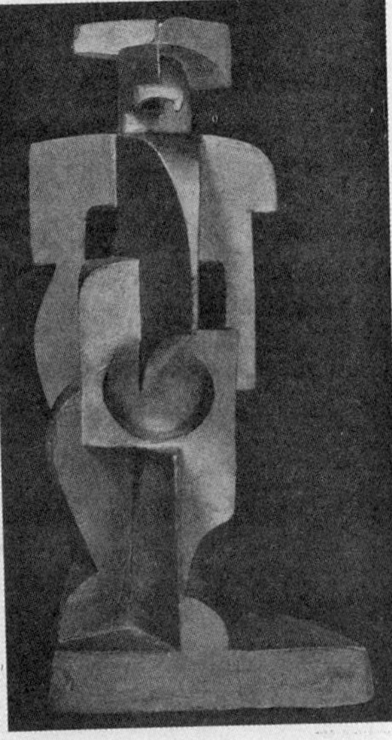

Juan Gris. — La Pensée cubiste.

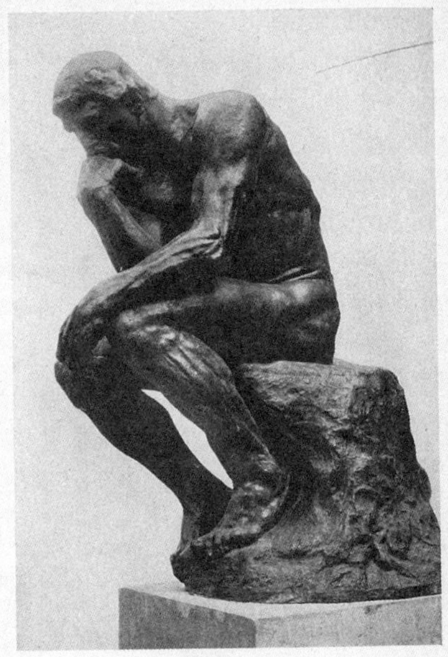

Auguste RODIN. — Le Penseur.
Place du Panthéon, à Paris.

forme, les proportions, la couleur constituaient un ensemble accompli capable d'exalter l'esprit, de le distraire des banalités courantes et de le faire participer, en une sorte de communion intime, avec la pensée de celui qui l'avait créée.

Il y avait alors des marchands de tableaux, peu nombreux il est vrai, mais ayant choisi ce genre de commerce par amour de la peinture et par sympathie pour les artistes dont ils faisaient connaître les œuvres tout en les aidant à vivre. Le marchand de tableaux de ce temps-là n'était pas un vulgaire mercanti vendant n'importe quoi, pourvu que cela rapporte ; c'était un homme de goût, capable par ses conseils de diriger la mentalité de sa clientèle, ayant sur les peintres qu'il admirait une influence souvent heureuse ; un homme probe et digne qui eût rougi des procédés actuels et refusé de s'abaisser aux compromissions et aux chantages tolérés, sinon admis aujourd'hui. Il défendait ses convictions avec courage, mettant son point d'honneur à affirmer ses idées, à combattre pour la bonne cause et à lutter contre certaines tendances, dût-il y perdre beaucoup d'argent.

Nous avons connu dans notre jeunesse quelques-uns de ces braves et honnêtes gens. J'en pourrai citer un certain nombre. Qu'il me suffise de nommer le plus connu d'entre eux, M. Durand-Ruel, soutenant avec tant de vaillance le talent d'un Renoir à ses débuts avant qu'il ne sombre dans la sénilité, d'un Claude Monet, d'un Sisley, d'un Degas, de Berthe Morisot et de Mary Cassatt. Il tint bon contre les moqueries et les sarcasmes d'une époque où la peinture, gâtée par les excès d'un académisme étroit, sombrait dans les sujets fades, l'anecdote et le roman-feuilleton. Il le fit crânement et l'on

15 Maurice Feuillet, « L'art français en péril. Ses mercantis et leurs dupes », *Le Gaulois artistique*, nº 32, 30 avril 1929, p. 238

promotionnel des galeries contemporaines aux vitrines hautes et lumineuses, aux cimaises de marbre, aux murs tendus de velours gris, et offrant à la vente une infinité d'objets précieux comme n'importe quelle autre marchandise. Ces espaces étaient tenus par des « [...] Israélites fortunés, menant grand train, fort répandus dans le monde officiel et dans celui que, par un reste d'habitude, on continue d'honorer du titre de haute société. Leur consigne est de répandre dans ces milieux faciles le fictif talent d'une trentaine de barbouilleurs à leur solde, de vanter leurs œuvres, d'en conseiller l'achat en faisant miroiter des bénéfices considérables, d'en lancer la mode et la spéculation[158]. »

Le texte de Mauclair présentait des assonances entre le vocabulaire critique et la virologie. Cet aspect persiste dans la critique de Feuillet, qui ne manque pas de comparer les marchands à des malades et de décrire leur mode opératoire comme une sorte d'invasion virologique nocive pour la France saine, forte et vigoureuse. L'idéal d'une nation dotée d'un corps sain et robuste, qui marquera tous les langages artistiques des régimes totalitaires des années 1930, résultait de *topoi* formulés durant la Première Guerre mondiale et repris par une partie du monde politique et intellectuel des années 1920[159]. Feuillet l'illustre pleinement avec les passages où il se réfère explicitement à l'épidémie et à la décadence mentale en train de se propager à l'intérieur de la société française, ou à la fièvre contagieuse de l'étranger dominateur[160].

Le numéro 35 du 20 juin 1929, intitulé « L'art français en péril. Ses cannibales », livre une étude comparative des œuvres de Matisse (ill. 16), Picasso et Rouault avec une sculpture primitive. L'arrière-plan raciste du titre permet de deviner la position de Feuillet, qui croyait fermement aux rapports entre le « climat » et la création établis par Taine, et ne se privait pas d'interpréter l'art des peuples extra-occidentaux à partir de ces théories[161]. L'allusion à une sorte d'infériorité des peuples « nègres », que manifesteraient leurs œuvres sculptées, peut en outre rappeler l'*Essai sur l'inégalité des races humaines* d'Arthur de Gobineau[162], un des textes de référence de la fin du XIXe siècle pour les études sur la race. Feuillet envisageait la sculpture « primitive » comme un objet « sensationnel » et reconnaissait l'intuition artistique des peuples qui l'avaient produite. Il refusait cependant de considérer ces sculptures comme des œuvres d'art, car elles étaient, à ses yeux, exemptes de qualité plastique :

> « Il y a parfois dans leur laideur beaucoup de caractère et l'horreur même qu'ils inspirent est obtenue par des moyens d'exécution simplifiée dont l'étude peut avoir de l'intérêt. Que les nègres et les indigènes des îles Fidji ou de l'île de Pâques possèdent une sorte d'intuition artistique, n'est pas réfutable, mais ils l'ont à un degré nettement inférieur répondant à leur

324 LE GAULOIS ARTISTIQUE 25-VI-29

la plupart des autres créatures vivantes sont dotées, ils n'avaient pour abri que des grottes obscures dont ils bouchaient l'entrée ou des sortes de nids qu'ils construisaient dans les arbres à l'exemple des oiseaux. Ces hommes primitifs étaient, en somme, presque en tous points semblables à ces grands singes dont le gorille nous a conservé le type. Agiles et vigoureux, vivant de fruits, de racines et de chairs crues, ils se différenciaient cependant des autres anthropoïdes par leur cerveau encore peu développé, il est vrai, et soumis aux seuls instincts de la conservation individuelle et de la pérennité de l'espèce, mais dans lequel s'agitaient des idées confuses et où, avec le don d'observer, naissait la faculté de déduire et de conclure. C'est ce don et la facilité d'émettre un langage articulé qui permirent à l'homme de s'élever peu à peu, dans l'échelle des êtres, au-dessus du niveau animal. Il découvrit certains éléments et sut s'en servir ; capta, venu du ciel ou des entrailles du sol, le feu qui devait lui permettre d'améliorer ses précaires conditions d'existence et lui donner, avec la supériorité du plus faible sur le plus fort, le pouvoir d'asservir.

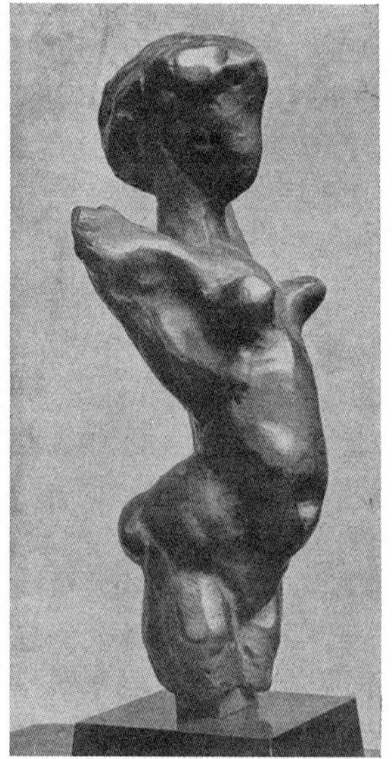

Henri MATISSE. — Sculpture.

Saura-t-on jamais combien il fallut de millénaires pour que ce premier stade de l'intelligence soit atteint, et de quelle durée fut le lent acheminement mental devant amener la séparation définitive de l'homme d'avec la bête ? En tout cas, ce sont ces qualités déductives qui le rendirent ingénieux, suppléèrent à son infériorité physique et l'amenèrent à se créer des armes lui permettant de se défendre et d'attaquer.

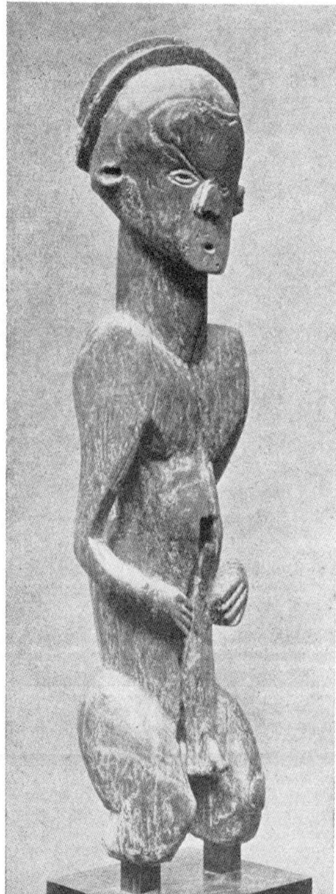

Idole des Baluba.
Bois. — Tribu nègre du Congo belge.

Le besoin de réunir ses forces contre un commun péril fut l'embryon des sociétés futures et la nécessité de sauvegarder un terrain de chasse contre les incursions de tribus voisines devait engendrer, avec le désir de conserver ce que l'on possède, le sentiment de la propriété, et avec celui de prendre le bien d'autrui, le germe des guerres entre individus de même espèce ; deux des éléments primordiaux qui tiennent l'humanité sous leur joug et concourent à cette loi universelle du mouvement d'où naît la vie.

Dans ces groupements de primaires, où commençait à régner une sécurité relative, l'esprit se développait, s'affinait, progressait. N'étant plus préoccupé uniquement par l'obligation de lutter ou de fuir, il pouvait se livrer à des pensées d'un autre ordre, suivre le mouvement des astres, observer le cours régulier du soleil et de la lune ainsi que les lois de la nature et avoir une vague notion du bien et du mal. Forces inconnues que ces aborigènes considéraient avec un sentiment de crainte et auxquelles ils attribuaient une puissance qu'il était nécessaire de se concilier. Afin de les mieux imaginer, ils leur donnèrent une forme tangible ; puis, pour se les rendre favorables, les implorèrent, leur offrant le sacrifice d'êtres vivants dont le sang répandu devait calmer leur courroux et valoir à leurs fidèles une protection tutélaire. Début des religions qui, avant de devenir des régulatrices de sentiments, des éducatrices de morale et des consolatrices, n'étaient qu'oppression, terreur, pratiques abominables et cruelles.

Subissant, sans y périr en entier, les divers cataclysmes qui bouleversèrent la surface terrestre ; résistant là où d'autres espèces étaient anéanties ; s'adaptant graduellement aux nouvelles conditions d'existence imposées par les climats, la température et le régime des saisons, la plus grande partie de ces peuplades se civilisèrent lentement, passant de l'âge de la pierre polie à ceux du bronze et du fer et formant, siècle après siècle, les peuples actuels dont la progression a atteint un degré de culture intellectuelle, d'élévation de pensée et de progrès scien-

16 Maurice Feuillet, « L'art français en péril. Ses cannibales », *Le Gaulois artistique*, nº 35, 25 juin 1929, p. 324

mentalité. Ils cherchent avant tout le sens de l'effet et de l'impression à produire, mais n'ont aucune notion de la beauté plastique[163]. »

Si Feuillet, comme de nombreux critiques de l'époque, refusait d'admettre la valeur artistique de ces œuvres, *Negerplastik*[164] de Carl Einstein est souvent rappelé à ce propos parce que c'est le premier livre à avoir conféré à la sculpture nègre le statut d'œuvre d'art, se distinguant ainsi du scepticisme habituel avec lequel on jugeait de la qualité esthétique et de l'importance artistique de telles productions. Dans les années qui précédèrent la Première Guerre mondiale, Einstein avait certainement eu l'occasion de voir différents objets d'art africains dans les ateliers parisiens ou dans les musées coloniaux allemands[165]. *Negerplastik* est pourtant publié quelques années plus tard, en plein conflit, alors que son auteur est hospitalisé à la suite d'une blessure de guerre, raison pour laquelle il n'avait pu suivre correctement l'édition de la première parution du livre et avait laissé les reproductions sans légendes[166]. La comparaison avec les sculptures et le dialogue entre les différents styles – caractéristiques qui, selon certains chercheurs, sont liées à l'absence de descriptions iconographiques – n'auraient donc pas été prévus par l'auteur[167] ; en revanche, il aurait souhaité enrichir l'appareil iconographique de légendes. Toutefois, une autre hypothèse quant à l'absence de descriptions a été avancée : l'auteur aurait préféré mettre ses lecteurs face à des œuvres présentées sans référence de façon que ne leur soit attribuée aucune qualité autre que celles qu'elles affirment. Mais une telle supposition semble peu fiable, voire non fondée[168].

Dans un article publié en 2014, Maria Grazia Messina parcourt le débat sur l'apparat iconographique de *Negerplastik* et souligne que, dans la rédaction de 1920, les légendes avaient été omises, renforçant la thèse de l'intentionnalité. Elle constate en outre que les vues frontales et latérales des œuvres rappellent les reproductions de fichage de la police judiciaire et les classifications positivistes des races humaines[169]. Cependant, l'ouvrage doit précisément son succès à l'importance de son iconographie : il s'agit en effet du premier cas où l'art des maîtres africains se trouve documenté avec autant de soin, de qualité et de variété.

La publication des sculptures dans *Le Gaulois artistique*, associée à l'article de Feuillet, devait au contraire aider à convaincre de la valeur primitive de ces artefacts. Son article tentait de s'opposer au cercle intellectuel qui tournait autour de la rédaction des *Cahiers d'art*, trop encline à accueillir des contributions dédiées à l'art extra-occidental. Le critique avait écrit au bas de son texte que « plusieurs des sculptures nègres reproduites ici ont été publiées par *Cahiers d'art* », rendant l'accusation explicite. Au premier semestre de l'année 1929, et plus précisément dans les numéros 2/3 de mars et avril[170], la revue avait en effet consacré un fascicule à l'art océanien en réunissant les contributions de Tristan Tzara, Christian Zervos ou encore Henri Clouzot.

La sanction finale contre l'art moderne sera assenée par le dernier numéro du *Gaulois artistique*. Dans un chapitre intitulé « Le sadisme du laid » (ill. 17), Feuillet aborde un thème d'une grande actualité : l'art des patients présentant des troubles mentaux. Son approche reste comparatiste et fondée sur la ressemblance présumée entre ces représentations et les peintures des artistes de la nouvelle génération. Il écrit à ce sujet : « [...] beaucoup de [ses] correspondants [lui] écrivent que ces peintures et ces sculptures affreuses [...] sont certainement l'ouvrage d'individus atteints d'aliénation mentale[171]. » Intrigué par l'intérêt croissant des surréalistes pour l'altération des états mentaux, Feuillet a manifesté le désir de s'immerger dans la littérature scientifique consacrée à ces troubles. Il cite avec satisfaction les études de Hans Prinzhorn, *Bildnerei der Geisteskranken*[172], de Cesare Lombroso, *Les Palimpsestes des prisons*[173], et de Joseph Rogues de Fursac, *Les Écrits et les Dessins dans les maladies nerveuses et mentales*[174], sans pourtant fournir aucun détail sur leurs contenus. La raison de cet intérêt doit donc être recherchée dans la volonté d'acquérir la légitimité scientifique nécessaire pour émettre un avis négatif, mais crédible : « J'étais parvenu à posséder ainsi une documentation suffisante pour me permettre d'énoncer une opinion sérieusement établie[175]. » L'occasion d'énoncer officiellement cette opinion sera une exposition qui a fait parler d'elle en 1929 : l'« exposition des artistes malades » organisée par le docteur Marie et la marquise de Ludre-Frolois à la galerie parisienne Max Bine. Y furent exposées la collection du docteur Prinzhorn et celle du Bethlem Royal Hospital de Londres. L'importance de cette exposition est liée à l'influence qu'elle eut sur le surréalisme, André Breton acheta même l'un des objets exposés et en publia une image dans le numéro 12 de *La Révolution surréaliste* en 1929, en relation avec un article sur le suicide[176]. L'enthousiasme que suscitèrent les productions des « malades du cerveau » heurta la sensibilité de Feuillet, qui avait alors affirmé avec force :

> « Après un minutieux examen de cette accumulation de documents, j'éprouvais la même certitude que celle déjà ressentie à la lecture des livres cités plus haut. Non seulement les ouvrages réalisés par les fous n'avaient aucun point de ressemblance avec ceux des déments de l'art moderne, mais ils leur étaient de beaucoup supérieurs[177]. »

25-VII-29 LE GAULOIS ARTISTIQUE 359

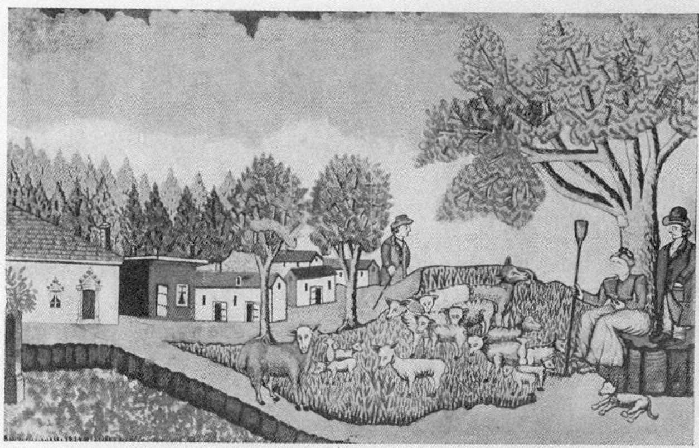

SCÈNE PASTORALE. — Dessin à la plume rehaussé d'aquarelle.
Œuvre d'un fou, ancien facteur rural, interné à l'Asile de Villejuif.
Collection du Docteur Rogues de Fursac.

L'ART FRANÇAIS EN PÉRIL*

LE SADISME DU LAID

PARMI les nombreuses lettres qui me parviennent au sujet de mes articles sur *l'Art Français en Péril*, — toutes, ma modestie dût-elle souffrir de cet aveu, unanimes dans leurs encouragements à poursuivre ma campagne contre la corruption artistique, — beaucoup de mes correspondants m'écrivent que ces peintures et ces sculptures affreuses dont je leur donne l'image, sont certainement l'ouvrage d'individus atteints d'aliénation mentale. C'est, en effet, la pensée qui vient immédiatement à l'esprit quand on regarde ces abracadabrances. On croit se trouver en présence de divagations d'êtres ayant perdu le contrôle d'eux-mêmes et dont le cerveau, en proie à des hallucinations morbides, a sombré dans les abîmes de l'inconscience et de l'imbécillité.

Cependant une expérience déjà longue m'a appris à me méfier des jugements trop prompts et à ne les formuler qu'après un contrôle sévère permettant de les étayer sur des bases solides. Cette méthode, qui m'a toujours donné d'excellents résultats, a le défaut d'être lente ; elle n'en est, par cela même, que plus convaincante.

Il est facile de traiter quelqu'un de fou parce qu'on ne comprend pas ce qu'il fait ou parce que ses œuvres dépassent le niveau moyen de nos intelligences. C'est la destinée des hommes de génie d'être accusés de démence par leurs contemporains, quitte à ce qu'on leur rende, longtemps après, une tardive justice.

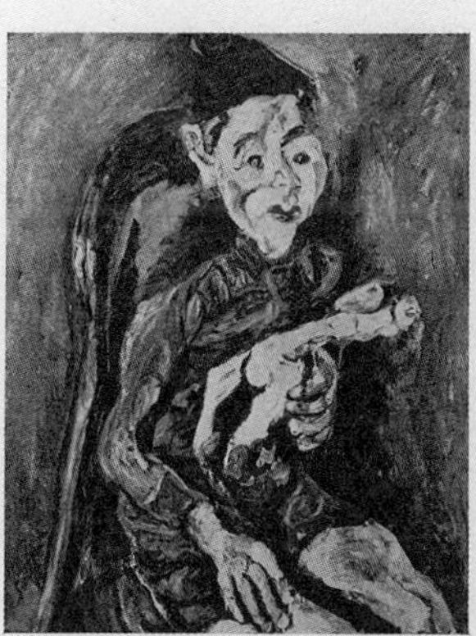

SOUTINE. — L'ENFANT AU JOUET.

* Voir les précédents articles dans les nos 27, 28, 29, 30, 31, 32, 33-34 et 35 du *Gaulois Artistique*.

17 Maurice Feuillet, « L'art français en péril. Le sadisme du laid », *Le Gaulois artistique*, no 36, 25 juillet 1929, p. 359

Selon une approche positiviste proche de Taine, Feuillet avait fait appel à des spécialistes du milieu médical pour appuyer son verdict. Deux médecins, Georges Dupouy et Rogues de Fursac, certifièrent que les jeunes peintres et sculpteurs d'avant-garde, ne souffrant d'aucun trouble mental, étaient pleinement conscients de leur production artistique et qu'ils en étaient par conséquent pleinement responsables et coupables. D'après le critique, l'expertise médicale était nécessaire pour démasquer cette « farce » à laquelle Mauclair faisait référence et démontrer l'intérêt des artistes pour la « laideur répugnante » et l'« informe[178] ».

Cette lecture semble rejoindre les intentions de *Kunst und Rasse* de Paul Schultze-Naumburg[179], publié en Allemagne en 1928. Les fameuses planches comparatives qui accompagnaient l'essai mettaient en relation avec des œuvres contemporaines des images d'êtres difformes ou des détails de malformations. L'essai visait à prévenir les Allemands non seulement du danger de la « contamination raciale », mais aussi de l'influence néfaste que pourraient avoir les représentations monstrueuses de Picasso, Modigliani et autres. Pour Schultze-Naumburg, l'art contemporain était une voie privilégiée pour ramener l'homme à son état infantile et le désarmer face à ses propres instincts[180]. Le statut de « dégénéré », redouté tant par Mauclair que par Feuillet, sera définitivement proclamé en 1937 avec l'exposition « *Entartete Kunst* ».

Chapitre 3 Adolphe Basler et Waldemar-George, des figures protéiformes de la critique d'art

Adolphe Basler, entre avant-garde et tradition

Comme nous avons pu le constater, toutes les expressions partisanes utilisées par la critique d'art conservatrice se lisaient dans les textes de vulgarisation, dont le discours dominant était à la fois acerbe, outrageant et accusateur. L'usage de certaines formules rhétoriques avait rapidement gagné les milieux les plus militants et apparaît de façon surprenante dans les écrits de deux figures majeures de la critique d'art parisienne des années 1920 : Adolphe Basler[1] et Waldemar-George. Dès 1925, tous deux étaient actifs dans les débats sur l'art juif et représentaient un cas plutôt singulier. D'origine juive-polonaise, ils émigrent en France entre la fin du XIXe et le début du XXe siècle, s'intéressent tout d'abord aux avant-gardes, puis adoptent un langage conservateur, proche des théories de Mauclair et de Feuillet, tout en restant éloignés des groupes d'extrême droite. Cette évolution relève généralement d'une simple alternance de choix ou d'intérêt pour la politique ; en ce qui les concerne, elle est étroitement liée d'une part aux conflits identitaires engendrés par le processus d'assimilation à la culture française, et de l'autre à la nécessité de s'intégrer dans le tissu économique local. C'est la raison pour laquelle une lecture attentive de la critique d'art dans sa dimension protéiforme est indispensable pour comprendre non seulement ces deux cas spécifiques, mais également l'ensemble des auteurs ayant produit des analyses tendancieuses dans l'entre-deux-guerres.

Esquisser le portrait d'Adolphe Basler, qui à ce jour n'a fait l'objet d'aucune étude monographique, est nécessaire pour saisir le contexte dans lequel ses travaux ont été écrits au sein de la communauté internationale de Montparnasse. Nous trouvons quelques informations éparses sur sa carrière, mais peu de chose sur sa période de « retour à l'ordre[2] » à laquelle nous allons tout particulièrement nous intéresser. Basler (ill. 18) naît à Tarnów, en Pologne, le 28 avril

1876[3] ; il reçoit une éducation stricte – son père enseigne alors dans un *heder*[4] –, mais ne parvient pourtant pas à terminer ses études secondaires[5]. Vers 1894, il part pour Cracovie et quitte la Pologne pour la Suisse, où il entame des études de chimie. Il interrompt cette formation au bout de quelques années pour rejoindre Londres, puis Manchester, où il devient assistant dans un laboratoire de chimie et enseigne l'allemand[6].

En 1898, il choisit finalement la France, se rend à Ouarville, près de Chartres, et vit chez un fonctionnaire polonais, Mieczysław Gierszyński, qui l'accueille dans la « villa *Mon repos*[7] ». Le brouillon d'une lettre que Basler aurait envoyée à Gierszyński, conservé aujourd'hui dans les archives de la Bibliothèque polonaise de Paris, nous donne une idée des liens qui l'unissaient au médecin autant qu'à la chimie, qu'il souhaitait continuer à étudier. Basler évoque en effet la demande de reconnaissance de son diplôme scientifique qu'il a adressée au ministre de l'Instruction publique française de l'époque, afin de pouvoir poursuivre son parcours académique[8], qu'en fait il n'achèvera pas. Stanisław, le fils de Gierszyński et camarade de classe de Basler en Pologne[9], l'entraîne dans le mouvement socialiste jusqu'à le faire adhérer au groupe Naprzod de Cracovie. Stanisław dirige alors la revue du même nom ; il est également rédacteur en chef de *Glas Wolny*, périodique où Basler publie ses premiers articles sur l'art contemporain. Ses activités à Naprzod l'occupent entre 1900 et 1912 ; les réunions du parti se déroulent toutes en Pologne, ce qui lui permet de se tenir informé de la situation politique et sociale de son pays d'origine.

En 1899, il gagne pourtant Paris, où il est accueilli par Mécislas Golberg au 116, rue de Tocqueville. Si Stanisław l'amène à s'intéresser à la politique, la rencontre avec Golberg l'introduit à l'étude de l'art[10]. Tous deux viennent d'un milieu juif polonais et leur amitié se consolide par la fréquentation de la famille Gierszyński. Mais cette relation prend vite un tour ombrageux, en raison de l'irascibilité de Golberg. Celui-ci joue cependant un rôle important dans la formation du jeune émigré ; il le pousse à s'inscrire à la Sorbonne, lui conseille de fréquenter certaines des plus grandes librairies parisiennes et d'accroître ses connaissances artistiques et littéraires. Le premier article en français de Basler, publié dans *La Revue blanche*, évoque une exposition de peinture polonaise qui s'est tenue à la galerie Georges Petit entre le 1er avril et le 25 mai 1900[11]. La même année, dans une lettre à leur ami commun Stanisław Gierszyński, Golberg livre toutefois ce portrait de Basler : « Un israélite d'extraction polonaise souffrant de l'affaiblissement cérébral momentané provoqué par l'absence des riches de sa nationalité, qui pour l'humiliation de la pensée humaine ne lui prennent que six sols après une série de discours idiots et débilitants[12]. »

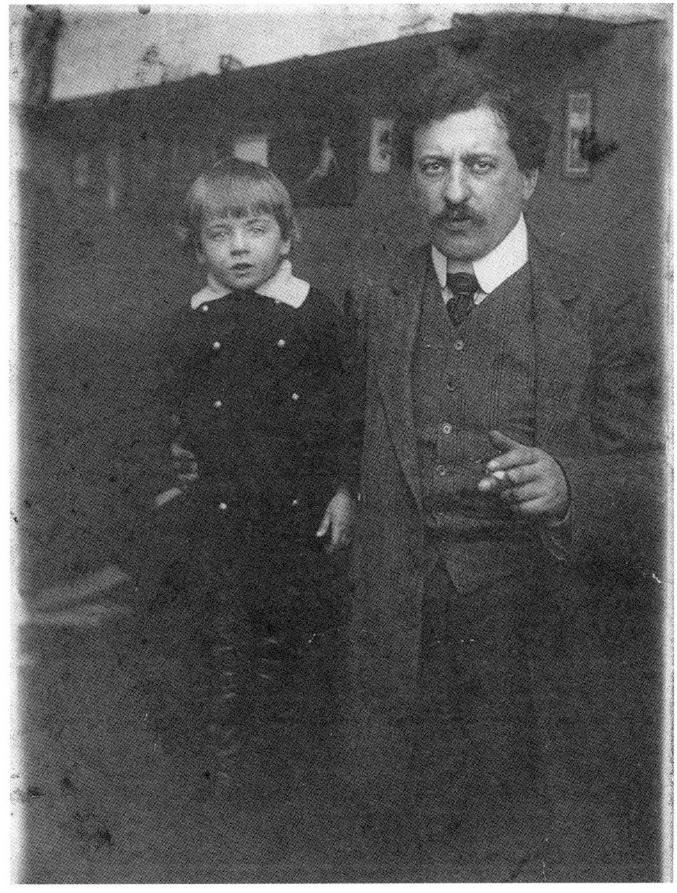

18 Anonyme, portrait d'Adolphe Basler avec son fils, photographie, s.d.

Dans ces mêmes années, le jeune critique fréquente aussi les cercles culturels à la mode, comme celui qui entoure *La Plume*, revue issue du milieu symboliste et dirigée par Karl Boès. En juillet 1902, il publie dans ce périodique un article sur le sculpteur polonais Boleslas Biegas en l'associant au courant « paysan », adjectif employé pour qualifier les recherches artistiques polonaises de l'époque. Pour Basler, Biegas était en effet le descendant d'une civilisation ancienne nourrie d'influences latines et byzantines ; il appartenait à cette « race paysanne » que la Pologne redécouvrait alors[13]. Golberg lui-même s'était également intéressé à ce sculpteur et lui avait dédicacé ses *Lettres à Alexis* en signe de leur profonde amitié[14].

Parallèlement, Basler commence à rédiger des comptes rendus des événements artistiques les plus en vogue à Paris pour d'importantes revues d'art polonaises comme *Glas Wolny*, *Gazeta Warszawska*, *Krytyka* ou *Lvovian Sztuka*. Ses écrits se révéleront fondamentaux pour la culture polonaise, où la critique d'art peinait à comprendre les révolutions modernistes françaises qui avaient mis à mal les canons traditionnels de l'art. En quelques années, Basler parvient donc à se faire une place dans le milieu culturel parisien du début du siècle : lors des soirées littéraires qui se tiennent chaque mardi au Café du Départ – alors connu sous le nom de Caveau du Soleil d'or –, place Saint-Michel, il a par exemple l'occasion de faire la connaissance de Guillaume Apollinaire. Il noue avec lui d'excellentes relations, au point de devenir son secrétaire personnel[15]. Comme l'écrivain souhaite consolider sa réputation de critique d'art, ils conçoivent ensemble le projet ambitieux de publier sous sa direction une « Encyclopédie des beaux-arts » en cinquante volumes : des monographies d'une centaine de pages, illustrées et documentées, sur les arts et les artistes de toutes les époques et de tous les pays[16]. Basler est chargé de traiter les thèmes suivants : « Rodin et la sculpture moderne », « Les tendances nouvelles dans l'art » et « L'art officiel et le trompe-l'œil[17] ». Comme on peut le déduire d'un écrit de 1927, le projet sera abandonné par la suite[18].

Si l'influence d'Apollinaire est très certainement centrale dans la formation intellectuelle de Basler – comme l'attestent notamment les textes critiques envoyés en Pologne[19] –, il est aussi vrai que les débuts critiques d'Apollinaire sont fortement orientés par la pensée de Basler. En effet, ce dernier anime souvent les débats sur les avant-gardes artistiques parisiennes, grâce à la fréquentation de personnalités de portée internationale, tels les rédacteurs de la revue *Die Aktion* à Berlin, Alfred Stieglitz à New York, ou encore le réseau de contacts développé *via* son activité d'expert et de représentant de la galerie Bernheim-Jeune entre 1906 et 1911. Indépendant et entreprenant, il parvient à convaincre Apollinaire de fonder une revue consacrée au marché de l'art et qui serait lancée avec Charles Vignier. Elle devait s'intituler *Curiosa* ; mais, en dépit de l'enthousiasme et des efforts mobilisés, elle ne vit jamais le jour[20].

La formation de Basler se distingue aussi par la fréquentation des cafés artistiques et littéraires parisiens à la mode, tels le Café de l'Ermitage, la Rotonde et le Dôme (ill. 19) ; il fréquente également, en compagnie de son ami catalan Manolo, les ateliers des peintres cubistes et les rédactions des revues d'avant-garde[21]. Dans son autobiographie, Ardengo Soffici évoque la vie de Basler à l'époque où il le connaissait :

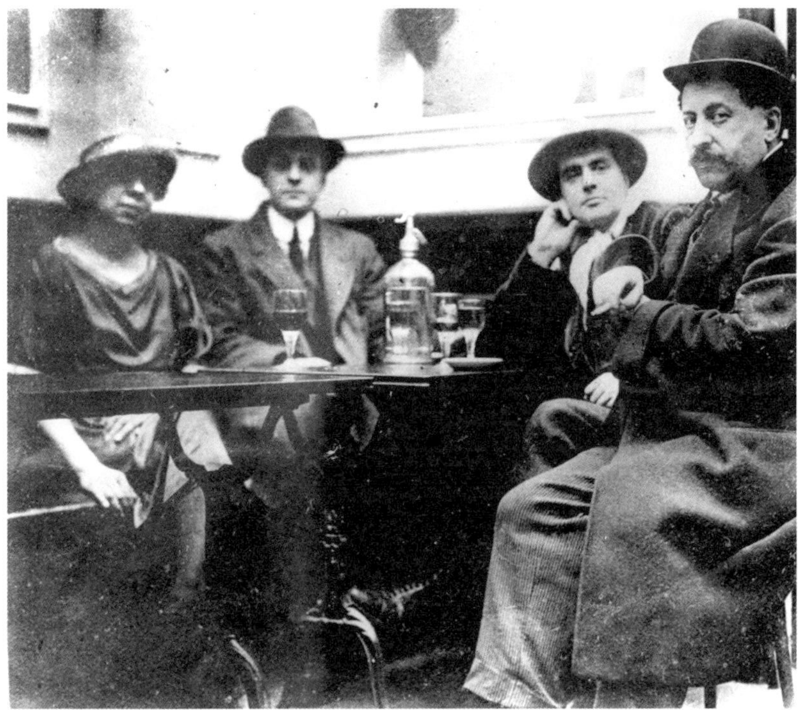

19 Anonyme, Amedeo Modigliani et Adolphe Basler au café du Dôme, photographie, s.d.

« Lorsque je fis sa connaissance, Basler fréquentait un petit café ouvert depuis peu au début de la rue Tournon. Je le voyais toujours en compagnie d'une grande perche à l'air dur et louche, connu sous le nom du Hongrois – lequel, entre parenthèses, un beau matin, lors d'une discussion où il était question d'art ou d'intérêt, je ne sais pas, lui fracassa une cruche sur la tête –, d'un adolescent polonais, fluet, blond et efféminé, et du jeune Charles Doury, écrivain prometteur à l'esprit fin [...]. Adolphe Basler ne resta pas toujours dans les bassesses où nous le voyons. Au fil des ans, ses conditions de vie changèrent, ses talents critiques s'élevèrent : il "lança" de jeunes artistes, écrivit un livre sur le Douanier Rousseau – pour l'illustrer, je lui prêtais certains dessins excellents et des photographies d'œuvres de ce peintre que je possédais. Plus tard, il en publia un autre contre la dégénérescence de la peinture moderne intitulé *La Peinture... religion nouvelle*, qu'il m'envoya, et celui-ci aussi était intéressant[22]. »

Comme le suggère l'étude minutieuse de Jean-François Rodriguez, nombre de ceux qui se sont formés dans le cercle artistique des terrasses de Montparnasse signalent la présence de Basler au sein de la bohème parisienne ayant précédé la Première Guerre mondiale. Vers 1906, dans une lettre adressée à Pablo Picasso, Apollinaire fait allusion aux moyens de subsistance inattendus de Manolo et de son compagnon d'aventure Basler. Le poète qualifie ainsi d'« abjecte » la vie que mène le critique à cette époque, lorsqu'il le contacte pour rédiger le projet de volumes encyclopédiques. Plus tard, en 1913, il reconnaît pourtant à Basler le mérite d'avoir été l'une des figures marquantes de ces années ; il voit notamment en lui l'un des critiques qui ont soutenu le cubisme. Enfin, dans son article intitulé « Montparnasse », publié dans *Paris-Journal* le 24 juin 1914, il dresse la liste des habitués du Dôme ; il cite entre autres Adolphe Basler, Richard Goetz, Alfred Flechtheim, Jules Pascin et Rudolf Lévy[23].

André Warnod lui-même, grand habitué du Dôme, livre quelques anecdotes sur Basler lorsqu'il raconte ses après-midi passés dans les cafés parisiens. Ainsi, quand il arrive à la Rotonde : « Basler ne manquait pas d'y venir chaque jour prendre son café, vêtu d'un pardessus gris, ce qui faisait dire aux Dômiers d'en face : "Voilà le rat qui sort de son trou[24]." » Fernande Olivier, la première compagne de Pablo Picasso, mentionne dans ses mémoires la « bande à Picasso » et décrit Basler comme un petit homme réservé qu'elle rencontra pour la première fois chez Azon, une gargote proche du Bateau-Lavoir. Dans un article paru en mémoire du critique disparu en 1951, Florent Fels rappelle : « Lorsque le soir tombait, on revoyait Basler, appuyé sur une canne de petit-maître, errant de table en guéridon, à la terrasse du Dôme ou des Deux-Magots, cherchant un coin amical, des visages qui ne lui révèlent ni le mépris ni la crainte[25]. »

Ces quelques témoignages indiquent clairement que le critique était victime de préjugés. Jean Mollet, autre secrétaire d'Apollinaire, avec lequel Basler entretint des liens étroits d'amitié dès 1903, écrit quant à lui :

> « À l'époque où je fréquentais assidûment la Closerie des Lilas, je descendais de temps à autre à la Taverne Lorraine, rue des Écoles ; maintenant que j'habitais tout près, j'y venais très souvent. Là, je retrouvais mon ami Basler, un être extraordinaire, très intelligent, juif qui voulait se faire moine et qui devint critique d'art ; j'avais grand plaisir à me trouver avec lui, c'était un être bizarre et tourmenté, très cultivé et qui vous ouvrait ses horizons très intéressants sur la vie ; on apprenait beaucoup avec lui[26]. »

Les documents mettent en évidence le rôle, plus ou moins glorieux, que tint Basler dans cet épisode de ferveur créative inauguré par les poètes de

Montparnasse au tout début du XXe siècle. Si certains le décrivent sous des traits caricaturaux, d'autres louent ses qualités de critique d'art raffiné. Son affirmation professionnelle oscille entre ces deux pôles et se construit grâce à des liens indissolubles avec l'avant-garde et Apollinaire, même si les préjugés xénophobes et antisémites l'emportèrent rapidement sur le critique d'art, toujours plus enclin à favoriser les activités commerciales, comme celle de « marchand en chambre ». Une telle occupation professionnelle, devenue nécessaire pour des raisons économiques, est déterminante pour comprendre les revirements esthétiques répétés du critique qui, plutôt que de suivre les élans de sa sensibilité, se plie aux lois du marché et à la mode de l'époque[27].

L'après-guerre incite Basler à épouser la cause passéiste, comme l'attestent les nombreuses publications où il prône un retour aux valeurs pures de la tradition[28]. Georges Jean-Aubry confirme l'engagement du critique en faveur d'une peinture traditionnelle inspirée des travaux des grands maîtres de la culture figurative française présents au musée du Louvre, au point de souligner sa naturalisation dans le climat international de l'École de Paris[29]. Ce tournant doit être replacé dans le contexte de « rappel à l'ordre » qui prévaut à l'époque. Basler abandonne peu à peu les positions cosmopolites et avant-gardistes, considérées comme une porte ouverte à l'invasion destructrice de l'étranger, pour se fondre dans le cadre plus général du retour à la tradition. Il n'est donc pas étonnant de retrouver dans sa nouvelle critique les termes d'une peinture fine et équilibrée en accord avec ce nouvel état d'esprit conservateur.

En 1926, Basler rédige en effet quatre articles pour *Les Marges*, qu'il reprend dans trois chapitres de l'essai *La Peinture... religion nouvelle*, publié la même année : « Quinze ans de mensonges », « Société des Nations » et « La métaphysique chez les peintres ». Le volume comprenait d'autres chapitres : « Le dernier bulletin de la peinture » et « È finita la commedia ». L'irrévérence avec laquelle Basler traite l'avant-garde témoigne de sa volonté de quitter le milieu bohème qui marque ses premières fréquentations parisiennes. Dans ces années d'après-guerre, la diatribe passéiste n'échappe pas à l'œil attentif d'un autre représentant de ce courant : Ardengo Soffici. Après avoir publié dans la revue *Il Tevere* un article, « La Rotonde », où il affirme que le bistrot est le véritable centre infectieux de la vie intellectuelle, artistique, littéraire et sociale de Paris, Soffici répond à une contribution d'Emanuele Audisio intitulée « Risposta a Soffici[30] » qui fustigeait son propos :

> « C'est un étranger qui doit vous rappeler que la plupart des peintres, sculpteurs, dessinateurs *français* sont incontestablement des métèques; que la nouvelle école française s'érige sur les principes (si l'on peut dire) de

> l'anarchie internationale ; que les moyens de diffusion et d'instauration de la production d'une telle école sont ceux-là même qui caractérisent le trafic judaïque et ploutocratique ? Je dois vous faire remarquer l'épouvantable caractère symptomatique de ce fait : le négrisme pris comme modèle par l'un des peuples les plus civils et aimables du monde ? Si vous avez vraiment besoin de vous informer à ce sujet, lisez je vous en prie l'excellent livre de mon ami Basler, édité à la Librairie de France et intitulé *La Peinture... religion nouvelle*, dans lequel il dessine avec virulence et vérité le cadre général de la situation artistique française actuelle en France[31]. »

Pour confirmer sa position « anticosmopolite » Soffici prend pour modèle les propos de son ami Basler, en particulier ceux que développe le volume consacré aux tendances « dégénérées » de la peinture contemporaine. Il confirme ainsi son refus de l'internationalisme qui distinguait la scène artistique parisienne au milieu des années 1920. De son côté, le critique polonais, dans le chapitre « Société des Nations », avait accablé de ses diatribes le milieu de Montparnasse :

> « Mais Paris, grâce aux peintres accourus de tous les coins de l'univers, est devenu le vrai siège de la Société des Nations. La peinture est le langage qui unit les peuples de tout idiome et de toute couleur. Et nous voyons affluer, à la Rotonde et au café du Dôme, tous les expressionnistes (on peut lire aussi : Express-Sionistes) de Witebsk et de Smolensk, tous les Youdo et Yougo-Slaves de Bratislava et de Zagreb, tous les mangeurs de bananes de Valparaiso, de Mexico et de Costa-Rica, des Peaux-Rouges et des Esquimaux, des dadaïstes moldo-valaques, des "constructivistes" de Leningrad, des néoromantiques du Beloutchistan, des petits sidis néoclassiques de Kabylie et de Mésopotamie. On voit encore à Montparnasse des Japonais, beaux et vilains, riches et pauvres [...]. La Société des Nations ne fournit pas de clients plus enthousiastes aux marchands de tableaux parisiens[32]. »

La violence avec laquelle Basler dépeint la scène artistique parisienne, abstraction faite de son statut de Juif polonais émigré en France, montre l'importance d'un passéisme à forte tendance xénophobe. Cet extrait met au jour des affinités inquiétantes avec la propagande de droite et les positions extrêmes de Mauclair et de Feuillet. Ces similitudes rhétoriques et linguistiques pourraient même faire passer ce texte pour l'une de leurs productions. On assiste ainsi à une certaine malléabilité du cercle artistique de l'époque qui, en raison de l'instabilité des équilibres sociaux et économiques, incline à accepter et parfois épouser les thèses toujours plus virulentes de la droite. La diffusion des nouvelles idéologies conservatrices peut être considérée comme protectionniste pour l'école française, mais pas seulement. En effet, les processus d'assimilation dans lesquels se trouvent pris les artistes et les critiques d'art étrangers sont si complexes que la composante identitaire y joue un rôle majeur. En défendant l'art national bien plus que les artistes français, non seulement Basler témoigne de sa foi en la nation qui l'avait accueilli, mais il se présente comme l'un de ses paladins, proclamant son amour sans borne pour sa culture. D'autres hypothèses demeurent également vraisemblables pour ce qui concerne le marché de l'art. En jouant la carte du retour à l'ordre, le critique peut poursuivre son activité commerciale en mettant à profit les tendances du marché, qui valorisent alors les œuvres néotraditionalistes.

Dans une lettre adressée à Soffici, Basler résume en peu de mots sa nouvelle orientation. Il souhaite le dépassement de cette crise artistique du Paris des années 1920, « envahi » par des peintres étrangers. De façon surprenante, il applique la notion d'esprit incantatoire ou d'« abracadabrance » aux recherches d'avant-garde, qu'il définit comme l'expression privilégiée d'un « romantisme dégénéré » dû au cosmopolitisme :

> « Je partage complètement tes vues sur la peinture et la sculpture d'aujourd'hui ; et je n'attends que de l'esprit renaissant des Méditerranéens une salutaire réaction contre les miasmes d'un romantisme dégénéré. Ce romantisme de bien mauvais aloi est soutenu par la mentalité des nouveaux-riches intellectuels. Son abracadabrance s'appuie sur des arguments d'allure scientifique pour commenter, d'une manière insolite, toutes les aberrations de l'art contemporain. Les expressions encanaillées ou absurdes qui foisonnent en littérature et en peinture et les truismes d'une critique dissimulant sa banalité sous une phraséologie pseudo-philosophique faisaient jusqu'ici partie de la spiritualité allemande. Mais, depuis trois ou quatre ans, ils ont envahi l'Occident ; et les orgueilleux ignorantins de la jeune génération ne font que stabiliser cet état d'esprit grâce à l'appui des bourgeois débiles et de mercantis [*sic*] irresponsables. Pourtant il y a en France une pléiade de poètes de grande race, qui n'a rien d'analogue dans les autres pays ni de pendant dans la peinture. [...] À notre époque de trouble et de confusion dans les idées, il est bon de relire la prose critique de Moréas, qui seul vit clair à travers la tourmente et le chaos. N'est-il pas le seul poète de ces derniers temps qui ait eu le culte de la nature[33] ? »

Cette lettre réunit les points fondamentaux de la nouvelle rhétorique de Basler, de l'aversion envers l'esthétique cubiste et expressionniste à la dénonciation d'un art « romantique dégénéré », en passant par l'attaque contre la critique « banale » et « pseudo-scientifique », et le dégoût suscité par les marchands « irresponsables ». Il n'est dès lors pas étonnant que la critique de Basler ait rencontré l'approbation de Soffici qui, à partir de 1919, se détourne des avant-gardes pour opérer un retour à la technique et au style. Il prend en effet ses distances avec le futurisme et rallie un « réalisme synthétique » fondé sur la stabilité et la contemplation au nom d'un intérêt renouvelé pour l'équilibre des formes et des couleurs[34].

En 1926, Soffici rédige la préface à l'édition italienne de *La Peinture... religion nouvelle*, où il affirme que Basler a retrouvé au plus profond de lui-même le désir de réintroduire la discipline et l'ordre dans l'art contemporain. Le 18 décembre 1926, Basler lui écrit pour le remercier de l'estime qu'il lui a témoignée[35]. On sait que Soffici lui a conseillé de contacter son ami Carlo Carrà afin qu'il publie dans les colonnes de *L'Ambrosiano* un compte rendu de son essai sur la scène artistique française. L'article qui en découle s'intitule « Ecatombe pittorica » (Hécatombe picturale) ; Carrà décrit l'arrivée d'un petit opus (« *libretto* ») de Paris, dans lequel il retrouve des analyses apparentées à sa pensée sur la peinture française :

> « Il advint, comme par un fait curieux, qu'un petit opus me fut adressé depuis Paris dans lequel certains arguments sont défendus avec une singulière éloquence à propos d'une polémique destinée à se répandre dans toute l'Europe. Il jette une lumière vive sur l'état putride de l'art contemporain français et sur les façons possibles d'enrayer l'esprit de décadence qui l'anime et d'orienter également les disciplines esthétiques et picturales vers des principes plus sains et moins chancelants [...]. Le petit livre d'Adolphe Basler n'est que l'un des nombreux signes du dégoût que les gens commencent à éprouver là-bas aussi face à la peinture cubiste et à d'autres formes picturales de ces réformateurs présumés. [...] Basler prend appui sur ces constats plutôt désolants et rappelle dans son ouvrage plusieurs faits qui pourraient servir à qui voudrait tracer le cadre des coutumes de notre temps[36]. »

Carrà apprécie la critique formulée par Basler du cubisme et de la révolution avant-gardiste. Il souligne la nécessité de revenir aux principes « sains » de la peinture française, confirmant ainsi une certaine uniformisation d'une esthétique conservatrice dans ces deux pays latins. Ces liens résultent d'une collaboration fondée sur le traditionalisme, mais qui trouve surtout un terrain fertile pour dénoncer l'avant-garde. Basler est accepté essentiellement parce qu'il s'oppose à la peinture moderne et aux influences provenant de l'Est filtrées par l'Allemagne, l'ennemi par excellence.

Certaines divergences se font pourtant jour quand il s'agit de définir la tradition pouvant contenir les esthétiques néolatines. Les modèles italiens revendiquent la romanité antique pour origine, loin des canons français proposés par Basler. Celui-ci vise surtout à défendre des peintres chers à Mauclair, qui fait explicitement référence à la peinture nationale. Ce dernier n'a en effet pas hésité à lui envoyer une lettre qui permet de préciser la nature de leurs rapports à cette époque. Rédigée après la publication de *L'Art précolombien*[37] (1928) et de *L'Art chez les peuples primitifs : Afrique – Océanie – Archipel malais – Amérique et Terres arctiques. Styles et civilisations*[38] (1929), cette lettre atteste que les affinités des deux critiques reposent principalement sur l'appréciation de l'œuvre du jeune artiste Othon Coubine. Mauclair rappelle en outre leurs convictions partagées :

> « L'art moderne est si pauvre de style et d'invention, si brutal, si dénué de sentiment psychologique et de mystère depuis Manet, Monticelli, Chéret et autres maîtres oubliés par les Montparnos, qu'il faut bien se rabattre sur des peintres tout au moins honnêtes et de bonne volonté. C'est tout ce que l'exemple du père Cézanne a pu produire, lui tellement au-dessous d'un Corot et d'un Renoir [...]. Il est vrai que le culte des grands, de Titien à Rembrandt, à Watteau, à Delacroix, à Corot, m'a rendu difficile, l'art étant pour moi une religion, et le nom d'artiste souvent se mérite par les plus hautes qualités morales et les plus nobles dons[39]. »

Ni les origines juives et polonaises de Basler, ni son activité de « marchand en chambre » ne compromettent leur relation. L'attention aux valeurs pures de la tradition prônées par Basler convenait au critique français, surtout quand une telle posture s'associait au désaveu d'un art alors appelé « primitif », auquel Basler avait déjà consacré deux écrits.

Après avoir étudié attentivement les arts africain et précolombien, Basler entame alors une campagne ouvertement xénophobe et antisémite afin de s'opposer aux pratiques cosmopolites. Cette période correspond – peut-être n'est-ce pas une coïncidence – à l'aggravation des conséquences de la crise de 1929. Basler, dont la principale source de revenus était la vente d'œuvres d'art, adopte de nouvelles stratégies économiques et fait des choix plus classiques. Comme en témoigne une lettre à Leo Stein, cette année-là, il dirige la galerie de Sèvres et commence à promouvoir officiellement la peinture d'artistes estimés, dont celle de Coubine (ill. 20), désormais omniprésent :

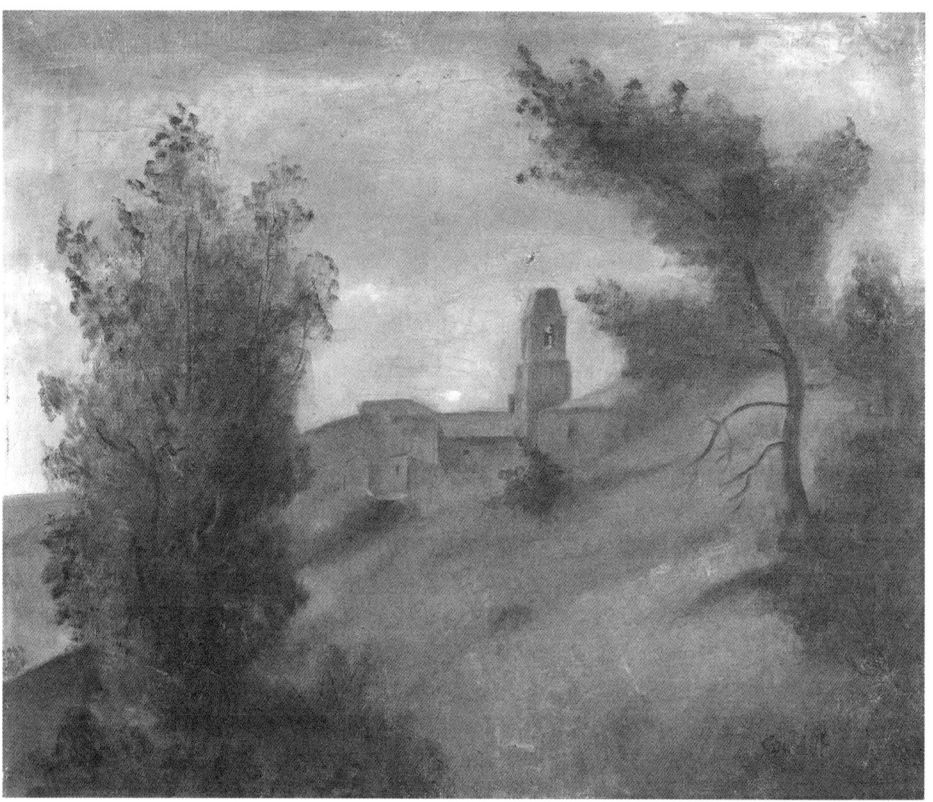

20 Othon Coubine, *Église dans le Midi, le clocher de Simiane*, s.d., huile sur toile, 54 × 65 cm, Paris, Centre Pompidou, MNAM-CCI, inv. AM2511P

« Vous savez sans doute par Karl que je dois prendre à partir d'octobre la direction d'une assez belle galerie, sise rue de Sèvres, à proximité de la [*sic*] Lutetia, dans un endroit très fréquenté. C'est avec la maison d'édition Crès & Cie que je traiterai les affaires dans cette boutique qui sera entièrement à ma disposition. Je crois que j'en tirerai les plus grands avantages [...]. La galerie étant très claire et ayant deux belles vitrines, les tableaux de Coubine pourront être mis mieux en valeur que chez moi, rue des Chartreux. Et puis, les publications de la maison Crès me seront largement ouvertes pour la publicité. Ces éditions veulent notamment lancer Coubine comme graveur-illustrateur et lui confier l'illustration des livres de son choix. Le programme de la galerie comprendra outre la vente de tableaux, aussi celle de gravures, de livres d'art et de luxe[40]. »

Dès 1930 pourtant, la crise s'intensifie et les conditions de vie de Basler empirent. Quelques années plus tard, il écrira à Stein :

> « La vie que nous menons est assez tenue. Nous descendons le matin, nous revenons à midi pour déjeuner ; nous redescendons à 2 heures et rentrons à 7 heures. Nous voyons dans la journée quelques personnes qui viennent visiter la galerie : de temps en temps rentrent aussi quelques Américains qui s'abstiennent tous en ce moment de faire des achats de tableaux[41]. »

Une lettre envoyée après 1935 à Nina, épouse de Stein depuis 1921, mentionne l'échec de son entreprise commerciale et montre un Basler inconsolable qui se retrouve dans une grande précarité :

> « Très déçu déjà par l'Exposition jubilaire de Coubine à Prague, qui n'a donné que des résultats très maigres, à peine suffisants pour contenter le fisc et mon propriétaire, je continue à me débattre au milieu de difficultés inextricables. [...] Vous ne pouvez pas imaginer combien il est difficile de vendre en ce moment même un millimètre carré de bonne peinture. Je me trouve de ce fait dans une situation, pourrais-je dire, tragique. Connaîtriez-vous, chère amie, un amateur de passage à Settignano qui serait susceptible d'acheter pour une somme même modique un tableau ou un bronze ? [...] Sachez que je n'ai devant moi qu'un problème à résoudre actuellement, c'est comment résister jusqu'au 15 de septembre. Et j'ai encore à contenter mon propriétaire qui vient de m'envoyer un exploit d'huissier, mon boulanger, mon crémier, etc.[42] »

Il ajoute : « J'ai quitté la boutique et je suis installé depuis trois mois au 1er étage, au n° 11 de la même rue, dans un local très spacieux, et ne paie que la moitié du loyer d'en bas[43]. » Cette phrase laisse penser que la galerie est sur le point de fermer. Le système de l'art, qui tournait autour des maisons d'édition et des galeries, subissait les effets d'une crise économique désastreuse. Avec la montée du nationalisme, de la xénophobie et de l'antisémitisme, la peinture d'avant-garde et le cénacle de Montparnasse n'étaient plus au centre des intérêts commerciaux. Un critique et marchand d'art juif et polonais tel que Basler, malgré son adhésion aux nouveaux courants conservateurs, se retrouvait victime des nouvelles orientations sociopolitiques.

Le Cafard après la fête d'Adolphe Basler

Malgré son attachement au « retour à l'ordre », Adolphe Basler s'intéresse aux civilisations extra-occidentales. Entre 1928 et 1929, il publie deux essais importants sur l'art dit primitif : *L'Art précolombien* et *L'Art chez les peuples primitifs*. Il y exprime son désir de comprendre cet art à partir de son contexte de production et propose une étude qui ne s'accorde pas nécessairement aux visions des artistes et des critiques d'avant-garde, mais envisage une lecture plus ethnologique. Basler écarte ainsi toute allusion aux influences formelles de l'art extra-occidental sur les avant-gardes parisiennes. Il est en effet convaincu que les artistes ont cessé de s'inspirer des formes classiques de la tradition, préférant une esthétique exotique, et constate avec regret que la raison et le canon de beauté ont cédé la place au « fabuleux » et à l'« expressivité intense » – symptômes d'un « romantisme extrême » qui privilégie les expressions violentes, le grotesque et la spiritualité libérée des contraintes de la civilisation[44]. La vision naturaliste des formes classiques sur laquelle se fonde l'art occidental d'après Basler a été remplacée par une fascination pour la forte charge expressive de la « statuaire horrifique » des peuples africains. Selon l'auteur, la simplification des formes, le symbolisme « exacerbé » et la tridimensionnalité des sculptures ont envoûté l'avant-garde parisienne au point d'en déterminer l'esthétique. Il accuse précisément Gauguin et Picasso de forcer leur primitivisme civilisé en s'inspirant de formes dont les fonctions magiques ne trouvent aucune analogie dans le monde occidental[45].

Dans son texte le plus célèbre, *L'Art chez les peuples primitifs*, Basler classe les styles correspondant aux différentes populations étudiées et souligne la difficulté de les définir. Le texte est divisé en autant de chapitres que d'aires géographiques (Afrique, Océanie, Archipel malais, Amérique et Terres arctiques) et s'achève par un chapitre intitulé « Styles et civilisations ». Il entend démontrer « que seules l'ethnographie et la science paléolithique sont capables d'éclairer les origines de l'art et qu'il serait donc vain aujourd'hui de négliger celles-là pour écrire son histoire[46] ». Il s'inspire directement de l'ethnologie de Marcel Mauss et d'Émile Durkheim, en interprétant les arts primitifs comme les composantes de rituels chamaniques et en les jugeant légitimes pour cette raison. Il les réfute pourtant d'un point de vue esthétique, les déclarant formellement aberrants.

Dans son essai paru en 1926, *La Peinture... religion nouvelle*, Basler avait déjà voulu dépasser le simple constat du phénomène primitiviste (et la critique de certains de ses aspects) en faisant l'éloge de Derain comme l'un des premiers artistes à avoir renouvelé la pratique du tableau de chevalet. Il prend position

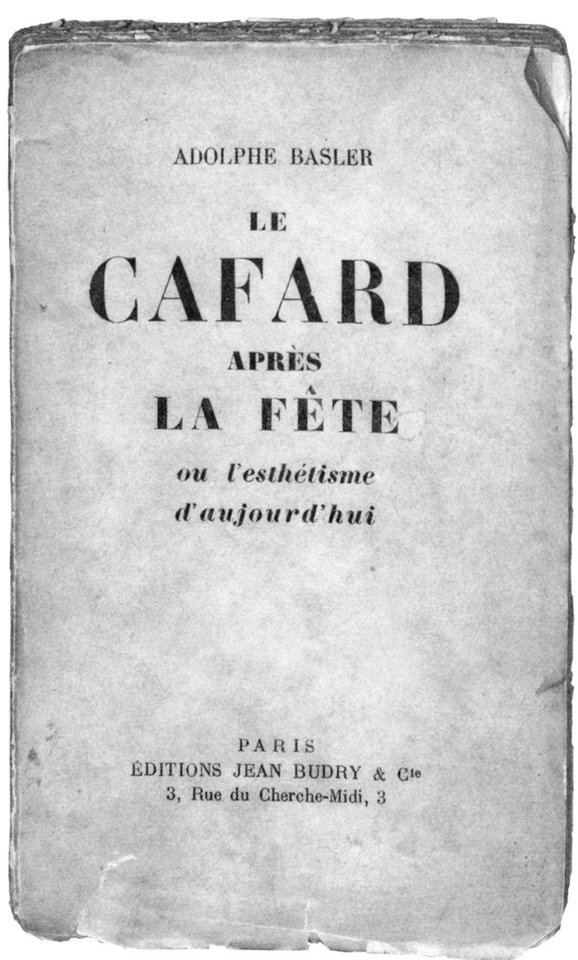

21 Adolphe Basler, *Le Cafard après la fête ou l'Esthétisme d'aujourd'hui*, Paris, Éditions Jean Budry, 1929, couverture

contre le symbolisme sauvage, qualifié de « nouvel excitant de l'artisterie européenne[47] ». Selon lui, la peinture de chevalet est devenue le moyen le plus sûr d'« échapper aux obscurités symbolardes qui avaient envahi les pauvres cervelles des peintres d'avant-guerre[48] ». En usant d'un lexique provocateur, il dénonce en outre, chez Picasso et ses héritiers, le recours à l'art africain et à son vocabulaire tout en « déformations géométriques » qui les a conduits à « hystériser [leurs] contemporains assoiffés d'abstraction[49] ». Il se réfère à deux précédents en matière de mode pour l'exotisme – les « chinoiseries » et les « turqueries » (l'Orient en général) :

> « On connaissait déjà les chinoiseries et les turqueries ; voici le tour des négreries. Pourquoi pas ? La géométrie rudimentaire des Noirs traduit les idées qu'ils ont sur le monde dans des formes abruptes dont les proportions, d'un schématisme aussi raffiné qu'enfantin, réalisent un équilibre, voire une eurythmie[50]. »

Si, aux yeux de Basler, Picasso s'apparente à un apprenti sorcier profondément engagé dans l'exploration du langage subversif de la production plastique africaine, Derain représente la voie salvifique. Bien que sujet à des périodes de crise où il subit la fascination de la sculpture congolaise et mélanésienne, le peintre français a toujours trouvé « dans l'art de sa race, des formes beaucoup plus humaines et un langage mieux articulé que dans les modèles exotiques[51] ». L'opposition entre Derain et Picasso revêt une importance majeure dès lors qu'elle est analysée à la lumière des rapports de tension entre la critique qui défend l'avant-garde et celle qui prône le « rappel à l'ordre ». Basler dénonce le primitivisme comme un expédient utilisé par des artistes d'avant-garde en quête de nouveauté et loue en revanche ceux qui se sont tournés vers la tradition. Dans *La Sculpture moderne en France*, parue en 1928, il s'en prend aux « coquetteries archaïsantes » qui caractériseraient la sculpture contemporaine française : ces œuvres « superficielles » et « insignifiantes » résultent à ses yeux d'une esthétisation excessive qui marque le début « d'une intellectualisation tourmentée [ou du moins] d'un esthétisme confus[52] ».

C'est pourtant dans l'essai le plus nettement passéiste, *Le Cafard après la fête ou l'Esthétisme d'aujourd'hui*, publié en 1929 (ill. 21), que le critique rassemble ses réflexions sur le primitivisme dans un discours visant à discréditer toute œuvre liée à l'utopie d'avant-garde. Selon lui, l'art primitif est inséparable de la fonction mystique et peut être compris uniquement s'il est interprété à la lumière de ses propriétés surnaturelles. Décontextualiser son « apparente gaucherie » formelle revient donc à dénaturer la signification de l'œuvre elle-même :

> « De fait, l'apparente gaucherie de leur art est inséparable de la tension extrême, du tourment dramatique propre à tous les peuples hantés par le surnaturel qui, chez eux, selon la doctrine de Lévy-Bruhl, se confond pour ainsi dire avec le naturel[53]. »

En recourant à l'ethnologie, Basler souligne que de telles productions sont inséparables de leur fonction, à la fois mythique et religieuse, et que l'art occidental s'est approprié ce vocabulaire statuaire d'un point de vue strictement formel[54].

> « Ce qui peut être sublime suivant une conception religieuse devient absurde en l'absence d'une telle conception. Si la raison est éliminée, bafouée, un art areligieux comme le nôtre échoue forcément dans les insanités de l'irréel, voire du surréel[55]. »

La dénonciation des pratiques artistiques usant d'un « symbolisme sauvage » ne se limite pas à la recherche d'avant-garde, mais touche aussi les expérimentations surréalistes sur l'inconscient et l'hallucination :

> « De nos jours, c'est par l'exotisme que le domaine artistique est littéralement envahi. Le symbolisme sauvage de l'art nègre ou océanien, le géométrisme abstrait du folklore décoratif, l'exaltation du psychisme hallucinatoire exercent leur tyrannique emprise sur l'esthétisme de l'heure présente. L'art actuel trahit tous les spasmes du sentiment moderne[56]. »

Selon Basler, l'esthétique contemporaine avait été envahie par des styles et des tendances qui reniaient la nature d'un art classique et équilibré afin de trouver de nouvelles échappatoires à la réalité. Le recours à l'insolite, au « monstrueux », était donc le symptôme d'une société en crise qui recherchait de nouvelles stimulations dans les civilisations lointaines, sans pour autant en saisir la valeur profonde en raison de sa superficialité[57].

Il faut rappeler, enfin, que c'est précisément dans l'atelier d'André Derain que Basler avait trouvé le chemin de la libération :

> « L'art des sauvages l'a hypnotisé un instant par sa composition décorative, par ses proportions schématiques et cette économie de détails qui lui sont propres ; il lui a emprunté certaines coquetteries. Cependant, à force d'étudier l'art occidental, il humanisa sa forme, il trouva une syntaxe mieux articulée que ne l'était ce langage symbolique de l'exotisme, et particulièrement de la sculpture nègre[58]. »

Juste après la guerre, Derain recourt « à la nature comme au principe frémissant de la vie, à la sensibilité comme aux entrailles du réel[59] ». Basler entretient de bons rapports avec l'artiste français, dont il apprécie les visites dans les salles du Louvre et l'admiration sans bornes pour les œuvres des grands maîtres :

> « Au Louvre, son admiration et son étude se reportent maintenant sur les Rubens truculents et somptueux, sur Nicolas Poussin aux souveraines

> ordonnances, sur les architectures émouvantes et les nobles ombrages de Claude Lorrain, sur le délicieux Chardin, pour son atmosphère d'intimité familiale[60]. »

Après cet éloge, il s'épanche sur les capacités picturales de l'artiste français qui mettent en valeur la lumière des paysages à travers l'utilisation mesurée de la couleur, créant ainsi des œuvres directes et lisibles. Cette analyse précise tente de réhabiliter la figure de Derain, toujours plus sujette aux accusations d'académisme didactique. Tandis que Basler défend ardemment le maître du fauvisme, Vauxcelles condamne sa peinture à plusieurs reprises : à ses yeux, elle est stérile et sa place est sur les murs des « musées départementaux ». Basler s'intéresse surtout aux prédispositions de Derain pour la composition et l'observation directe de la nature :

> « Il [Derain] est le devancier d'un état d'esprit qui s'affirmera de plus en plus en remontant aux sources de l'éternel renouvellement, lesquelles sont dans la vision directe de la nature, dans la connaissance des lois qui régissent l'organisation du tableau, et non dans les conceptions arbitraires d'un cérébralisme atrophié[61]. »

À la différence de Mauclair et de Feuillet qui insistent continuellement sur les spécificités nationales de la peinture et sur l'appartenance ethnique de l'artiste, Basler utilise en première instance l'opposition entre moderne – synonyme de primitif – et tradition. Il est donc possible d'identifier chez lui un discours xénophobe et antisémite accompagnant, et légitimant peut-être, la tendance en vogue, qui refuse systématiquement les propositions de l'avant-garde. Son nationalisme peut être assimilé à une adaptation aux courants de pensée de l'époque auxquels il veut et doit adhérer afin de rendre visible sa totale assimilation à la culture française. En outre, sa subsistance matérielle est très liée aux aléas du marché et à des revirements de goût soudains. Les incertitudes de l'entre-deux-guerres l'ont conduit à emprunter le chemin le plus simple – qui était aussi le plus compromettant, car dicté par les milieux conservateurs que soutenaient Maurras et tous les représentants de l'Action française.

Dans les années qui suivent cette phase d'assimilation, et qui coïncident avec les graves difficultés financières décrites dans les lettres à Stein, Basler modère son langage, précise son vocabulaire et tempère son ardeur. Dans un article sur l'art contemporain, publié en deux livraisons dans *L'Italia letteraria* et intitulé « Note sull'arte d'oggi[62] » (Notes sur l'art d'aujourd'hui), il conclut :

> « Le monde de l'art a récemment été indéniablement ébranlé par de vives polémiques au sujet de l'expressivité moderne de la peinture [...]. Nous assistons à un bouleversement des conventions qui séduit majoritairement un public friand de nouveautés bien plus que d'artistes, souvent très inquiets pour le sort de leurs œuvres et dont l'esprit subversif est chargé de matière explosive. Le Beau n'est que la révélation du Divin, l'expression de la Vérité universelle, du sublime qui, bien qu'*incorrect*, surgit d'un élan de passion. L'ingénuité seule est créatrice, car elle provoque la secousse immédiate de l'émotion esthétique[63]. »

Dans sa dernière publication répertoriée à ce jour, « À la source de l'art moderne », parue dans un recueil consacré aux *Problèmes de la peinture* en 1945, c'est une voix plus posée, plus lasse peut-être, qui se fait entendre et tente de relire les quarante dernières années de l'histoire de l'art. Sur un ton condescendant, le critique se livre à une sorte d'ultime déclaration où il affirme dans un style fluide que, malgré tous ses efforts et tous ses actes de résistance, la peinture moderne a peut-être eu besoin de nouvelles formes expressives, de nouvelles sources formelles et de cet archaïsme si cher aux avant-gardes. Il n'est plus question d'une dénonciation impétueuse, mais d'une résignation assumée où de nouvelles références théoriques sont convoquées – Worringer et Riegl en particulier – et où Basler tente de s'imposer comme une figure historique du début du XXe siècle. La Renaissance, Raphaël et le style gothique auraient dû orienter, guider l'évolution de l'art moderne ; mais l'avènement de Cézanne d'abord, le cubisme et l'expressionnisme ensuite, ont redéfini radicalement les équilibres des nouvelles générations[64]. C'est ainsi que Basler conclut sa parabole du monde de l'art contemporain. Si, en arrivant à Paris, il se distingue comme secrétaire d'Apollinaire et ami de Picasso et de Kisling, dans l'entre-deux-guerres il se transforme en un personnage passéiste, en désaccord avec l'esthétique réformiste, et légitimant les formes classiques du beau. Paradoxalement, ce changement de cap le rapproche de figures telles que Mauclair et Feuillet qui, même s'ils proclament ouvertement leur xénophobie, étaient pour Basler de même valeur que lui. L'expérience de la Seconde Guerre mondiale et des horreurs nazies l'ébranle et le relègue au rang de témoin d'une période convulsive et ambivalente.

L'insaisissable Waldemar-George

Waldemar-George (ill. 22) est l'un des critiques les plus cités de l'entre-deux-guerres. Son nom est omniprésent et sa pratique, qui s'étend sur près de cinquante ans, présente une hétérogénéité et un polymorphisme déconcertants qu'il partage avec son compatriote Basler. Son engagement dans les mouvements d'avant-garde et son importance dans les années d'effervescence parisienne font de lui une figure incontournable de l'histoire de l'art du XXe siècle. Pourtant, la seule étude monographique qui lui est consacrée date de 2016 et réunit une série d'articles d'Yves Chevrefils Desbiolles[65] issue d'une recherche commencée une vingtaine d'années plus tôt et publiée pour la première fois en 2008 dans *Archives juives*[66].

Waldemar-George est une personnalité exemplaire de cette période, tant pour les innombrables contradictions liées à son parcours critique que pour toutes les fonctions qu'il a exercées. Critique d'art, d'architecture et de cinéma, il a également été l'un des commissaires d'exposition indépendants les plus réputés de son temps. À partir de 1922, il commence en effet à organiser des expositions dans des galeries parisiennes telles que les galeries Percier et Barbazanges-Hodebert, présentant des artistes aussi remarquables que Marc Chagall et Emmanuel Mané-Katz[67], et fréquente assidûment les ateliers des artistes les plus en vogue. Complexe, imprévisible, insaisissable, il participe avec passion aux débats critiques les plus brûlants. Ses textes nationalistes, xénophobes et antisémites, son admiration pour Benito Mussolini, lui ont assigné une étiquette de conservateur de droite, bien que ses relations avec les communautés internationales et juives n'aient jamais cessé. Il fait son *mea culpa* lorsqu'il prend conscience des dérives autoritaires que recouvre le « retour à l'ordre », mais il est déjà trop tard. Nous sommes à la fin des années 1930 et l'engrenage fasciste est inexorablement enclenché.

Jerzy Waldemar Jarocinski (dit Waldemar-George) naît en 1883 à Lodz, en Pologne, où il fait ses études secondaires. Son père, Stanislaw Jarocinski, est directeur de l'agence locale de la banque Goldfeder, dont il partage la propriété avec la famille de son épouse, Eugenia Goldfeder. Jerzy grandit à l'abri du besoin, loin de la misère qui a pu orienter les parcours de Mauclair et de Basler. Muni d'un passeport russe, il arrive en France en 1911. Peut-être la police russe a-t-elle ordonné son transfert à la suite de la publication d'un recueil de poèmes patriotiques dédié à la Pologne[68]. À Paris, il est accueilli par son oncle Jean Finot (Jean Finckelhaus), connu pour ses travaux démystifiant les théories sur les races[69] et pour sa promotion du féminisme[70]. Baignant dans l'atmosphère cosmopolite de l'avant-garde, Waldemar-George fréquente les amis de

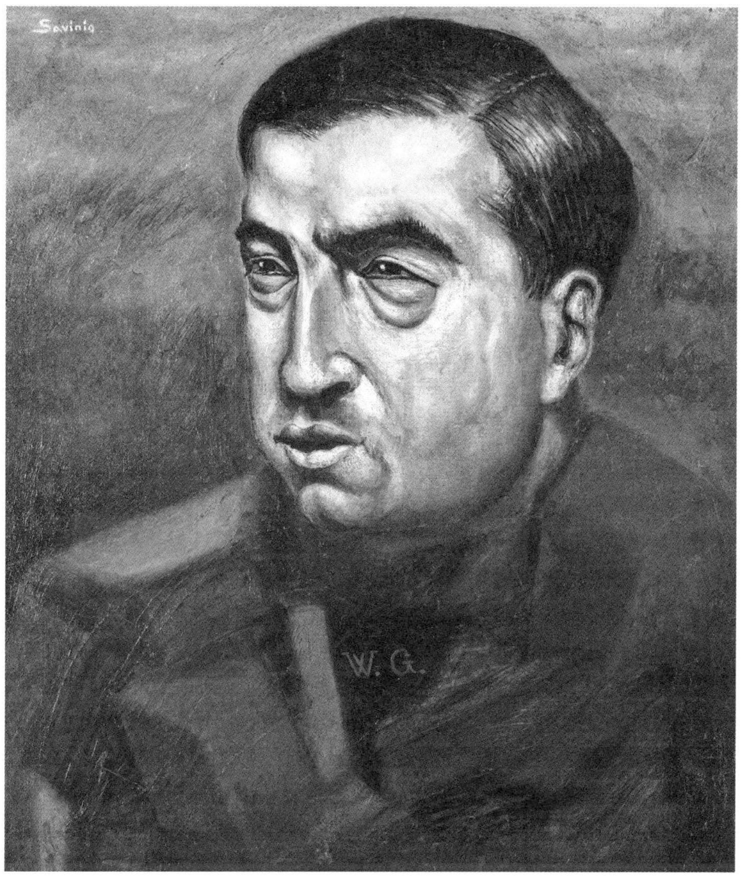

22 Alberto Savinio, *Portrait de Waldemar-George*, 1929, huile sur toile, 61 × 53,5 cm, Rovereto, Museo di arte moderna e contemporanea di Trento e Rovereto, inv. MART 910

son oncle, qui est alors directeur de *La Revue mondiale*, et entre en contact avec la rédaction du *Paris-Journal*, où il a l'opportunité de travailler et de rencontrer Louis Vauxcelles et André Salmon, deux figures essentielles pour sa formation critique. Georges Charensol se souvient des premières expériences de Waldemar-George :

> « Eugène Marsan eut la chronique dramatique et Waldemar-George celle des arts. On n'aurait pu rêver deux hommes plus contrastés, le premier subtilement français et dont les sympathies allaient à [l'Action française] ; le

second, vigoureusement tourné vers les formes les plus extrêmes de l'avant-garde, avait toutes les qualités du Polonais et d'abord l'enthousiasme[71]. »

À cette époque, Waldemar-George professe des idéaux socialistes. Il est influencé par la figure charismatique de Finot et galvanisé, surtout après la Première Guerre mondiale, par sa naturalisation en tant que citoyen français en 1914. Ses articles les plus clairs, comme le suggère Chevrefils Desbiolles, sont ceux parus dans *La Voix des femmes*[72]. La fréquentation assidue du Salon de la Tourelle de Joachim Gasquet et de l'atelier d'André Lhote, où Jacques Rivière invitait chaque jeudi le groupe de la NRF, paraît indispensable à ce jeune homme assoiffé de culture et de nouveauté[73]. Ainsi que le souligne Matthew Affron, les années 1917-1922 sont marquées par des chroniques politiques publiées dans des périodiques proches des milieux anarchistes ou socialistes : *La Caravane*, *Les Cahiers idéalistes français* et *La Forge*. Ces journaux portaient la voix des partis de gauche et diffusaient un discours pacifiste en tout point similaire à celui de *La Clarté*, fondée en 1919. Ce jeune homme transplanté défend un idéal révolutionnaire à une époque où les forces alliées imposaient le blocus économique à l'Union soviétique ; en commentant la révolte spartakiste de Berlin en 1919, il explique en outre que la France était de plus en plus effrayée par la vague soviétique qui déferlait sur le continent. Il s'adresse directement aux artistes en les exhortant à adopter les devises révolutionnaires et à s'éloigner de la bourgeoisie aisée qui représentait leur moyen de subsistance. La nouvelle société prolétarienne aurait développé l'activité artistique en protégeant les intérêts des jeunes d'avant-garde[74].

Durant ces années, les conceptions politiques et artistiques de Waldemar-George sont proches de celles de la guilde Les Forgerons, une association de militants socialistes qui publiait la revue *La Forge*. Les Forgerons croyaient en la coopération des artistes et des intellectuels, et œuvraient à construire une société socialiste en éduquant le prolétariat. Leurs idéaux se traduisaient par un véritable activisme culturel : expositions, conférences et représentations théâtrales. L'Université du Peuple en est un exemple remarquable : elle était ouverte à tous et on y proposait des cours d'histoire de l'art, donnés par Élie Faure, ou de littérature, délivrés par Yvan Goll[75]. La position de Waldemar-George demeure toutefois modérée. En dépit de ses aspirations socialistes et révolutionnaires, son rapport avec l'avant-garde commence en effet à se dégrader dès les années 1920. Le critique ne se contente pas de promouvoir une esthétique moderniste, il est en quête d'une forme de « classicisme » qui heurte parfois les intentions et les résultats formels des recherches les plus expérimentales, comme celles du cubisme[76]. Ainsi n'hésite-t-il pas à affirmer qu'un socialiste doit apprécier l'œuvre de Nicolas Poussin ou de Jean Moréas, bien que ces artistes soient alors plutôt associés à l'esthétique passéiste de l'Action française qui avait fait d'eux les paladins de l'art national, par opposition au milieu cosmopolite parisien[77].

Ses années d'engagement politique lui permettent de devenir, en 1920, secrétaire général de *L'Amour de l'art*, revue alors dirigée par Louis Vauxcelles. Grâce à cette tribune prestigieuse, ses articles sur Robert Lotiron, Juan Gris, Moïse Kisling, Émile Bernard, Georges Braque ou Simon Mondzain sont remarqués; sa plume devient influente au point de le consacrer, à trente ans à peine, critique de renommée internationale. Sa proximité avec l'avant-garde est cependant sévèrement critiquée par les mécènes de la revue, qui l'incitent à quitter la rédaction en 1927[78]. Le conservatisme de certains de ses collègues et l'aggravation des tensions xénophobes l'ont inévitablement affecté. François Fosca, en lien avec l'Action française dès le début du XXe siècle, se présentait comme un parfait remplaçant. Ce choix surprit Waldemar-George, qui dirigeait la rédaction depuis 1923 tout en continuant de soutenir une recherche provocatrice et expérimentale. Son internationalisme affiché doit donc être compris comme l'expression de son respect pour la culture française et de son désir d'y appartenir. Cet horizon ressemblait à un songe : « La France a de tout temps résorbé les influences venues du dehors, elle a imposé sa discipline, son sens de l'ordre, ses lois d'harmonie aux artistes étrangers qui ont exercé leur art dans ses frontières[79]. »

Ce passage laisse entrevoir les prémices d'un penchant pour le conservatisme, qui se manifeste dans le credo universaliste de la culture française. En s'éloignant des revendications initiales purement cosmopolites, Waldemar-George défend une peinture de mesure et d'équilibre, incarnée notamment par Roger de La Fresnaye, les dessins ingresques de Picasso et la sculpture classique d'Aristide Maillol. Vers 1925, le cubisme est définitivement répudié, et son style considéré comme décoratif et illustratif. Cézanne lui-même est critiqué, car ses travaux ne correspondent plus au vocabulaire néoclassique que Waldemar-George entend désormais défendre[80]. Soudain, ses penchants esthétiques s'accordent à la ligne éditoriale de la revue qu'il dirige, mais il est très probable que ses contacts durables avec l'avant-garde (en particulier avec le docteur Barnes et Chaïm Soutine) eurent une incidence sur le choix de l'éloigner. Sa fréquentation de Soutine confirme en outre sa proximité avec le cercle de l'École de Paris. Cela n'est pas surprenant, dans la mesure où les idéaux qu'il partageait avec le milieu anarchiste et socialiste et les revues de Jean Finot avaient facilité son accès à la communauté internationale de Montparnasse, où il avait noué de solides liens d'amitié. Par ailleurs, il ne faut pas oublier que sa présence régulière dans les revues les plus influentes rendait indispensable sa participation aux événements les plus en vogue.

C'est Louis Vauxcelles qui évoque, dans un article de 1932, les changements constants auxquels le critique est soumis, et la relation difficile et contradictoire qu'il entretient avec les maîtres qu'il avait d'abord ardemment soutenus :

> « Notre Waldemar – comment expliquer cela sans sourire, et surtout sans le froisser ? – a changé encore une fois de point de vue... Le voici qui n'aime plus Cézanne... C'est désolant... Waldemar aura beaucoup évolué dans sa carrière : je l'ai connu traitant de malfaiteur ce Derain (dont je ne raffole guère) qu'il porte aujourd'hui aux nues ; j'ai lu sous sa plume l'éreintement, puis l'éloge de Maurice Utrillo ; chose singulière, il s'est mis à l'aimer quand Utrillo a fait des mauvaises toiles ; il adorait Brancusi, Lipchitz, Picasso ; il les a lâchés ; il voulait "consacrer jusqu'à son dernier souffle à détruire la civilisation occidentale", ce qui est une entreprise assez rude pour un simple critique d'art ; et puis, on ne sait pourquoi, il n'a pas donné suite à ce projet... Un beau jour, il découvre Jacques Blanche, ce qui est une de ses plus savoureuses trouvailles. Le voici aujourd'hui qui publie une plaquette intitulée : *Le Crépuscule d'un dieu*, où il semble bien qu'il donne son congé au pauvre Cézanne... [...] Notre camarade loue la probité, les efforts de liaison, la sincérité de ses aveux d'impuissance... Mais le résultat lui apparaît hypermince... Ne croirait-on pas lire du Mauclair, qui, lui aussi, tient Cézanne pour une brave mazette, et n'apprécie que sa bonne volonté[81] ? »

Les années 1920 ont en effet été marquées par une crise culturelle qui avait rassemblé tous les jeunes intellectuels et politiciens de droite, qu'unissait un profond sentiment de décadence et de crise globale de la civilisation. Ils aspiraient avant tout à créer une société pure. Selon eux, les productions artistiques évinçaient progressivement la figure humaine, socle de la tradition humaniste française. La droite visait à promouvoir une révolution spirituelle et à jeter les bases d'un nouvel humanisme fondé sur les valeurs morales et spirituelles de la tradition[82].

Waldemar-George était profondément fasciné par la réapparition de ces principes, qui s'accordaient à ses nouveaux penchants esthétiques – un classicisme équilibré dans lequel l'homme était souvent le sujet privilégié. Ses thèses conservatrices et ses affinités avec une partie de la droite européenne n'avaient pourtant pas mis un terme définitif à ses contacts internationaux. Ce détail complique singulièrement l'analyse de sa pensée critique et souligne son désir de préserver une certaine marge de manœuvre où pourraient converger ses multiples intérêts. Il ne faut pas oublier que les contradictions de Waldemar-George, d'origine juive et polonaise, procèdent sans aucun doute de cette identité, comme le rappelle Héloïse Romani pour expliquer son opportunisme[83].

Malgré ces fluctuations, le critique devient le protagoniste officiel du « retour à l'École française ». Son amour pour la France est inconditionnel, mais constamment remis en question par les attaques émanant des partisans de l'avant-garde. Robert Desnos, par exemple, n'hésite pas à faire allusion à la nouvelle d'Edgar Allan Poe, « The Facts in the Case of M. Waldemar », afin de pourfendre le critique :

> « Edgard [*sic*] Poe a surveillé la décomposition mortuaire de M. Waldemar, mais M. Waldemar vit encore. Il se signale par son haleine fétide, son teint boueux et crasseux, ses yeux miteux et sa voix qui rote comme un cercueil que l'on brise. À quoi bon décrire cette grande charogne qui, depuis quelques années, infecte l'atmosphère de Paris. [...] Outre que ce personnage est à la fois un abcès et un pot de sanies, il représente la connerie la plus absolue et l'ordure intellectuelle la plus puante[84]. »

Matthew Affron souligne à juste titre que le critique, sensible aux nouveaux débats sur la théorie du déclin de l'Occident d'Oswald Spengler, adhère à un nationalisme enraciné dans le classicisme de la culture latine et modelé par les liens unissant indissolublement l'Italie et la France. La proposition de Waldemar-George, sous l'étiquette du néo-humanisme, se voulait le seul moyen de sauver l'avenir spirituel, culturel et éthique de la France[85].

En 1930, il est invité par Antonio Maraini pour concevoir une salle à la Biennale de Venise et déploie ses conceptions dans l'espace avec l'exposition « Appels d'Italie », qui présente des artistes italiens ayant vécu à Paris et des Français intéressés par le style à l'italienne[86]. Massimo Campigli, Alberto Savinio, Mario Tozzi, Amédée Ozenfant, Christian Bérard et Pavel Tchelitchew constituent le noyau dur de la nouvelle équipe dirigée par Waldemar-George. La création de ce groupe, qui s'apparentera bientôt à un véritable mouvement, rapproche Waldemar-George de l'Italie et de sa politique. Son réseau amical, d'où se détachent Margherita Sarfatti et Pietro Maria Bardi, l'avait d'ailleurs fait admettre dans le premier cercle du fascisme italien[87]. À la grande satisfaction de Waldemar-George, ce rapprochement débouche même sur une rencontre avec Benito Mussolini en 1933 à Rome. Après avoir évoqué son amour pour la capitale italienne et proposé d'ouvrir une école des beaux-arts pour les artistes étrangers, il relate la présentation de son nouveau projet : « Je lui disais aussi que l'orientation présente de la peinture française, c'est-à-dire le nouvel

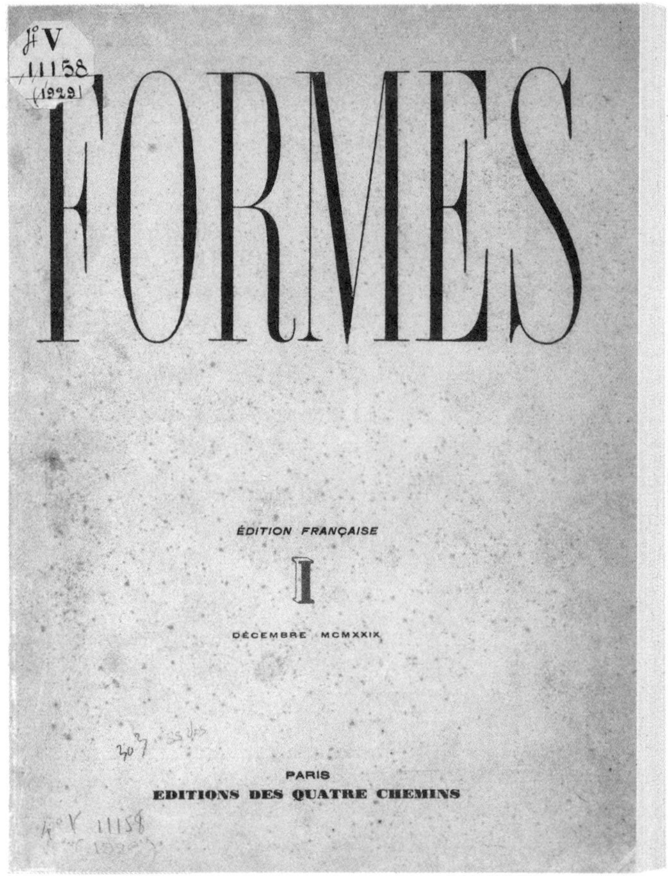

23 *Formes. Revue internationale des arts plastiques*, n° 1, décembre 1929, couverture

humanisme, était plus favorable au rapprochement artistique des deux peuples que l'Internationale de l'École de Paris. Le Duce approuva[88]. » La consécration de cette nouvelle posture politique, entre la fin de la rédaction de *L'Amour de l'art* et la crise de 1929, coïncide avec un projet éditorial important pour sa carrière : la naissance de la revue *Formes*. Anticipant un retour à la forme, la revue serait l'un des bastions de la tradition et de l'esthétique du « retour à l'ordre », même si, contrairement à ce que l'on peut penser, sa rédaction comptait très peu de Français.

Le premier numéro sort en décembre 1929. La revue, qui se veut une tribune internationale où s'affrontent librement de nombreuses disciplines, subsiste jusqu'en 1934. Elle compte quarante-quatre numéros, dont trente-trois en 31 fascicules et onze publiés conjointement à la revue *L'Amour de l'art*. Le collectionneur japonais Shigetaro Fukushima[89] dirige la revue, tandis que la direction artistique est assurée par Waldemar-George (ill. 23). Si les choix critiques de ce dernier sont évidents dans les partis pris éditoriaux, l'importance de Fukushima semble avoir été sous-estimée. Pourtant, après qu'il a quitté la direction, les nouveaux directeurs, W. Walter et L. Demotte, mentionnent le nom de Fukushima comme fondateur de la revue. Héloïse Romani, dans son article sur *Formes*, se contente de citer en note la propriété de Fukushima, affirmant que la revue a été exclusivement conçue par Waldemar-George[90].

Si l'importance du critique – certainement le principal artisan de cette aventure éditoriale – ne fait aucun doute, il faut cependant rappeler, notamment pour les premiers numéros, que les sujets et les choix ont très probablement été suggérés par un directeur et fondateur plus engagé qu'on ne pourrait l'imaginer. En effet, le premier numéro débute par un article de René Leray, avocat à la cour de Paris, qui s'intitule « L'exode des grandes ventes ». Après avoir brièvement énuméré les collections dispersées à l'étranger, l'avocat s'interroge sur les raisons d'un tel exode et trouve une réponse dans les pressions fiscales auxquelles les œuvres sont soumises en France[91]. On peut supposer que ce sujet intéressait Waldemar-George et certains lecteurs de *Formes*, mais il était indéniablement crucial pour un collectionneur tel que Fukushima. Un autre élément confirme l'influence de Fukushima sur les choix éditoriaux : dans le même numéro, André Malraux rédige un article sur l'expression tragique de la peinture de Georges Rouault[92] ; parmi les œuvres reproduites – seize au total –, la moitié fait justement partie de la collection de Fukushima. Cette sélection visait sans nul doute à valoriser le patrimoine acquis en le faisant connaître dans la presse spécialisée. Le lien entre Fukushima et Rouault peut également avoir conduit Waldemar-George à écrire un article dans *Formes* en mars 1931. Une lettre inédite, à l'en-tête de *Formes* et conservée dans les archives du peintre, indique que le critique, « étant obligé de publier l'article sur les têtes de M. Rouault dans le numéro de mars[93] », a demandé à l'artiste de lui fournir la liste des illustrations dans les meilleurs délais. Par ailleurs, la présence du *Gymnaste* de Bérard (ill. 24) – œuvre appartenant elle aussi au collectionneur japonais –, qui illustre l'article de Waldemar-George, « Appels de l'Occident. Christian Bérard[94] », paru dans le premier numéro de *Formes*, témoigne d'une double contamination : esthétique, puisque Waldemar-George avait sûrement soutenu Fukushima dans ses choix au sein de cette école néo-humaniste qu'il avait théorisée et fondée ; et promotionnelle, puisque, en publiant la reproduction d'une œuvre de sa collection, il accroissait la renommée de cette dernière.

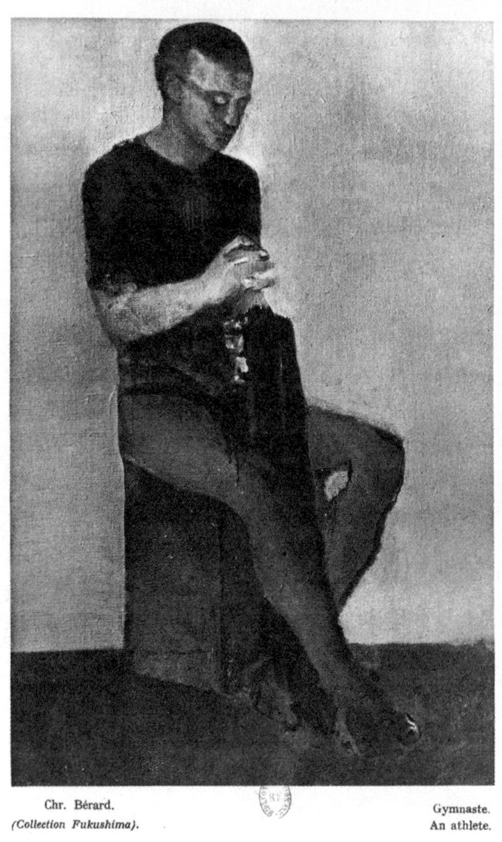

24 Waldemar-George, « Appels de l'Occident. Christian Bérard », *Formes*, n° 1, décembre 1929, pl. après p. 8, avec une reproduction de Christian Bérard, *Gymnaste*

Dans ce jeu stratégique, il convient toutefois d'analyser l'épisode célèbre où, sur un ton excessivement virulent, Waldemar-George, après des années de doutes et de remises en question, a publiquement répudié l'École de Paris dans un article paru dans deux numéros de *Formes*, en juin et septembre 1931 : « École française ou École de Paris ». Il réutilise ici la rhétorique propagandiste des campagnes de Mauclair et s'attaque frontalement aux artistes étrangers de

Montparnasse. Il soutient que l'amour pour un art équilibré et pour la tradition française doit s'incarner dans la peinture classique, le paysage familier, la construction ordonnée et la sérénité psychologique – caractéristiques ne pouvant appartenir qu'à des artistes biologiquement français. De ce point de vue, les mouvements consécutifs à la grande révolution impressionniste s'inscrivent en revanche dans la recherche du désordre et de l'instabilité qui, au lendemain de la Première Guerre mondiale, représentaient une véritable menace, car ils étaient promus par des forces extérieures à la nation[95]. Waldemar-George ne craint donc pas d'affirmer :

> « L'École de Paris est un néologisme, une acception nouvelle. Ce terme qui fait prime sur le marché mondial est un escamotage conscient, prémédité du terme : École de France. Il présuppose une amplification et un enrichissement du domaine national de la peinture française. Non seulement il tient compte des apports étrangers, mais il les ratifie, il leur accorde une place prépondérante. C'est une attestation somme toute assez subtile et assez hypocrite de l'esprit francophone. [...] Ce mouvement, dont l'objet principal est d'élargir les cadres de l'École française, tout en permettant à n'importe quel artiste de se prévaloir de sa qualité de Français d'adoption, est nettement isolé dans le temps. Il n'a aucune filiation légitime. Il se réclame d'une tradition française. Mais, pratiquement, il en fait table rase[96]. »

L'opposition entre les artistes français, les Français d'adoption et les étrangers semble devenir centrale dans son nouveau discours. Waldemar-George veut délégitimer le rôle assumé par l'école parisienne en contestant le principe de l'adoption grâce auquel il a pourtant lui-même été naturalisé. Une analyse détaillée de ce texte montre que le caractère protéiforme des styles promus par le cercle artistique de Montparnasse était à ses yeux une tentative désespérée de rassembler artificiellement un ensemble de modes d'expression hétérogènes :

> « L'École de Paris est un répertoire, aisément transmissible et accessible à tous. Ce n'est pas un creuset, où s'élabore une langue vivante et organique. C'est une langue fabriquée de toutes pièces comme le Volapuk ou comme l'Esperanto. L'École de Paris n'a ni état civil, ni pièces d'identité. Elle traduit un état de névrose collective et elle instaure une mode. Elle est incapable de donner la mesure d'une civilisation. Elle représente un phénomène d'époque dépourvu de valeur, de portée historique[97]. »

Les attaques contre l'École de Paris se poursuivent :

> « L'École de Paris est un château de cartes construit à Montparnasse. C'est un mouvement stérile, L'École de Paris, cet amalgame informe, est passible de transfiguration. [...] L'internationalisme de l'École de Paris peut produire des standards. Ce n'est pas un facteur d'universalité. L'idéologie de l'École de Paris est orientée contre l'École de France que régit le principe dynastique d'unité dans le temps[98]. »

Les accusations portées contre l'internationalisme se fondent sur le rejet de l'hétérogénéité, qui représente une menace pour l'unité et l'équilibre esthétiques véhiculés par l'universalisme français. Au manque de style unifié des Parisiens, le critique oppose le modèle de l'École de France :

> « L'École de France apparaît, désormais, non comme un formulaire, mais comme une source de vie diverse et multiforme. La pratique de la peinture française est un exercice spirituel hors ligne. C'est même l'exercice le plus propre à ramener l'esprit européen à une juste conception de ses droits et de ses devoirs[99]. »

Analysant ce double article, Romy Golan en propose une lecture sans équivoque qui tend à enfermer Waldemar-George dans le mouvement xénophobe et antisémite coordonné par l'Action française. Le critique et sa revue *Formes* sont décrits comme des instruments de la politique pro-fasciste en raison des relations étroites entre Waldemar-George et le Duce, entretenues à l'occasion de sa tournée italienne[100]. Plus prudente, Laura Iamurri tente de ramener la discussion sur le débat esthétique et le rôle joué par Waldemar-George dans la définition d'un art français. Dans *Formes*, le critique avait en effet lancé une « Enquête » sur les caractéristiques d'un art présumé national, à laquelle avaient répondu des personnalités telles que Roger Fry, Jean Babelon, Henri Focillon ou John Constable. Waldemar-George avait utilisé le format de l'enquête pour réunir un ensemble de propositions censées fonder scientifiquement son approche propagandiste. La conclusion était la suivante : l'art français est une somme de toute la civilisation[101]. Si l'on suit les théories de Waldemar-George, le risque d'une ouverture excessive aux influences étrangères aurait définitivement compromis le cours de l'art national. Iamurri voit donc dans cette période le miroir d'un changement de positions politiques et culturelles plus général qui touche l'ensemble de la France au début des années 1930[102].

En théorisant le mouvement néo-humaniste, Waldemar-George a sans aucun doute adhéré aux nouvelles tendances nationalistes. Cette entreprise était en cours depuis 1926, quand eut lieu à la galerie Druet la première exposition consacrée aux œuvres de Christian Bérard, Pavel Tchelitchew, Eugène Berman et Léonid Berman. Léon Zack et Philippe Hosiasson, habituellement associés à ce groupe, ne le rejoignent qu'en 1930[103]. Le style de ces artistes – une approche purement scénographique et une palette sobre – n'est pas sans rappeler la période rose de Picasso. La plupart de ces tableaux montrent des figures élancées dont la silhouette se détache sur un paysage triste et figé[104]. Waldemar-George les lit comme une réponse à la déshumanisation présumée qui a frappé le XXe siècle et, prenant l'exemple de Tchelitchew, il tente désespérément de proposer un nouveau portrait de l'artiste moderne dans sa quête incessante « [d']un répertoire et [d']un vocabulaire qui constituent le patrimoine commun de l'art occidental. [...] L'homme libre est le centre ardent de l'univers. Il en est le principe d'énergie. Aussi Paul Tchelitcheff ne s'exprime-t-il que par l'intermédiaire du corps humain, cet attribut formel d'une vision humaniste. [...] Tchelitcheff inaugure l'art d'action. Il transmet les sensations d'effort, de densité, de poids[105] ».

Il est cependant difficile de saisir toutes ces impulsions vitales dans la peinture onirique de l'artiste russe. Ses représentations semblent bien éloignées du nouvel humanisme professé par Waldemar-George[106]. Les figures sont plutôt spectrales, à l'exception de quelques portraits – genre familier à tous les membres du groupe. Si, comme on peut le supposer d'après son célèbre texte sur Giorgio De Chirico[107], le maître de la métaphysique était le parfait représentant de l'école néo-humaniste, venant après Raphaël, Nicolas Poussin, Claude Lorrain et Camille Corot, la production des plus jeunes disciples ne semble pas correspondre – ni pour le style, ni pour la qualité – aux attentes de Waldemar-George.

À le lire, les modèles historiques auxquels il se réfère ne dépassent pas le XIXe siècle, moment ultime de splendeur de la peinture occidentale. Le critique souligne ensuite l'inexorable et lent abandon de la représentation de la nature, qui avait offusqué l'esprit des artistes en proie à la perdition[108]. Une telle attitude avait favorisé la disparition des formes figuratives au profit d'une vision géométrique et abstraite de la réalité. L'un des mouvements les plus critiqués par Waldemar-George est le cubisme, coupable d'avoir réduit la figure humaine à un problème purement formel, à une matière morte, la désacralisant en toute impunité[109] :

> « Le cubisme est une brillante victoire du cerveau sur l'esprit. Le peintre cubiste n'est pas un ingénieur. C'est un métreur doublé d'un raisonneur. Il calcule ses tableaux. Il spécule dans le vide. Il se désintéresse de l'homme, de l'ordre humain. L'homme est absent de ses spéculations. Quand son art

hors nature aspire à exprimer les valeurs de contact, il recourt aux moyens primitifs[110]. »

Chevrefils Desbiolles estime que la vision antimoderniste et pro-humaniste de Waldemar-George a pu être influencée par l'écrivain René Schwob, auquel le critique consacre plusieurs ouvrages. Schwob collaborait occasionnellement à la revue *L'Amour de l'art* et appréciait tout particulièrement l'art italien. Juif converti au christianisme, proche de personnalités comme Paul Claudel et Jacques Maritain, il avait interprété les œuvres contemporaines à la lumière du catholicisme[111]. L'hypothèse est intéressante, surtout si l'on considère certains titres : *Rome ou la mort…*[112] ; *Ni Grec, ni Juif*[113] ; *Le Portail royal : cathédrale de Chartres*[114]. Les sujets traités semblent assez proches de ceux qui occupent Waldemar-George et, si l'on ajoute à cela les liens avec le milieu juif – le peintre Chagall notamment[115] –, les influences paraissent incontestables.

C'est dans ce tourbillon de références qu'un texte clé voit le jour en 1933. Il permet de comprendre la pensée la plus radicale de son auteur ; il s'agit de *Profits et pertes de l'art contemporain*. Achevé dès 1931, ce livre réunit toutes les accusations exprimées de manière éparse dans ses textes antérieurs. Waldemar-George s'insurge à nouveau contre l'art rétinien d'Henri Matisse, l'iconoclastie du cubisme et le machinisme de Fernand Léger ; il renouvelle sa conception humaniste après avoir considéré le rôle éthique de l'art, et suggère également que le critique contemporain devrait être une sorte de guide spirituel révélant la présence ineffable de l'homme au sein de chaque œuvre[116].

Dans un chapitre intitulé « Démission de l'humain », son discours frôle celui du guide spirituel :

> « L'homme qui ne trouve de remèdes à ses maux qu'en dehors de lui-même, qui soigne le vice par la psychanalyse, le spleen par le nudisme, la tristesse par l'air et par l'hygiène, l'homme qui soumet tous ses complexes sexuels aux psychologues, ces nouveaux guérisseurs, est perdu corps et biens. L'homme sans âme vit de succédanés. Pour ne point dévier, il s'impose des contraintes. Il crée la notion abstraite du devoir[117]. »

La dénonciation d'une prétendue dégradation, qui semble faire écho à la peinture d'avant-garde des années 1920, est réitérée dans un chapitre présentant une vision pernicieuse de l'art africain :

> « S'il l'a puisée dans la sculpture des Noirs, si cette sculpture a été recueillie, adoptée et portée au pinacle par une société honteuse de son passé, c'est

> qu'elle est, à tous les points de vue, la négation de l'ordre occidental. Il est faux qu'une conception plus large, plus éclairée, plus éclectique de l'art nous ait permis de comprendre les œuvres nègres, d'apprécier leur valeur intrinsèque, de dégager leurs qualités plastiques, en faisant table rase de tout ce par quoi elles nous sont étrangères. Les rapports entre l'homme blanc et la "sculpture noire" n'est pas précisément un mariage de raison. C'est une union faustienne, une damnation[118]. »

Une telle lecture, où la sculpture « nègre » concourrait à nier l'ordre occidental, reprend les thèses d'Oswald Spengler. Les références au théoricien allemand se retrouvent dans les écrits d'autres auteurs de l'époque, en particulier Josef Strzygowsky et Hermann von Keyserling qui, comme le rapporte justement Anna Wierzbicka, ont contribué plus que d'autres à former sa pensée critique. L'exaltation de la culture occidentale d'origine latine était parvenue jusqu'en Pologne dans la revue *Sztuka współczesna*, dirigée alors par Jan Brzebowski et Wanda Chodaszewicz-Grabowska ; Waldemar-George leur adressait régulièrement ses textes sur l'art contemporain[119]. De telles accusations, publiées dans plusieurs tribunes, rejoignent celles de son compatriote Basler qui, nous l'avons vu, interprétait le langage des peuples dits primitifs comme une expression purement barbare.

L'année même où Waldemar-George théorise sa nouvelle école néo-humaniste, Ardengo Soffici rédige *Periplo dell'arte. Richiamo all'ordine*[120] (Périple de l'art. Rappel à l'ordre), où il prône l'adhésion à un style classique, calme et équilibré. Cette orientation nouvelle l'avait rapproché non seulement de Basler, mais aussi de Waldemar-George, qui tissait avec l'Italie des liens très importants pour son avenir professionnel. On peut supposer que les deux hommes se connaissaient depuis longtemps, depuis l'époque où Soffici résidait à Paris, et que leur relation s'était consolidée à la fin des années 1920. Soffici avait en effet traduit en 1933 un ouvrage de Waldemar-George[121] où ce dernier rappelle que tous deux, enivrés par l'avant-garde, avaient rapidement compris le danger des principes modernistes et décidé de revenir aux valeurs éthiques et humaines de la recherche artistique[122]. Elisabetta Berliocchi a mis en lumière une intéressante critique due à Guillaume Janneau, qui compare conversion religieuse et abandon de l'avant-garde. Janneau l'expose sans détour : Waldemar-George « nous fait l'aveu d'une conversion[123] », confirmant le poids social, politique et spirituel de cette volte-face.

Le fruit le plus radical de cette phase conservatrice de Waldemar-George est pourtant un autre texte, au ton plus âpre, publié en 1936 : *L'Humanisme et l'idée de patrie*[124]. N'ayant pas encore pris conscience des conséquences dramatiques auxquelles aboutiront le fascisme et le nazisme, le critique s'y livre à un éloge inconditionnel du nationalisme patriotique et glisse quelques insinuations antisémites. Matthew Affron voit dans ce texte une « expression explicite de l'idéologie fasciste[125] » :

> « Il est cependant important de garder à l'esprit que la croisade fasciste de ce critique d'art français dans les années 1930 était plus qu'une phase passagère dans une carrière volatile. À l'inverse, comme Waldemar-George l'a expliqué dans *L'Humanisme et l'idée de patrie*, son pamphlet politique de 1936, le fascisme était pour lui le prolongement direct, organique, des positions socialistes et modernistes qu'il avait prises après la Première Guerre mondiale. Il s'agissait également du fondement de la position esthétique qu'il allait défendre plus tard dans les années qui suivirent la Seconde Guerre mondiale. Au cours des années 1930, Waldemar-George structure son programme esthétique selon les polarités de l'idéologie fasciste, synthétisant le pessimisme et l'idéalisme, rassemblant les impulsions modernistes et antimodernistes, et mélangeant les thèmes révolutionnaires et réactionnaires. Sa carrière de critique fournit un exemple frappant de la convergence des sensibilités visuelles modernistes et du fascisme dans la France de l'entre-deux-guerres[126]. »

L'auteur ne mentionne pas en conclusion le repentir de Waldemar-George qui, en 1938, tente désespérément de retirer du marché les derniers exemplaires encore en vente de son livre. L'*Anschluss* et la promulgation des lois raciales en Italie l'ont en effet choqué. Si la proximité entre les idées fascistes et les propositions de Waldemar-George est évidente, et magistralement analysée par Affron, celui-ci en donne une vision univoque – en accord avec le titre de l'ouvrage : *Fascist's Visions* (Visions fascistes) – qui simplifie et exagère les traits d'une figure plus complexe qu'on ne pourrait l'imaginer. L'utilisation des termes « croisade » et « traité politique » connote fortement le discours de Waldemar-George, qui était très certainement conservateur, mais éloigné de l'activisme violent des droites radicales. L'image du critique « militant » dans l'entre-deux-guerres revêt un aspect plus trouble. Malgré un soupçon d'antisémitisme, Waldemar-George fréquente les milieux internationaux si critiqués, mais aussi les artistes juifs et les cercles liés au sionisme.

Chevrefils Desbiolles croit davantage à l'antijudaïsme de Waldemar-George qu'à un antisémitisme pur et simple ; dans une note d'un de ses articles, il critique les analyses trop essentialistes dont il a été victime[127]. L'auteur fait notamment référence à Golan qui, dans son livre sur le retour à l'ordre à Paris pendant l'entre-deux-guerres[128], rejoint les théories d'Éric Michaud. Ce dernier, traitant des « frontières de l'histoire de l'art[129] », après avoir décrit Basler comme un critique de la droite républicaine conservatrice, n'hésite pas à affirmer que Waldemar-George tenait un discours nationaliste, fasciste et national-socialiste. Michaud se risque même à établir une comparaison avec *Verlust der Mitte. Die bildende Kunst des 19. und 20. Jahrhunderts als Symptom und Symbol der Zeit*[130] (La perte du milieu. Les arts visuels des XIXe et XXe siècles comme symptôme et symbole de l'époque), l'essai de l'historien de l'art allemand Hans Sedlmayr, proche de l'idéologie nazie pendant la Seconde Guerre mondiale, confirmant ainsi les propos d'Affron.

Le polymorphisme de figures comme Basler et Waldemar-George doit cependant être resitué dans le contexte agité et instable de l'entre-deux-guerres. À cet égard, les études polonaises, tombées dans un oubli probablement dû aux barrières linguistiques, sont éclairantes. Anna Wierzbicka confirme que la mobilisation de Basler et de Waldemar-George a été déterminée par les préjugés sur l'École de Paris. La campagne contre les étrangers, d'origine juive en particulier, n'avait en effet pas épargné les critiques d'art. Les opinions des critiques les plus exposés fluctuaient selon l'évolution socio-politique du pays. Dans les années 1930, Basler et Waldemar-George ont dû se comporter comme des « Juifs antisémites » afin de prouver leur assimilation à tout prix[131]. Cette attitude, avec tout ce qu'elle peut avoir de paradoxal et de complexe, tentait d'attester leur attachement à la patrie – au risque de rompre les relations avec leurs collègues polonais qui, comme dans le cas d'Eliasz Kanarek, avaient publiquement insulté leur travail[132]. À propos de Waldemar-George, Christopher Green déclare également :

> « Sa position était en fait celle de nombreux Juifs français dont les familles étaient en France depuis des générations et qui craignaient que l'"extranéité" des Juifs immigrés n'encourage l'antisémitisme. [...] Les arguments de Waldemar-George étaient en fait ceux, typiquement assimilationnistes, d'un immigrant naturalisé qui voulait s'intégrer plus profondément dans la société française ; son nationalisme était une carapace protectrice[133]. »

En confirmant l'hypothèse d'un antisémitisme protecteur que justifiaient des difficultés d'intégration, Green introduit une transition nécessaire vers l'analyse d'un autre chapitre de l'activité critique de Waldemar-George, marqué par sa fréquentation des rédactions appartenant aux milieux juifs parisiens entre la fin des années 1920 et le début des années 1930.

Waldemar-George, l'antisémitisme et les artistes juifs

Dans son texte autobiographique intitulé *Paris était vivant*, Gualtieri di San Lazzaro évoque un Waldemar-George actif sur plusieurs fronts, critique en vogue et plume recherchée : « Vers 1930, Waldemar-George était l'enfant gâté de l'art moderne. Les artistes, même les plus connus, rêvaient d'essais, de monographies de Waldemar-George. Waldemar-George était le W. G. de l'art contemporain. On ne pouvait pas penser à un magazine ou à un livre sans W. G.[134] » Il joua en effet un rôle important au sein de la rédaction de *L'Art vivant*, revue pour laquelle il rédigea quelque treize articles sur l'actualité artistique entre 1929 et 1930.

La rubrique « L'humour de l'art » de *L'Art vivant* accueillait les caricatures humoristiques de Chas Laborde[135] et de Touchagues[136], qui prenaient pour cible le mode de vie des artistes de Montparnasse. Par ailleurs, au fil du temps, certains articles de Jacques Guenne[137] ou de Paul Fierens[138] promurent une image de l'école française composée d'individualités de « sang français », décrédibilisant le travail de nombreux artistes proches de Waldemar-George. La ligne éditoriale de la rédaction se situait cependant entre une vision résolument française, celle de « l'Amour de l'Art », et une vision avant-gardiste et cosmopolite, celle des « Cahiers d'art ». Conçu pour un public bohème, *L'Art vivant* oscille donc entre ces deux pôles, donnant lieu à des articles nettement influencés par les radicalisations récentes[139]. Waldemar-George, partagé entre une trajectoire personnelle marquée par l'assimilation à la culture française et un parcours critique désormais enclin à défendre et à revendiquer la « beauté nationale », répondait intelligemment à toutes les attentes, modelant ses textes sur des analyses souvent formalistes. On y trouve ainsi une description formelle détaillée des œuvres, où l'utilisation de catégories antinomiques – par exemple, linéaire/pictural, forme ouverte/forme fermée, clarté absolue/obscurité relative – rappelle la méthodologie de Heinrich Wölfflin[140]. D'ailleurs, dans un article paru le 15 mai 1927 et précisément intitulé « Un grand écrivain allemand : Heinrich Wolflin [*sic*][141] », Waldemar-George rejette les thèses d'Hippolyte Taine, pour épouser clairement celles du Suisse, qui invite à se familiariser « avec la structure interne des œuvres[142] ».

Il faut cependant attendre 1936, année où paraîtra *L'Humanisme et l'idée de patrie*, pour que soit abandonnée cette approche, qui prête encore à confusion. C'est là que sont poussés à l'extrême tous les principes réactionnaires éparpillés dans les écrits du critique depuis une dizaine d'années, qui se bornaient à faire l'éloge de l'ordre, de la religion et de la patrie. En abordant les questions « ethniques » soulevées par les textes de Waldemar-George, et par cet ouvrage en particulier, Affron n'hésite pas à rapporter certains témoignages évoquant un rapprochement avec les figures dictatoriales de l'époque[143]. Edmond Humeau, par exemple, avait perçu la nouvelle trajectoire de Waldemar-George comme un lien entre l'idéalisation de la figure humaine et les forces militaristes et nationalistes[144]; Walter Benjamin y avait vu quant à lui l'expression ultime du système culturel bourgeois et élitiste[145], tandis qu'Amédée Ozenfant, lors de la rencontre des artistes et écrivains antifascistes, avait décrit le projet de *Formes* comme l'exemple parfait de la « fascisation » de la presse française[146]. En notant l'inclination fasciste de sa pensée, Golan souligne surtout sa position totalement assimilationniste. Waldemar-George ne craint cependant pas de rappeler que ses origines ne l'avaient pas empêché, durant ces années, de croire à une conspiration des artistes juifs contre la tradition française, ce qui le reléguait irrémédiablement dans le cercle du nationalisme français le plus authentique[147]. Aux yeux de Laurence Bertrand Dorléac également, le discours de Waldemar-George contenait les ingrédients pathologiques de la xénophobie et de l'antisémitisme que l'occupation allemande allait banaliser sous le gouvernement de Vichy[148]. Les idées émises dans *L'Humanisme et l'idée de patrie* impliquaient une remise en question de la propre identité du critique. Comment un critique d'art d'origine judéo-polonaise, naturalisé français, fervent défenseur d'une politique d'extrême droite, pouvait-il s'exprimer ? Une réponse brève est formulée dans le chapitre « Métamorphoses juives » ; présenté par l'auteur comme une dénonciation voilée, il fait explicitement référence à la condition du Juif en France :

> « Le Juif qui a versé son sang pour la défense de la patrie française, le Juif qui aime la France, non seulement comme une terre de refuge, mais comme un type de civilisation, a la certitude qu'il peut y vivre en paix. Les autres n'ont rien à attendre d'un État fier de son unité et peu disposé à faire dans ce domaine la moindre concession. La France, pays ouvert, se renferme rapidement sur ceux qui sollicitent son hospitalité[149]. »

Durant ces années, l'antisémitisme de Waldemar-George vise donc délibérément les Juifs insuffisamment assimilés à la culture française, même si le critique n'explique nullement en quoi consiste une telle assimilation. Il aborde également la question de l'art juif en faisant allusion à la facilité avec laquelle l'artiste juif s'adapte au contexte où il vit, s'alignant sur les thèses défendues par Basler en 1925 :

« Quand, au XIXe siècle, il fait ses débuts comme peintre et comme sculpteur, le Juif n'invente pas un style. Il utilise des données de l'époque. Il les adapte à ses propres besoins. Cet effort d'absorption une fois accompli, sa personnalité déteint naturellement sur les œuvres qu'il produit. Il émane de ces œuvres une étrange atmosphère de nostalgie et de souffrance morale. La carence du Juif devant les arts plastiques est-elle le signe distinctif de la race ? Le Juif fut-il le promoteur du cubisme et de l'expressionnisme ou n'a-t-il trouvé dans ces mouvements qu'un terrain propice à son action ? [...] les Juifs peuvent agir en tant qu'individus. Lorsqu'ils agissent comme tels, ils violent la règle du jeu, et ils acquièrent les vertus et les vices des peuples qui les entourent sans perdre leurs propres défauts et leurs propres qualités. Le fait juif nous apparaît dès lors comme une déconcertante synthèse des antithèses[150]. »

Ainsi l'artiste juif, prédisposé aux métamorphoses, pouvait-il aisément s'adapter aux particularismes nationaux[151].

Les seuls à avoir souligné avec insistance combien, durant ces mêmes années, Waldemar-George était actif au sein de la rédaction de la maison d'édition Le Triangle – qui proposait, grâce au financement du mathématicien juif polonais Michel Kiveliovitch, une collection consacrée précisément aux « Artistes juifs » – sont Dominique Jarrassé[152] et Daniela Fonti[153]. Non seulement cet aspect de la carrière critique de Waldemar-George complique encore la compréhension de son œuvre déjà trouble, mais il confirme également les contradictions d'un critique beaucoup plus hétéroclite qu'on ne l'imagine. Bien que les motivations à l'origine de cette collection soient ambivalentes, dans la mesure où elles reposent sur la notion floue d'« artiste juif[154] », il convient de noter que beaucoup de critiques, au plus fort de la phase de reniement de l'École de Paris, étaient fortement impliqués dans la promotion d'artistes juifs qui en faisaient plutôt partie.

La première monographie écrite par Waldemar-George pour cette collection paraît en 1928 ; elle est consacrée à Chaïm Soutine (ill. 25). Le critique, en relation avec l'artiste depuis qu'il fréquente le docteur Barnes, introduit l'analyse de son œuvre en évoquant les problèmes « ethniques » que soulève le titre de la collection :

« Ni les persécutions, ni l'assimilation n'ont pu faire perdre aux juifs les stigmates de leur race. Ils les portent fièrement. Ces stigmates sont leurs lettres de noblesse et leur état civil. Peuple élu, peuple maudit ? Qui dira jamais ce que recèle ton âme ? Les guerres, les invasions et les révolutions ont à peine modifié ton intime structure spirituelle[155]. »

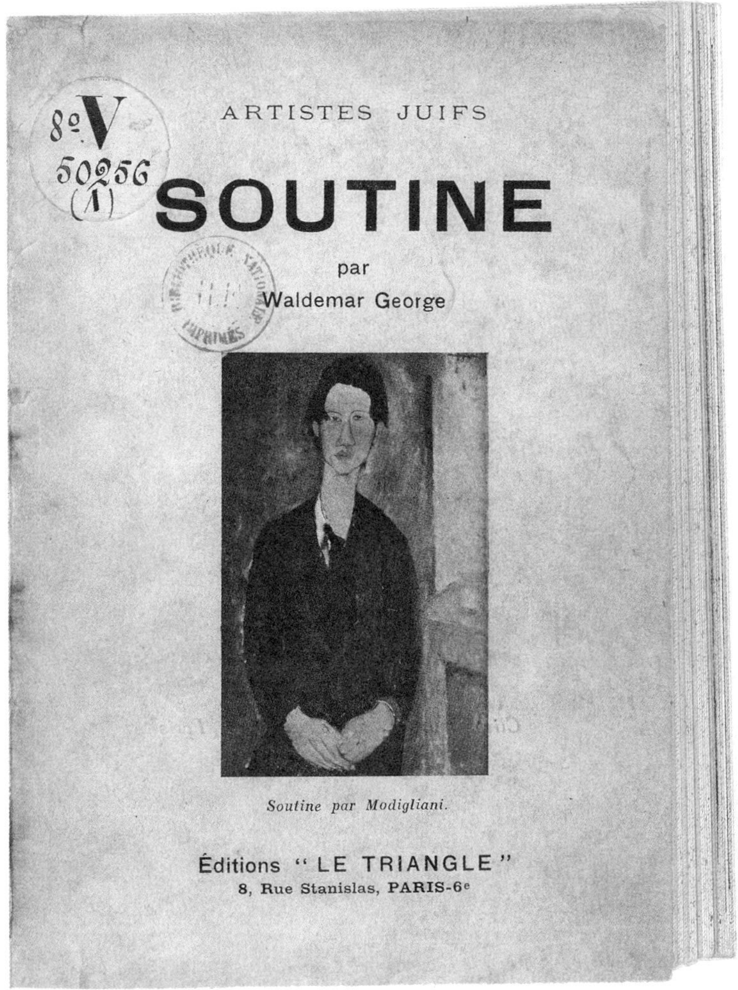

25 Waldemar-George, *Soutine*, Paris, Le Triangle, 1928 (collection « Artistes juifs », vol. 1), couverture

Le thème de la judéité réapparaît dans le discours du critique et tend à promouvoir une vision originale et enthousiaste de l'œuvre de Soutine. En insistant sur le caractère immuable de la structure spirituelle du peuple juif, Waldemar-George veut balayer l'accusation d'une présumée inaptitude innée du Juif pour la représentation artistique. Soutine incarne alors le génie juif, capable d'assimiler et de réélaborer toutes sortes de syntaxes plastiques. Délesté du poids d'une tradition plastique séculaire, l'œuvre du peintre russe est, aux yeux de

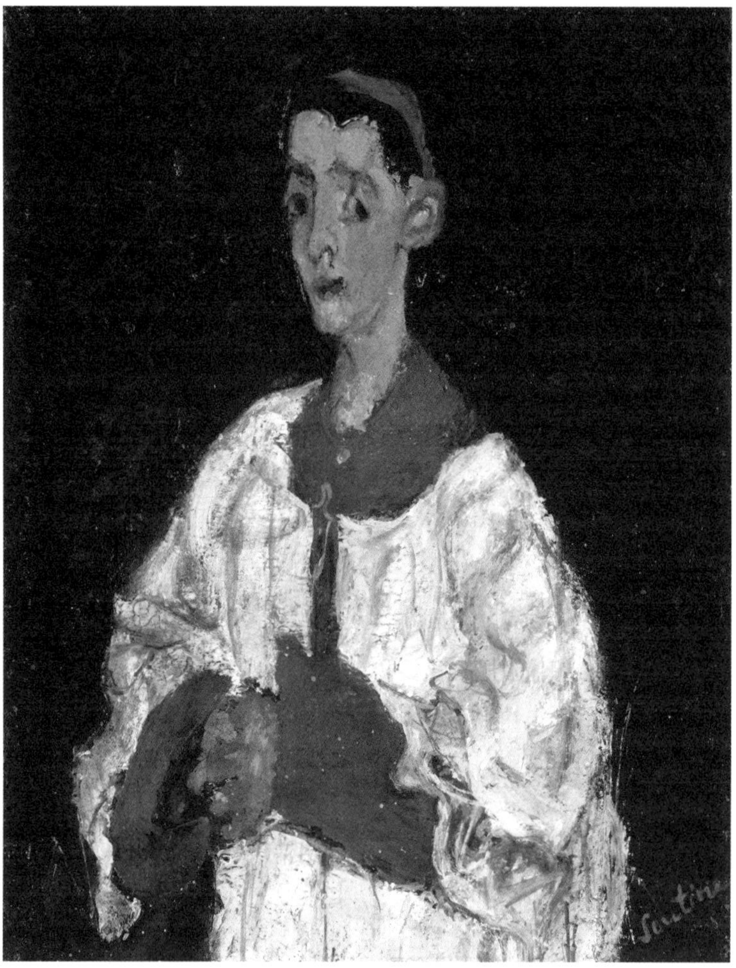

26 Chaïm Soutine, *L'enfant de chœur*, 1927/1928, huile sur toile, 63,5 × 50 cm, Paris, musée de l'Orangerie, inv. RF1963-96

Waldemar-George, le reflet d'une quête libérée de toute forme de conditionnement. Le critique affirme ainsi que Soutine ne doit rien à la France et que son parcours, ponctué de soubresauts expressifs, ne recherche pas l'équilibre intérieur qui domine la peinture française. Cette liberté est le fruit d'un itinéraire brillant et authentique, unique en son genre, et redevable à l'expérience acquise dans les ghettos d'Europe de l'Est[156]. La conclusion de l'essai est caractéristique de la singulière exaltation dont fait preuve le critique, au moyen de maintes références bibliques :

> « La peinture de Soutine n'est pas une source de plaisirs sensoriels, mais une libération, une expectoration. C'est peut-être une genèse du grand péché originel. C'est, en tout cas, le chant tragique d'une âme que Dieu a touchée de sa grâce et qu'il a investie d'une mission. Ses échos ébranlent les messages de ces moines ambulants qui couraient les villes et les campagnes aux environs de l'An Mille, pour prêcher jeûne, pitié et contrition, en vue d'un cataclysme prochain[157]. »

Si Waldemar-George fait ici une allusion subtile à la figure du Juif errant, c'est certainement pour souligner le caractère supposément nomade du Juif et justifier son incessante recherche du langage figuratif[158]. L'évocation d'un tel aniconisme s'appuie cependant sur les théories de Renan qui insistent sur les origines désertiques, et donc nomades, du peuple juif – et cela, bien que ces thèses aient déjà été maintes fois réfutées scientifiquement[159]. Waldemar-George s'était borné à reprendre, en tentant de le rendre positif, l'un des chefs d'accusation les plus répandus contre les Juifs.

Il est curieux que, dans ces tribunes, les lectures critiques divergent fortement de celles proposées dans la revue *Formes*. Les caractéristiques ethniques de l'artiste permettent ainsi de dépasser les lectures formalistes et de présenter des travaux thématiquement et stylistiquement hétérogènes. Soutine n'a jamais peint de sujets juifs – scènes de la vie du *shtletl*, rabbins, synagogues, candélabres ou encore anciens alphabets hébreux. Au contraire, nombre de ses thèmes sont catholiques, en accord avec le christianisme occidental (ill. 26). Selon Silver, il n'y a donc aucune raison de considérer Soutine comme un peintre juif, pas plus que comme un peintre catholique. Il travaillait simplement sur la fascination que suscitait le symbole religieux[160].

Par ailleurs, l'aventure qui avait commencé avec la collection « Artistes juifs » risquait d'encourager les visions folkloriques. Les prérogatives éditoriales étaient claires et visaient à promouvoir les artistes juifs, mais elles se confondaient avec la volonté de soutenir l'art juif. Si la plupart des artistes publiés par cette maison d'édition utilisaient des éléments de la culture juive, l'objectif principal était de diffuser les pratiques de la jeune génération, quels que soient les genres et les thèmes abordés, et de rompre l'isolement dont ils étaient victimes. En tentant de retracer les caractéristiques communes à tous ces artistes, Waldemar-George avait contribué à façonner des visions assez déformées, comme le montre le texte sur Pinchus Krémègne (ill. 27) :

> « Je retrouve dans les tableaux de Krémègne cette sensation naïve de ravissement, cette tendresse recueillie que les Juifs, mes frères, apportent dans

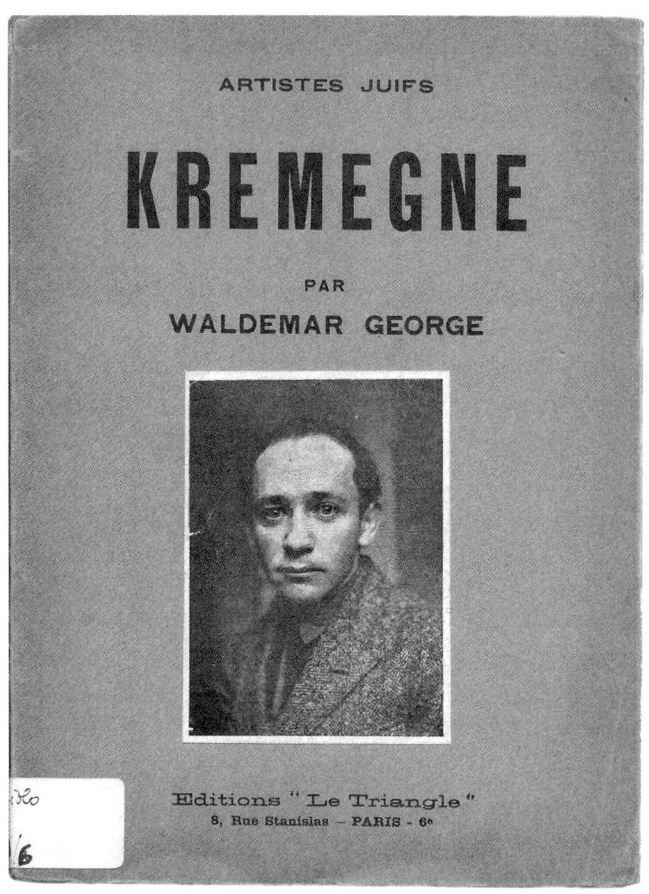

27 Waldemar-George, *Krémègne*, Paris, Le Triangle, s.d. (collection « Artistes juifs »), couverture

> les détails de leur vie quotidienne. Krémègne aura beau peindre des paysages du Midi ou du centre de la France, des nus ou des portraits, il ne peindra que son propre sentiment et sa propre nostalgie. Sa vision du bonheur n'est jamais intégrale[161]. »

En soulignant son « pathos juif », Waldemar-George propose une lecture approximative de Krémègne qui, comme Soutine, n'a jamais peint de sujets juifs et n'a jamais fait explicitement référence à un quelconque esprit mélancolique[162]. Cette lecture forcée et maladroite met en avant l'approche sentimentale et nostalgique du paysage ; ce style expressif appartiendrait à la « poésie ethnique » du peuple juif :

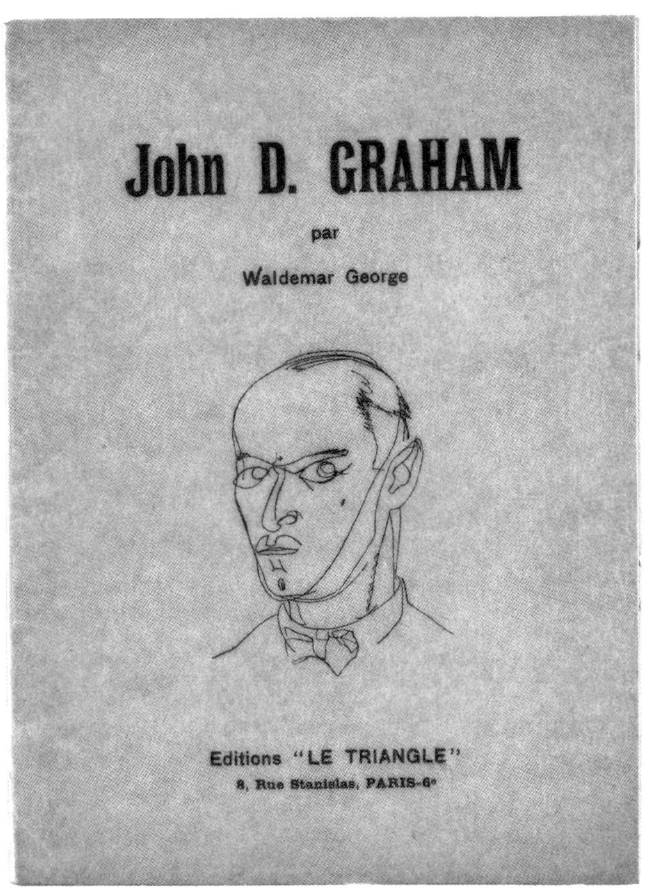

28 Waldemar-George, *John D. Graham*, Paris, Le Triangle, s.d. (collection « Artistes juifs »), couverture

> « Je ne sais dans quelle mesure Krémègne incarne-t-il les tendances de la peinture juive, cette manifestation d'un génie national trop longtemps détourné de ses sources. Si l'on me demandait de découvrir dans l'œuvre de cet artiste les éléments d'une poésie ethnique, je répondrais sans doute qu'elle apparaît dans une vision émue, sentimentale, du monde. L'art juif, ce phénomène moderne, essentiellement moderne, est une compensation[163]. »

La monographie sur Krémègne peut très certainement être datée d'après 1928, tout comme celle consacrée à Epstein, où il n'est cependant plus question d'art explicitement juif. Waldemar-George se borne en effet à souligner l'utilisation expressive de la couleur[164] pour revenir rapidement sur la question du « pathos juif » – à propos, dans ce cas, des déformations dramatiques de la peinture expressionniste résultant du cérébralisme juif, que Jarrassé a mis en relation avec l'exaltation de la peinture juive dans la France des années 1920[165]. En 1929 pourtant, dans un essai sur Max Band, le critique abandonne l'idée du déterminisme ethnique :

> « Max Band est-il Juif, est-il Lithuanien ? Bien qu'il ne songe pas à renier sa foi, son origine, sa nationalité, bien qu'il leur attribue une valeur capitale dans sa formation, dans son développement, j'en fais aujourd'hui table rase. Je ne cherche pas le Juif par-delà l'homme. Je cherche l'homme par-delà le Juif[166]. »

La monographie sur John D. Graham (ill. 28) semble, elle, plus tardive. Comme il le fait dans ses écrits les plus célèbres, Waldemar-George s'attarde sur le dessin et l'analyse formelle des œuvres. Après avoir rapporté quelques anecdotes sur les origines russes du peintre, qui lui donnent l'occasion de critiquer les idéaux révolutionnaires, il considère que son départ pour New York en 1923 fut pour lui une délivrance. À ses yeux, Graham est un artiste de la forme qui, par un trait passionné, parvient à exprimer le sentiment vibrant que suscite l'analyse du corps humain. Ces quelques phrases révèlent l'influence néo-humaniste, qui trouve ici un écho surprenant :

> « À la forme, telle qu'on la perçoit, John D. Graham substitue la forme qui dure, monde en soi soustrait à l'action dissolvante de l'atmosphère aérienne. La figuration visuelle des objets, d'après leurs valeurs non plastiques, fait place à une figuration tactile. Ce passage d'un état dans un autre rappelle la naissance de l'école néoclassique de David et de Mengs, succédant à la tornade baroque et à l'impressionnisme des peintres du Settecento[167]. »

Waldemar-George semble ainsi régler la question de l'artiste juif en l'intégrant à un courant sensible à la forme tactile, où la figure humaine prédomine et où la référence néoclassique est non seulement explicite, mais positivement soutenue. Sur les dix-neuf reproductions qui accompagnent le texte, plus de la moitié sont des études de la figure humaine. Les interprétations tendancieuses des premières contributions font place à une critique hybride où les idéaux néo-humanistes et conservateurs se confrontent harmonieusement aux besoins d'interprétation et de promotion des artistes juifs. De 1928 à 1929, Waldemar-George a publié cinq essais. Il faut toutefois leur ajouter deux autres

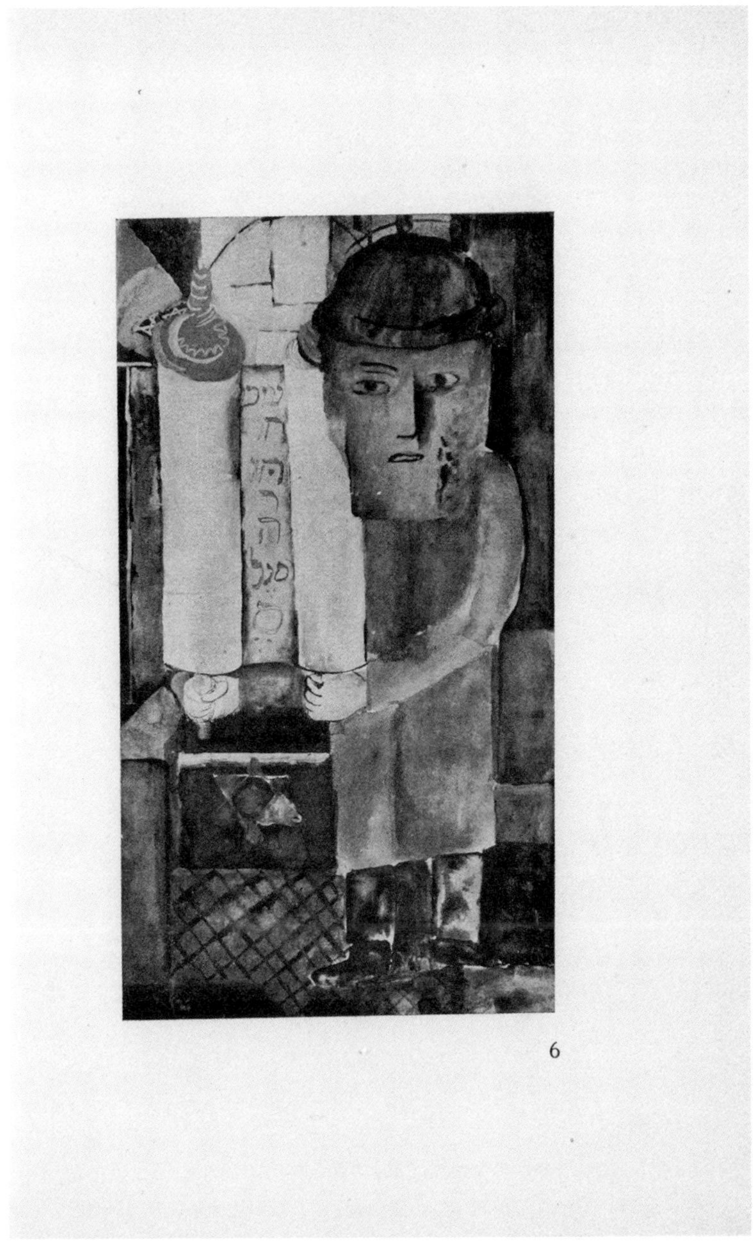

29 Waldemar-George, *Lasar Segall*, Paris, Le Triangle, s.d. (collection « Artistes juifs »), p. 33 avec une reproduction de Lasar Segall, *Le Rouleau de la Thora*, 1922

textes, également publiés par Le Triangle, mais pas dans la collection « Artistes juifs » : *Quelques artistes suisses* (1928) et une monographie consacrée à Lasar Segall (non datée)[168].

Ce dernier titre revêt une importance capitale. Composé d'une brève analyse critique et d'une vingtaine d'illustrations, il semble respecter les caractéristiques de la collection « Artistes juifs ». Mais l'élément le plus intéressant réside dans sa datation probable. Comme on peut le déduire de la liste des expositions personnelles de Segall figurant dans l'ouvrage, cette publication fait suite à la grande exposition consacrée à l'artiste à la galerie Vignon en 1931. Cette exposition, nous apprend le catalogue, fut inaugurée le 13 novembre – en fin d'année, donc. Si la monographie de Waldemar-George peut au moins être datée de ce moment, le récent catalogue de l'exposition *Lasar Segall : nouveaux mondes*, qui s'est tenue au musée d'Art et d'Histoire du judaïsme, mentionne la date de 1932[169]. Ce détail bouleverse la lecture établie d'un critique totalement immergé dans le nationalisme xénophobe et antisémite du début des années 1930. Son double article contre les « métèques » (juifs) de l'École de Paris était paru en 1931, l'année même où il terminait son texte réactionnaire sur les profits et les pertes de l'art contemporain. Malgré les accusations xénophobes et antisémites de cette période, Waldemar-George démontre pour la énième fois qu'il est en proie à de perpétuelles oscillations – esthétiques autant que politiques – qui l'ont maintenu proche des milieux internationaux et juifs comme la maison d'édition Le Triangle.

Cette courte monographie marque toutefois une rupture radicale avec les analyses précédentes sur l'art juif. Poussant à l'extrême la ligne adoptée dans l'étude sur Band, elle évite toute interprétation forcée qui conduirait à reconnaître le caractère juif de l'œuvre de l'artiste. La culture juive émerge plutôt à travers certains sujets picturaux récurrents, parmi lesquels se distinguent le rabbin et la Thora, même s'ils ne sont pas analysés directement. *Le Rouleau de la Thora* (1922) (ill. 29) et *Juif en prière* (1930) sont deux sujets clés qui accompagnent le texte de Waldemar-George et confirment la complexité de sa position face à l'« enjuivement » de Montparnasse. Il faut par ailleurs souligner que son analyse est avant tout imprégnée de néo-humanisme. La soif d'exotisme de Segall, qui se manifeste principalement lors de son premier voyage au Brésil, est interprétée ici à la lumière d'un désir de retour à la terre et à la culture traditionnelle[170]. Son style est ensuite décrit comme le résultat d'un équilibre formel harmonieux :

> « Sans perdre de vue le grand mouvement d'ensemble, il détaille les figures, il s'écarte de la construction pure. Il cherche la tête, la boîte crânienne par-

> delà l'ove et par-delà la sphère. Il cherche le bras par-delà le cylindre. Il cherche la liaison organique des parties. Il unifie les corps. Il marie et harmonise les formes. Il accède à la composition[171]. »

Le texte met en évidence l'usage d'une grammaire accordée à la tradition culturelle latine qui était l'une de ses principales préoccupations. La prédominance de la figure humaine et la recherche d'une composition équilibrée deviennent ainsi deux traits majeurs du travail de Segall, qui prouvait ainsi son assimilation.

> « Segall n'est pas un peintre vaincu qui rentre dans le rang après une figure rapide, ou qui adopte, par convenance personnelle, les coutumes de l'École de Paris. La victoire qu'il remporte sur lui-même est une victoire morale à l'actif de l'Europe, qui représente non une partie du monde, mais un état de civilisation. Cet état, Lasar Segall l'atteint après avoir achevé un long périple. Il sacrifie tout provincialisme, tout judaïsme, tout américanisme aux normes européennes, les seules qu'il accepte de plein gré, les seules qui constituent une garantie d'universalité[172]. »

Ce texte est la dernière trace tangible de la collaboration de Waldemar-George avec la maison d'édition Le Triangle. Il soulève des questions intéressantes pour l'analyse et l'interprétation d'une personnalité aussi imprévisible. Daniela Fonti a très justement remarqué que Waldemar-George s'était intéressé à ces monographies à un moment où il vantait les canons les plus obsolètes du classicisme académique. Elle affirme ainsi que ces écrits courts étaient rédigés pour la communauté juive de l'époque et considérés comme des traités stylistiques sur l'artiste juif[173]. Elle voit dans l'insistance sur la dimension raciale un élément d'identification visant à éveiller l'intérêt d'un collectionnisme ciblé, une sorte de garantie d'authenticité, un trait distinctif dans le *mare magnum* de l'art parisien, et en aucun cas une stricte proposition scientifique[174]. Dans l'entre-deux-guerres, Waldemar-George n'exprime jamais explicitement son rapport avec l'art juif. Dénonciateur autant que promoteur prolifique, il évolue entre deux univers antinomiques. Le surprenant texte qui accompagne l'exposition organisée à l'occasion du XVIe congrès sioniste, « Jüdische Künstler unserer Zeit » (Zurich, Salon Brendlé, 1929), est tout à fait emblématique de cette dualité. Le critique, invité en tant que commissaire d'exposition, écrit :

> « La renaissance juive n'est pas un phénomène local qui intéresse un peuple particulier. Cette renaissance signifie avant tout la judaïsation de l'intelli-

gence moderne et la transmutation des valeurs morales et intellectuelles sur lesquelles reposait le monde gréco-latin [...]. Nous tenons pour Juifs ceux-là seuls dont les œuvres attestent des qualités éminemment raciales. [...] Au risque de faire un paradoxe, j'affirmerai que l'œuvre de Kokoschka, qui est catholique de naissance, mais qui a dû subir, comme la plupart des peintres de notre temps, les effets de la judaïsation, cette "maladie du siècle", contient un potentiel de sémitisme plus élevé que l'œuvre éclectique comme le statuaire Aronson. [...] Les peintres Chagall et Chaïm Soutine et le sculpteur Jacques Lipchitz sont les représentants les plus autorisés de la plastique juive du vingtième siècle. Chacun de ces artistes illustre un côté du génie national de notre peuple. Chagall nous restitue l'atmosphère légendaire, fabuleuse, fantastique suscitée par cette existence en vase clos, par cette ambiance de serre que fut la vie des Ghettos. Soutine, cet ange déchu, apporte une vision pessimiste et apocalyptique[175]. »

Conscient de s'adresser à un public enclin à chercher une composante juive dans les œuvres d'art contemporaines, Waldemar-George semble ici adapter son discours sur l'expressivité juive à la faveur d'une exaltation de la « plastique juive ». Loin de son néo-humanisme habituel, il tend même à en célébrer la judéité, démontrant ainsi une étonnante capacité d'adaptation à son lectorat. Il en résulte une production critique qui n'a que l'apparence de la duplicité. Comme Fonti aussi le souligne avec justesse, il serait réducteur de l'associer à un cercle de critiques xénophobes de la fin des années 1920. Sa personnalité doit être examinée à la lumière des différents contextes dans lesquels il s'exprime et en considérant les nuances théoriques auxquelles il recourt. Les sources ont en effet permis de montrer clairement que Waldemar-George a fait preuve, pendant cette période au moins, d'une capacité d'adaptation professionnelle sans scrupule.

Un texte publié en 1959, alors que s'installait le repentir, ouvre un nouveau chapitre des rapports que Waldemar-George entretenait avec l'École de Paris et le judaïsme. Dans *Les Artistes juifs et l'École de Paris*, le critique, désormais sceptique à l'égard des écoles nationales tant vantées, décrit l'éclectisme de l'École de Paris comme un effet de l'œcuménisme qui régnait à Montparnasse dans l'entre-deux-guerres[176]. Sur un ton qui devient dramatique, il relate des anecdotes sur les « désespérés » de l'École de Paris[177]. Le langage est plus calme et tempéré, probablement marqué par les atrocités du conflit mondial dont il fut lui-même victime. Il déplore la vie qu'ont menée les artistes dans les ghettos d'Europe de l'Est[178] et dénonce sans retenue les préjugés forgés par la droite conservatrice, xénophobe et antisémite. Seul le « pathos juif », inventé pour décrire Krémègne dans la collection « Artistes juifs », réapparaît comme catégorie « ethnique » ; il sert à analyser la production des jeunes artistes juifs.

Chevrefils Desbiolles a reconstitué précisément les collaborations de Waldemar-George avec la presse d'information juive après 1945. Le 24 septembre 1949, il avait par exemple publié un article dans *Le Figaro littéraire* où il revient, vingt ans après, sur l'épineuse question : existe-t-il un art juif ? En commentant une exposition d'art juif organisée dans un petit musée parisien, il affirme alors avec conviction que cet art, malgré son caractère composite, doit exister et surtout neutraliser les calomnies antisémites. Dans un tapuscrit non publié, d'après Chevrefils Desbiolles toujours, et daté de 1949, Waldemar-George déclarait :

> « La notion d'un art juif fut créée par les antisémites. C'est une notion primaire, inventée de toutes pièces, non seulement par les théoriciens du mouvement national-socialiste, mais aussi par des critiques français tels que Camille Mauclair, Robert Guillou et l'immonde Vanderpyl qui, sous l'occupation, accusaient les peintres juifs déportés de corrompre l'art en France. Réhabilité, comme l'a d'ailleurs été Xavier Vallat, Fritz Vanderpyl préside de somptueux banquets que lui offrent ses amis. Mais ceci est une autre histoire[179]. »

Dans les années 1950, il porte ainsi un regard plus équilibré sur sa religion et son enfance. L'État d'Israël, son peuple et sa culture font désormais l'objet de nombreux articles publiés dans des revues d'actualité juive comme *L'Arche*, mais aussi dans la presse nationale[180]. Cette nouvelle posture critique semble faire table rase des années 1930, comme si le conflit mondial avait racheté cet homme usé.

Critique d'art d'origine juive polonaise, d'abord internationaliste convaincu, puis défenseur acharné d'un conservatisme nationaliste, il aura subi la violence de l'antisémitisme pour se relever et dénoncer fermement tout acte xénophobe et antisémite. En 1961, il se convertira finalement au catholicisme – énième coup de théâtre de cet homme imprévisible – et mourra dans sa France bien-aimée en 1970.

Chapitre 4
Soutenir et promouvoir les artistes juifs

La collection « Artistes juifs » de la maison d'édition Le Triangle

Waldemar-George a été l'un des auteurs les plus prolifiques de la maison d'édition Le Triangle : il compte à son actif sept monographies consacrées à des artistes juifs. Cet engagement s'explique par son adhésion enthousiaste au projet de la collection « Artistes juifs », qui s'imposait comme l'expression d'un judaïsme communautaire et solidaire à la fin des années 1920. Tiraillé entre son appartenance à la culture française, ses origines juives et sa proximité avec les milieux internationaux, Waldemar-George adapte son discours aux exigences éditoriales requises, tout comme l'ont fait la plupart des auteurs ayant publié pour cette maison d'édition. C'est le cas de Basler qui, dans le sillage de Waldemar-George, publie en 1932 un texte qui ne sera suivi d'aucun autre et qui s'intitule *Leon Indenbaum*[1]. Deux ans après les accusations féroces contre les « métèques sémites », le critique polonais décide en effet de collaborer avec les éditions Le Triangle et de présenter son néotraditionalisme revendiqué à travers l'analyse de l'œuvre du sculpteur né dans l'Empire russe, dont le style se rapproche de celui d'Aristide Maillol[2]. Basler fait l'éloge de la prédisposition d'Indenbaum à étudier les formes classiques et souligne que, malgré la fascination d'un groupe d'artistes sensibles au primitivisme pour le caractère « mystique » ou « sublime » des formes archaïques, seule l'eurythmie de la sculpture grecque peut guider la voie nouvelle de la sculpture[3]. Selon lui, Indenbaum

> « n'a pas voulu, comme nombre de malins, emprunter aux nègres, aux Océaniens, aux précolombiens des coquetteries à la mode pour dissimuler un académisme misérable et récolter ainsi, auprès des ignares, le gros succès. Aussi modeste que circonspect, notre artiste a pris garde de tomber dans cet esthétisme de mauvais aloi où les critiques voient, pour l'art, un progrès[4] ».

Il insiste sur le caractère calme de la forme :

> « Je ne prétends nullement qu'il soit plus convenable de se démarquer des Grecs. Mais que fait-on d'autre depuis deux mille ans, et davantage ? Que l'art grec ait dévié chez les Romains, dégénéré par la suite ; que la Renaissance l'ait ressuscité, qu'il soit déshonoré par l'académisme moderne : l'on ne réussit pas à secouer sa tyrannie. On a beau évoquer tous les exotismes, les déformations, même les plus hardies, sont incapables de se libérer des proportions normales qu'impose le VIe siècle athénien[5]. »

L'« aristocratisme » qui émane de la statuaire d'Indenbaum, issu de l'équilibre formel vanté par Basler, se traduirait par la sinuosité de la ligne et l'économie du détail. Si aucune indication sur les origines du sculpteur ne transparaît dans ces lignes, les premières allusions au judaïsme apparaîtront bientôt. Le ton n'est pas le même que dans *Le Cafard après la fête*, mais Basler tente néanmoins d'exprimer sa déception devant l'esthétique tourmentée issue de l'expérience du ghetto, dont Soutine était à ses yeux le digne représentant[6], et de proposer une vision de l'artiste juif assimilé, loin des formes pathétiques qui se dégageaient de certains textes de Waldemar-George :

> « Soutine et ses suiveurs ne se porteront pas plus mal si un Juif épris de beauté grecque, tel qu'un Indenbaum, tel que Nedelmann ou Kogan, manifeste devant le monde civilisé une compréhension des formes nobles et belles, tout comme ces mêmes Juifs purent montrer, au ghetto, dans les études talmudiques de leur jeunesse, du goût pour la philosophie grecque. Le ghetto n'est pas seulement cet endroit tant décrié pour sa vermine grouillante et ses immondices, où la démence côtoie la rouerie des mercantis ; ce mauvais lieu rempli de damnés dont un Soutine nous offre la vision démoniaque. C'est aussi le refuge des mystiques, des philosophes, qui dissertent dans leurs synagogues, à travers Maïmonide, sur Aristote, sur les Alexandrins. Les enfants du ghetto ont souvent ébloui le monde. Loin de moi l'idée d'exalter le nationalisme hébreu. Il me répugne surtout en matière d'art, où les Juifs sont assez novices. Pourtant ils sont capables de faire preuve, ici comme en d'autres domaines de l'esprit, d'une volonté créatrice et d'une puissance de travail qui réduisent à néant le reproche qu'on leur adresse de versatilité ou d'opportunisme. Je ne conteste pas leur facilité d'assimilation. Mais la culture artistique d'Indenbaum, par exemple, n'a rien de superficiel[7]. »

Comme en 1925, Basler réitère sa position assimilationniste, défendant le travail d'un artiste qui, loin d'adopter une forme expressive tourmentée, s'attache à produire un style exempt de calculs opportunistes. L'attachement de l'artiste à la tradition grecque est pour lui la preuve tangible d'une adaptabilité confirmée et témoigne de l'union profonde entre les deux cultures grecque et juive. Basler voit dans l'adhésion aux canons classiques le seul moyen pour l'artiste juif de s'affirmer. Après les allusions à l'« expres(sionisme) » et à la « vague métèque » qui se sont répandues dans tous les écrits de la fin des années 1920 et du début des années 1930, il décide finalement de collaborer avec des supports enclins à promouvoir les artistes juifs. Comme pour Waldemar-George, cette duplicité renforce l'hypothèse qu'une partie de la critique d'art a tenté d'adapter ses écrits aux différentes lignes éditoriales auxquelles elle collaborait.

Si les origines juives des artistes sont fréquemment mentionnées dans les textes de Basler et de Waldemar-George, d'autres auteurs ont également traité cette question ou, avec plus d'élan encore, se sont consacrés à l'existence d'un « art juif ». Certains critiques élargissent le spectre interprétatif, à commencer par Emil Szittya. D'origine hongroise, il fonde avec Blaise Cendrars les éditions Les Hommes nouveaux[8] et devient critique d'art ; il rédige le texte sur Arthur Bryks[9] pour la collection « Artistes juifs ». Dans cette monographie, il signale les origines de l'artiste et décrit certains thèmes issus de la Bible. Lorsqu'il introduit la figure d'Ahasvérus, le Juif errant, meurtri par des migrations perpétuelles, il en donne un portrait qui s'accorde avec les théories de Martin Buber sur le mysticisme juif. Ce dernier présentait en effet le mystique Baal Shem Tov comme une figure salvatrice et voulait initier le peuple juif à la compréhension de la « jouissance » – sensation éprouvée à travers l'expérience d'une vie sereine consacrée au beau. Ce rabbin est officiellement reconnu comme le fondateur du hassidisme[10] :

> « Parfois ce mystique citait comme un exemple à suivre certains Juifs aux cheveux blonds sachant manifester une joie mêlée d'un étonnement divin. Quand on écoute le peintre Bryks, quand on contemple ses œuvres, on a bien le sentiment qu'il est de la famille de ces Juifs blonds et qu'en surplus, non content d'être une incarnation de la joie, il veut, en créant ses tableaux, gagner tout l'univers à sa cause[11]. »

Les précisions raciales sur l'artiste ont également été érigées en clé de lecture privilégiée de son œuvre dans le volume consacré à Sigmund Menkès (ill. 30) : après avoir souligné l'importance du dessin et de la forme dans la pratique de l'artiste, Efstratios Tériade y rappelle l'occurrence des scènes juives dans le choix des sujets[12]. Le critique et éditeur grec, collaborateur de la revue d'avant-garde *Cahiers d'art* et directeur artistique du *Minotaure*[13], insiste, tout comme

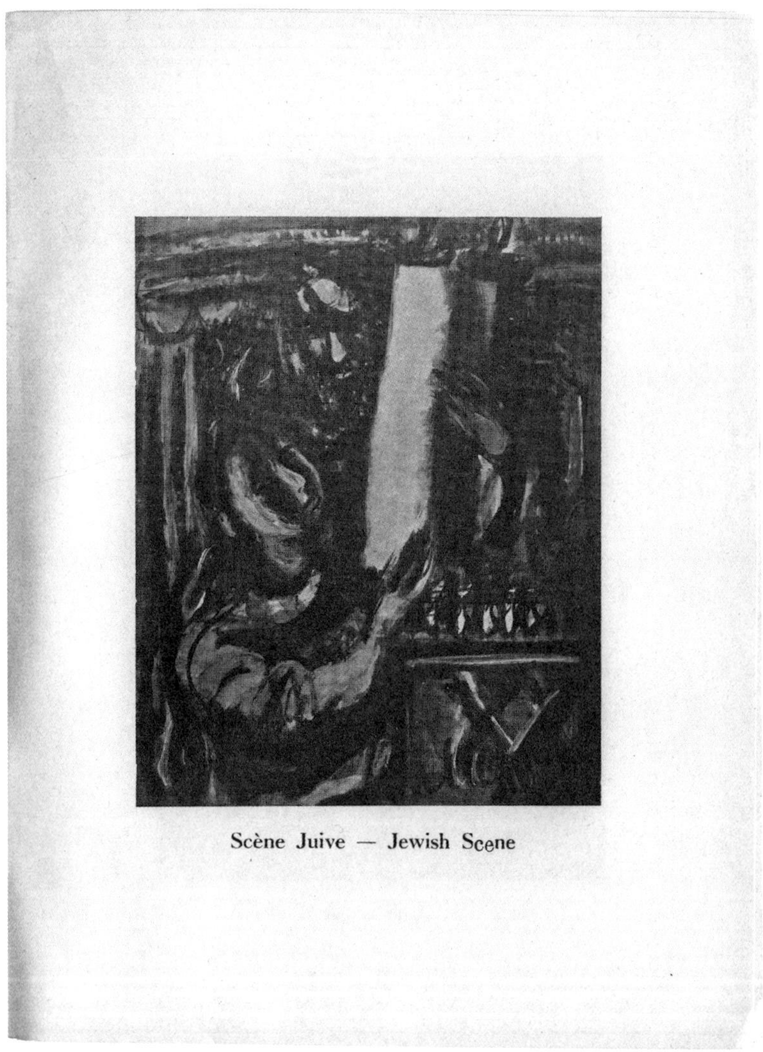

Scène Juive — Jewish Scene

30 Efstratios Tériade, *Menkès*, Paris, Le Triangle, 1932 (collection « Artistes juifs »), p. 45 avec une reproduction de Sigmund Menkès, *Scène juive*

l'avait fait Szittya, sur le caractère ethnique de Menkès : « [...] la race le suit et enfin s'exprime. Le sentiment de race naît tout naturellement, sa résonance s'amplifie, son accent perce aussi bien dans le mouvement des scènes juives et les taches noires des yeux que dans la profusion végétale des fleurs et le sombre éclat des fruits[14]. »

Ces propos sont toutefois contrebalancés par une critique qui semble s'être lentement éloignée des questions épineuses sur l'art et l'artiste juif pour proposer une analyse libre de toute obligation « ethnique ». En effet, la plupart de ces textes font appel à des récits biographiques ou à des anecdotes sensationnelles. Conçues à des fins de diffusion et de promotion, ces monographies sont avant tout un moyen de se familiariser avec la pratique d'artistes peu connus ou mis à l'écart par les milieux artistiques antisémites. En témoignent les textes de Georges Charensol, journaliste français proche de la rédaction de *L'Art vivant*[15]. Dans son étude sur Jules Pascin, parue en 1928, il s'attarde sur les nuits passées dans les bars de Montparnasse avec ses camarades de beuverie[16]. Plutôt qu'à une analyse critique, ce texte s'apparente à un cortège de souvenirs, à un hommage à l'une des figures les plus charismatiques de l'École de Paris. Il en va de même pour un autre essai, consacré à Jean de Tscharner, où Charensol s'étend sur la peinture paysagère suisse et sur le milieu culturel sans mentionner expressément les questions juives[17].

Dans ces mêmes cercles sont publiées d'autres monographies, en particulier celles rédigées par Florent Fels, en total accord avec les choix de Charensol. Dès 1928, Fels utilise en effet volontiers le commérage. Moïse Kisling devient ainsi le roi de Montparnasse, impliqué dans des rixes sans fin qui agitent les journalistes des plus grands quotidiens[18] ; la vie de Georges Kars se résume à une série d'étapes noctambules, d'un bar à un autre, de Montparnasse à Montmartre[19] ; Kostia Terechkovitch devient quant à lui une figure héroïque, un Ulysse de l'Est dont le périple trépidant et interminable vers la capitale française est l'occasion d'un récit captivant[20].

Pour trouver une analyse formelle détaillée des œuvres, il faut se tourner vers Maximilien Gauthier[21] et André Levinson. Le premier lie indissolublement le travail d'Eugène Zak à la culture artistique italienne, que l'artiste a connue lors de ses voyages à Florence et à Rome[22]. Le second forge un terme précis, « gréco-bouddhique[23] », pour décrire l'œuvre picturale de Jacques Loutchansky.

La collection « Artistes juifs » offre ainsi un panorama éclectique de lectures critiques et laisse aux auteurs une grande liberté : ils peuvent opter soit pour une mise en avant du caractère « ethnique », soit pour une approche narrative ou formaliste. Les monographies incluent également des textes en langues étrangères, dont beaucoup en anglais et en yiddish. La découverte de monographies rédigées en anglais et conservées à la fondation Guido Ludovico Luzzatto à Milan a permis d'ajouter un élément supplémentaire à cette reconstitution historique lacunaire, en raison notamment de la difficulté à repérer les sources documentaires – les biens des critiques et marchands juifs d'envergure ayant été dispersés pendant la Seconde Guerre mondiale[24].

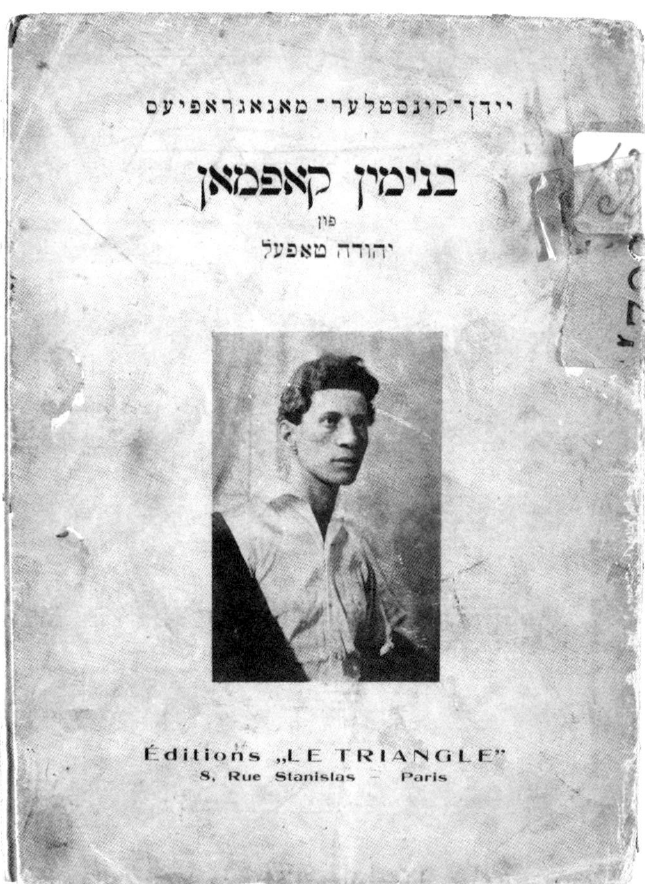

31 Jennings Tofel, *Benjamin Kopman*, Paris, Le Triangle, s.d. (collection « Artistes juifs » / « Jewish Artists Series »), couverture de l'édition yiddish

La fondation italienne qui abrite le fonds archivistique et bibliographique de Guido Ludovico Luzzatto conserve une monographie consacrée à Benjamin Kopman[25]. Parue en yiddish et en anglais (ill. 31 et 32), elle fut rédigée par Jennings Tofel, artiste d'origine polonaise et ami de Kopman. Né en 1905, Tofel s'installe aux États-Unis, où il commence à exposer ses œuvres en compagnie de Kopman dans des lieux importants tel le Whitney Studio Club and American Art de New York en 1917[26]. Il se voue ensuite à la critique d'art ; sa connaissance de l'anglais et du yiddish fait de lui un candidat idéal pour rédiger un volume de la collection. Tofel écrit ainsi sur son compagnon Kopman, insistant sur le fait que, tout en étant un artiste de qualité, il a lui aussi emprunté le chemin de la critique d'art. Ce faisant, il propose un modèle alternatif de

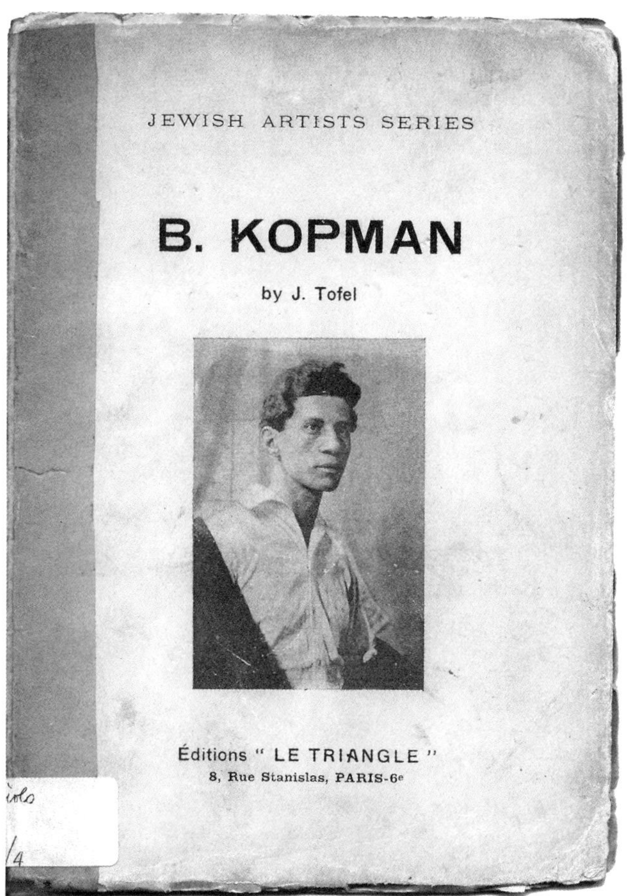

32 Jennings Tofel, *Benjamin Kopman*, Paris, Le Triangle, s.d. (collection « Artistes juifs » / « Jewish Artists Series »), couverture de l'édition anglaise

la figure de l'artiste juif dans l'entre-deux-guerres. Quant aux œuvres, la forte présence de scènes et de personnages bibliques associe leur iconographie aux textes de l'Ancien Testament. Ce constat donne lieu à une réflexion sur les traits distinctifs de l'artiste juif : « J'ai remarqué qu'au cours de ces quatre ou cinq dernières années, dans son œuvre Kopman est plus spécifiquement devenu le Juif. Si nous devions le séparer de tous ses infimes contacts, plus que tout autre peintre auquel je puis penser, nous pourrions lui attribuer les paroles du Juif de l'Ancien Testament, "vous êtes mes os et ma chair"[27]. » De son côté, Kopman a contribué en tant que critique à une autre publication en yiddish pour la collection « Artistes juifs », consacrée à Abraham Walkowitz[28]. Par ailleurs furent traduites en yiddish la monographie que Waldemar-George

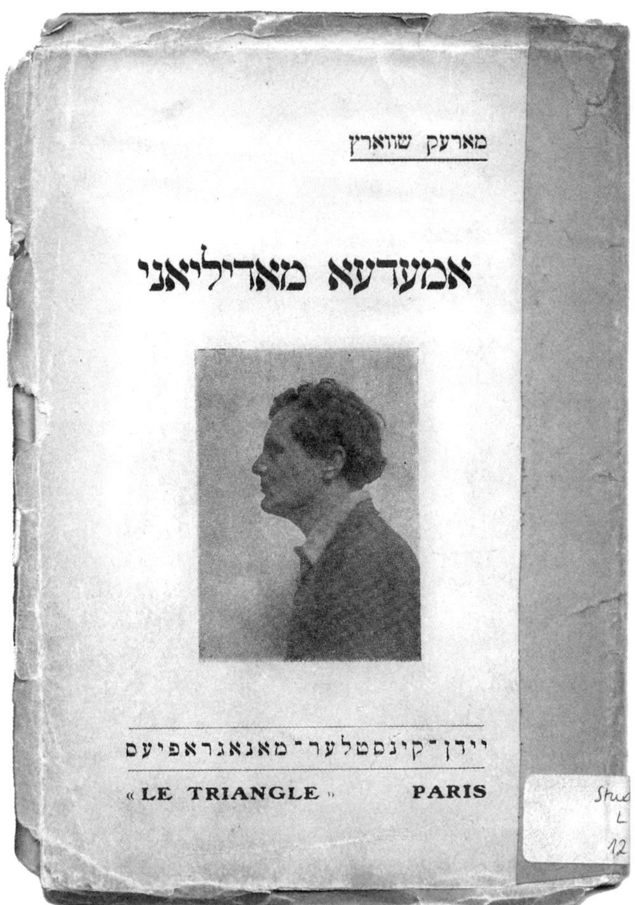

33 Marek Szwarc, *Amedeo Modigliani*, Paris, Le Triangle, s.d. (collection « Artistes juifs » / « Jewish Artists Series »), couverture de l'édition yiddish

écrivit sur Pinchus Krémègne[29] ; celle sur Aizik Feder de Gustave Kahn[30] ; celles sur Camille Pissarro[31] et Max Liebermann[32] de Leo Koenig ; celles sur Samuel Hirszenberg[33] et Marc Chagall[34] d'Isaac Lichtenstein ; tout comme un autre texte sur Krémègne[35] de Warshavsky et, enfin, celui sur Amedeo Modigliani de Marek Szwarc[36] (ill. 33).

Ce dernier, s'adressant à un public de langue yiddish, a affronté la difficile catégorisation de la production de Modigliani comme « art juif ». Si l'introduction insiste tout d'abord sur le caractère européen et latin de son œuvre en soulignant les liens avec son Italie natale[37], l'auteur retrace ensuite l'évolution formelle de son travail, et la judéité de l'artiste n'est évoquée qu'à la fin :

« Nous, Juifs polonais et russes, demeurons à la marge et nous émerveillons. Nous sommes des Slaves. Nous sommes liés à la terre comme le sont les paysans. Nous allons vêtus de longues robes noires et de petits chapeaux ronds. Nous portons de grandes barbes hirsutes. Nous avons une charpente solide et une voix rauque, nous sommes slaves et la culture italienne nous est étrangère. Mais nous sommes juifs. En nous sommeille la riche culture ancestrale. C'est pourquoi nous sommes attachés à la ligne de Modigliani et réjouis par elle. Que cela nous plaise ou non, nous sommes juifs. Que cela nous plaise ou non, nous sommes des artistes juifs. Que Modigliani ait rêvé du judaïsme comme un marié rêve de sa fiancée est sans importance, et même s'il n'avait pas été juif – il le serait resté puisqu'il est leur artiste. Nous sommes une multitude d'artistes qui grandit aux côtés des masses juives ; sont-ils donc plus juifs ? Nous devons nous réjouir pour chaque artiste libre parmi nous[38]. »

Ces propos incitent le lecteur à dépasser les questions d'appartenance stylistique et d'influence nationale pour créer un lien indissoluble, atavique presque, entre tous les artistes juifs.

En Italie en revanche, durant ces mêmes années, les critiques d'art affirmaient l'identité italienne et toscane de Modigliani. Dans ce cas également, les mêmes stratégies sont utilisées pour démontrer que Modigliani restait profondément italien, qu'il résistait à l'air « malsain » soufflant sur Paris[39]. La fragilité de ces stratagèmes rhétoriques devenait la règle et permettait paradoxalement des variations de ton allant de la revendication de la judéité à la défense du caractère toscan teintée de fascisme.

Au sein de ces fluctuations continues entre critiques et artistes, il est intéressant de se pencher sur la monographie que Louis Vauxcelles consacre à Marek Szwarc en 1932[40]. Pour Vauxcelles, comme pour Basler et Waldemar-George, sa participation à l'aventure des éditions Le Triangle témoigne de sa fréquentation ininterrompue des milieux juifs, qui durera jusqu'aux années 1930. Son texte est d'ailleurs l'un des plus approfondis en matière de recherche sur l'art juif. L'artiste polonais devient en effet le point de départ d'une série de réflexions issues du célèbre débat qui se déroula dans le *Mercure de France* en 1925. Près de dix ans plus tard, après avoir fourni quelques éléments biographiques sur l'artiste, Vauxcelles présente la pratique de Szwarc comme une activité mystique, dictée par la foi et la prière :

« Il sent Dieu l'habiter ; la présence céleste est partout ; il la touche du doigt ; Dieu conduit sa main, son crayon, son marteau. Marek n'a de raison d'être qu'en fonction de cette présence ; il collabore avec Dieu. Et Marek sait que Dieu seul donne la paix à ceux que la paix a fuis... Hélas ! Qui, de tous nos contemporains, est plus proche de l'Ange de Fiesole que ce juif humble ? Travailler, c'est prier. Le rêve de Marek Szwarc serait, non l'individualisme orgueilleux, qui est la loi du siècle, mais l'effacement du labeur anonyme[41]. »

Il entre ensuite dans le vif du sujet :

> « L'"homélie plastique" des manifestateurs de la vérité va-t-elle de nouveau laisser ouïr sa persuasive éloquence ? Ce problème de la résurrection de l'art chrétien nous dépasse et surtout ne nous appartient point ici. Si je l'ai esquissé à propos de Marek Szwarc, Juif, c'est qu'il n'y a point d'opposition entre les concepts de cet artisan et ceux de ses confrères catholiques. Nul, au contraire, ne s'entend mieux que Marek Szwarc avec Jacques Maritain ; par des chemins divergents, ils aspirent aux mêmes fins, gravissant les mêmes pentes. Dans la communion des idéaux, ces purs se donnent la main. Ne parlons donc point d'art catholique ou d'art juif, mais d'art religieux. Art juif, ai-je écrit. Voici surgir une autre question, irritante, complexe, qu'il va falloir effleurer. L'art de Marek Szwarc serait-il marqué (d'autres diront taré, adultéré, vicié, gangrené) par le sémitisme ? Et, d'abord, y a-t-il un art spécifiquement juif en 1930 ? S'il en existe un, Marek Szwarc l'exprime-t-il ? La question, de confessionnelle, devient ethnique[42]. »

À la lumière de ce positionnement clair, qui tente de rapprocher les réflexions exprimées par les « confrères » Maritain et Szwarc, Vauxcelles semble écarter le sujet de la croyance pour déplacer le débat sur un versant plus « ethnique ». Après avoir mis de côté les questions sur l'art religieux, il se concentre ainsi sur la dimension identitaire de l'œuvre de Szwarc :

> « Marek Szwarc, Polonais de Paris, Parisien de Lodz, aime, sent, comprend, vénère la France, la culture et l'art de France, mais il entend obéir à la tradition des ancêtres et demeurer Juif de cœur, de foi, de sentiment. S'il n'y a en France qu'un artiste et une œuvre représentant l'art juif au même titre que les vers de Spire ou la prose de Fleg sont de la littérature juive, je nommerai Marek Szwarc [...]. Cet exemple unique déterminera-t-il une reconnaissance de l'art juif, tel que le conçoit cet austère et tendre artisan ? Verrons-nous des ateliers d'art sacré d'Israël comparables aux ateliers de l'opulent et docte Maurice Denis ? Je ne sais, et les premières pages du présent essai laissent entrevoir la réponse qu'on pourrait offrir à cette question. Toujours est-il

que Marek Szwarc n'a d'autre ambition que de mener son œuvre à bien ; nul souci de propagande ou de prosélytisme. S'il est un précurseur, il le sera sans l'avoir voulu[43]. »

Le critique affirme avec conviction que l'attachement sentimental de Szwarc aux figures ancestrales du judaïsme le place, comme l'artiste l'avait supposé à propos de Modigliani, au panthéon des artistes juifs vivants. La judéité de son œuvre transparaît inexorablement, et sans efforts excessifs, dans sa pratique. Cette lecture, qui témoigne d'un élan interprétatif certain, se heurte toutefois à une reconsidération historique du parcours de Szwarc. Bien que toujours proche des milieux yiddish, l'artiste se convertit au catholicisme en 1919 et cache sa conversion pendant plus d'une décennie. Preuve que la judéité était une question ethnique fondée sur des liens d'appartenance culturelle ; rares étaient les allusions directes aux pratiques religieuses. En effet, dès 1921 commencent à apparaître dans les œuvres de Szwarc des thèmes issus du Nouveau Testament, dont le Christ en croix.

Il convient également de signaler un exploit que l'artiste a réalisé à la Ruche avec Joseph Tchaïkoff et le graphiste Isaac Lichtenstein : la création de la revue *Makhmadim* (ill. 34). Il y revient dans ses mémoires :

> « Toujours avec Tchaïkoff, nous eûmes l'idée d'une revue mensuelle consacrée à l'art juif. Manquaient les fonds et le titre. Ce dernier se trouva aisément : *Machmadim*, pluriel hébreu qui signifie à la fois délices, plaisirs et beautés. Ce périodique devait traiter du style juif dans la plastique, ce style propre à toute notre création. Il devait nous tenir lieu de patrie et nous suivre partout, comme la tente suit les nomades que nous étions. Nous parlions de la revue avec une tendresse réelle. Elle vit le jour et dura plusieurs mois. Six ou sept numéros parurent sur papier gris foncé, bleu roi ou rouge brique. Une dizaine d'artistes y collaboraient, mais je crains fort qu'ils aient été les seuls à l'apprécier et à la propager. Cette première revue d'Art juif avait ceci d'original qu'à l'exclusion de tout texte, elle se composait de dessins seulement. Les dessins étaient hectographiés par nous-mêmes et cette technique nous parut le comble du progrès. Chagall n'y collaborait pas. Plus âgé que nous, déjà artiste accompli au moment de son arrivée à Paris, il était de tempérament solitaire et se tenait à l'écart. Sans que nous nous en doutions, il réalisait notre idéal mieux que nous, mais ses admirables petits tableaux, exposés au Salon, ne rencontraient que la moquerie du grand public. Soutine, le Sauvage, comme on l'appelait, ne prenait pas part non plus aux *Machmadim*. Éprouvé par le sordide combat pour la vie, il avait

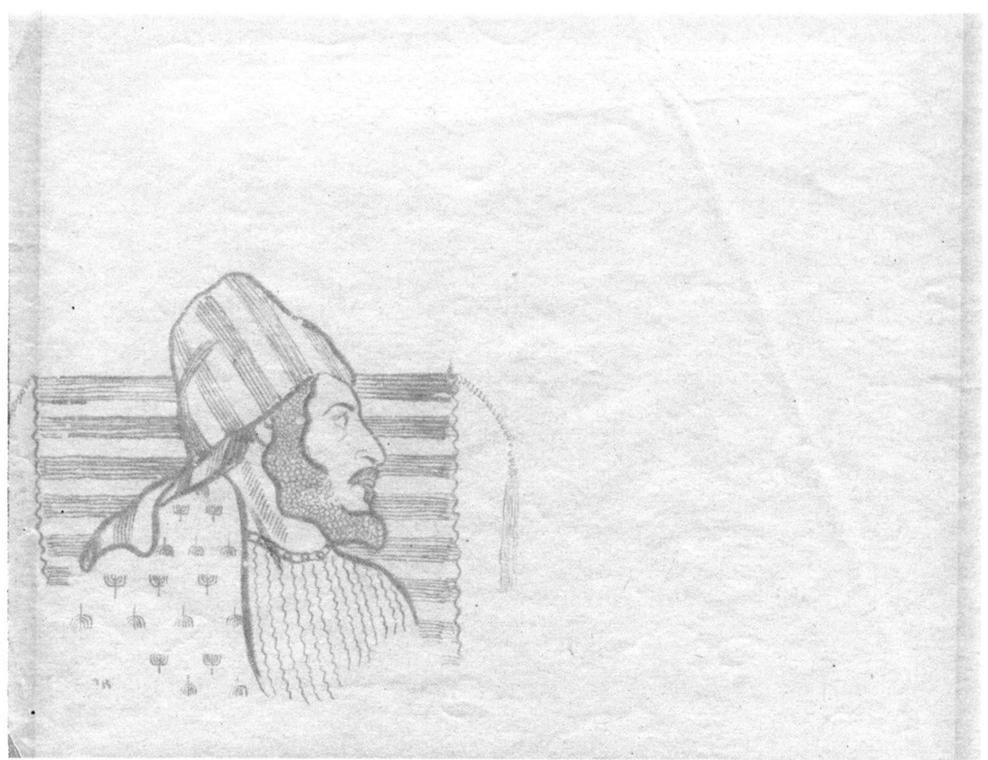

34a Illustration dans *Makhmadim*, nº 4 « Pessa'h », Paris, 1912 (6 p., 3 ill.), hectographie, Jérusalem, The Israel Museum

l'air d'un clochard ou d'un fou. Frileusement enveloppé dans son pardessus misérable, il se tenait à longueur de journée devant un bistrot dans l'attente d'un café-crème. L'hiver, il se collait au poêle allumé d'une terrasse pour réchauffer ses doigts gourds qui refusaient de tenir le pinceau. Celui qui préféra l'art à tout ce que la vie peut offrir n'inspirait que pitié[44]. »

Cette publication d'artistes d'une vingtaine d'années – Leo Koenig, Henryk Epstein et Benjamin Zeev Ravitsky y ont contribué – est originale dans sa conception, puisqu'elle est uniquement composée d'images et traite exclusivement de la question du style juif. Une promotion des artistes juifs avait déjà été tentée en Russie notamment, à travers la publication de *Di Yudishe Velt*, mais personne n'avait encore déclaré expressément vouloir réfléchir sur l'art juif, et pas simplement sur ses créateurs[45].

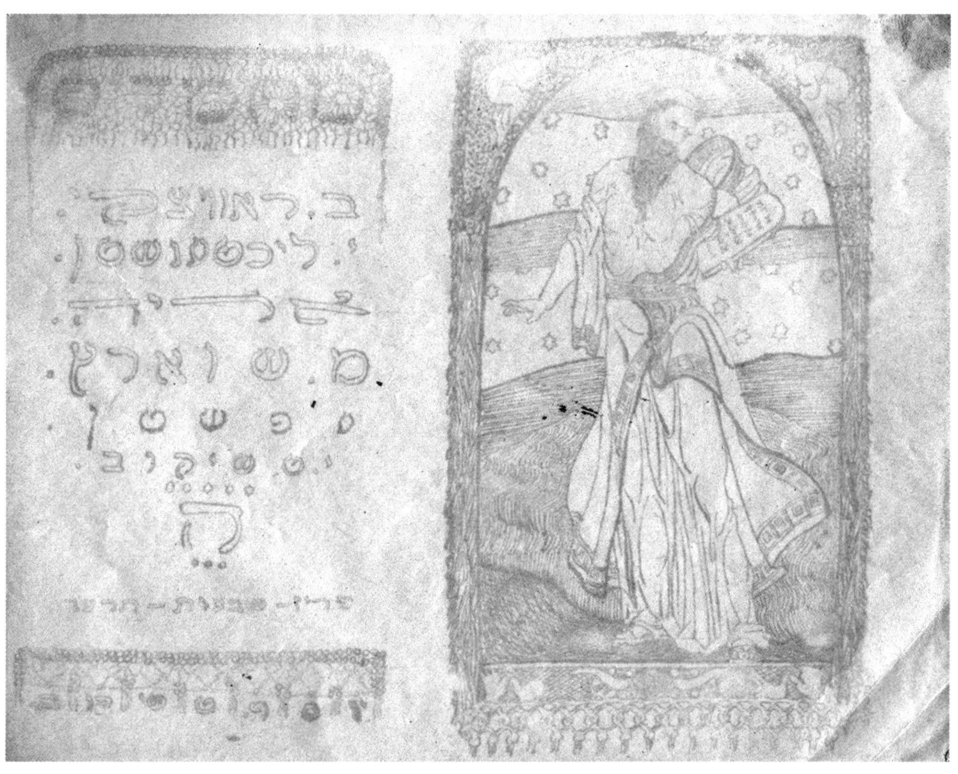

34b Illustration dans *Makhmadim*, n° 5 « Chavouot », Paris, 1912 (6 p., 7 ill.), hectographie, Jérusalem, The Israel Museum

L'expérience de *Makhmadim* s'apparente à d'autres réalisations entreprises par Szwarc, comme la revue *Albatros* et la création du groupe Jung Jidysz, fondé à Łódź en 1919 avec Vincent Brauner, Jankel Adler et Moses Broderson. Ces artistes produisent des œuvres principalement expressionnistes et croisent différentes cultures afin de renouveler les traditions juives en introduisant des thèmes issus du symbolisme chrétien. Le groupe était composé de Juifs russes, mais aussi allemands et polonais. Toutes ces identités nationales contribuaient ainsi au développement d'un art foncièrement international. Le nom choisi signifie « Jeunes Yiddish » ; « Jung » marquait la volonté de renouvellement des arts, et « Jidysz » signalait l'identité des membres du groupe. L'éclectisme esthétique qui en résultait était diffusé dans une revue homonyme[46]. Szwarc adhère au mouvement dès son retour en Pologne, en 1919, année de sa conversion. Le soutien aux milieux juifs démontre une fois de plus à quel point l'identification

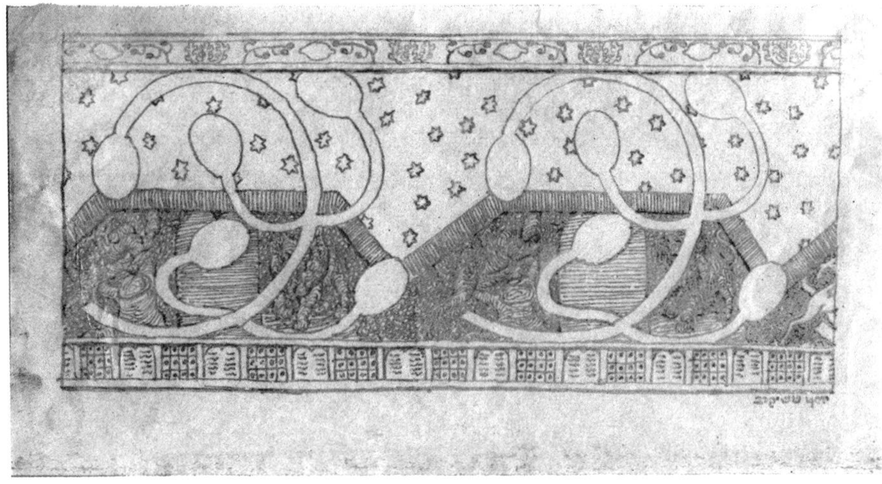

34c Illustration dans *Makhmadim*, nº 5 « Chavouot », Paris, 1912 (6 p., 7 ill.), hectographie, Jérusalem, The Israel Museum

culturelle, nourrie par un sentiment de solidarité communautaire, prévalait sur l'ensemble de son œuvre.

Gladys Fabre a esquissé une vaste carte de ce réseau juif parisien des années 1920 dans le catalogue de l'exposition londonienne de 2002 sur *Paris, capitale des arts*. Dans un paragraphe intitulé « Le réveil de la conscience juive », elle établit un lien direct entre la constitution de ce réseau, l'affaire Dreyfus et le durcissement des positions sociales. Selon l'auteur, trois courants du judaïsme français émergent dans ce contexte : le premier, lié au sionisme, revendique une Palestine libre et prône la laïcité ; le deuxième s'appuie sur une identité double où le Juif français peut faire prévaloir sa judéité – position défendue par André Spire ; le troisième, qui se définit comme israélite, professe un assimilationnisme total et une foi indéfectible en la République. Fabre affirme que la plupart des Juifs de France avaient adhéré à cette troisième voie[47].

Les éditions Le Triangle, et plus particulièrement la collection « Artistes juifs », s'inscrivent donc dans ce moment instable et trouble de l'histoire. Le contexte dans lequel sont nées ces monographies, associé à certains contenus de ces textes critiques, semble confirmer le « principe ethnique » qui sous-tend cette initiative. Les opuscules étaient principalement composés d'images, ce qui facilitait leur diffusion et mettait en valeur leur caractère purement informatif. Il ne faut cependant pas négliger ce que Jarrassé a très justement défini comme un projet approfondi de construction d'une histoire des artistes juifs[48]. En formulant cette hypothèse, il ne fait pas allusion aux protagonistes de l'École de Paris, mais plutôt aux monographies yiddish consacrées aux « pères », tels Pissarro, Liebermann ou Hirszenberg. Cette intention rappelle celle de la revue *Ost und West* ou des essais allemands de Karl Schwartz[49] ou d'Ernst Cohn-Wiener[50], par exemple. Tout en montrant un véritable intérêt pour cette histoire, aucun d'entre eux n'avait délibérément utilisé le principe « ethnique » pour définir l'artiste juif.

Le format des ouvrages est également déterminant, car il résulte d'une série de tentatives éditoriales antérieures. En 1919, les éditions Valori Plastici inaugurent une collection, « Artisti Moderni », qui sera reprise par Georges Besson dans une version française, « Les Artistes nouveaux », et diffusée par les éditions de Georges Crès. Cette dernière se composait de petits volumes contenant un court essai et une trentaine de reproductions. Gallimard avait d'ailleurs repris l'idée en lançant la collection « Les peintres français nouveaux ». Comme l'observe Malcolm Gee, la maison d'édition Crès et Cie, principale rivale de Gallimard à l'époque, avait toujours été en contact étroit avec les critiques et les galeries d'art; elle avait instauré avec eux de véritables relations professionnelles. Quand ces monographies ont été lancées, en 1919, elle avait ouvert son propre espace d'exposition rive gauche, pour le déplacer ensuite dans ses locaux du VIe arrondissement de Paris, rue de Sèvres, au premier étage, à l'occasion d'une réorganisation de l'activité. La galerie de Sèvres – administrée dans un premier temps par Georges Besson, alors directeur artistique de Crès et Cie, et dirigée dès 1929 par Basler – illustre parfaitement le lien qui pouvait unir, à l'époque, le marché de l'art et l'édition[51]. Ce lien clarifie la fonction purement promotionnelle de ces publications. Ce n'est donc pas une coïncidence si Basler utilise ses éditions pour promouvoir des artistes qu'il estime. Durant ces années, dans la collection « Les Artistes nouveaux », il publie en effet des textes critiques consacrés à Amedeo Modigliani, André Derain, Maurice Utrillo, Suzanne Valadon et Robert Lotiron[52].

Les éditions Le Triangle choisissent une stratégie identique, mais avec des objectifs différents : il s'agit de « faire connaître au public juif et non juif les chefs-d'œuvre des artistes juifs : peintres, sculpteurs, architectes, décorateurs, etc.[53] », mais très probablement aussi au marché et au monde du collectionnisme. À la lumière de ces déclarations d'intention, il est donc opportun de rappeler le sujet de « l'éveil d'une critique d'art juive » proposé par Jarrassé dans le titre de l'une de ses principales contributions : « C'est bien là, en effet, un signe du développement d'une critique d'art spécifique, d'autant plus que plusieurs critiques, eux-mêmes d'origine juive, participent activement à cette entreprise[54]. »

Guido Ludovico Luzzatto et les éditions Le Triangle

L'histoire du mathématicien polonais Michel Kiveliovitch et des éditions Le Triangle demeure difficile à reconstituer aujourd'hui, car on dispose de peu d'informations. Le siège social se situait au 8, rue Stanislas, au cœur du VIe arrondissement, à quelques pas du célèbre carrefour Vavin. L'emblème de la maison d'édition se compose d'un cercle qui enferme trois globes de forme solaire contenant la mention « Le Triangle, sciences, lettres, arts » (ill. 35). Dans la catégorie « Arts », outre les monographies susmentionnées, on trouve *Kanelba*[55] et *Léopold Lévy*[56] d'André Salmon, *Artistes américains modernes de Paris*[57] de Chil Aronson, *Terlikowski*[58] de Jan Topass et *Charles Kotasz*[59] de Maximilien Gauthier. En « Sciences », seuls deux titres ont été retrouvés à ce jour : l'un d'Albert Frouin sur les techniques chirurgicales[60], l'autre de Simon Lubowsky sur l'oxyde de titane cristallisé[61]. Frouin et Lubowsky étaient également d'origine juive et le premier avait adhéré à la Ligue pour la défense des Juifs opprimés[62]. Ses écrits semblent s'inscrire dans la suite de ceux de Michel Kiveliovitch. En 1932, en effet, le fondateur des éditions Le Triangle soutient une thèse de mathématiques à la Sorbonne[63] et, en 1957, il collabore à une publication avec Jacques Vialar sur les théories du hasard[64]. La seule trace retrouvée à ce jour de son lien avec le milieu juif français de l'époque est son adhésion à la Ligue pour la défense des Juifs opprimés, parue dans *L'Émancipation juive* en juillet 1916[65]. On peut alors émettre l'hypothèse que le symbole de la maison d'édition a été inspiré par le monde scientifique, dont il était une personnalité éminente. La référence à ses recherches universitaires concernerait plus particulièrement la configuration des trois corps de Lagrange, disposés aux angles d'un triangle équilatéral; cette forme aurait été choisie pour figurer le projet éditorial[66]. Pour Kiveliovitch, sciences, lettres et arts, en équilibre constant, constitueraient les trois angles d'un triangle utopique de la connaissance.

Seule la piste italienne qui mène à Guido Ludovico Luzzatto (ill. 36), et que n'a pas explorée l'historiographie de la maison d'édition, nous permet d'ajouter quelques informations utiles sur cette aventure éditoriale. Luzzatto, d'origine juive, naît à Milan en 1903. Il suit une formation d'historien de l'art auprès d'Adolfo Venturi à Rome, puis de Paolo D'Ancona à Milan, où il obtient une maîtrise en histoire de l'art sur Giotto. Vers 1926, ses idéaux antifascistes l'obligent toutefois à s'installer en Suisse, où il poursuit sa carrière d'historien et de critique d'art contemporain. Sa passion pour la jeune scène artistique l'avait poussé à fréquenter les ateliers les plus célèbres de l'époque et à publier des comptes rendus d'expositions et des essais critiques dans les revues les plus en vogue[67].

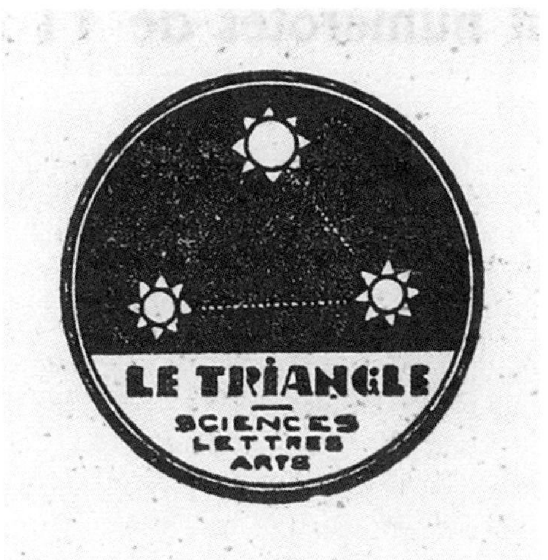

35 Emblème de la maison d'édition Le Triangle

Son lien avec Paris et sa fréquentation de la rédaction des éditions Le Triangle remontent à 1928. D'après les notes retrouvées dans son agenda, ses séjours dans la capitale française qui peuvent être en lien avec notre étude ont eu lieu entre 1928 et 1933[68]. Ces visites sont alors ponctuées de journées passées à visiter le musée du Louvre et à découvrir l'art contemporain français – découverte stimulée par les trouvailles faites à la Biennale de Venise de 1928, où il avait pu voir l'exposition sur l'École de Paris. Ses premières impressions sur l'atmosphère parisienne sont cependant amères :

> « Je n'ai jamais tant apprécié l'Allemagne qu'aujourd'hui, après avoir passé une semaine à Paris et commencé à ouvrir les yeux sur cette ville. Après dix ans de guerre, la haine idiote est encore sur trop de lèvres. Dans la pension de famille où je loge, les Allemands ne sont pas acceptés. C'est suffisant pour que je sois mécontent d'être ici. La majorité des élèves médiocres est tout imprégnée des frasques de Charles Maurras. L'anti-humanité triomphe et règne[69]. »

Ce mécontentement est très vraisemblablement dû au climat de plus en plus tendu qui prévaut dans la capitale française. Bien que cosmopolite, Paris lutte contre la montée de la droite. Les fréquentations de Luzzatto étaient donc internationales, comme le confirme une lettre datée de 1927, retrouvée dans les archives du critique et où Emmanuel Mané-Katz, qui le connaissait manifestement bien, l'invite à organiser une exposition à Milan[70].

Quant à ses liens avec Le Triangle, le premier indice apparaît en 1928 sur la page de titre de son exemplaire du catalogue du *Salon des Tuileries*, où Luzzatto écrit : « Éditions du Triangle, 8, rue Stanislas, Paris VI[71] ». Dans son agenda, à la date du 16 juin 1928, il note qu'il a reçu « six volumes des artistes juifs[72] ». D'autres visites suivent jusqu'en avril 1929, où il note à nouveau qu'il a reçu des volumes de la maison d'édition[73]. Il était entré en contact avec Le Triangle grâce à Carolo Levi, Mela Muter et Dario Viterbo notamment, qui s'étaient montrés enthousiastes à l'égard de ce nouvel éditeur. Durant ces mêmes années, il étudie en outre le travail de Kisling, un artiste proche de la maison d'édition, et publie les résultats de cette recherche dans la revue *Dedalo*[74]. Contrairement à certains textes parus dans les monographies offertes par Kiveliovitch, son article ne mentionne pas les origines juives du peintre, et ne fait pas allusion non plus à une pseudo-judéité de sa peinture. Son analyse se concentre sur l'habileté technique de Kisling, qu'il décrit comme un véritable maître du dessin[75].

En revanche, un échange épistolaire entre Viterbo, Kiveliovitch et Luzzatto révèle très probablement les raisons de ces visites répétées chez l'éditeur. En tant qu'Italien à Paris, Luzzatto voit dans la fréquentation de ce cénacle l'opportunité de promouvoir les artistes juifs qui lui sont proches, comme cela avait d'ailleurs été le cas pour toute la colonie polonaise. Cette certitude vient d'une lettre que Luisa Luzzatto a adressée à Guido Guidi et où elle évoque une publication pour la collection « Artistes juifs » qui n'a finalement jamais vu le jour – une monographie d'Arrigo Minerbi :

> « Il me semble très heureux que la publication se fasse. Pour les exemplaires de luxe, il souhaiterait connaître le tirage – il pensait à vingt comme pour le volume Kisling. Dans ce cas, il ne demanderait à personne de réserver son exemplaire (il n'aimerait pas cela), mais donnerait à l'éditeur vingt adresses de personnes à qui les envoyer directement – il garantirait personnellement les exemplaires invendus ou retournés – à condition toutefois que ces exemplaires soient en français ou en italien et non en yiddish[76]. »

Le texte est prêt dès le 29 mai 1929, et il ne s'agissait pas du seul prévu pour cette collection. Dans une carte postale adressée à la librairie Le Triangle – seul document manuscrit retrouvé à ce jour –, Kiveliovitch écrit à Luzzatto le 23 octobre 1929 (ill. 37) :

> « Cher Monsieur, excusez-moi de mon retard. J'étais absent de Paris. Vos envois sont arrivés, et j'espère prochainement commencer l'édition. Vous serez bien aimable de m'informer s'il faut faire paraître des listes de sous-

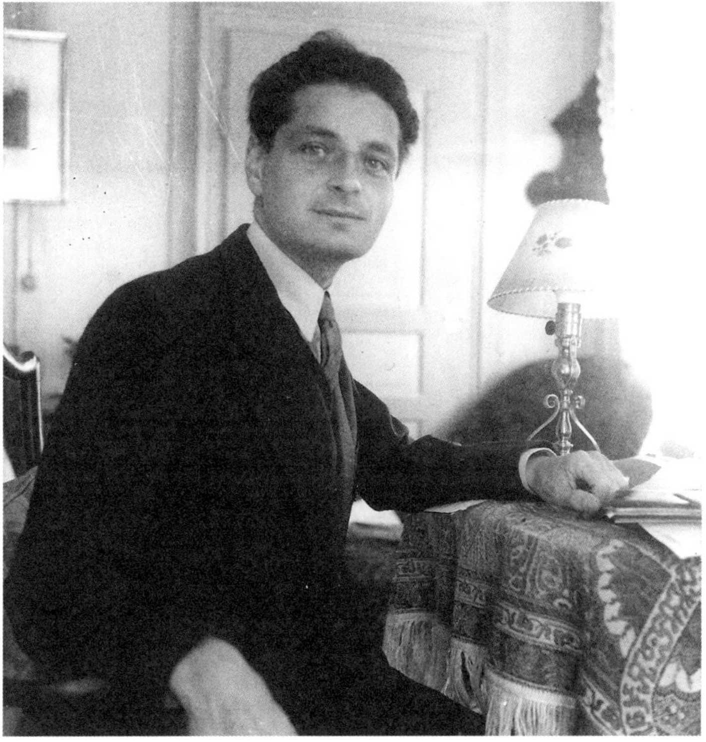

36 Anonyme, portrait de Guido Ludovico Luzzatto, photographie, années 1920/1930

> cription pour le luxe sur les deux artistes. Je crois qu'il est utile avant de les faire paraître de lancer la souscription. J'attends votre avis. Envoyez-moi aussi les adresses des personnes qui veulent acheter le luxe. Avec mes salutations distinguées, M. Kiveliovitch[77]. »

Les monographies semblent en effet être au nombre de deux, et elles permettent de comprendre l'accord entre le critique et l'éditeur. Dans *Le Arti plastiche*, Luzzatto avait récemment écrit un article intitulé « L'arte contemporanea et gli ebrei » (L'art contemporain et les Juifs), où il abordait l'épineuse question de l'art juif et annonçait aux lecteurs italiens l'existence de la maison d'édition Le Triangle :

> « La maison d'édition Le Triangle a lancé une collection de petits livres en yiddish et en français sur les artistes juifs. Il s'agit d'ouvrages comme ceux

LE TRIANGLE
SCIENCES
LETTRES
ARTS

LIBRAIRIE "LE TRIANGLE"
LIVRES FRANÇAIS ET ÉTRANGERS
8, RUE STANISLAS - PARIS (VIe)
TÉLÉPH. LITTRÉ 92-43 R. C. SEINE 391.436

Mr L. Luzzato
126 Via Canova 7
Milano
Italie

Paris, le 23 – X 1929

Cher Monsieur

Excusez moi mon retard. J'étais absent de Paris. Vos envois sont arrivés, et j'espère prochainement commencer l'édition. Vous serez bien aimable de m'informer s'il faut faire paraître des lettres de souscription pour le luxe sur les deux artistes. Je crois qu'il est utile avant de faire paraître de lancer la souscription. J'attends votre avis. Envoyez moi aussi les adresses des personnes qui veulent acheter le luxe.

Avec mes salutations distinguées.

Michel

37 Carte postale adressée par Michel Kiveliovitch à Guido Ludovico Luzzatto, le 23 octobre 1929, Milan, Fondazione Guido Ludovico Luzzatto de la *Nouvelle Revue française*, destinés à être largement diffusés. L'éditeur a réuni autour de lui un petit cercle d'artistes juifs, russes et polonais qui vivent à Montparnasse, dans cette métropole plurielle, à Paris : il organise de petites expositions dans une salle derrière la librairie et des conférences sur le sujet. Max Liebermann et Pissarro, Kisling et Soutine, Modigliani et Chagall sont les artistes auxquels les premiers volumes sont consacrés. Les légendes les plus étranges circulent sur les Juifs. Le fait que les plus grands artistes soient juifs est souvent ignoré, tandis que les hommes les plus divers, tels que Stinnes ou Lénine, sont pris pour des Juifs. L'explosion des arts figuratifs, des aptitudes chez les Juifs, qui se sont tus pendant des siècles dans ce domaine, est immense et frise l'incroyable. Parmi les artistes d'avant-garde vivants qui renaissent à Paris après une misérable errance, les Juifs ne figurent non seulement pas dans l'histoire, mais pas non plus parmi les morts : les jeunes sculpteurs sont des Juifs, réfugiés de tous les pays ; il y a même des femmes juives, une puissante sculptrice comme Chana Orloff. [...] Le texte de ces courts volumes, selon les habitudes de ce que l'on nomme la critique française, ne contient pas un terme critique. En ce qui concerne les artistes célèbres à la mode, on ne parle jamais de leurs œuvres. Je n'ai jamais trouvé une analyse, une impression sur aucun tableau dans un seul article. Cela n'a pas d'importance : ce qui compte, c'est ce travail de présentation ; ce qui compte, c'est que la collection puisse se développer, être complétée et simultanément être diffusée dans tous les pays. Nous pourrons un jour raconter l'épopée de tous ces fugitifs venus sur le fleuve de l'émigration en fuite, d'Est en Ouest, avec l'intuition de leur destin fermé comme un bourgeon et qui éclot au moment même où ils ont touché le sol de Paris, devenant peintres ou sculpteurs ici, sur les rives de la Seine, au milieu du fourmillement fantastique de dizaines de milliers d'artistes de toutes les langues. D'autres, à quelques pas de l'Hôtel de Ville et de la Bastille – des lieux où le peuple héroïque a conquis pour eux aussi et pour tous la liberté du monde –, continuent dans les rues du ghetto à étudier le Talmud. Ceux-ci devenus peintres et sculpteurs pour le public international ne renient ni n'abandonnent leurs origines. Réunis autour du petit foyer du Triangle ou autour de la fortune radieuse de Kisling, de l'imagination vertigineuse et fascinante de Chagall et du souvenir de la ligne mystérieuse d'un Modigliani mourant, ceux-là même s'interrogent, surpris, sur la raison de leur origine douloureuse et de leur vocation soudaine et irrésistible[78]. »

Cet écrit est fondamental pour comprendre la campagne menée par « Artistes juifs ». Le critique décrit avec lucidité l'opération prévue par Kiveliovitch. L'objectif est avant tout de promouvoir les artistes juifs en créant une structure

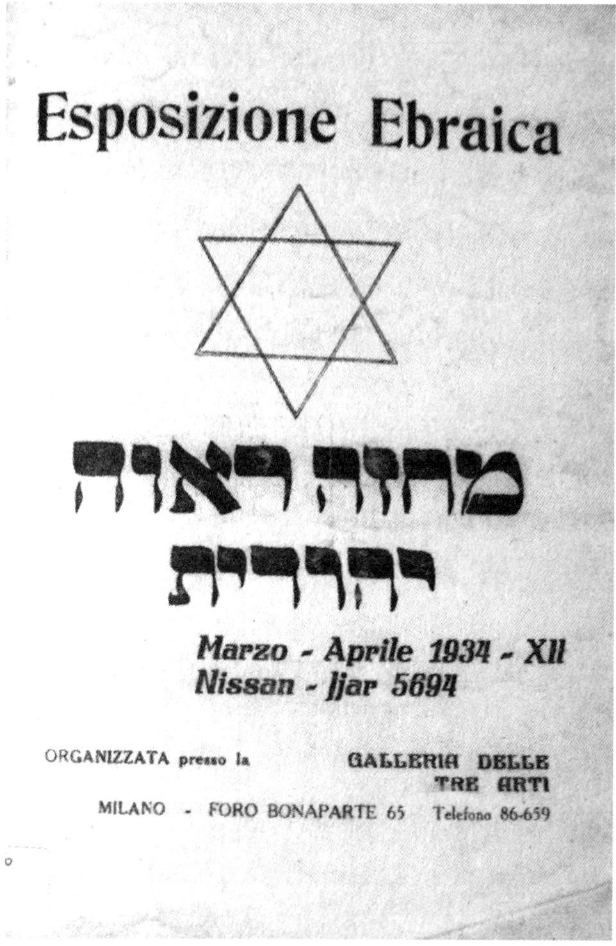

38 Brochure de l'*Esposizione ebraica*, Milan, Galleria Le Tre Arti, 1934, couverture

de soutien qui puisse les valoriser. Les indices fournis par cet article mettent en lumière des aspects jusqu'à présent inédits, comme l'organisation d'expositions et de conférences. Il s'agissait ainsi de construire un système artistique autofinancé et autopromu qui permettrait à la plupart des artistes d'origine juive de publier une monographie et de monter une exposition.

Le pendant italien pourrait être l'« Exposition juive » qui s'est tenue à Milan à la galerie Le Tre Arti en mars et avril 1934[79] (ill. 38), et à laquelle a travaillé Luzzatto. L'essai du catalogue, rédigé par les communautés juives de Milan et des principales villes d'Italie, présente les objectifs de l'exposition : exposer et vendre des objets et des documents juifs. Le texte, tout comme la critique de Luzzatto, revêt des connotations assimilationnistes et se poursuit ainsi :

> « Ce peuple, tout en donnant à ses œuvres d'art un caractère particulier, dont il est fier, a toujours suivi et continue de suivre les mouvements intéressants de l'art en général selon les époques et les pays, et nous pouvons donc également montrer quelques exemples de mobiliers et d'œuvres d'art présentés en parfaite cohérence avec les tendances du XXe siècle[80]. »

Le commissariat d'une partie de la section de peinture de ce projet est assuré par Luzzatto. La correspondance entre Chagall et lui, soigneusement analysée par Valeria Iato, montre l'engagement du critique, qui avait personnellement invité le peintre né dans l'Empire russe à exposer à cette occasion[81].

Le personnage de Luzzatto semble central dans la conception de la revue *La Rassegna mensile di Israel* (La revue mensuelle d'Israël), fondée par Dante Lattes et Alfonso Pacifici en 1925. Elle est initialement publiée à intervalles irréguliers, puis devient mensuelle dès 1930; elle vise à raviver l'esprit du judaïsme italien assimilé, à le vivifier, à le rendre plein et entier[82]. C'est dans ces pages notamment que Luzzatto rédige de nombreuses critiques de livres et de magazines, et consacre des dizaines d'articles à des artistes contemporains, dont Chagall[83] et Chana Orloff[84]. Cette dernière adresse ainsi au critique une lettre de remerciements où elle évoque l'exposition d'art juif prévue à la galerie Le Tre Arti :

> « Cher Monsieur Luzzatto, merci pour avoir écrit sur moi, et aussi pour avoir envoyé les brochures. Malheureusement, je ne sais pas l'italien pour lire, mais bientôt des amis vont me le traduire. Comment allez-vous ? Et quand nous aurons [*sic*] le plaisir de nous voir à Paris ? Où en êtes-vous avec l'exposition d'Art juif ? C'est le moment d'insurger [*sic*] comme juif, et de faire voir au "Blonds" de quoi nous sommes capables[85]. »

Ces intentions relèvent de ce que l'on a appelé la période du « réveil juif ». Luzzatto s'est d'ailleurs exprimé à plusieurs reprises sur le rôle des Juifs dans la société européenne. À propos d'une publication d'Henri Nathansen sur Georg Brandes, grand écrivain et critique littéraire danois, il réitère son point de vue : « Le livre d'Henri Nathansen connaît aujourd'hui un immense succès, car la révélation de la nature juive de Georg Brandes est un thème qui intéresse et fascine de nombreux écrivains. "Juif ou Européen" n'est plus un dilemme, puisque dans une nouvelle clarification de la conscience juive, on reconnaît combien et à quel point un Brandes était, dans son petit Danemark, un Européen parce qu'il était juif[86]. » Tout en dépeignant la figure du sioniste italien, il s'exprime en termes beaucoup plus radicaux lorsqu'il fait allusion à sa collaboration avec le mouvement fasciste : « Il ne s'occupe que de sa propagande, de son organisation. Il étudie l'hébreu. S'étant éloigné de tout ce qui l'entoure, il n'a plus aucune répugnance à traiter avec les journaux, les autorités et les associations fascistes : de toute façon, quoi qu'il en soit, sa pensée est ailleurs[87]. »

Proche des milieux juifs de l'époque, partisan de leurs campagnes – pour lesquelles il donne de nombreuses conférences – et enthousiasmé par l'aventure des éditions Le Triangle, Luzzatto n'en plaide pas moins pour une critique d'art éloignée des « digressions » (selon ses termes) de la critique française. Sensible aux arguments qui ont conduit un groupe de critiques et d'éditeurs à promouvoir les artistes juifs en France, il émet pourtant quelques réserves sur les personnalités qui alimentent la collection « Artistes juifs ». Dans un tapuscrit non publié, que Iato a daté de la première moitié des années 1930, Luzzatto écrit :

> « Le moment n'est-il pas venu de dire aux Florent Fels et Waldemar-George, et à tous les épigones, que leur littérature de fatuité et de rhétorique offense la critique d'art et la culture française ? On en vient à se demander si les lecteurs parisiens sont si provinciaux qu'ils ne sont pas saturés par ces pages que ces mêmes messieurs distribuent, à toutes les sauces, dans tous les papiers, les journaux, les revues, dans les volumes de vulgarisation, les livres de luxe, sur le même ton, sans jamais dire un seul mot critique ou pseudo-critique sur les œuvres des peintres et des sculpteurs. Et pourtant, on les retrouve partout. Et l'on sait par cœur ce qu'ils racontent. Il paraît impossible que les artistes ne se révoltent pas contre le fait que les prétendues monographies sur leurs noms ne soient rien d'autre qu'une éternelle publicité au profit d'un Montparnasse de circonstance pour les étrangers, et des cafés de la Rotonde, du Dôme, etc. Ailleurs, il y a beaucoup de faits divers, beaucoup de dilettantisme, beaucoup d'incompréhension et beaucoup de corruption dans les colonnes qui devraient être occupées par la critique d'art ; mais au moins une tentative, un simulacre d'élaboration critique sont nécessaires. À Paris, et surtout dans les milieux censés être très vivants, la critique est inexistante [...]. Chacun sait ce que l'on y trouve : une description monotone et nauséabonde d'une vie de pauvreté ou de cafés, d'aventures ou d'ivresses. J'ouvre le petit volume du courageux éditeur Le Triangle, consacré à un très jeune peintre russe, Terechkovitch. L'omniprésent Florent Fels, qui n'a jamais rien eu à dire de sa vie, écrit dix

petites pages dont voici le résumé. Il commence par dire qu'il y a quelques années, en écrivant sur le Salon des Tuileries, il s'est aperçu que la moitié des noms étaient étrangers : les deux premières pages, sans liens et décousues, commentent ce phénomène ; trois autres décrivent la vie romancée de ce jeune homme, déjà exploitée mille fois ; puis, une page durant, Jacques Guenne est cité ; ensuite à un certain moment, dans ce style de commérages de comptoir, sans transition, Fels se met à parler de Fels à la troisième personne, avec une vantardise gonflée par son propre "flair". Les trois dernières pages contiennent une citation de l'artiste lui-même. J'ouvre le volume de l'omniprésent Waldemar-George sur quelques artistes suisses : il n'y a rien. À propos d'un remarquable artiste comme Hermann Haller, c'est l'unité absolue, presque phénoménale de sa création, semblable à une création de la nature, se poursuivant par nécessité organique, depuis une souche commune : Waldemar-George, lorsqu'il tente une observation, "découvre la variété des styles". Partout où il écrit sur un artiste, il essaie timidement de dire quelque chose sur son visage ou sa vie, son pays ou ses sujets : et tout cela sans aucune grâce, sans aucune forme de prose[88]. »

En soulignant le caractère anecdotique de certaines monographies de la collection « Artistes juifs », le critique dénonce l'inefficacité de ces exercices critiques et réaffirme la nécessité de maintenir une vision à la fois historique et artistique. En revanche, il adhère pleinement aux objectifs de cette entreprise qui, comme cela a été démontré à plusieurs reprises, était animée par l'esprit du « réveil juif » des années 1920.

Associations, revues et expositions d'artistes juifs

Les éditions Le Triangle ne sont pas la seule initiative visant à promouvoir les artistes juifs dans le Paris de l'entre-deux-guerres. D'autres tentatives ont vu le jour ailleurs dans le système des arts. Gladys Fabre situe la naissance de cet intérêt au tout début du XXe siècle, au moment où Max Nordau dirige la Fédération sioniste de France, fondée en 1901 par Theodor Herzl. Selon elle, le « problème juif » émerge à la suite des attaques xénophobes et antisémites contre l'École de Paris, de plus en plus fragilisée[89]. Dans les années qui suivirent la Première Guerre mondiale, les Juifs, plongés dans un processus de réflexion identitaire, tentèrent de définir les frontières de la judéité au sein d'une société française qui, du moins jusqu'au second conflit mondial, les considère comme des citoyens à part entière. La montée des forces nationalistes modifie brusquement l'état d'esprit général et conduit même certains intellectuels juifs à fréquenter Barrès et Mauclair ; ce fut le cas d'Edmond Fleg, d'André Spire et de Léon Blum. Cependant, déçus par les dérives antisémites et se sentant rejetés, ils s'en éloignent définitivement.

Dans ses travaux sur le sionisme français, Catherine Nicault explique en effet que, pour répondre aux accusations xénophobes et antisémites, les intellectuels juifs ont principalement choisi deux voies : l'une était le duel, réponse violente s'appuyant sur le code de la chevalerie ; l'autre, au contraire, « revenait à appliquer à rebours la leçon délivrée par le nationalisme, en redécouvrant pour leur compte une tradition et une histoire juive oubliées, en y chérissant une inspiration littéraire originale, voire en flirtant plus ou moins avec le sionisme[90] ». La thèse de Nicault permet de comprendre l'attitude d'une partie des critiques et des éditeurs qui s'était regroupée autour d'artistes juifs, et éclaire la relation complexe entre les arts et le sionisme.

Durant cette période naissent une multitude de revues consacrées au judaïsme ; elles sont majoritairement dirigées par des équipes pro-sionistes. Le mouvement sioniste pouvait compter sur le soutien de *Menorah* (nous y reviendrons) ; *L'Écho sioniste*, publié en français et qui paraissait avant la Première Guerre mondiale ; *Chalom*, le porte-parole de l'Union universelle de la jeunesse juive ; *La Revue juive*, lancée en 1925 ; *La Revue littéraire juive*, éditée par Pierre Paraf ; et *Palestine*, organe du groupe sioniste France-Palestine, qui réunissait immigrés et autochtones, juifs et non-juifs, afin de créer un réseau de soutien au mouvement sioniste[91]. Ces mouvements tendaient, avec plus ou moins de véhémence poétique et politique, à rapprocher le sionisme de l'internationalisme et du pacifisme. Leurs actions obéissaient à une forme morale et pacifique de nationalisme. En revendiquant une identité « nationale » juive fondée sur des idéaux progressistes universels, ceux qui refusaient d'émigrer dans un futur État juif pouvaient affirmer leur judéité tout en restant fidèles à la France. Dans les milieux sionistes français, l'un des principaux défis consistait donc à montrer que la « différence juive » n'était pas incompatible avec le sentiment de « francité[92] ».

En France, l'associationnisme sioniste se caractérise donc par une fragmentation due au grand nombre d'associations présentes sur le territoire. Comme le souligne Michel Abitbol, ce réseau d'associations manquait d'une figure de référence, hormis Nordau. La seule tentative pour unifier cette constellation émane du journaliste Joseph H. Castel, qui fonde l'Union sioniste française afin de centraliser les énergies et d'élire un conseil de quarante membres choisis par l'ensemble des militants. En 1927, trois courants émergent : un courant révisionniste, désireux d'établir l'État juif, mené par Vladimir

Jabotinsky et Vladimir Tiomkin; un courant majoritairement français, dit « sioniste général », avec notamment Fleg et Spire; enfin, l'Union sioniste travailliste, regroupant des sionistes de gauche, dont les principaux membres sont Nahum Hermann, Moïse Idelman, Raymond-Raoul Lambert et Sylvain Cahn. La victoire du « sionisme général » est consacrée par l'élection de Spire à la présidence. Cependant, en raison de nombreux malentendus et de querelles internes, l'expérience de l'Union sioniste française prend fin deux ans plus tard, en 1929; cette date marque le déclin du mouvement[93].

Jusqu'à cette date, le développement de la presse juive correspond probablement à une ouverture institutionnelle que l'on peut dater de 1924 environ : arrive alors au pouvoir le Cartel des gauches, auquel appartient le Parti radical dirigé par Édouard Herriot, qui avait favorisé les relations entre le gouvernement et les sionistes. C'est en 1925 en effet que paraît *La Revue juive* d'Albert Cohen, un projet culturel ambitieux visant à promouvoir la presse juive[94], comme cela avait été le cas pour d'autres périodiques – notamment *La Revue littéraire juive*, à laquelle Luzzatto avait collaboré[95]. Encouragé par le courant de gauche, qui professait la protection et la défense des minorités, le sionisme avait ainsi tenté de se développer en insistant sur l'internationalisme.

Dans ce contexte politique et littéraire, les pages artistiques de certaines revues proches du judaïsme conservateur (*L'Univers israélite*) ou du sionisme (*Menorah*) sont à disposition de critiques renommés, comme Louis Vauxcelles ou Gustave Kahn, ou moins connus, comme Joseph Milbauer, Isaac Lichtenstein, Lupus Blumenfeld, Chil Aronson ou Jacques Biélinky. La référence est certainement Isidore Cahen qui, à partir de la moitié du XIXe siècle, avait inauguré une critique d'art pour les artistes juifs qui tentait d'intégrer la culture française promue par le courant israélite du judaïsme[96]. Il s'agissait d'articles courts, majoritairement des comptes rendus de Salons. L'objet de l'analyse était néanmoins d'une nature particulière : des listes d'artistes juifs ou d'œuvres contenant des sujets juifs. Si la plupart de ces publications relèvent d'une nomenclature stérile, une partie d'entre elles revêtent une certaine dimension critique. Isidore Cahen, journaliste et enseignant au séminaire israélite, avait pris la direction de la revue *Les Archives israélites de France* et inauguré un style proprement journalistique. Chose remarquable, car précoce. En 1844 déjà, ces comptes rendus mettent en évidence la présence des artistes juifs dans les expositions les plus prestigieuses afin d'offrir une preuve tangible de l'intégration réussie[97].

Dans les années 1920, *L'Univers israélite* (ill. 39) propose avec insistance cette utilisation volontaire du compte rendu. Citons par exemple la contribution de Joseph Milbauer, poète, écrivain, journaliste et collaborateur régulier

83e Année (Nouvelle Série, 1re Année) N° 23 24 Février 1928 (3 Adar 5688)

L'UNIVERS ISRAÉLITE

Journal des Principes Conservateurs du Judaïsme

PARAISSANT LE VENDREDI

SOMMAIRE :

L'exploitation du pogrome. — *Judaeus.*
Nos Echos : Une grande dame israélite. — Un officier juif. — Le rabbinat alsacien et les menées autonomistes. — Un « précurseur du sionisme ». — Charité chrétienne.
Lettre de Pologne. — *Amrog.*
Le « Nabi ». — *Etienne Trèves.*
Dates mémorables de la semaine. — *J. Bl.*
Le Salon des Indépendants. — *J. Milbauer.*
La grande pitié des étudiants juifs
Revue de la Presse : Impressions de Roumanie. — Les Progrès de l'Hébreu en France. — L'Alliance Israélite au Maroc.
Dans le Monde juif :
France : Protestation du rabbinat français contre la profanation des synagogues en Roumanie. — Agriculteurs juifs en Provence.
Hongrie : Les débats parlementaires autour du « numerus clausus ».
Bulgarie : Déclarations d'un diplomate sur l'antisémitisme.
Tunisie : En faveur des instituteurs de l'Alliance Israélite.
Nouvelles diverses.
Dans les Communautés :
Paris : Cérémonie commémorative de la « Bienfaisante israélite ». — Deux conférences de Chema Israel. — Pour l'éducation physique de la jeunesse israélite.
Metz : Conférence au Chema.
La Semaine Israélite.
Notre Carnet : Paris, Départements, Colonies, Etranger.

Rédaction et Administration : **17, Rue des Martyrs, PARIS (9e)** — Tél. : Trudaine 14-84

Tarif des Abonnements :	Un an	Six mois	Trois mois	Le N°
France, Colonies et Protectorats	40 fr.	21 fr.	11 fr.	1.—
Étranger	50 fr.	25 fr.	14 fr.	1.25

Prière d'adresser les chèques ou mandats à « M. l'Administrateur de l'UNIVERS ISRAÉLITE »
Compte Chèque postal 721-68

Les annonces sont reçues à l'« **Univers Israélite** », **17, rue des Martyrs, Paris** (9e), Tél. : Trudaine 14-84 et à la **Société de Publicité METZL & Cie., 26, rue Buffault, Paris** (9e) — Tél. : Trudaine 80-49

Vente au numéro aux adresses suivantes :

M. Lipschutz, 28, rue Lamartine ;
M. Samuel, 5, rue Cadet ;
M. W. Speiser, 34, rue des Rosiers ;
M. W. Speiser, 22, rue Basfroi ;
M. Nodot, 3, rue de Médicis ;
Mme Vve S. Bloch, 4, r. du Noyer, **Strasbourg** ;
MM. Ch. et M. Touboul, 3, rue Alsace-Lorraine, **Oran** ;
M. Kalefa aîné, 44, rue de la Lyre, **Alger** ;
M. Samama, avenue de France, **Tunis**.

39 *L'Univers israélite*, n° 23, 24 février 1928, couverture de la revue fondée par Simon Bloch. Au Salon des Indépendants du 24 février 1928, il commence ironiquement par critiquer la nature toujours plus conventionnelle de l'événement, qu'il compare sans pitié au Salon d'Automne. Milbauer passe ensuite en revue les noms de tous les artistes juifs présents, de Mintchine à Mané Katz, de Roger Worms à Chatzman, d'Epstein à Georges Kohn[98]. L'importance de ces listes est confirmée par les lettres de certains lecteurs de *L'Univers israélite* réclamant qu'elles soient plus complètes. Milbauer, à propos du Salon d'Automne de 1927, répond alors :

> « D'aimables et attentifs lecteurs de *L'Univers israélite* ont bien voulu me signaler certains noms que j'ai omis de citer dans mon article sur le Salon d'Automne. Je les prie de croire que ces omissions ne sont pas volontaires. Le froid intense qui régnait dans les salles le jour que je les ai visitées m'a empêché de me livrer à une lecture plus approfondie du catalogue. Et puis, quel moyen y a-t-il de reconnaître que tel artiste est juif, que tel autre ne l'est pas ? À moins de les connaître personnellement, il est hasardeux de mettre une origine sur un nom[99]. »

Les excuses que le critique est obligé de trouver sont caricaturales. L'œil du professionnel semble ici s'attarder principalement sur l'origine du nom des peintres – une attitude qui rappelle les lectures déformées d'un Mauclair ou d'un Feuillet, littéralement obsédés par les présences métèques, puis juives, dans les Salons et galeries les plus célèbres de la rive gauche. Hurlant à l'invasion et à la dégénérescence de la tradition française, les voix nationalistes n'avaient fait que dresser des listes honteuses, rendues positives ici pour appuyer le message de l'existence « ethnique » de l'artiste juif dans la France de la fin des années 1920.

Un critique de renom comme Vauxcelles a lui aussi participé à cette entreprise. Une note de la rédaction, précédant le texte consacré à l'œuvre de Marek Szwarc, se livre à un éloge enthousiaste du critique d'art et rend hommage à sa carrière tout en le présentant comme un « révélateur » :

> « M. Louis Vauxcelles parle des choses qu'il connaît et qu'il aime. Mais le critique doit être aussi un révélateur, c'est-à-dire un homme qui "découvre" et qui fait part de ses découvertes. M. Louis Vauxcelles n'a pas failli à ce devoir et plus d'un artiste et plus d'une œuvre lui doivent d'avoir été tirés de l'obscurité où ils végétaient. Nous sommes infiniment heureux de compter parmi nos collaborateurs cet éminent coreligionnaire, si estimé dans les milieux artistiques[100]. »

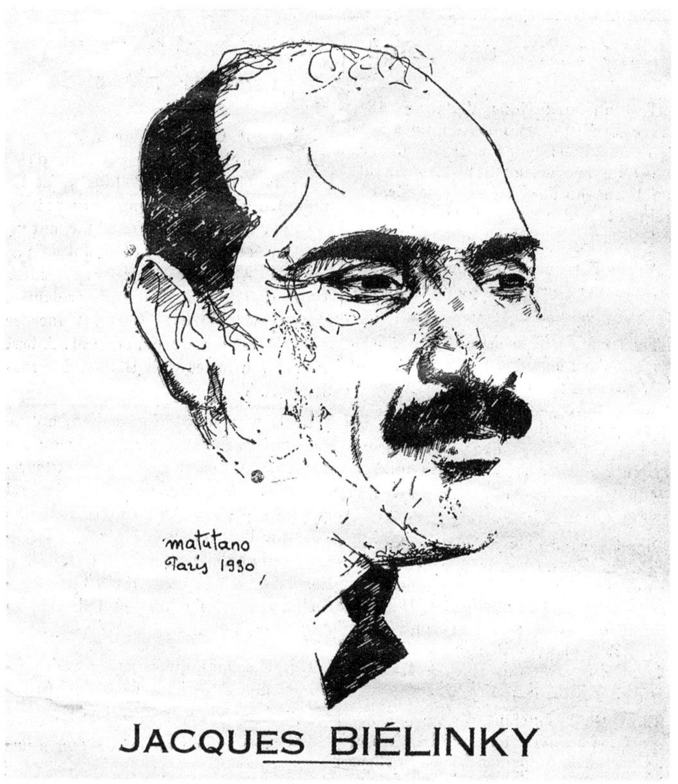

40 Matutano, *Portrait de Jacques Biélinky*, 1930, dessin, paru dans *La Fraternité*, 1er mai 1931

Dans ces mêmes pages, on pouvait lire les articles d'une autre figure emblématique : Jacques Biélinky (ill. 40). Ce critique d'art contribue à la diffusion d'une multitude de quotidiens et de revues, prouvant son soutien et sa compréhension des nombreuses facettes du judaïsme[101]. Pendant la guerre, en 1945 plus précisément, il est invité par le rabbin Maurice Liber à collaborer au bimensuel *L'Univers israélite*, tandis qu'en 1926 il concourt au lancement de *Parizer Haint*, revue fondée par des immigrés juifs d'Europe orientale. Journaliste et critique prolifique, il emprunte une double voie : dans *Paris-Municipal*, d'une part, il poursuit une critique traditionaliste où il vante les vertus de la peinture française; dans un vaste réseau de revues juives, d'autre part, il promeut la production d'artistes juifs et rédige des comptes rendus détaillés sur la situation politique et sociale de la France des années 1920. Tout comme Basler, Waldemar-George et Vauxcelles, il fait partie du groupe des critiques provenant d'Europe de l'Est et installés à Paris, qui ont rapidement été confrontés à des questions complexes d'identité et de politique[102].

En septembre 1924, Biélinky publie dans *L'Univers israélite* un texte intitulé « Les artistes juifs à Paris » ; il y justifie la présence artistique juive à la lumière de la splendeur de la capitale française. Selon lui, le lieu de prédilection des artistes est le quartier de Montparnasse :

> « On les voit partout, les artistes juifs ; dans les "Académies" de la rue de la Grande-Chaumière, dans les cafés du quartier et surtout à la "Rotonde", rendez-vous des artistes du monde entier. On y voit les têtes "sémites" voisinant amicalement avec les têtes anglo-saxonnes, latines, slaves et scandinaves. La fraternité des peuples, si difficile à réaliser en politique, il y a longtemps qu'elle est réalisée par les artistes autour de la table de la "Rotonde"[103]. »

Le cosmopolitisme de Montparnasse permettait aux différentes communautés de coexister pacifiquement dans une atmosphère propice aux échanges. En faisant l'éloge d'une bohème juive artistique présumée, Biélinky cite certains des protagonistes les plus acclamés de l'époque : Chagall, Mané-Katz, Soutine, Feder sont les véritables représentants de la communauté artistique juive, même si, dans la plupart des cas, leurs œuvres ne traitent pas explicitement de scènes de la vie religieuse. « Cela n'est pas indispensable pour se manifester juif, car il paraît qu'on reconnaît des types d'Odessa dans les scènes pyrénéennes de Feder[104]. »

Non seulement Biélinky reprend le style promotionnel typique de ces écrits, mais il s'attarde sur la question du marché de l'art, en soulignant les difficultés économiques rencontrées par les artistes juifs. Il met en avant le départ des marchands allemands et autrichiens de France pour expliquer une marginalisation commerciale très rapide :

> « Les artistes juifs participent à presque toutes les expositions et salons. Leur succès est grand, mais les résultats matériels sont plutôt médiocres. Leurs tableaux se vendent difficilement. Pour échapper à l'exploitation des marchands de tableaux, ils ont inventé les expositions dans les cafés [...]. Avant la guerre, les artistes juifs avaient une bonne clientèle dans les marchands de tableaux allemands et autrichiens qui venaient annuellement à Paris. Depuis la guerre, cette clientèle n'existe plus. La vie est devenue très chère, les matériaux (couleurs, toile, etc.) sont hors de prix et la situation de cette bohème juive devient de plus en plus critique[105]. »

Ce passage revêt une importance stratégique pour la conclusion de l'article, où le critique n'hésite pas à demander à la société israélite de Paris une aide financière pour les artistes en difficulté : « Il s'agit plutôt de trouver et de grouper les Mécènes juifs qui pourraient largement encourager, matériellement et moralement, ces travailleurs de l'art, dont le sort doit intéresser tout israélite cultivé[106]. » Cela revient à demander au lectorat un financement ; la création d'un marché alternatif soutenu par un groupe de mécènes est l'un des objectifs prioritaires de Biélinky.

En 1924 toujours, en octobre et novembre, il publie deux autres articles portant le même titre : « La vie artistique juive à Paris ». Dans le premier, après avoir présenté Maurice Minkowski comme l'un des artistes les plus emblématiques pour la représentation des scènes juives russes, notamment les pogroms, il revient sur la requête adressée aux Parisiens aisés et mentionne une première réponse positive[107]. Il affirme que la rédaction de *L'Univers israélite* a reçu de nombreuses lettres de mécènes intéressés par l'achat de tableaux d'artistes juifs, et ouvre de nouvelles perspectives :

> « La question des artistes juifs ne doit d'ailleurs pas intéresser uniquement les milieux israélites parisiens, leur condition précaire mérite de solliciter l'intérêt de nos coreligionnaires des différents pays ; elle a fait l'objet des préoccupations et des délibérations du Congrès de la "Conférence universelle juive de secours" à Carlsbad [...]. Une commission d'études a été nommée[108]. »

Biélinky élargit le sujet aux instances internationales, avec lesquelles il était certainement en contact, et tente même de créer un réseau de soutien au sein de la Conférence universelle juive de secours.

Afin de souligner une fois de plus l'importance accordée aux artistes juifs, un mois plus tard, Biélinky loue les qualités de certaines œuvres exposées dans les Salons officiels, déclarant avec satisfaction que le nombre de toiles présentes au Salon d'Automne et au Salon des Indépendants a avantageusement crû. Cette augmentation était due selon lui à l'absence d'un code figuratif académique et séculaire, qui permettait aux jeunes Juifs de s'exprimer librement dans les arts contemporains, sans avoir à lutter contre le poids de la tradition :

> « L'art officiel ou académique fut donc créé par l'Église ou par l'État, qui ont donné aux artistes une tradition très solide. Pour entrer dans l'art moderne, les artistes non juifs ont à se débarrasser de cette tradition de l'influence profonde de leurs maîtres. Pour les artistes juifs, la question est plus simple, ils n'ont pas de traditions religieuses juives imposées[109]. »

Biélinky allègue l'absence supposée d'un passé artistique pour expliquer et exalter les qualités modernistes des artistes. Malgré les points de vue avancés quelques mois plus tard dans le *Mercure de France* par Vanderpyl et Jaccard, qui insistent sur l'incapacité artistique des Juifs en raison de leur absence de tradition figurative, le critique voit là un aspect positif.

La personnalité et le parcours intellectuel de Biélinky sont importants non seulement pour comprendre sa trajectoire critique, mais aussi pour reconstituer une série d'initiatives internationales dont il a été le protagoniste. Critique d'art d'origine juive et de nationalité russe, il fréquente le *heder* (école juive). Bien plus tard, il adhère au Parti menchevique, dont il devient un militant. Après avoir été arrêté en 1909 pour activités « révolutionnaires », il est exilé en Sibérie. En mai de la même année, il rejoint Paris, où il est accueilli comme réfugié politique. Ses liens avec les milieux juifs russes lui permettent de collaborer aux revues *Novyi Voskhod* et *Evreïskaya Nedeliya*[110]. Simultanément, il entame ainsi son intégration aux milieux sionistes français.

Ses archives – principalement constituées de coupures de presse et de catalogues d'exposition, dont certaines sont conservées à l'Alliance israélite universelle à Paris[111] – permettent de dessiner une première cartographie des revues juives francophones circulant en Europe centrale et en Afrique du Nord : *L'Union marocaine* et *L'Avenir illustré* (Casablanca), le *Bulletin de la Fédération des sociétés juives d'Algérie* (Alger), *L'Égalité* et *La Semaine juive* (Tunis), *Le Réveil juif* (Sfax), *Israël* (Le Caire), *L'Indépendant* (Salonique), *La Revue littéraire juive*, *La Revue juive*, *La Nouvelle Presse juive* (Genève) et, enfin, *La Luz* (Brésil). En France, au même moment, outre *Menorah* et *L'Univers israélite* déjà mentionnés, la presse sioniste comprend *La Nouvelle Aurore*, *La Terre retrouvée*, *L'Appui français*, *Palestine* et *Palestine nouvelle*. La diffusion de ces revues en Afrique du Nord a été rendue possible grâce à deux facteurs déterminants : le sionisme et la langue française. L'Alliance israélite universelle, présente dans toutes les colonies abritant une communauté juive, encourage l'enseignement du français pour contribuer à l'éducation de ses coreligionnaires. La presse devient ainsi non seulement un outil d'apprentissage privilégié, mais aussi un organe de diffusion des idéaux sionistes[112].

Biélinky avait promu une vision originale de sa pensée artistique. En 1931, il publie un article dans *L'Almanach juif* intitulé « Les artistes juifs à Paris » où, tout en restant vigilant sur l'utilisation du syntagme « art juif », il tente pour la énième fois de démontrer la fragilité d'une telle catégorie. Il était conscient du rôle joué par les artistes juifs sur la scène artistique moderne, mais moins convaincu par l'idée d'un apport strictement juif à l'art contemporain :

> « Y ont-ils apporté des traits, des tendances, des courants d'idées différents de ceux qu'y apportent leurs collègues chrétiens ?... Se sont-ils laissé assimiler totalement par l'ambiance et par l'enseignement goïm, ou imposent-ils, au contraire, leurs conceptions raciales à l'art moderne ? Voilà les questions qu'on agite actuellement avec plus ou moins de compétence. Le problème est compliqué encore par l'introduction de la politique dans le débat, politique nationaliste juive d'un côté, politique antisémite de l'autre. Il faut y ajouter la confusion créée par l'encombrement du sujet avec des dissertations d'ordre psychologique, théologique, folkloriste, etc. Même en admettant une sensibilité toute particulière, innée aux Juifs, ainsi qu'une mentalité singulière, paraît-il, il serait encore malaisé d'arriver à l'hypothèse d'une école juive dans l'art[113]. »

Biélinky exprime avec précision et minutie la difficulté qu'il y a à forger et à utiliser des catégories artistiques liées à des mouvements idéologiques ou à des revendications socio-identitaires. Il a en effet su renverser l'épineuse question et lire la nouvelle situation artistique comme un moment privilégié de l'art moderne international[114]. Il s'intéresse principalement aux relations entre les artistes français, israélites et juifs émigrés. Il faut se rappeler que Biélinky proposait une analyse centrée avant tout sur les coreligionnaires, qui pouvait éventuellement s'étendre au phénomène plus répandu et moins sectaire de l'École de Paris. Son omniprésence est attestée par une longue série de contributions, notamment sous la forme de monographies : « Un peintre à Alger. André Hambourg », qui paraît dans le *Bulletin de la Fédération des sociétés juives d'Algérie*[115] ; « Max Band », dans *Menorah* en 1928[116] ; « Max Nordau » dans *L'Appui français* en 1930[117], sans oublier des écrits sur le paysage tels que « La Palestine vue par Anna Ticho »[118].

Alors que l'ensemble des exemples présentés jusqu'ici démontre une certaine habileté de la critique en faveur des communautés juives internationales, dans la presse artistique de Montparnasse, Biélinky ne fait jamais allusion à l'origine des artistes. Pour lui, il y a d'un côté les articles destinés aux revues juives, de l'autre ceux destinés aux publications artistiques parisiennes. Un exemple parmi d'autres : le compte rendu du Salon des Indépendants qui paraît dans *Paris-Municipal* en 1931, où les œuvres sont analysées selon leur genre, du nu au paysage[119]. Il y a ensuite les articles publiés dans *Mont-Parnasse*, dont une analyse du miniaturiste Dossik, où le critique souligne que, malgré l'importance de la contribution des étrangers, les immigrés de Montparnasse se répartissent en deux catégories :

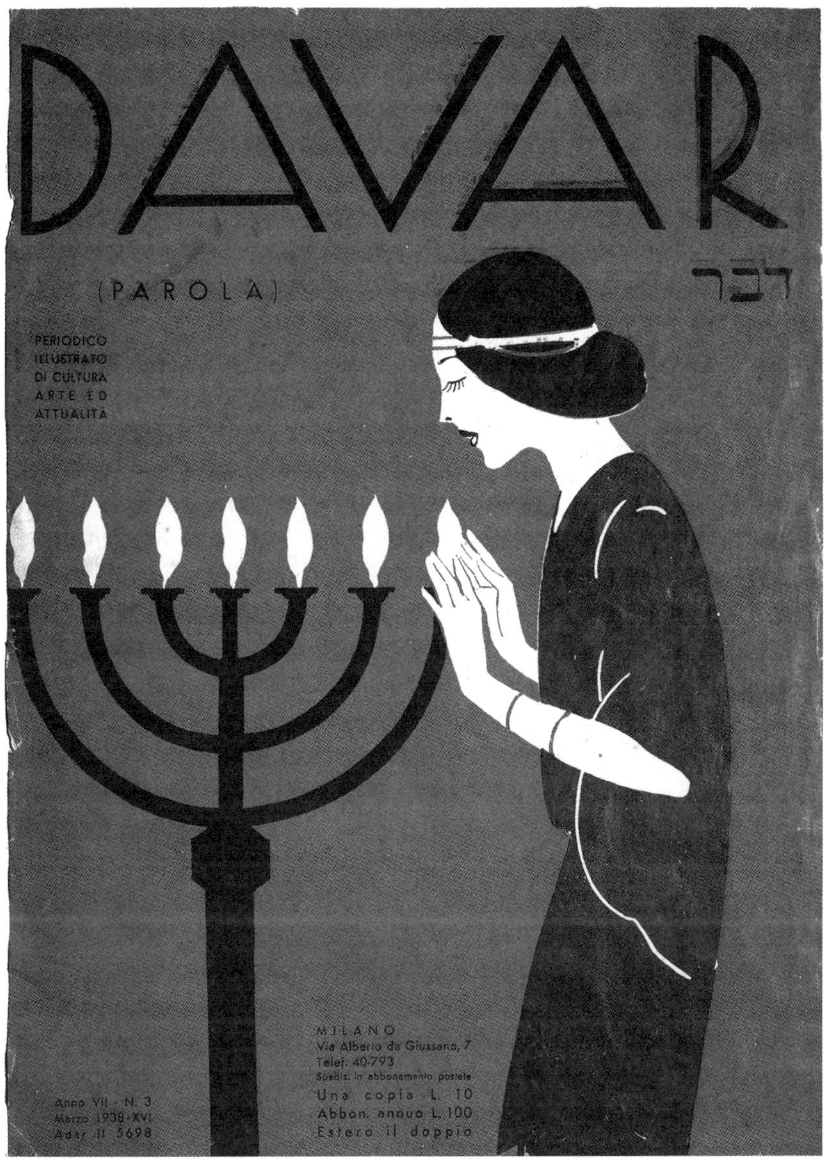

41 *Davar. Rassegna mensile israelitica* [*Revue mensuelle israélite*], Milan, 7e année, no 3, mars 1938, couverture de l'exemplaire conservé dans le Fonds Jacques Biélinky, ms. 582 (3), Paris, Bibliothèque de l'Alliance israélite universelle

> « Montparnasse compte une vaste population d'étrangers et il serait exagéré d'affirmer qu'ils sont tous sympathiques et désirables. Les uns – artistes sincères – y viennent travailler pour porter ensuite la gloire de l'art français aux quatre coins du monde ; les autres – hommes d'affaires de tout acabit – ont surtout le souci de profiter du grouillement pour gagner de l'argent[120]. »

Son compatriote Dossik – débarqué en France non pas pour suivre les maîtres de la Rotonde, mais, comme il l'affirme fièrement, pour aller aux Invalides et s'engager dans l'armée française – sera d'ailleurs cité en exemple comme le résultat idéal de l'assimilation qui devait être revendiqué.

Les archives témoignent de ses liens avec la presse juive italienne, représentée en l'occurrence par le magazine *Davar* – une revue mensuelle traitant de culture, d'art et d'actualité, dirigée par Alberto Borghesi. Dans le troisième numéro, paru en mars 1938 (ill. 41), Biélinky rédige un compte rendu sur le rôle des artistes juifs à Paris (« Gli ebrei nelle arti plastiche a Parigi ») et propose de nouveau le modèle de la liste, tout en exprimant un certain scepticisme quant à cette catégorisation :

> « Malgré l'habitude de sujets juifs qu'ont certains (Mané-Katz, Venbaum [Abraham Weinbaum], Chagall, le défunt Ryback, Maxa Nordau, etc.), il serait prématuré de parler d'une École juive de l'art moderne. Il est toutefois incontestable que le tempérament spécifiquement juif apporte à l'art moderne une contribution précieuse, pleine de forces dynamiques et d'innovations positives[121]. »

Conscient de la fragilité des catégories sur l'art et les artistes juifs, le critique insiste sur le tempérament prétendument novateur pour soutenir l'idée d'une école juive de l'art moderne.

Gustave Kahn, *Menorah* et l'Aide amicale aux artistes

Menorah, publiée à Paris entre 1922 et 1933, est l'une des revues juives de langue française les plus célèbres des années 1920 (ill. 42). Cette publication luxueuse, richement illustrée, est alors dirigée par Jacques Cahmy et M. O. Camhy. Le projet était d'écrire « libéré de tout préjugé de religion et de race, [d'assimiler] les bonnes conceptions d'où [qu']elles viennent[122] » et de les transmettre aux lecteurs. En répondant à l'appel lancé par la World Zionist Organisation, Cahmy et Camhy avaient contribué à faire naître une presse sioniste afin de rapprocher la

Onzième Année | N° 178 | MARS-AVRIL 1932

MENORAH

Illustration Juive, Littéraire et Artistique

SOMMAIRE

ABONNEMENTS :
France et Colonies . . 60 fr.
Etranger . . . . 70 fr.

20, Rue Charles-Baudelaire
— PARIS-XIIe —
Téléphone : DIDEROT 48-44

42 *Menorah*, no 178, mars-avril 1932, couverture

classe dirigeante française du mouvement international. La revue avait été fondée par deux Juifs sépharades, grâce à l'aide financière du leader sioniste Chaim Azriel Weizmann, qui deviendra le premier président de l'État d'Israël[123]. D'un format rappelant celui de *L'Amour de l'art*, elle contient de nombreux articles consacrés aux questions artistiques. Il ne s'agit cependant pas d'une revue spécialisée ; *Menorah* répond à des besoins spécifiques de vulgarisation artistique, tout comme *L'Art vivant*, publié par Larousse pour un public bohème, ou *Cahiers d'art*, revue indépendante destinée à un lectorat avant-gardiste[124].

Le lecteur de *Menorah* s'intéressait en effet aux diverses facettes de la culture juive, et attendait que soient valorisés les artistes juifs actifs sur le territoire français. Ce n'est pas un hasard si dans l'un des premiers numéros se trouve promu l'important envoi d'objets d'art au Musée juif de Jérusalem. En soutien à la Palestine, le comité de Paris avait expédié la première partie d'un ensemble de collections réunies grâce à un recueil de dons. Avant leur départ, tous ces objets furent exposés au siège de l'organisation à Neuilly. Les organisateurs – André Spire, Salomon Roukhomovsky (l'un des donateurs les plus généreux), Armand Bernard, Robert Dreyfus et Gustave Kahn – s'étaient impliqués afin de rassembler œuvres, documents et fonds en Palestine. L'entreprise répondait clairement aux exigences d'un sionisme ouvert et solidaire. *Menorah* consacrait deux pages à cet événement, privilégiant les images au texte, lequel se réduisait à un communiqué de presse[125]. Les archives d'André Spire nous livrent le nom du président du comité : il s'agissait de Gustave Kahn. Selon Spire, Kahn était le plus à même d'endosser ce rôle important pour la constitution d'un musée d'art juif à Jérusalem[126].

L'histoire de cette revue est marquée par un événement crucial pour l'analyse des écrits sur l'art parus dans la presse proche des organisations juives : en juin 1924, la direction de *Menorah* est assurée par Kahn (ill. 43) qui, en quelques années, devient une personnalité essentielle dans le mouvement du « réveil juif ». Une note éditoriale paraît dans le numéro 9 en mai 1924 ; intitulée « Au fil de la vie » et rédigée par un certain M. H., elle constitue une rupture pour cette revue désormais orientée vers des thématiques littéraires et artistiques. D'après l'analyse approfondie que nous avons menée et qui trouve une confirmation dans les recherches de Catherine Fhima, son auteur semble pouvoir être identifié avec Kahn. Dans cette note, il conclut par une anecdote qui n'est pas sans lien avec l'Action française. Après avoir fustigé une affiche du mouvement monarchiste, il rappelle :

> « Cette belle affiche m'a rappelé un petit souvenir [...]. C'était le temps où Drumont fanatisait tout l'interlope et le voyou. Un vieux bonhomme à tête

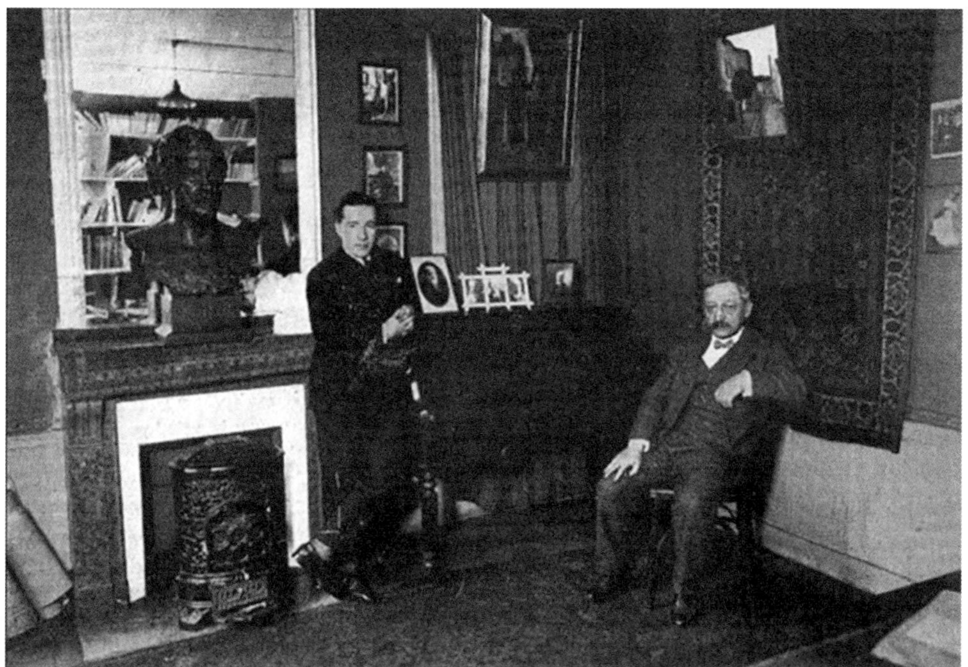

43 Anonyme, Gustave Kahn (assis) et Ovadia Cahmy à la rédaction de la revue *Menorah*, photographie, 1928, parue à l'occasion de la mort de Gustave Kahn dans *Le Judaïsme sépharadi*, nº 48, 31 décembre 1936, p. 181

> de rabbin, avec un éclat de rubis au nez entre les favoris en côtelettes, vaticinait. Il s'agissait des Israélites : "Oui ! Ils se sont saisis de la propriété et de l'agriculture !" Ils ont bien sauté aux mamelles de la France ! Évidemment, il récitait un article de son journal. Mon voisin souriait[127]. »

Le besoin d'évoquer l'antisémitisme promu par l'Action française à l'occasion de sa présentation aux lecteurs de *Menorah* atteste l'urgence de dénoncer une situation toujours plus critique, dépassant la simple adhésion au sionisme.

Dès le début des années 1900, Kahn se distingue par ses convictions de libre-penseur, son activité critique et son apport à la si célébrée « renaissance » de la culture juive (ill. 44). La critique d'art apparaît centrale dans sa carrière. Il doit beaucoup à l'idéalisme de Mallarmé, poète très considéré dans les milieux d'avant-garde ; inventeur du vers libre, il se signale par une pratique éclectique qui va de ses écrits sur l'impressionnisme et le néo-impressionnisme[128] à sa

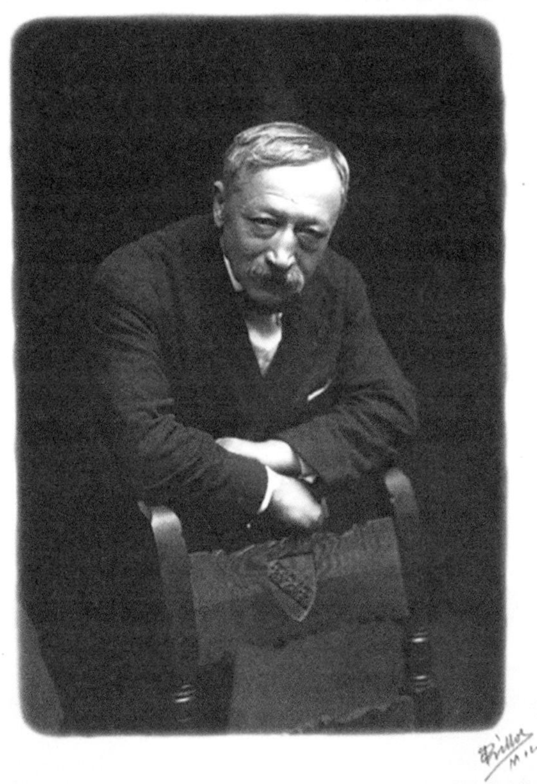

44 Frères Prillot, portrait de Gustave Kahn, tirage argentique sur papier, s.d.

passion pour l'art moderne, en passant par la promotion des artistes juifs et des « Montparnos », auxquels il consacre volontiers un article ou une préface.

En outre, Kahn est en charge de la rubrique « Art » du *Mercure de France* et collabore à d'autres périodiques importants, comme la *Gazette des beaux-arts*, *L'Art et les artistes*, *Art et décoration* et *L'Amour de l'art*[129]. Son rapport à la politique est toutefois très complexe ; il se construit en effet à partir de son engagement dreyfusard, de son républicanisme farouche et de son rôle assumé à l'intérieur du judaïsme français, qui a eu une incidence sur le principe absolu de l'assimilationnisme. Sa fonction de rédacteur en chef de la revue *Menorah* n'aurait pas dû faire vaciller ses positions, résolument israélites et éloignées des implications territoriales du sionisme international – même si, comme nous le verrons, cette distance sera difficile à maintenir. Kahn a toujours émis des réserves quant à la reconstitution d'un État, critiquant l'issue du

IVe congrès sioniste de Londres qui faisait écho à *Der Judenstaat* de Theodor Herzl. Comme le soulignait Marie-Brunette Spire dans son texte sur Kahn et *Menorah*, le critique, juif non pratiquant, était sensible à la composante identitaire du judaïsme. L'utilisation indifférenciée d'un langage qui confondait les termes de religion, de race et de nation doit donc être contextualisée au sein d'une certaine ambiguïté sémantique qui aurait facilité l'affirmation de l'assimilationnisme applicable aux divers courants du judaïsme français[130].

Menorah est l'un des instruments avec lesquels Kahn déploie une critique promotionnelle qui se distingue du discours qu'il continue de tenir dans les rubriques artistiques du *Mercure de France*, revue où il collabore entre autres avec Mauclair[131]. C'est bien cet aspect qui est le plus frappant : comme ses collègues que nous avons mentionnés, Kahn était à la fois fidèle à une critique qui proposait une lecture formelle de l'art, et impliqué dans la cause que soutenaient les milieux sionistes désireux de s'imposer dans le champ artistique.

Au milieu des années 1910, Kahn commence à fréquenter assidûment les associations sionistes, comme les Amis du judaïsme (1913), la Ligue franco-sioniste (1915), la Ligue pour la défense des Juifs opprimés (1916) et la Ligue des amis du sionisme (1917) ; mais c'est à partir du milieu des années 1920 qu'il intervient régulièrement dans les revues qui leur sont associées. Si jusqu'alors il avait privilégié un judaïsme restreint à la sphère privée, dès cette époque il met publiquement sa plume au service du sionisme. Il serait sans doute excessif d'affirmer que son activité critique est subordonnée à cette cause ; mais, en ce qui concerne les articles publiés dans des revues comme *Menorah*, l'engagement en ce sens est tout à fait évident. Ce n'est pas un hasard si, précisément dans *L'Émancipation juive*, son adhésion à la Ligue pour la défense des Juifs opprimés apparaît aux côtés de signataires tels que Kiveliovitch, Frouin et Lubowsky. Aussi sa critique lit-elle le prétendu « art juif » selon des « principes ethniques » et érige-t-elle la dimension pathétique et mélancolique de la peinture en principale caractéristique du judaïsme ; dans les nombreux articles qu'il publie dans *Menorah*, Kahn insiste sur l'« esprit réflexif » typique des Juifs[132].

Le dépouillement systématique de la revue fait émerger un point essentiel : un nombre considérable d'articles signés par Kahn entre 1924 et 1933 portent des titres comparables – « Nos artistes au Salon d'Automne », « Nos artistes au Salon des Tuileries », « Nos artistes au Salon des Indépendants », « Nos coreligionnaires aux Salons »… – et présentent la même structure éprouvée : la liste systématique des artistes juifs exposés dans les Salons et dans les expositions en vogue. Dans le numéro 12-13 de *Menorah* paru en juin-juillet 1927, par exemple, Kahn publie une contribution intitulée « Nos coreligionnaires aux Salons », où il reporte précisément la liste des noms cités dans ces comptes rendus. L'auteur se pose toutefois quelques questions :

> « Est-ce de l'art juif ou simplement les artistes ont-ils pensé à des sujets juifs, ou leurs individualités se développent-elles en dehors de la tradition juive [...] ? La plastique est universelle. Les peintres et sculpteurs juifs s'y incorporent et tiennent une belle place dans l'art mondial. On ne peut rien souhaiter de plus[133]. »

Dans la rubrique « Art » du *Mercure de France*, on retrouve la description d'une œuvre du peintre juif Georges Kars dans laquelle le critique fait exclusivement référence à son talent, sans s'attarder sur les origines juives ou l'esprit de l'artiste juif :

> « Kars est un grand interprète du nu. Voici bien une superbe nature morte où la douceur rose et polie d'un coquillage voisine avec le jaillissement rouge de belles fleurs. Voici aussi des dessins rehaussés où se décrit le calme verdoyant du pays de Bohême avec un horizon lointain de collines bleutées[134]. »

Voilà qui montre clairement la stratégie de Kahn : dans les revues prestigieuses à grand tirage, il développe une critique purement formelle, tandis que, dans *Menorah*, il tient un discours au service de la cause sioniste qui valorise et promeut les artistes juifs. Le compte rendu de l'exposition de Mané-Katz, paru dans ces pages en 1923, le confirme. Il est illustré d'une œuvre intitulée *Rêveur juif*, et l'analyse qui en est faite souligne la dimension « pathétique » de cette peinture :

> « Dans les portraits de Mané-Katz, certains du moins, tel le portrait d'homme qui orne la première page de son catalogue, je retrouve cet étonnant regard oriental, volontaire, lointain, caressant, avec nostalgie, qui vient du fond des âges et cette aptitude à la résolution immédiate, le regard de notre race[135]. »

Il poursuit en insistant sur l'« âme juive » :

> « Souhaitons que Mané-Katz, chez qui se traduit aussi fortement la mélancolie et la finesse de l'âme juive, revienne à cette gamme de diversité. Mané-Katz, qui est jeune et se cherche encore, nous démontre qu'il peut

nous donner de belles pages et qu'au nombre de ses qualités d'artiste, on peut faire figurer la plus essentielle, la sensibilité[136]. »

Dans le numéro 15 de l'année 1924 paraissent un poème intitulé *Images bibliques. La terrasse*, et un article, « Un peintre juif du Moghreb, André Suréda ». Kahn met l'accent sur le caractère « ethnique » en plaçant côte à côte des dessins représentant des scènes de la société juive marocaine et des vers évoquant des paysages ataviques. Dans le texte qui accompagne l'analyse de l'œuvre de Suréda, il écrit également : « Ces nombreux portraits servent de documentation et de base à de grandes œuvres synthétiques, construites comme *L'Enterrement juif* ou *La Synagogue*, mais en même temps ils sont profondément significatifs d'une pleine vérité ethnique[137]. » Le poème contient, quant à lui, de forts échos bibliques :

« Un matin frais s'éveille aux coteaux de Judée
Un rayon de soleil vibre au bouclier d'or
d'un garde dont le pas glisse dans les allées
des jardins du palais, parmi les frais essors
de tous les chants d'oiseaux fêtant la terre heureuse
et le murmure jaillissant d'oraisons pieuses
qui s'en vont, en parfums vers le ciel du Très-Haut

Et Bethsabée se livre aux caresses des eaux
dans la vasque que cache aux yeux le sycomore,
près des rosiers géants qui gardent de l'aurore
à leurs pétales, comme sa chair se décore
d'aubes liliales et de neiges écroulées
sur la pourpre étoilée d'or pâle d'un manteau.

Et les yeux de David, de la haute terrasse,
dominant les cités des hommes de son sang,
des oliviers du sud jusqu'aux cèdres du nord,
des jardins moutonnant de la mer au Thabor,
regardent au travers du voile frémissant
des feuilles, monter à lui comme de l'encens
la splendeur magnifique et frêle de sa race[138]. »

L'orchestration de ces pages a été magistralement conçue par Kahn qui, en renouvelant l'imaginaire exotique dont de nombreux lecteurs étaient victimes, a contribué à construire une vision mythologique de la vie juive.

Par ailleurs, l'examen de ses activités au sein de la maison d'édition Le Triangle permet de découvrir un élément surprenant : soutenir les artistes juifs ne consistait pas uniquement à publier des monographies ou des articles de presse, mais aussi à présenter les œuvres au public par le biais d'expositions. Il s'agissait d'une pratique courante à l'époque : songeons au premier épisode de renommée internationale, le Ve congrès sioniste de Bâle en 1901, pour lequel une exposition d'art juif fut organisée grâce aux efforts d'Ephraim Lilien, Martin Buber, Chaim Weizmann et Berthold Feiwel. C'est là, en alternant la présentation d'œuvres d'artistes plus ou moins jeunes, que fut inauguré le critère de l'origine « ethnique » de l'artiste – aucune image de l'exposition ou des œuvres exposées n'est parvenue jusqu'à nous[139]. Jarrassé nous apprend que, avant la Grande Guerre, ce type d'exposition était déjà très répandu en Allemagne et surtout en Russie, grâce aux initiatives des sociétés juives d'encouragement artistique, supplantées en 1918 par la Kulturlige[140].

En 1923, après avoir créé la Société des amis de la culture juive, Kahn organise pour elle une exposition consacrée à Kikoïne, Dobrinsky, Halicka, Païles, Menkès, Szwarc, Mané-Katz, Miestchaninoff, Frenkel et Fotinsky. Avec l'aide d'autres adhérents, dont Chagall, le poète russe Constantin Balmont et Darius Milhaud[141], il a également introduit cette pratique sur le sol français. C'est lui qui, peu de temps après, propose une autre exposition d'artistes juifs, pour *Menorah* cette fois, comme l'annonce un court article du 15 mars 1924 :

> « Exposition d'Art juif. Sous la direction de notre éminent collaborateur M. Gustave Kahn, une exposition d'art juif s'ouvrira samedi 5 avril, à 15 heures, dans les salons de l'Association amicale israélite salonicienne, 18, rue Lafayette. Nous y reviendrons dans notre prochain numéro. Pour tout renseignement, s'adresser à M. Krouker, 53, rue Truffaut, Paris (17e)[142]. »

Pourtant, le 1er avril, une note indique que l'exposition a été différée. Le titre de l'exposition n'est plus « Exposition d'art juif », mais « Exposition d'artistes juifs ». Le communiqué précise :

> « L'ouverture de l'Exposition d'Artistes Israélites, au club Salonicien, 18, rue Lafayette, qui devait avoir lieu le 5 avril, est remise irrévocablement au samedi 12 avril, à 15 h. Ajoutons que cette exposition est organisée sous la présidence de Gustave Kahn, notre éminent collaborateur, et qu'elle groupe

> un nombre important d'artistes peintres et sculpteurs juifs, dont plusieurs portent des noms universellement connus[143]. »

L'exposition est présentée au Cercle des Saloniciens et met en valeur le rôle joué par les Sépharades dans la France de l'entre-deux-guerres. Les Juifs de l'Empire ottoman, qui avaient une conscience identitaire très structurée, menèrent de nombreuses activités culturelles liées au sionisme[144]. On peut citer l'exposition à la mairie du XIIIe arrondissement de Paris en 1923, à laquelle participèrent, entre autres, Mané-Katz, Spiegel, Menkès, Coubine et Feder[145].

Un compte rendu publié dans *Menorah* et signé S. David (probablement un pseudonyme) décrit brièvement certaines œuvres de l'exposition de 1924 et fait l'éloge de l'événement. Intitulé « L'exposition des artistes israélites » – troisième titre donné à cette manifestation –, il déclare :

> « Le Cercle salonicien a désiré parer ses locaux clairs et spacieux de belles peintures et de remarquables sculptures. C'était une occasion de se rendre compte de la vitalité de l'art plastique chez nos coreligionnaires et aussi de fournir à quelques jeunes artistes de talent, mais encore peu connus, le droit de s'affirmer. C'est surtout en leur faveur qu'a été réalisée cette exposition[146]. »

L'auteur explicite ainsi l'objectif de ces expositions : promouvoir les jeunes artistes juifs en recourant à des personnalités connues, tels Mané-Katz, Halicka, Kikoïne, Epstein et Aronson.

Dans la même veine, Kahn et tout le groupe de *Menorah* organisent une autre exposition dans les salles de rédaction de la revue, alors partagées avec l'Association cultuelle israélite orientale (ill. 45). Un encart promotionnel, publié dans le numéro 11 du 1er juin 1928, annonce :

> « Sous la présidence d'honneur de M. Léonard Rosenthal, Menorah et l'UUJJ organisent une Exposition d'art Juif dans la salle des fêtes de l'Association israélite orientale de Paris, 34, rue de Provence. L'exposition ouvrira le 17 juin et durera 15 jours. La commission des artistes est placée sous la présidence de M. Gustave Kahn[147]. »

Cet encart fournit quelques informations importantes. Tout d'abord, la présidence d'honneur revient à Léonard Rosenthal, un diamantaire d'origine russo-juive qui a soutenu l'art contemporain dans les années 1920[148]. L'organisation est sous la responsabilité de la revue et de l'Union universelle de la jeunesse juive (UUJJ), une association visant à créer un réseau

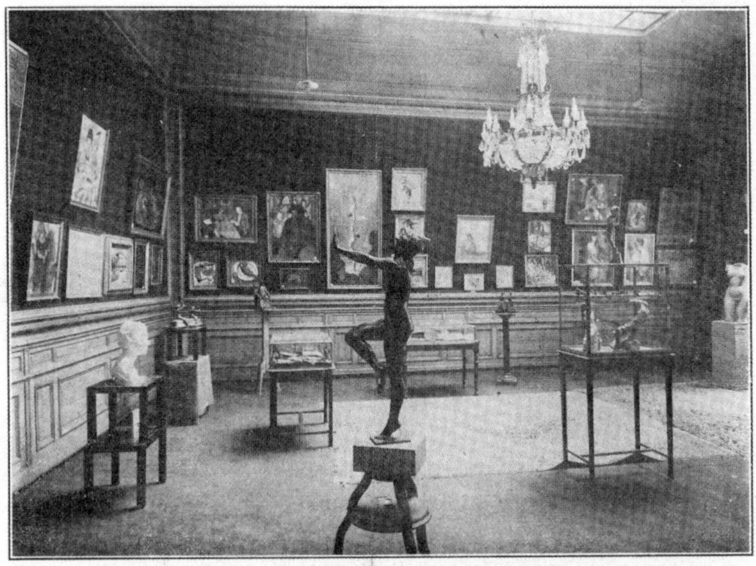

La principale Salle de l'Exposition Menorah

La grande presse et notre Exposition

L'INTRANSIGEANT :

L'Exposition de Menorah (34 rue de Provence), encore qu'assez incomplète puisque les noms comme ceux de Soutine, Kisling, Menkès, Zadkine, Lipchitz, Feder, Chagall, d'autres encore, n'y sont pas représentés, donne de sérieuses indications sur les directions de l'art juif moderne, surtout si on le rapproche des curieuses représentations du théâtre Granowsky.

L'art juif se présente sous un double aspect : l'oriental et peut-être aussi l'occidental.

Certains peintres juifs, dont Soutine parait le chef d'école, et qui semblent attachés à l'idée de rédemption de l'Occident par l'Orient, obéissent à des tendances naturalistes où le sujet semble déformé, décomposé, et pourri de cette « gangrène qui, selon Waldemar Georges, signifie un immense dégoût des biens terrestres ». L'art redevient éducateur moral, comme il l'était au moyen âge. De là ces compositions mélancoliques ou sinistres, ces figures antipathiques, dont l'abus des tons chauds exagère encore la pauvreté voulue et la vulgarité. Souvenirs de ghettos, de persécutions, de coutumes archaïques, de misère et d'espoirs.

Mais si le côté anectodique, littéraire et moral de cette conception semble développé avec la plus éloquente passion, le sens plastique, ou même simplement le sens artistique y semblent fort négligés. L'on se contente d'adopter scolairement les thèmes les plus classiques. Qu'on ne cherche nullement à développer le lyrisme de la composition du dessin. Tout esprit architectural est absent. Seul cet attachement au travail de la matière, qui vient du goût de l'Orient pour le tapis, la couleur et les pierreries.

C'est en cela que cet art est bien oriental et des artistes comme Aberdam, Zendel, Bettina Klein, Dejez-Aron, Weill, Weinbaum se rattachent à cet esprit.

Par contre, il existe un art juif (mais s'agit-il ici d'art juif) qui semble plus près des préoccupations occidentales plus près de cet humour supérieur qui fut celui des plus grands artistes, plus près de cette bonhomie spirituelle qui, loin de prendre au tragique les nécessités inéluctables de la vie, les colore d'un scepticisme charmant et qui conserve quand même à l'œuvre juste ce qu'il faut d'humanité. C'est l'art de Pascin, celui de Chagall, celui du théâtre Granowsky, l'art de Heine, de Zangwill, de Chaplin, de Max Jacob, c'est-à-dire un assez dix-huitième siècle, un art assez latin. Dans ce sens, voyez à « Menorah » les « Bienfaits de l'instruction publique » de Pascin. Qu'il y ait chez Pascin ou chez Chagall un fond assez pessimiste, sans doute. Mais cette nature est enveloppée généralement d'une atmosphère de poésie, d'esprit, de sentiment ou de bienveillance qui con-

45 Anonyme, *La principale salle de l'exposition Menorah*, photographie illustrant l'article « Exposition d'artistes juifs », *Menorah*, n° 15, 1er août 1928, p. 210

d'échanges internationaux au sein et en dehors de la communauté[149]. Dans ce réseau, Kahn occupe un rôle prestigieux; c'est une référence pour la culture. Cette annonce, semblable à celle publiée à l'occasion de la précédente exposition, mentionne une «exposition d'art juif», tandis que dans le numéro 13 de *Menorah* du 1er juillet 1928, Kahn s'est contenté d'indiquer les caractéristiques de l'événement, simplement présenté comme une «exposition d'art» :

> «*Menorah* organise dans la salle de l'Association orientale israélite, 34, rue de Provence, une exposition d'art à laquelle elle convie cordialement ses fidèles abonnés, ses lecteurs et tous les amis de l'art pictural – l'exposition est placée sous la présidence d'honneur de monsieur Léonard Rosenthal et sous les auspices d'un comité de patronage – elle ouvrira le lundi 2 juillet à trois heures et durera jusqu'au 13 juillet inclus. Exposition annexe de livres d'intérêt juif. Entrée libre (de 10 h à 12 h et de 14 h à 18 h)[150].»

L'article que Kahn rédige à cette occasion (mais qui est signé *Menorah*) comprend une liste des auteurs et des titres d'œuvres exposées, reportée en conclusion d'un bref essai critique. En réalité, le texte ne s'appesantit pas sur l'analyse stylistique, mais justifie les critères ayant présidé à leur choix. Le critique souligne que de nombreux artistes sont déjà connus des lecteurs de *Menorah*, car des images de leurs œuvres ont été publiées dans la revue pour illustrer des articles ou des poésies. Il évoque ensuite le principe de sélection :

> «*Menorah* est éclectique. Les raisons de ses choix d'illustrations ou de reproductions d'œuvres se déterminent par l'admiration ou l'intérêt provoqués, mais aussi par un principe ethnique. Nous tentons d'exposer à nos lecteurs les expressions diverses des artistes qui sont nos coreligionnaires. L'esthétique de notre temps est très variée. Les expositions qui la reflètent opposent sur les mêmes cimaises de violents contrastes[151].»

Un critique attentif comme Kahn ne peut négliger l'éclectisme esthétique et poétique d'une exposition fondée sur une «sélection ethnique» dont fait foi la seule image trouvée à ce jour. Il justifie la diversité des œuvres en la comparant au panorama artistique hétéroclite qui a marqué le début du XXe siècle. Il s'attarde ensuite sur l'assimilation aux codes de la peinture expérimentée à Paris par des artistes tels que Pissarro et les représentants de l'École de Paris. Dans cette optique, la fascination suscitée par le contact avec la culture artistique française séculaire avait orienté le parcours de nombreux artistes juifs vers la peinture de paysage ou le géométrisme à la Cézanne. Kahn conclut enfin en ouvrant vers les expositions à venir : « Cette exposition assez nombreuse ne réunit pas tous nos peintres. Il est bien difficile qu'à une date fixée, tous puissent se rendre à l'appel adressé ! C'est la première exposition qu'organise *Menorah*. C'est une préface. La seconde réunira plus d'artistes, si elle ne personnifie pas plus de tendances[152]. »

Comme le rappelle Jarrassé, l'ethnicité ne peut se traduire par un trait plastique, et le triomphe de la notion d'artiste juif correspond exclusivement à la définition biologique de l'identité juive adoptée par le sionisme. En organisant ces expositions, Kahn semble suivre les traces de Martin Buber et adopter le principe ethnique de la transmission du sang. La substitution d'une notion raciale à des catégories esthétiques, historiques ou critiques ouvre la porte à une « biologisation » de l'histoire de l'art juif[153]. Les hypothèses de Jarrassé sont plausibles et tout à fait soutenables, même s'il faut souligner que Kahn a contribué à construire cette catégorie avec la noble intention de promouvoir une scène artistique qui subissait un antisémitisme déstabilisant[154].

Pour comprendre à quel point les « expositions ethniques » sont un modèle en plein essor, il suffit de penser à l'exposition « Artistes juifs » organisée à la galerie Fermé la nuit en 1930, et dont rend compte *L'Intransigeant* :

> « Sous le titre ethnique d'artistes juifs, cette exposition, organisée par Marcel Sauvage, groupe, malgré l'exiguïté des lieux, un grand nombre d'artistes, ceux-là mêmes qui forment par ailleurs l'accueillante et multiple École de Paris. On y trouve avec une certaine surprise le nom de Picasso, ce qui ne doit pas déplaire à ceux qui voient dans l'art du maître espagnol les signes infaillibles du génie sémite [...]. Mais elle nous procure l'occasion de voir d'excellentes toiles de Chagall, de Modigliani, de Pascin, de Léopold Lévy, de Soutine, de Menkès, de Kars et de quelques jeunes[155]. »

Ce n'est pas seulement le principe biologique qui est remis en question, mais aussi l'interprétation d'une certaine peinture comme expression du génie juif. Comme le suggère le journaliste de *L'Intransigeant*, la présence de Picasso a été l'une des contradictions majeures de cette opération. Rappelons en effet que quelques essais, dont le célèbre *Picasso et la tradition française* d'Uhde, avaient déjà tenté de comprendre l'œuvre de Picasso en termes sémitiques. Si le langage de Picasso pouvait être interprété comme une conséquence directe du *pathos* expressionniste juif – *topos* à la mode à l'époque –, il était cependant difficile de substituer une simple affinité esthétique, déjà douteuse, aux principes de la transmission biologique.

Dans *Le Cafard après la fête ou l'Esthétisme d'aujourd'hui*, Basler s'attarde lui aussi sur le cas Picasso :

> « Au fait, Picasso est-il un peintre ? N'est-ce pas plutôt le prophète d'une nouvelle religion – mise en valeur par une société anonyme au capital indéterminé ? Sorcier, forgeur de mystères, nécromant ibérique en possession de toutes les recettes de la Kabbale, n'a-t-il pas surtout vu dans la peinture une vaste entreprise de spéculations pour exploiter ses trucs de magicien ? [...] [Picasso] ne joue-t-il pas un rôle dans la pensée moderne, au même titre que Freud et Lévy-Bruhl ? À l'instar de ces deux savants, qui ont démonté, pièce à pièce, le mécanisme mental de l'individu ou de la société primitive, il tient, lui, toutes les ficelles de l'illusion et de la magie dans l'art préhistorique, historique et sauvage. Seulement, on n'est pas sûr de la vertu incantatoire de ses fétiches, magots et signes cabalistiques[156]. »

Le critique décrit alors Picasso comme une sorte de « prophète-nécromant », ainsi qu'il le fera trois ans plus tard lors de la republication de cet extrait dans le numéro monographique consacré à l'artiste par les *Cahiers d'art*[157], et tente de le comparer à deux autres auteurs – étudiés en rédigeant les deux essais sur l'art primitif – qui ont contribué au développement de la pensée anthropologique moderne : Freud et Lévy-Bruhl, deux Juifs. Dans le cadre de la critique de Picasso entre les deux guerres[158], Basler a tracé des analogies entre l'art de Picasso et les analyses ethnographiques et psychologiques de la magie, comme l'avait également fait Einstein, qui avait reformulé la « pensée prélogique » de Lévy-Bruhl et le concept de magie élaboré par Henri Hubert et Marcel Mauss afin d'analyser l'œuvre de l'artiste espagnol dans sa relation avec l'animisme[159]. Tout un courant critique s'était appliqué à analyser Picasso d'un point de vue « métaphysique/mythologique », tentant d'affirmer un présumé caractère surnaturel de l'artiste, ainsi privé de son aspect humainement terrestre[160]. Même à l'époque du surréalisme dit « orthodoxe » d'André Breton, Picasso avait été appréhendé selon cette approche critique : c'est d'ailleurs pour cette raison que dans *Documents*, dont la rédaction comptait à la fois Georges Bataille et Epstein, Michel Leiris avait lancé une accusation contre ces lectures, qu'il qualifiait d'« astrales » et de « théosophiques ». Le célèbre article de Leiris, publié en 1930[161], ne dénonce pas seulement certaines conventions de genre sur Picasso – dont celle du « génie » –, mais s'en prend également aux critiques, qui sont à ses yeux « serviles » et considèrent l'artiste comme un esprit transcendant voué à une production obsessionnelle et excessive.

Alors que Michel Leiris avait qualifié de sublimations certaines lectures, dont celle de Breton, le Catalan Eugenio d'Ors, dans son essai sur Picasso en 1930[162] – plus précisément dans le chapitre intitulé « Ce que Picasso n'est pas » –, avait contribué à réfuter l'hypothèse d'un Picasso nécromancien. L'« accusation de magie » plaçait le peintre espagnol dans un monde imaginaire qui allait du magicien hermétique au kabbaliste, de l'alchimiste au sorcier noir. D'Apollinaire aux interprétations proposées par les surréalistes, l'image de Picasso comme apprenti sorcier s'était consolidée, et Basler n'y était pas indifférent. Si les qualités magiques de l'artiste furent interprétées à la lumière d'un potentiel créatif explosif, le critique polonais interprète quant à lui cette caractéristique dans un sens négatif, mettant en doute la relation de distance ou de complicité entre Picasso et la magie. La critique radicale faite au « nécromancien ibérique en possession de toutes les recettes de la Kabbale » prend ainsi une forte tournure accusatoire, mais peut aussi être lue comme une trace souterraine de l'antisémitisme qui avait alors gagné la psychanalyse et l'ethnologie – hypothèse étayée par le fait que Basler compare Picasso aux deux Juifs laïques Sigmund Freud et Lucien Lévy-Bruhl. La prétendue « identité juive » de l'artiste était ainsi liée à l'impossibilité de catégoriser sa peinture, qui était plutôt assimilée à un langage talmudique (étranger) ou kabbalistique (secret). À l'époque, les critiques les plus conservateurs voyaient dans le style artistique un indice ethnique et Picasso, en tant qu'Espagnol né à Malaga, était placé à la frontière entre l'Europe et l'Afrique. Selon eux, ses œuvres exprimaient ainsi un contraste entre la « rationalité française » et le « mysticisme andalou », ce dernier étant dû aux influences mauresques auxquelles il avait été exposé dans ses premières années[163].

La présence de Picasso parmi les « artistes juifs » de la galerie Fermé la nuit est donc conceptuellement problématique, mais elle aurait simultanément attiré l'attention d'un public plus large et contribué à rendre visibles des artistes encore en quête de fortune. En exploitant malicieusement la confusion qui prévalait alors entre l'École de Paris et l'École juive de Paris, les organisateurs jouèrent la carte de la célébrité.

Si l'exposition était devenue l'une des principales activités pour soutenir les artistes juifs, les événements philanthropiques promus par un réseau établi d'associations complétaient le panorama de la solidarité communautaire. Ainsi, depuis 1921, Kahn et son épouse Rachel participaient à l'aventure de l'Aide amicale aux artistes (AAAA). Cette association soutenait plusieurs artistes actifs à Montparnasse, dont beaucoup ont déjà été cités. L'impossibilité d'accéder aux archives de l'association nous oblige à restreindre notre analyse au récit qu'en donne Olivier Philippe dans son livre *Léon Zamaron. Un flic ami des peintres de Montparnasse*[164], et aux archives privées de la famille Kahn.

L'AIDE AMICALE AUX ARTISTES

Peintres, Sculpteurs, Graveurs (gravure originale), Décorateurs

(*Journal Officiel*, 29 Novembre 1921)

Siège Social : 82, Rue Vaneau, PARIS

BUT DE LA SOCIÉTÉ

L'aide amicale aux artistes a pour but de venir en aide aux artistes par les moyens suivants : organisation de tombolas, conférences, représentations théâtrales, par des subsides et surtout par un système d'achat ainsi conçu :

L'œuvre achetée par la Société demeure la propriété de l'artiste. Il est libre de la faire figurer à des expositions et de l'y vendre, à condition que le prix de vente soit supérieur au prêt consenti par la Société et à condition aussi de rembourser la Société (capital net) de l'avance consentie sur l'œuvre et de partager entre lui et la Société, par moitié, la plus-value obtenue par l'œuvre.

La Société se réserve le droit de mettre en vente aux moments fixés par ses propres convenances, les œuvres qu'elle aura acquises. S'il y a plus-value, l'artiste, après remboursement du capital net du prix de son œuvre, entre en possession de la moitié de cette plus-value, l'autre moitié étant versée à la Société pour être employée à de nouveaux achats.

Ce système de répartition sera appliqué quelle que soit l'importance de la plus-value.

Ce système d'achat a paru à notre Comité le mode le plus propre à venir en aide aux artistes en ménageant le mieux leur susceptibilité et en les intéressant à la Société par esprit de solidarité, l'obligé devenant à son tour, le jour de la vente de son œuvre, bienfaiteur.

1° La Société se propose de mettre en rapport, en cas de litiges judiciaires relatifs à l'exercice de leur art, les artistes avec des avocats qui plaideront pour eux à titre gracieux.

2° De procurer aux artistes gênés des soins médicaux gratuits et de leur obtenir des réductions dans les hôpitaux.

La Société créera, dès que ses moyens le lui permettront, des allocations de voyage d'études (en France) pour donner aux artistes la possibilité de travailler hors Paris.

Elle cherche, par l'octroi de subsides rapides et surtout d'achats, à préserver les artistes de détresses excessives pouvant les contraindre à vendre leur production à vil prix.

Vous connaissez tous les difficultés d'existence que rencontrent les artistes, difficultés accrues encore par la cherté de la vie, nous vous serions donc infiniment reconnaissants d'adhérer à notre œuvre de solidarité.

Pour le Comité,
La Présidente,
RACHEL GUSTAVE KAHN.

46 Rachel Gustave Kahn, « But de la société », *Journal officiel de l'Aide amicale aux artistes* (AAAA), 29 novembre 1921, document imprimé

L'Aide amicale aux artistes naît le 29 novembre 1921 d'une idée de Gustave Fuss-Amoré, un homme de lettres passionné de peinture. Il parvient à convaincre ses amis, le commissaire de police Zamaron et les époux Kahn, de s'associer pour réaliser une opération philanthropique sans précédent. Les origines et le nom de l'association sont issus d'une tentative antérieure : l'Aide des anciens amis d'Adèle, créée pour soutenir Adèle, gérant d'un petit restaurant de la rue Norvins et personnage pittoresque de Montmartre. Le projet devient vite plus ambitieux et l'Aide aux artistes se dote d'une présidente, Rachel Kahn, qui avait déjà acquis une riche expérience dans le milieu associatif pendant la Première Guerre mondiale. Les statuts de l'association la décrivent comme un organe destiné à organiser des actions de bienfaisance en faveur des artistes en difficulté. L'AAAA portait ainsi secours, moralement et matériellement, à tous ceux qui se trouvaient dans le besoin, quelle que soit leur appartenance politique ou religieuse. Le financement était réglementé par des rapports contractuels spécifiques :

> « Le bureau décide d'acheter à un artiste, un vrai artiste, momentanément gêné, une œuvre, toile, statuette. L'œuvre demeure la propriété de l'artiste, elle reste à sa disposition, il peut la faire figurer à des expositions et, s'il trouve amateur, la vendre. S'il n'y réussit point, son gage est vendu plus tard, alors que sa notoriété accrue aura valu à ses travaux une valeur marchande plus considérable. Dans les deux cas, sur la vente, l'artiste rembourse l'Aide, capital net. La plus-value est partagée par moitié entre l'artiste qui trouve là une juste rémunération de son travail et l'Aide qui se sert de son bénéfice pour soulager la détresse d'un autre. Ainsi l'obligé d'hier se transforme en bienfaiteur : il a été aidé, il aide à son tour. Sa fierté a été ménagée, une mauvaise heure lui a été adoucie et, en fin de compte, il s'acquitte moralement vis-à-vis d'un confrère. C'est cela, l'esprit de l'Aide[165]. »

Le « but de la société » (ill. 46) atteste son intention de récolter des fonds grâce à de multiples manifestations comme des tombolas ou des conférences, des représentations théâtrales, des bals – autant d'expédients renouvelant les moyens de subsistance habituels du monde associatif[166]. Il existe d'autres formes de soutien, comme celle promue par Zamaron : acquérir pour un coût modeste les œuvres des artistes de l'École de Paris en échange d'une accélération de leur procédure de naturalisation française, ou du rejet d'une dénonciation pour tapage sur la voie publique. Grâce aux dons des nombreux membres, on pouvait engager une procédure plus contrôlée et financer davantage d'artistes ; parmi eux figuraient naturellement quelques Juifs.

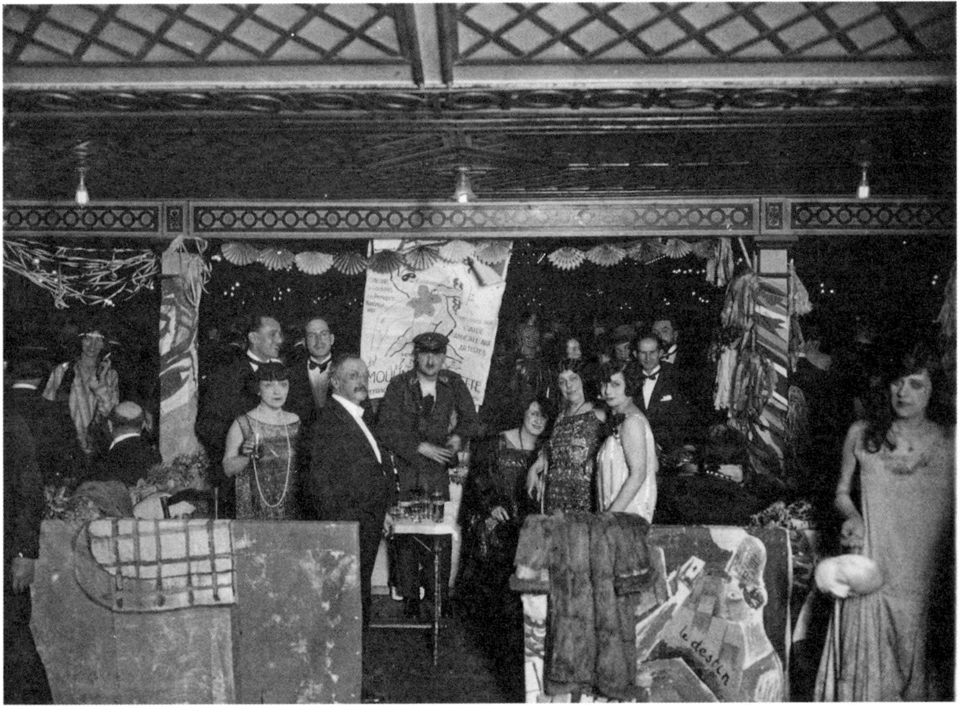

47 Anonyme, bal de l'AAAA au Moulin de la Galette avec Gustave et Rachel Kahn, photographie, 7 mai 1926

Au nombre des artistes ayant bénéficié de ces aides, on rencontre Friesz, Vassilieff, Pissarro, Kisling, Altman, Clergé, Kikoïne, Astoy ou encore Touchagues... dont les textes de présentation étaient la plupart du temps rédigés par Kahn lui-même. Le critique présidait en outre, avec Fedgal ou Guérin, les comités de sélection du concours pour la réalisation de l'affiche des bals. Ce concours, dont le premier prix s'élevait à 500 francs, attirait beaucoup d'artistes[167]. L'affiche d'Utrillo pour le bal du Magic-City de 1925 et celle de Valadon pour l'édition de 1927 témoignent de sa réputation.

Certains documents concernant l'édition de 1926 permettent de mieux comprendre l'organisation et les objectifs spécifiques des bals. L'affiche réalisée par Foujita invitait le public à une soirée prévue le 7 mai au Moulin de la Galette (ill. 47). Il s'agissait d'une fête à thème où les invités, portant perruque, animeraient l'un des événements mondains les plus populaires de la capitale. Quant à Gustave Kahn, il révélait clairement les buts de l'association; en philanthrope de l'art contemporain, il incitait les participants à soutenir financièrement les artistes : « En vous associant à sa bienfaisante activité, vous soulagerez des infortunés et, mieux, vous aiderez au développement des talents. Vous permettrez à des artistes de ne pas se gâcher à des besognes ; vous travaillerez à la gloire de l'art, de l'art français, de l'art de Paris[168]. » Accueillis dans de magnifiques salles décorées par de jeunes artistes, les donateurs versaient des sommes considérables qui servaient à aider les familles des vainqueurs et à couvrir les frais médicaux des malades.

L'aventure de l'AAAA est fondamentale pour comprendre les activités de Kahn dans le Paris de l'entre-deux-guerres. Si certains éléments identitaires l'avaient poussé à fréquenter le milieu sioniste, une prédisposition naturelle pour la création contemporaine avait orienté ses choix vers cette association dissoute en 1931, l'année où lui-même mourut. Homme de lettres estimé, il avait su dissocier, comme tous les autres, ses fonctions auprès de *Menorah* et de l'AAAA de celles, plus officielles, auprès des institutions françaises. Ses activités semblent donc osciller entre influences et indécisions dues au climat hostile aux Juifs qui régnait alors à Paris.

Conclusion

« À la source de l'art moderne », la dernière publication répertoriée à ce jour d'Adolphe Basler, date de 1945 et fait partie d'un recueil de Gaston Diehl consacré aux « problèmes » de la peinture[1]. Le court essai du critique d'art s'inscrit dans un contexte assez particulier, car ce livre est préparé au moment même où la France subit les dures épreuves de la guerre. La participation de Basler relève donc d'un ultime changement de cap, le rapprochant enfin des cercles de l'élève d'Henri Focillon qui, dès 1943, organise des manifestations artistiques d'envergure, en opposition à la lecture nazie de l'art contemporain comme « dégénéré ». Diehl crée d'abord le Salon de mai, une association d'artistes et d'intellectuels qui militent en faveur de l'art français, puis, en 1944, le Mouvement des amis de l'art, afin de diffuser – au moyen de conférences, de publications et d'expositions – ce qu'il aime définir comme la peinture française contemporaine[2]. Un tel engagement est motivé par le durcissement des discours nationaux sur les pratiques picturales pendant l'occupation allemande et le pétainisme. Au début des années 1940, l'idéologie passéiste, que traduit la devise « Travail, Famille, Patrie », trouve en effet toute sa place dans les milieux artistiques. À ce propos, dans son étude pionnière sur l'histoire de l'art à Paris entre 1940 et 1944, Laurence Bertrand Dorléac écrit :

> « La peinture en particulier était violemment dénoncée pour incarner la modernité, et avoir consommé le divorce entre l'art et la société. Décorative, inutile, hautaine, brillante mais désespérée, ses adversaires et parfois ses partisans lui opposaient des forces traditionnelles de grandeur morale et dimensionnelle, non individualistes, lisibles et rééducatrices, adaptées à la vie publique. L'art mural, monumental, l'artisanat surtout servaient le culte rétro visant à restaurer les valeurs pérennes et spirituelles de la Race et de la Nation dévoyées par un machinisme inhumain, générateur de reproduction identique et de perfection anonyme[3]. »

Dans un contexte culturel très favorable à l'agrarisme, au folklore et au nationalisme « biologique », Basler a dû défendre son statut de critique d'art d'origine juive polonaise en France. En l'absence d'informations sur sa situation personnelle pendant la Seconde Guerre mondiale, il est impossible de reconstituer son parcours, d'autant plus qu'aucune trace documentaire de son activité critique n'existe après 1945. Ses archives privées, dispersées en 2007 par la maison de vente Carlier Imbert de Saint-Étienne, sont muettes sur sa vie d'après-guerre, d'où l'extrême importance de son texte sur l'art moderne. Ici, en employant un ton à la fois résigné et posé, Basler réhabilite les grands moments de l'art en France, comme la peinture de Cézanne, les mouvements avant-gardistes et, surtout, le primitivisme et l'archaïsme :

> « Le primitivisme et l'archaïsme, vers lesquels se porte le goût de notre temps, n'ont plus rien d'anormal pour qui les envisage sans parti pris. Mieux vaut, sans doute, un fétiche farouche, taillé dans le bois par un anthropophage, que tel navet de l'Académie, correct autant qu'insipide. L'art n'a pas d'âge ; les civilisés n'en ont pas le monopole. Les créations d'un noir ou d'un troglodyte d'il y a vingt mille ans sont aussi authentiquement de l'art que les œuvres de la Chine, de l'Égypte, de la Grèce, des siècles médiévaux, de la Renaissance et des temps modernes[4]. »

Confronté aux drames de la guerre et à la violence de l'antisémitisme, Basler se rallie à la cause patriotique française en prônant désormais la peinture d'avant-garde. Le titre de sa contribution, qui évoque les « sources de l'art moderne », peut certes être interprété comme la volonté d'analyser une série d'inspirations fondamentales pour la peinture du début du XXe siècle, mais aussi, si l'on considère le caractère autobiographique de cette contribution, comme une sorte de testament qu'il rédige en tant qu'acteur de ce moment fécond de l'histoire de l'art. La source de l'art moderne serait donc lui-même puisque, depuis ses années passées aux côtés d'Apollinaire, le critique d'art n'a cessé de commenter, d'analyser, de diffuser et de soutenir l'art en train de se faire.

Cet aspect de sa personnalité le distingue, par exemple, de Bernard Dorival, conservateur au musée national d'Art moderne et professeur de peinture contemporaine à l'École du Louvre de 1942 à 1946. Contrairement à Basler, l'historien de l'art, qui publie « Le génie français et la peinture française contemporaine » dans ce même recueil, commence par affirmer : « Rien n'est plus obscur, plus complexe que les relations d'un art avec la nation qui le crée[5]. » Il ajoute ensuite : « L'esprit français n'est pas un fait, un fait immuable, mais une réalité ondoyante et diverse, qui a revêtu mille figures dans le déroulement de l'histoire, et en revêtira encore cent mille autres[6]. » À partir de là, Dorival déroule une fine analyse de la peinture française en adoptant une méthode historienne et en proposant une lecture évolutive des formes de l'art, probablement inspirée par la lecture des textes d'Henri Focillon, dont il a lui aussi été l'élève. Dans son article, il décrit brillamment la succession de réalités « ondoyantes » qui constituent la colonne vertébrale de l'art français contemporain. Matisse, Bonnard et Cézanne, le cubisme, le surréalisme et les jeunes peintres de tradition française sont, selon l'auteur, enracinés dans la glorieuse histoire séculaire de la France. Le style employé et l'approche méthodologique marquent un écart considérable avec Basler. Si le critique d'art se positionne en tant que « fabricant » de l'histoire, Dorival inscrit l'analyse des esthétiques contemporaines dans une dimension historique plus large, la situant en réalité dans un domaine savant.

La politisation des discours sur l'art étant au cœur des débats dès les années 1920, il ne faut pas sous-estimer la place accordée aux historiens de l'art dans les tribunes publiques. À la fin du premier conflit mondial, leurs voix s'élèvent pour exprimer toute leur désolation face aux dommages infligés par les Allemands au patrimoine français. Ils prennent alors la parole en tant que communauté intellectuelle unie. Sortant des circuits relativement fermés de l'université, ils commencent à s'adresser à un large public et à mettre leurs connaissances académiques au service de ce qu'ils définissent comme le combat des « civilisations » contre les « barbaries »[7].

Cette nuance permet de mieux comprendre le rôle joué par la critique d'art dans l'entre-deux-guerres. Basler, comme Waldemar-George, Louis Vauxcelles, Gustave Kahn, Camille Mauclair, Maurice Feuillet, Jacques Biélinky, Guido Ludovico Luzzatto et Marcel Hiver, pour n'en citer que quelques-uns, ont tout d'abord eu l'intention de « faire » l'histoire grâce à leur proximité avec les mouvements les plus turbulents de l'art parisien des années 1920 et 1930. Cela s'explique par les caractéristiques mêmes de la critique, que Pierre-Henry Frangne et Jean-Marc Poinsot ont tenté de définir ainsi :

> « [...] la critique d'art est un discours ou une pensée possédant deux traits principaux : elle parle des œuvres d'art non en général, mais dans leur singularité même ; elle produit sur elles un jugement afin d'apprécier la valeur, la qualité, le sens et la réussite d'une œuvre eu égard au dessein que l'artiste s'est donné à lui-même. La critique d'art, alors, enchevêtre quatre opérations principales qui engendrent une complexité, mais qui font aussi sa spécificité et son intérêt. Ces quatre opérations sont celles de la description (puisque le critique doit rendre compte d'une rencontre sensible et particulière avec une œuvre particulière), de l'évaluation (puisque le critique juge ou apprécie la qualité, la réussite ou l'échec de l'œuvre), de l'interprétation

> (puisque le critique dégage un contenu ou un sens), de l'expression (puisque le critique dit ses choix, ses conceptions, ses goûts, ses sentiments)[8]. »

La description, l'évaluation, l'interprétation et l'expression sont donc les armes utilisées par les critiques d'art face aux fluctuations politiques de l'entre-deux-guerres. La preuve en est donnée par un des mouvements les plus politisés de cette période : l'Association des critiques d'art français, présidée par Mauclair et Feuillet. À l'aide d'un manifeste, les signataires affrontent ouvertement les institutions en critiquant la présence d'artistes étrangers et en dénonçant « la laide absurdité des bariolages qui provoquent [les] yeux dans maintes rues parisiennes, par l'introduction de pochades insignifiantes ou criardes dans les musées voués à l'éclectisme passif [...][9] ». La véhémence de ces propos nationalistes et xénophobes montre qu'il existe un désir d'activisme politique, et qu'il s'exprime par un engagement aux traits fortement idéologiques.

Soumises à un équilibre sociopolitique très instable, d'autres figures ont privilégié une stratégie plus ambiguë que celle adoptée par les adeptes du nationalisme extrême, et qui ressemble surtout à une série d'oscillations à première vue incompréhensible. L'« homme-symptôme » de cette nouvelle « condition critique » est certainement le Juif polonais Waldemar-George qui, dans les années 1920 et 1930, affiche à la fois ses propos antisémites et ses sympathies pour le sionisme. Contraint de vivre clandestinement pendant la guerre, il sera cependant l'une des premières cibles des persécutions raciales. En août 1944, après la Libération, il est toutefois de retour à Paris. Dans un élan inattendu, il se met à multiplier les collaborations avec les galeries d'art et les revues, et tente de faire oublier ses penchants pour le fascisme. Dans les années 1950, il entame même une activité de chroniqueur à *L'Arche*, un magazine d'actualités juives. Il y fait l'éloge de l'État d'Israël, de son peuple et de sa culture[10]. Mais c'est surtout à l'âge de soixante-treize ans que Waldemar-George, interrogé dans le cadre d'une enquête sur la critique d'art, clarifie sa conception désormais mûre de la profession. Aux questions : « Comment concevez-vous le rôle du critique d'art ? Auprès du public ? Auprès de l'artiste ? », il répond :

> « Le rôle du critique d'art ne doit pas se borner à rendre compte des Salons et des expositions. Ce rôle doit être actif. Le critique doit mettre les artistes en rapport avec les amateurs, alors même que cette tâche est, en principe, dévolue aux marchands. Ses initiatives doivent être spontanées et désintéressées. Il doit aider les peintres et les sculpteurs, les défendre et pro-

mouvoir leurs œuvres. Il a aussi le droit de les juger et d'être intransigeant. Quant au public qui forme son auditoire, il est son *cicerone*. Il a le devoir de lui montrer la voie[11]. »

Waldemar-George insiste sur le rôle actif du critique d'art à la manière d'Adolphe Basler, tout en soulignant le caractère désintéressé de son activité. Loin d'avoir su ou pu garder cette distance, il a plutôt contribué à créer un grand nombre de réseaux labiles, en perpétuelle restructuration. En effet, les artistes, les critiques d'art, les collectionneurs et les connaisseurs sont à l'origine d'un système qui constitue un accélérateur de visibilité pour les milieux indépendants de l'art contemporain de cette époque. Cette autonomisation de l'art s'accompagne en outre de l'apparition de galeries d'art qui soutiennent non seulement les œuvres des artistes, mais aussi les théories et les goûts de leurs critiques d'art[12]. Dans un contexte si fluctuant, il a été nécessaire de mener une recherche sur des parcours singuliers, de croiser les données personnelles et subjectives avec les dynamiques collectives, et d'accorder par conséquent une place centrale au caractère complexe de la profession de critique d'art dans l'entre-deux-guerres[13], dont Waldemar-George est désormais l'un des exemples les plus significatifs.

La complexité semble parfois inconciliable avec la violence d'une période qui a vu naître une exposition comme « Le Juif et la France », du 5 septembre 1941 au 5 janvier 1942, au palais Berlitz de Paris (ill. 48). Cet événement pédagogique, organisé et financé par l'Institut d'étude des questions juives – une structure créée avec le soutien du bureau de la Propagande allemande –, visait à démontrer la présence « corruptrice » des Juifs en France. René Péron, auteur de l'affiche de l'exposition, crée une image raciste et antisémite, où un rabbin enserre le globe terrestre comme pour l'accaparer. Cette représentation ainsi que toute l'iconographie raciale mobilisée à l'intérieur du palais Berlitz matérialisaient l'expression la plus extrême et la plus virulente de l'antisémitisme français des années 1940[14]. Ainsi l'une des raisons de la délimitation chronologique de cette étude, qui s'arrête expressément à l'année 1933, est-elle l'ouverture par le nazisme d'un nouveau chapitre de l'histoire du nationalisme et de l'antisémitisme en Europe, lequel marque un point de non-retour. Il est dès lors impossible de poursuivre une analyse prosopographique du corpus de critiques d'art qui ont fait l'objet de cette recherche. Non seulement les traces documentaires se font rares, sinon inexistantes, mais encore beaucoup de ces critiques, hormis les plus radicaux, ont subitement disparu de la scène artistique contemporaine et regretté une adhésion trop « opportuniste » aux groupes d'extrême droite. Il n'est donc plus question de complexité, mais de

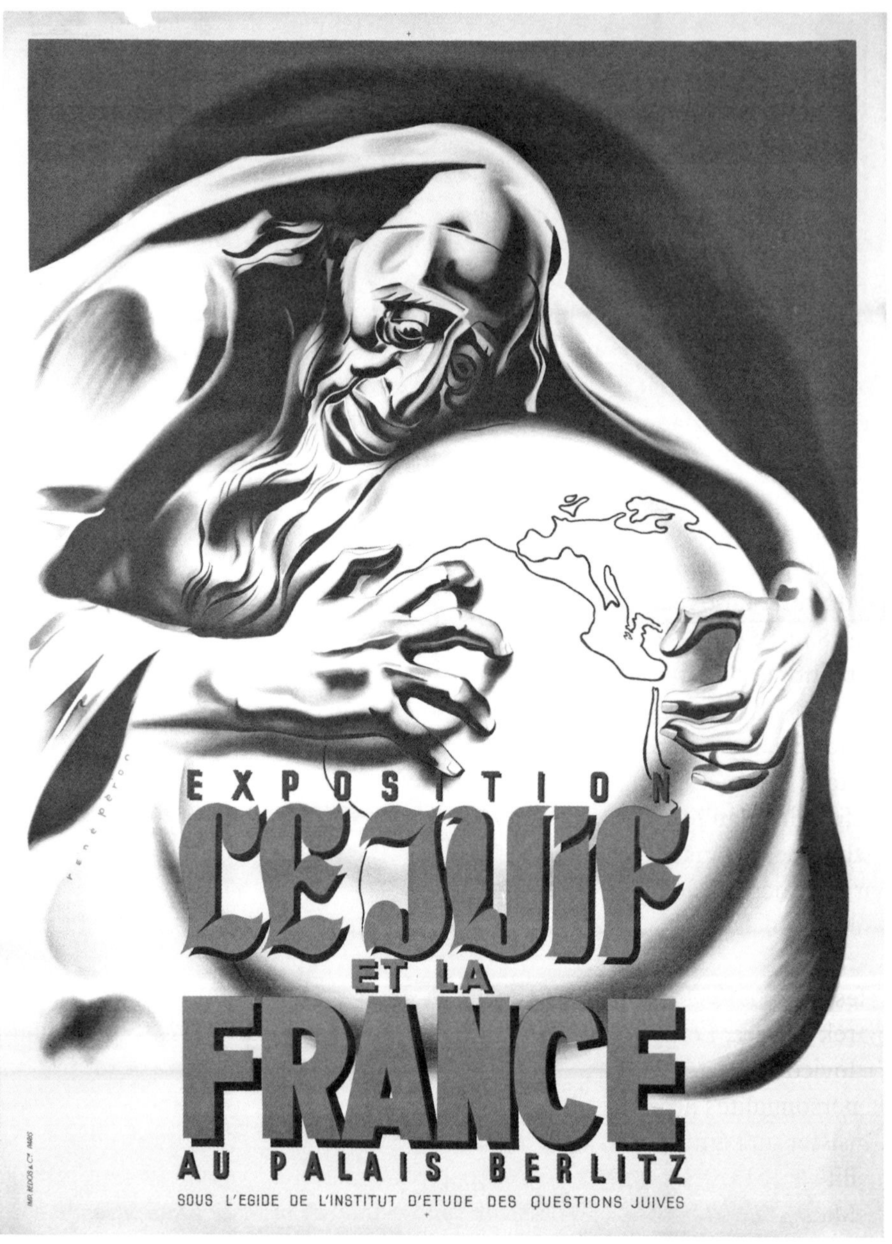

48 René Péron, affiche de l'exposition « Le Juif et la France », 1941, Paris, musée Carnavalet, inv. AFF3371

positionnements pour ou contre les violences de la guerre et l'extermination du peuple juif.

Tout en faisant le diagnostic de chaque passage xénophobe, antisémite ou nationaliste dans les textes critiques de l'entre-deux-guerres, cette recherche s'est appliquée à déconstruire les visions binaires proposées par certaines études anglophones des années 1990[15]. Si l'élaboration d'un discours sur l'art national français a souvent été assimilée à des positions esthétiques et politiques réactionnaires et parfois antisémites, en opposition aux idéaux progressistes présumés des avant-gardes, une reconstitution des parcours singuliers de chaque critique d'art a révélé des situations plus complexes que ce que l'on aurait pu croire. Il revient d'ailleurs aux études pionnières de Dominique Jarrassé d'avoir inauguré cet intérêt pour les dimensions « ethniques » dans l'histoire de la critique d'art. En analysant l'éveil d'une « critique d'art juive » proche des mouvements sionistes français, non seulement Jarrassé englobe le sionisme dans la question du nationalisme en France, mais il s'attaque aussi au principe de catégorisation d'art et d'artiste étranger et juif. Celui-ci est du reste mobilisé par la critique d'art associée aux revues *L'Univers israélite* (1844-1940), *Menorah* (1922-1933) ou à la *Revue juive* (1925) pour en faire un point de force[16]. Voilà qui déstabilise les lectures réduisant la complexité des rapports entre art et politique, et permet d'élargir le périmètre d'analyse à d'autres protagonistes de ce phénomène oscillatoire qui a vu, par exemple, Gustave Kahn hésiter entre un langage formaliste dans ses contributions « officielles » au *Mercure de France* et une rhétorique engagée aux références « ethniques » dans les revues proches du sionisme[17]. Avec en ligne de mire cet horizon méthodologique, cette recherche s'est appuyée sur des sources inédites et sur le dépouillement minutieux des monographies de la collection « Artistes juifs » des éditions Le Triangle afin de questionner les contradictions et les paradoxes de critiques d'art comme Adolphe Basler, Waldemar-George, Marek Szwarc, Louis Vauxcelles, Joseph Milbauer, Jacques Biélinky et Guido Ludovico Luzzatto. Loin d'être exhaustive, cette relecture a réuni un ensemble de personnalités hétérogènes afin de constituer un cadre comparatif inédit et d'insister sur l'émergence de trajectoires sinueuses, issues d'un contexte d'instabilité propice aux positionnements extrêmes.

Malheureusement, l'instrumentalisation des récits autour de la grande histoire semble être de retour. La fragmentation des sociétés, qui crée les conditions de la radicalisation des discours, a fait naître une série inexplicable de mensonges qui tentent de faire haïr le présent et d'inventer un avenir détestable[18]. En réinterrogeant les rapports de force qui se trouvent à la base de la politisation des discours artistiques, il s'est certes agi de porter un nouveau regard sur une période sombre de l'histoire de l'art en France, mais également de poser les bases méthodologiques d'une nouvelle interprétation de l'influence des nationalismes et de l'antisémitisme sur la critique d'art. Il en résulte un travail dont certains passages font malheureusement écho aux propos politiques contemporains les plus préoccupants.

Notes

Notes de l'introduction

1. Françoise Lucbert, *Entre le voir et le dire : la critique d'art des écrivains dans la presse symboliste en France de 1882 à 1906*, Rennes, Presses universitaires de Rennes, 2005, p. 52.
2. Claude Schvalberg, « Présentation », dans Claude Schvalberg (éd.), *Dictionnaire de la critique d'art à Paris (1890-1969)*, Rennes, Presses universitaires de Rennes, 2014, p. 17.
3. Malcolm Gee, « The Nature of Twentieth-Century Art Criticism », dans Malcolm Gee (éd.), *Art Criticism since 1900*, Manchester & New York, Manchester University Press, 1993, p. 4.
4. *Paris. Capital of the Arts (1900-1968)*, éd. par Ann Dumas, Gladys Fabre, Norman Rosenthal et Sarah Wilson, cat. exp. Londres, Royal Academy of Arts et Bilbao, Guggenheim Museum, Paris, Hazan, 2002.
5. *Les Réalismes (1919-1939)*, éd. par Jean Clair, cat. exp. Paris, Centre Pompidou et Berlin, Staatliche Kunsthalle, Paris, Éditions du Centre Pompidou, 1980.
6. *The Circle of Montparnasse. Jewish Artists in Paris (1905-1945)*, éd. par Romy Golan et Kenneth Silver, cat. exp. New York, The Jewish Museum, New York, The Jewish Museum, 1985.
7. Kenneth Silver, *Esprit de corps. The Art of the Parisian Avant-garde and the First World War (1914-1925)*, Princeton, Princeton University Press, 1989, p. 92.
8. Romy Golan, *Modernity and Nostalgia. Arts and Politics in France between the Wars*, New Haven & Londres, Yale University Press, 1995, p. 137-154.
9. Michela Passini, *La Fabrique de l'art national : le nationalisme et les origines de l'histoire de l'art en France et en Allemagne (1870-1933)*, Paris, Éditions de la Maison des sciences de l'homme, 2013 (Passages/Passagen, 43), p. 83.
10. Michela Passini, *L'Œil et l'Archive : une histoire de l'histoire de l'art*, Paris, La Découverte, 2017, p. 170.
11. Pierre Vaisse, « Introduction. Quelques remarques méthodologiques », dans Thomas W. Gaehtgens, Mathilde Arnoux et Friederike Kitschen (éd.), *Perspectives croisées : la critique d'art franco-allemande (1870-1945)*, Paris, Éditions de la Maison des sciences de l'homme, 2009 (Passages/Passagen, 22), p. 450.
12. Michel Winock, *Nationalisme, antisémitisme et fascisme en France*, Paris, Seuil, 1982, p. 28-29.
13. Fritz Vanderpyl, « Existe-t-il une peinture juive ? », *Mercure de France* 650, 15 juillet 1925, p. 386-396.
14. Pierre Jaccard, « L'art grec et le spiritualisme hébreu. À propos de la peinture juive », *Mercure de France* 652, 15 août 1925, p. 80-93.
15. Dominique Jarrassé, *Existe-t-il un art juif?* (2006), Le Kremlin-Bicêtre, Éditions Esthétique(s) du divers, 2013, p. 126-132.
16. Éric Michaud, *Un art de l'éternité. L'image et le temps du national-socialisme*, Paris, Gallimard, 1996, p. 13.
17. Neil McWilliam, « Action française, Classicism, and the Dilemmas of Traditionalism in France (1900-1914) », dans June Hargrove et Neil McWilliam (éd.), *Nationalism and French Visual Culture (1870-1914)*, New Haven & Londres, Yale University Press, 2005, p. 270.
18. Dominique Jarrassé, « L'éveil d'une critique d'art juive et le recours au "principe ethnique" dans une définition de l'"art juif" », *Archives juives* 1, 2006, p. 63-75.
19. Catherine Nicault, « Les "Français israélites"

et la ligue d'Action française. Des années 1900 à 1940 », dans Michel Lemayre et Jacques Prévotat (éd.), *L'Action française, culture, société, politique*, Lille, Presses universitaires du Septentrion, 2008, p. 194.

20. *Ibid.*, p. 63.
21. Marie Gispert et Catherine Méneux, « Introduction », dans Marie Gispert et Catherine Méneux (éd.), *Critique(s) d'art : nouveaux corpus, nouvelles méthodes*, Paris, site de l'HiCSA, mars 2019, p. 7, URL : https://hicsa.univ-paris1.fr/page.php?r=133&id=1004&lang=fr [dernier accès : 20.09.2020].
22. Pierre Vaisse, « Différences entre la critique d'art des XIXe et XXe siècles », dans Uwe Fleckner et Thomas W. Gaehtgens (éd.), *Prenez garde à la peinture : Kunstkritik in Frankreich (1900-1945)*, Berlin, Akademie Verlag, 1999 (Passages/Passagen, 1), p. 24.
23. Pierre Vaisse, « Le cas Mauclair », *Lendemains* 133, 2009, p. 91.
24. Alessandro Gallicchio, « Adolphe Basler marchand en chambre et galeriste », dans Denise Vernerey-Laplace et Hélène Ivanoff (éd.), *Les Artistes et leurs galeries. Paris-Berlin (1900-1950)*, I : *Paris*, Rouen, Presses universitaires de Rouen et du Havre, 2018, p. 261-277, et Alessandro Gallicchio, « Adolphe Basler, critique et marchand d'art : de la période Apollinaire à la galerie de Sèvres », dans Wiesław Kroker (éd.), *Apollinaire à travers l'Europe*, Varsovie, Wydawnictwa Uniwersytetu Warszawskiego, 2015, p. 193-212.
25. Yves Chevrefils Desbiolles, *Waldemar-George critique d'art : cinq portraits pour un siècle paradoxal. Essai et anthologie*, Rennes, Presses universitaires de Rennes, 2016, p. 15-16.
26. Dominique Jarrassé, « Gustave Kahn critique d'art juif ? », dans Françoise Lucbert et Richard Shryock (éd.), *Gustave Kahn : un écrivain engagé*, Rennes, Presses universitaires de Rennes, 2016, p. 201-214.

Notes du chapitre 1

1. Antoine Marès, « Aperçu des communautés centre-européennes à Paris dans l'entre-deux-guerres », dans Maria Delaperrière et Antoine Marès (éd.), *Paris « capitale culturelle » d'Europe centrale*, Paris, Centre d'études slaves et Institut d'études slaves, 1997, p. 15-16.
2. Richard D. Sonn, « Jewish Modernism: Immigrant Artists of Montparnasse 1905-1914 », dans Karen L. Carter et Susan Waller (éd.), *Foreign Artists and Communities in Modern Paris (1870-1914). Strangers in Paris*, Londres, Routledge, 2015, p. 126.
3. Gérard Monnier, « Un art sans frontières. Liberté et mobilité : l'internationalisation des arts en Europe (1900-1950) », dans Gérard Monnier et José Vovelle (éd.), *Un art sans frontières. L'internationalisation des arts en Europe (1900-1950)*, Paris, Publications de la Sorbonne, 1994, p. 9.
4. Marianne Jakobi, « La question du cosmopolitisme artistique à Paris dans les années 1920. Léonce Rosenberg et la galerie L'Effort moderne », dans Marie-Claude Chaudonneret (éd.), *Les Artistes étrangers à Paris : de la fin du Moyen Âge aux années 1920*, Paris, Lang, 2007, p. 238.
5. Günter Metken, « Regards sur la France et l'Allemagne. Le climat des rapports artistiques : contacts personnels, voyages, publications », dans *Paris-Berlin 1900-1933. Rapports et contrastes France-Allemagne : art, architecture, graphisme, littérature, objets industriels, cinéma, théâtre, musique*, éd. par Pontus Hulten, cat. exp. Paris, Centre Pompidou, Paris, Éditions du Centre Pompidou, 1978, p. 20.
6. Guillaume Apollinaire, « Le Dôme et les dômiers », *Paris-Journal*, 2 juillet 1914.
7. Jean-Hubert Martin et Carole Naggar, « Paris-Moscou, artistes et trajets d'avant-garde », dans *Paris-Moscou 1900-1930*, éd. par Pontus Hulten, cat. exp. Paris, Centre Pompidou, Paris, Éditions du Centre Pompidou, 1979, p. 28.
8. Billy Klüvert et Julie Martin, « Carrefour Vavin », dans *The Circle of Montparnasse. Jewish Artists*

in Paris (1905-1945), éd. par Romy Golan et Kenneth Silver, cat. exp. New York, The Jewish Museum, New York, The Jewish Museum, 1985, p. 70-72, et Philippe Gombart, « Un cercle germanophone à Paris : le café du Dôme », dans Jean-Paul Cahn et Bernard Poloni (éd.), *Migrations et identités. L'exemple de l'Allemagne au XIXe et au XXe siècle*, Villeneuve-d'Ascq, Presses universitaires du Septentrion, 2009, p. 145-154.

9. Gladys Fabre, « Qu'est-ce que l'École de Paris ? », dans *L'École de Paris. 1904-1929, la part de l'Autre*, éd. par Jean-Louis Andral et Sophie Krebs, cat. exp. Paris, musée d'Art moderne de la Ville de Paris, Paris, Paris Musées, 2000, p. 31.
10. Voir *Hommage à André Warnod (1885-1960)*, éd. par Jean Cassou et René Huyghe, cat. exp. Paris, musée d'Art moderne de la Ville de Paris, Paris, Musée d'Art moderne de la Ville de Paris, 1985.
11. André Warnod, « École de Paris », *Comœdia*, 25 janvier 1925.
12. Jean-Louis Andral et Sophie Krebs, « Préface », dans *L'École de Paris. 1904-1929, la part de l'Autre*, éd. par Jean-Louis Andral et Sophie Krebs, cat. exp. Paris, musée d'Art moderne de la Ville de Paris, Paris, Paris Musées, 2000, p. 21.
13. André Warnod, *Les Berceaux de la jeune peinture. L'École de Paris*, Paris, Albin Michel, 1925, p. 160.
14. *Ibid.*, p. 163.
15. André Salmon, *Souvenirs sans fin. L'air de la Butte*, Paris, Éditions de la Nouvelle France, 1945, p. 100.
16. Gladys Fabre, « Paris, les arts et l'internationale de l'esprit », dans *Paris. Capital of the Arts (1900-1968)*, éd. par Ann Dumas, Gladys Fabre, Norman Rosenthal et Sarah Wilson, cat. exp. Londres, Royal Academy of Arts et Bilbao, Guggenheim Museum, Paris, Hazan, 2002, p. 40.
17. Kenneth Silver, « Made in Paris », dans *L'École de Paris. 1904-1929, la part de l'Autre*, éd. par Jean-Louis Andral et Sophie Krebs, cat. exp. Paris, musée d'Art moderne de la Ville de Paris, Paris, Paris Musées, 2000, p. 43.
18. Éric Michaud, « Un certain antisémitisme mondain », dans *L'École de Paris. 1904-1929, la part de l'Autre*, éd. par Jean-Louis Andral et Sophie Krebs, cat. exp. Paris, musée d'Art moderne de la Ville de Paris, Paris, Paris Musées, 2000, p. 87.
19. Ce mouvement politique, d'inspiration antiparlementaire et antidémocratique, a été fondé en 1899. Grâce aux efforts de Charles Maurras, il s'oriente rapidement vers le néomonarchisme. Voir Eugen Weber, *L'Action française*, Paris, Hachette, 1990.
20. Dominique Jarrassé, « Expressionnisme et part de l'autre dans l'École de Paris : l'invention d'une "peinture juive" », dans Dominique Jarrassé et Maria Grazia Messina (éd.), *L'Expressionnisme : une construction de l'autre*, Le Kremlin-Bicêtre, Éditions Esthétique(s) du divers, 2012, p. 167-175.
21. Charles Fedgal, *Essais critiques sur l'art moderne*, Paris, Librairie Stock, Delamain, Boutelleau et Cie, 1927, p. 7.
22. Nadine Nieszawer (éd.), *Artistes juifs de l'École de Paris (1905-1939)*, Paris, Somogy éditions d'art, 2015.
23. *Ibid.*, p. 22.
24. Avram Kampf, *Jewish Experience in the Art of the Twentieth Century*, South Hadley, Bergin & Gavery Publishers, 1984, p. 89.
25. Voir à ce propos Edward van Voolen, *50 Jewish Artists You Should Know*, Londres, Prestel, 2011.
26. Serge Berstein et Pierre Milza, *Histoire du XXe siècle (1900-1945) : la fin du monde européen*, Paris, Hatier, 1996, p. 159.
27. *Ibid.*, p. 163-165.
28. Michel Winock, *Nationalisme, antisémitisme et fascisme en France*, Paris, Seuil, 1982, p. 28-29.
29. Weber, 1990 (note 19), p. 35.
30. Philippe Oriol, *L'Histoire de l'affaire Dreyfus de 1894 à nos jours*, Paris, Les Belles Lettres, 2014, p. 827.
31. Michel Winock, *La Droite depuis 1789 : les hommes, les idées, les réseaux*, Paris, Seuil, 1995, p. 204.
32. Jérôme Grondeux, « L'affaire Dreyfus et le surgissement de Charles Maurras dans la vie politique française », dans Michel Laymarie (éd.), *La Postérité de l'affaire Dreyfus*, Lille, Presses universitaires du Septentrion, 1998, p. 126.
33. Voir Grégoire Kauffmann, *Édouard Drumont*, Paris, Perrin, 2008.

34. Grégoire Kauffmann, « L'héritage de Drumont dans les années 1930 », *Archives juives* 43/1, 2010, p. 14.
35. David Cottington, *Cubism in the Shadow of War. The Avant-Garde and Politics in Paris (1905-1914)*, New Haven & Londres, Yale University Press, 1998, p. 54-55.
36. Maurice Barrès, *Étude pour la protection des ouvriers français*, Nîmes, Lacour, 1893, p. 16.
37. Malcolm Gee, « The Nature of Twentieth-Century Art Criticism », dans Malcolm Gee (éd.), *Art Criticism since 1900*, Manchester & New York, Manchester University Press, 1993, p. 10.
38. Christian Lassalle, « Louis Vauxcelles », dans *Dictionnaire de la critique d'art à Paris (1890-1969)*, éd. par Claude Schvalberg, Rennes, Presses universitaires de Rennes, 2014, p. 367.
39. « Israël », *La Vieille France*, 16 janvier 1919, Paris, bibliothèque de l'Institut national d'histoire de l'art, collections Jacques Doucet, *archives 080 Fonds Vauxcelles, Louis (2e moitié du 19e siècle-1re moitié du 20e siècle)*, carton 56, dossier 3, sous-dossier 1.
40. « Les boches à nos expositions », 1922, coupure de presse, Paris, bibliothèque de l'Institut national d'histoire de l'art, collections Jacques Doucet, *archives 080 Fonds Vauxcelles, Louis (2e moitié du 19e siècle-1re moitié du 20e siècle)*, carton 84 bis, dossier 4.
41. « Vagabondages. Le Carnet des ateliers », *Le Carnet de la Semaine*, 1924, Paris, bibliothèque de l'Institut national d'histoire de l'art, collections Jacques Doucet, *archives 080 Fonds Vauxcelles, Louis (2e moitié du 19e siècle-1re moitié du 20e siècle)*, carton 46, dossier 3, sous-dossier 4.
42. Claire Maingon, *L'Âge critique des Salons (1914-1925). L'École française, la tradition et l'art moderne*, Rouen, Presses universitaires de Rouen et du Havre, 2014, p. 203.
43. Cité dans Romy Golan, *Modernity and Nostalgia. Arts and Politics in France between the Wars*, New Haven & Londres, Yale University Press, 1995, p. 202, note 15.
44. Maingon, 2014 (note 42), p. 199.
45. Cité dans Golan, 1995 (note 43), p. 204, note 26.
46. Louis Vauxcelles, « Avant-propos », dans *Janus Januszewski*, cat. exp. Paris, galerie Armand Drouant, 1927, Paris, bibliothèque de l'Institut national d'histoire de l'art, collections Jacques Doucet, *archives 080 Fonds Vauxcelles, Louis (2e moitié du 19e siècle-1re moitié du 20e siècle)*, carton 69.
47. Louis Vauxcelles, « Avant-propos », dans *K. Zieleniewski*, cat. exp. Paris, Bernheim-Jeune, 1929, Paris, bibliothèque de l'Institut national d'histoire de l'art, collections Jacques Doucet, *archives 080 Fonds Vauxcelles, Louis (2e moitié du 19e siècle-1re moitié du 20e siècle)*, carton 69.
48. André Warnod, « La question des étrangers », *Comœdia*, 11 février 1924.
49. Michaud, 2000 (note 18), p. 87.
50. Jeanine Warnod, *Les Artistes de Montparnasse. La Ruche*, Paris, Mayer-Van Wilder, 1988, p. 15.
51. Dominique Jarrassé, « L'assassinio di Montparnasse. Alcune ambiguità della storia dell'arte », dans *Montparnasse déporté. Artisti europei da Parigi ai lager*, éd. par Sylvie Buisson, cat. exp. Turin, Museo Diffuso della Deportazione, della Guerra, dei Diritti e della Libertà, Turin, Elede editrice, 2007, p. 31.
52. Yves Michaud, « Préface », dans Yves Michaud et Jean-Paul Morel (éd.), *Pour un musée français d'art moderne*, Paris, éditions de la Réunion des Musées nationaux, 1996, p. 13-14.
53. Georges Charensol, « Questionnaire de l'enquête », *L'Art vivant* 14, 15 juillet 1925, p. 35-36.
54. Gustave Kahn, « Cinquante ans de peinture française : musée des Arts décoratifs », *Mercure de France* 650, 15 juillet 1925, p. 494-498.
55. Charensol, 1925 (note 53), p. 35.
56. René Gaffé, « Réponse », *L'Art vivant* 16, 15 août 1925, p. 36.
57. André Level, « Réponse », *L'Art vivant* 16, 15 août 1925, p. 37.
58. Léonce Rosenberg, « Réponse », *L'Art vivant* 18, 15 septembre 1925, p. 39.
59. Michaud, 1996 (note 52), p. 17.
60. Florent Fels, « La question du Luxembourg », *Les Nouvelles littéraires* 139, 13 juin 1925, p. 7.
61. Florent Fels, *Propos d'artistes*, Paris, La Renaissance du Livre, 1925.
62. *Ibid.*, p. 31.
63. *Ibid.*, p. 33.
64. Christopher Green, *Cubism and its Enemies. Modern Movements and Reaction in French*

Art (1916-1928), New Haven & Londres, Yale University Press, 1987, p. 187-191.
65. Adolphe Basler, « Réponse », *L'Art vivant* 16, 15 juillet 1925, p. 37.
66. Albert Flechtheim, « Réponse », *L'Art vivant* 16, 15 juillet 1925, p. 36.
67. Daniel-Henri Kahnweiler, « Réponse », *L'Art vivant* 16, 15 juillet 1925, p. 37.
68. Louis Vauxcelles, « Réponse », *L'Art vivant* 19, 1er octobre 1925, p. 36.
69. Moïse Kisling, « Réponse », *L'Art vivant* 16, 15 juillet 1925, p. 37.
70. Golan, 1995 (note 43), p. 141.
71. Kenneth Silver, « Jewish Artists in Paris 1905-1945 », dans *The Circle of Montparnasse. Jewish Artists in Paris (1905-1945)*, éd. par Romy Golan et Kenneth Silver, cat. exp. New York, The Jewish Museum, New York, The Jewish Museum, 1985, p. 21.
72. Waldemar-George, « Réponse », *L'Art vivant* 19, 1er octobre 1925, p. 37.
73. Waldemar-George, « Le Salon des Indépendants », *L'Amour de l'art* 2, février 1924, p. 42-45.
74. Waldemar-George, « Enquête sur l'art français », *Formes* 20, décembre 1931, p. 180-194.
75. Laura Iamurri, « La tradizione, il culto del passato, l'identità nazionale: un'inchiesta sull'arte francese », *Prospettiva* 105, janvier 2002, p. 91.
76. Dominique Jarrassé, *Existe-t-il un art juif?* (2006), Le Kremlin-Bicêtre, Éditions Esthétique(s) du divers, 2013.
77. Fritz Vanderpyl, « Existe-t-il une peinture juive ? », *Mercure de France* 650, 15 juillet 1925, p. 386-396.
78. Claude Schvalberg, « Fritz Vanderpyl », dans *Dictionnaire de la critique d'art à Paris (1890-1969)*, éd. par Claude Schvalberg, Rennes, Presses universitaires de Rennes, 2014, p. 365.
79. « Tu ne te feras point d'image taillée, ni de représentation quelconque des choses qui sont en haut dans les cieux, qui sont en bas sur la terre, et qui sont dans les eaux plus bas que la terre. » Exode, 20, 4.
80. Vanderpyl, 1925 (note 77), p. 386.
81. *Ibid.*, p. 387.
82. *Ibid.*
83. *Ibid.*, p. 388.
84. *Ibid.*, p. 393.
85. Romy Golan, « The École Française vs. the École de Paris: The Debate about the Status of Jewish Artists in Paris between the Wars », dans Rose-Carol Washton Long, Matthew Baigell et Milly Heyd (éd.), *Jewish Dimensions in Modern Visual Culture*, Hanovre & Londres, University Press of New England, p. 78.
86. Vanderpyl, 1925 (note 77), p. 394.
87. *Ibid.*
88. *Ibid.*, p. 395.
89. Pierre Jaccard, « L'art grec et le spiritualisme hébreu. À propos de la peinture juive », *Mercure de France* 652, 5 août 1925, p. 80.
90. *Ibid.*, p. 82.
91. *Ibid.*
92. *Ibid.*, p. 87.
93. Ernest Renan, *Histoire générale et système comparé des langues sémitiques*, Paris, Imprimerie impériale, 1855.
94. Jaccard, 1925 (note 89), p. 88.
95. Ernest Renan, *L'Antéchrist*, Paris, Michel Lévy Frères éditeurs, 1873.
96. Adolphe Basler, « Y a-t-il une peinture juive ? », *Mercure de France* 658, 15 novembre 1925, p. 111-118.
97. *Ibid.*, p. 118.
98. Christopher Green, *Art in France 1900-1940*, New Haven & Londres, Yale University Press, 2000, p. 225.
99. Golan, 1995 (note 43), p. 141.
100. Basler, 1925 (note 96), p. 116.
101. *Ibid.*, p. 118.
102. *Ibid.*
103. Cité par Dominique Jarrassé, « De l'art judaïque à l'art juif. Linéaments d'une historiographie de l'art juif en France », *Archives juives* 3, 1998, p. 25.
104. Gustave Kahn, « Y a-t-il un art juif? », *Menorah* 17, 15 septembre 1925, p. 266.
105. Jarrassé, 2013 (note 76), p. 131.
106. *Ibid.*, p. 130.
107. Michaud, 2000 (note 18), p. 96.
108. Marek Szwarc, « L'élément national dans l'art. Y a-t-il un art juif? », *La Nouvelle Aurore*, mars 1925, p. 8.
109. Louis Vauxcelles, *Marek Szwarc*, Paris, Le Triangle, 1932 (une transcription de cet essai nous a été gentiment fournie par les archives Marek Szwarc, sans indication des pages).

110. *Ibid.*
111. Jarrassé, 2013 (note 76), p. 131.
112. Marcel Hiver, « Explications et réponses à quelques objections (I) », *CAP* 1, avril 1924, p. 1-2.
113. Marcel Hiver, « Réponse à M. Vauxcelles », *CAP* 5, 1925, p. 16.
114. Marcel Hiver, « Bazleriana », *CAP* 2, mai-juin 1924, p. 18.
115. Adolphe Basler, « Bazleriana (2) », *CAP* 3, août-septembre 1924, p. 18.
116. Marcel Hiver, « Bazleriana (2) », *CAP* 3, août-septembre 1924, p. 18.
117. Marcel Hiver, « Les Belles Phrases », *CAP* 2, mai-juin 1924, p. 18.
118. Voir André Salmon, *L'Art vivant*, Paris, Crès, 1920.
119. Yves Chevrefils Desbiolles, *Les Revues d'art à Paris (1905-1940)*, Paris, Ent'revues, 1993, p. 124.
120. Michel Fabre, « Rediscovering Aïcha, Lucy and D'al-Al, Colored French Stage Artists », dans *The Scholar and Feminist Online* [en ligne], automne 2007/printemps 2008, URL : https://sfonline.barnard.edu/baker/mfabre_01.htm [dernier accès : 20.03.2019].
121. André Salmon, *Montparnasse*, Paris, Éditions André Bonne, 1950, p. 167-169. Je tiens à remercier M. Alessandro De Stefani pour l'aide reçue.
122. Voir Emilie Anne-Yvonne Luse, « The Speculative Canvas: Antisemitic Critiques of the Parisian Art Market between the Two World Wars », communication au colloque « SECAC 2012 : Art in Three Crises: 30-70-Now, European Postwar and Contemporary Art Forum », Durham, Durham Convention Center (19 octobre 2012), dactyl.
123. Marcel Hiver, « Réflexions sur l'état de la peinture et de la critique contemporaines. Lettre aux amateurs et aux artistes qui sont de nos amis », *Les Cahiers du CAP* 7, 1927, p. 6.
124. *Ibid.*, p. 8.
125. Transformation du mot yiddish *chutzpah* utilisé pour désigner les artistes juifs et venant de l'hébreu *huspâ*, qui signifie « insolence, audace, impertinence ».
126. *Ibid.*, p. 27.
127. *Ibid.*, p. 33.

Notes du chapitre 2

1. Simonetta Valenti, *Camille Mauclair, homme de lettres fin-de-siècle. Critique littéraire, œuvre narrative, création poétique et théâtrale*, Milan, Vita e Pensiero, 2003, p. 9. Un travail de thèse monographique consacré à Camille Mauclair a été réalisé par Katia Papandreopoulou, *Camille Mauclair (1872-1945), critique et historien de l'art : une leçon de nationalisme pictural*, thèse inédite, Paris, Université Paris-Panthéon, 2013.
2. Pierre Vaisse, « Camille Mauclair (1872-1945) », dans *Dictionnaire de la critique d'art à Paris. 1890-1969*, éd. par Claude Schvalberg, Rennes, Presses universitaires de Rennes, 2014, p. 257.
3. Jean Aubry, *Camille Mauclair*, Paris, E. Sansot & Cie éditeurs, 1905, p. 5.
4. Alfred de Vigny, *Servitude et grandeur militaires*, Paris, Publications de la Revue des deux mondes, 1835.
5. Camille Mauclair, *Servitude et grandeur littéraires*, Paris, Ollendorff, 1922, p. VI.
6. *Ibid.*, p. VII.
7. Les liens entre les postulats critiques de Mauclair et leur dimension économique ont été évoqués pour la première fois dans le travail doctoral de William Charles Clark, *Camille Mauclair and the Religion of Art*, thèse inédite, Berkeley, University of California, 1976.
8. Camille Mauclair, *L'Impressionnisme : son histoire, son esthétique, ses maîtres*, Paris, Librairie de l'art ancien et moderne, 1904.
9. Camille Mauclair, *Les Maîtres de l'impressionnisme : leur histoire, leur esthétique, leurs œuvres*, Paris, Ollendorff, 1923.
10. Camille Mauclair, *Claude Monet*, Paris, Rieder, 1923.
11. Camille Mauclair, *Fragonard*, Paris, H. Laurens, 1904.
12. Aubry, 1905 (note 3), p. 35.
13. Françoise Lucbert, *Entre le voir et le dire. La critique d'art des écrivains dans la presse symboliste en France de 1882 à 1906*, Rennes, Presses universitaires de Rennes, 2005, p. 40.
14. Camille Mauclair, *L'Art indépendant français sous*

la Troisième République, Paris, La Renaissance du Livre, 1919.
15. Camille Mauclair, *Les États de la peinture française de 1850 à 1920*, Paris, Payot, 1921.
16. Dominique Jarrassé, « Camille Mauclair », dans *Dictionnaire critique des historiens de l'art actifs en France de la Révolution à la Première Guerre mondiale* [en ligne], éd. par Philippe Sénéchal et Claire Barbillon, Paris, Institut national d'histoire de l'art, 2009, URL : www.inha.fr/fr/ressources/publications/publications-numeriques/dictionnaire-critique-des-historiens-de-l-art/mauclair-camille.html [dernier accès : 29.04.2019].
17. Vaisse, 2014 (note 2), p. 257.
18. Aubry, 1905 (note 3), p. 39.
19. Mauclair, 1922 (note 5), p. 182-183.
20. *Ibid.*, p. 181.
21. Jarrassé, 2009 (note 16), s.p.
22. Mauclair, 1922 (note 5), p. 126.
23. Camille Mauclair, *Le Vertige allemand. Histoire du crime délirant d'une race*, Paris, Hélios, 1916.
24. Pierre Vaisse, « Le cas Mauclair », *Lendemains* 133, 2009, p. 201.
25. Papandreopoulou, 2013 (note 1), p. 385.
26. Camille Mauclair, *La Folie picturale. Barioleurs, profiteurs, dupes, mercantis et métèques*, Paris, Imprimerie Watelet, 1928.
27. Vaisse, 2009 (note 24), p. 195.
28. Ghislaine Sicard-Picchiottino, *François Coty. Un industriel corse sous la Troisième République*, Ajaccio, Albiana, 2006, p. 165.
29. Mauclair, 1928 (note 26), p. 1.
30. Camille Mauclair, *La Farce de l'art vivant I. Une campagne picturale. 1928-1929*, Paris, Éditions de la Nouvelle Revue critique, 1929.
31. Camille Mauclair, *La Farce de l'art vivant II. Les métèques contre l'art français*, Paris, Éditions de la Nouvelle Revue critique, 1930.
32. Sicard-Picchiottino, 2006 (note 28), p. 174.
33. *Ibid.*, p. 177.
34. Ralph Schor, « Xénophobie et extrême droite : l'exemple de *L'Ami du peuple* (1928-1937) », *Revue d'histoire moderne et contemporaine* 1, janvier-mars 1976, p. 116-117.
35. Mauclair, 1929 (note 30), p. 130.
36. Cité dans Papandreopoulou, 2013 (note 1), p. 414.
37. « Un souci de moins », dans *Le Carnet des ateliers*, Paris, bibliothèque de l'Institut national d'histoire de l'art, collections Jacques Doucet, *archives 080 Fonds Vauxcelles, Louis (2e moitié du 19e siècle-1re moitié du 20e siècle)*, carton 56, dossier 2.
38. *Collection François Coty. Tableaux anciens, dessins anciens et modernes, aquarelles, tableaux modernes, gravures, objets d'art d'Extrême-Orient, objets d'art et d'ameublement anciens et modernes, objets divers, porcelaines anciennes, argenterie, sculpture, bronzes, pendules, lustres ornés de cristaux de roche, sièges et meubles*, éd. par Henri Baudoin et Étienne Ader, Paris, Hôtel Drouot, 17-18 décembre 1936, p. 7.
39. *Ibid.*, p. 9.
40. *Ibid.*, p. 10.
41. « Fastueux hôtels de Touraine, le château d'Artigny à Montbazon », *Le Magazine de la Touraine* 24, octobre 1987, p. 7-24.
42. Laurent Joly, « *L'Ami du peuple* contre les financiers qui mènent le monde. La première campagne antisémite des années 1930 », *Archives juives* 39, 2006, p. 97.
43. Louis Latzarus, *Un ami du peuple, Monsieur Coty*, Paris, Librairie Valois, 1929, p. 155.
44. Maurice Barrès, *Scènes et doctrines du nationalisme*, Paris, Félix Juven, 1902.
45. *Ibid.*, p. 6.
46. Maurice Barrès, *Le Culte du moi. Sous l'œil des barbares*, Paris, Alphonse Lemerre, 1888.
47. Romy Golan, « From Fin de Siècle to Vichy: The Cultural Hygienics of Camille (Faust) Mauclair », dans Linda Nochlin et Tamar Garb (éd.), *The Jew in the Text. Modernity and the Construction of Identity*, Londres, Thames & Hudson, 1995, p. 161.
48. Voir Éric Michaud, « Barbarian Invasion and the Racialization of Art History », *October* 139, 2012, p. 59-76.
49. Maria Boletsi et Christian Moser, « Introduction », dans Maria Boletsi et Christian Moser (éd.), *Barbarism Revisited. New Perspectives on an Old Concept*, Leyde, Brill, 2015, p. 12-13.
50. « Manifeste des intellectuels », *Le Figaro littéraire*, 19 juillet 1919.
51. *Ibid.*
52. Golan, 1995 (note 47), p. 161.
53. Henri Massis, *Défense de l'Occident*, Paris, Plon,

1927. Voir Olivier Dard, « Henri Massis (1886-1970) », dans Olivier Dard, Michel Leymarie et Neil McWilliam (éd.), *Le Maurrassisme et la culture. L'Action française. Culture, Société, Politique (III)*, Villeneuve-d'Ascq, Presses universitaires du Septentrion, 2010, p. 219-233.
54. Oswald Spengler, *Der Untergang des Abendlandes*, Munich, Verlag C.H. Beck, 1918.
55. Laurence Bertrand Dorléac, *Contre-déclin. Monet et Spengler dans les jardins de l'histoire*, Paris, Gallimard, 2012, p. 20.
56. Ugo Ojetti, *L'Italia e la civiltà tedesca*, Milan, Rava & C., 1915.
57. Papandreopoulou, 2013 (note 1), p. 365.
58. Mauclair, 1929 (note 30), p. 14.
59. Golan, 1995 (note 47), p. 163.
60. Mauclair, 1929 (note 30), p. 15.
61. *Ibid.*, p. 19.
62. *Ibid.*, p. 56.
63. Ugo Nebbia, *La XVI esposizione internazionale d'arte Venezia - MCMXXVIII*, Milan, Luigi Alfieri Editori, 1928, p. 54.
64. Maurizio Fagiolo dell'Arco, « Una "grande illusione" tra gli anni Venti e Trenta - Cronologia, 1928 », dans *Les Italiens de Paris. De Chirico e gli altri a Parigi nel 1930*, éd. par Maurizio Fagiolo dell'Arco, cat. exp. Brescia, Palazzo Martinengo, Genève & Milan, Skira, 1998, p. 43.
65. Adriano Donaggio, *Biennale di Venezia: un secolo di storia*, Florence, Giunti editore, 1988, p. 22.
66. Cité *ibid.*
67. Pierre Vaisse, « Commentaire de Camille Mauclair, *La Farce de l'art vivant. Une campagne picturale 1928-1929*, Paris, 1929, chap. 6, "L'érésipèle de la peinture européenne", p. 56-59 », dans Thomas W. Gaehtgens, Mathilde Arnoux et Friederike Kitschen (éd.), *Perspectives croisées. La critique d'art franco-allemande 1870-1945*, Paris, Éditions de la Maison des sciences de l'homme, 2009 (Passages/Passagen, 22), p. 406.
68. Mauclair, 1929 (note 30), p. 68.
69. *Ibid.*, p. 64.
70. *Ibid.*, p. 84.
71. *Ibid.*, p. 135-136.
72. *Ibid.*, p. 149.
73. *Ibid.*, p. 187.
74. Vaisse, 2009 (note 24), p. 198-199.
75. Voir François Léger, *Monsieur Taine*, Paris, Critérion, 1993.
76. Vaisse, 2009 (note 24), p. 199.
77. Jarrassé, 2009 (note 16), s.p.
78. Mauclair, 1929 (note 30), p. 209.
79. Papandreopoulou, 2013 (note 1), p. 390.
80. Schor, 1976 (note 34), p. 135.
81. Mauclair, 1929 (note 30), p. 43.
82. *Ibid.*, p. 44.
83. Catherine Fraixe et Christophe Poupault, « Introduction », dans Catherine Fraixe, Christophe Poupault et Lucia Piccioni (éd.), *Vers une Europe latine. Acteurs et enjeux des échanges culturels entre la France et l'Italie fasciste*, Bruxelles, Peter Lang, 2012, p. 18. Voir également Christian Amalvi, « Charles Maurras et l'Antiquité, 1895-1952 », dans Olivier Dard, Michel Leymarie et Neil McWilliam (éd.), *Le Maurrassisme et la culture. L'Action française. Culture, Société, Politique (III)*, Villeneuve-d'Ascq, Presses universitaires du Septentrion, 2010, p. 185-196.
84. Mauclair, 1929 (note 30), p. 34.
85. Joly, 2006 (note 42), p. 98.
86. François Coty, *Contre le communisme*, Paris, Grasset, 1927.
87. Jean-Louis Chancel, *Les Écuries d'Augias. Les campagnes de* L'Ami du peuple *en 50 dessins*, Paris, Leroy & H. Baille, 1929.
88. Mauclair, 1929 (note 30), p. 134.
89. Éric Michaud, *Les Invasions barbares. Une généalogie de l'histoire de l'art*, Paris, Gallimard, 2015, p. 166.
90. Mauclair, 1929 (note 30), p. 200.
91. Papandreopoulou, 2013 (note 1), p. 405.
92. Michel Winock, *La France et les Juifs. De 1789 à nos jours*, Paris, Seuil, 2004, p. 214.
93. Vaisse, 2009 (note 24), p. 199.
94. Mauclair, 1929 (note 30), p. 103.
95. *Ibid.*
96. *Ibid.*, p. 104.
97. *Ibid.*, p. 78.
98. Golan, 1995 (note 47), p. 166.
99. Mauclair, 1929 (note 30), p. 95.
100. Joly, 2006 (note 42), p. 99.
101. Voir Norman Cohn, *Warrant for Genocide. The Myth of the Jewish World Conspiracy and the Protocols of the Elders of the Zion*, Londres, Eyre & Spottiswoode, 1967 ; Cesare G. De Michelis,

« Les Protocoles des sages de Sion : philologie et histoire », *Cahiers du monde russe*, Éditions de l'École des hautes études en sciences sociales, vol. 38, nº 3, juillet-septembre 1997, p. 263-305, et Michael Hagemeister, « The Protocols of the Elders of Zion: Between History and Fiction », *New German Critique*, vol. 35, nº 1, 2008, p. 83-95.

102. Yves Guchet, *Georges Valois. L'Action française. Le Faisceau. La République syndicale*, Paris, L'Harmattan, 2001, p. 145-146.
103. Charles Chastel, « La naissance de la virologie », *Virologie* 1/2, mars-avril 1997, p. 105.
104. Mauclair, 1929 (note 30), p. 82.
105. Camille Mauclair, « Enquête sur les maladies de la littérature actuelle », *Les Marges* 37, 15 septembre 1926, p. 88.
106. Mauclair, 1929 (note 30), p. 153-154.
107. Robert Nemours, « Paris », *L'Ami du peuple*, 2 septembre 1930.
108. Papandreopoulou, 2013 (note 1), p. 413.
109. Mauclair, 1929 (note 30), p. 176.
110. Mauclair, 1930 (note 31), p. 5.
111. *Ibid.*, p. 27-28.
112. Voir Pauline Chougnet, *L'Art diplomatique. Les expositions d'art français organisées par la France à l'étranger pendant l'entre-deux-guerres*, mémoire inédit, Paris, École nationale des chartes, 2010.
113. Mauclair, 1930 (note 31), p. 159.
114. *Ibid.*, p. 162.
115. *Ibid.*, p. 204.
116. *Ibid.*, p. 132.
117. Louis Courajod, *Les Origines de la Renaissance en France au XIVe et au XVe siècle : leçon d'ouverture du 2 février 1887*, Paris, H. Champion, 1888.
118. Michela Passini, *La Fabrique de l'art national. Le nationalisme et les origines de l'histoire de l'art en France et en Allemagne (1870-1933)*, Paris, Éditions de la Maison des sciences de l'homme, 2013 (Passages/Passagen, 43), p. 17.
119. Mauclair, 1930 (note 31), p. 57.
120. Camille Mauclair, *L'architecture va-t-elle mourir ?*, Paris, Éditions de la Nouvelle Revue critique, 1933, p. 69.
121. Lettre de Le Corbusier à Pierre Dalloz, 5 février 1957, dans Jean Jenger (éd.), *Le Corbusier. Choix de lettres*, Bâle, Birkhäuser, 2001, p. 402.
122. Mauclair, 1930 (note 31), p. 86.
123. Wilhelm Uhde, *Picasso et la tradition française. Notes sur la peinture actuelle*, Paris, Éditions des Quatre Chemins, 1928.
124. Liliane Meffre, « Daniel-Henri Kahnweiler et Wilhelm Uhde, le marchand et l'amateur », dans *Daniel-Henri Kahnweiler, marchand, éditeur, écrivain*, éd. par Dominique Bazo, cat. exp. Paris, Centre Georges Pompidou, Paris, Centre Georges Pompidou, 1984, p. 82.
125. Uhde, 1928 (note 123), p. 30.
126. Carl Einstein et Paul Westheim (éd.), *Europa*, Potsdam, Gustav Kiepenheuer Verlag, 1925.
127. Uhde, 1928 (note 123), p. 81.
128. Mauclair, 1930 (note 31), p. 99.
129. *Ibid.*, p. 100.
130. Friederike Kitschen, « Se démarquer de l'histoire de l'art allemande – Stratégies de la critique française », dans Thomas W. Gaehtgens, Mathilde Arnoux et Friederike Kitschen (éd.), *Perspectives croisées. La critique franco-allemande 1870-1945*, Paris, Éditions de la Maison des sciences de l'homme, 2009 (Passages/Passagen, 22), p. 472-473.
131. Tony Tollet, *De l'influence de la corporation judéo-allemande des marchands de tableaux de Paris sur l'art français*, Lyon, Imprimeur de l'Académie, 1915.
132. *Ibid.*, p. 6.
133. Golan, 1995 (note 47), p. 164.
134. Maurice Feuillet, « Lettre aux lecteurs », *Le Gaulois artistique*, 25 juillet 1929, p. 355.
135. Jean-Claude Winterer, « Maurice Feuillet », dans *Donation Maurice et Pauline Feuillet de Borsat*, Marseille, musée Borély, 1969, p. 14.
136. *Ibid.*, p. 17.
137. *Ibid.*, p. 18.
138. Invitation, 23 février 1907, Les Amis de l'art japonais, Paris, Bibliothèque nationale de France.
139. Cité dans Isabelle Julia, « Vie imaginaire et véridique. Tentative d'une biographie », dans *Maurice et Pauline Feuillet de Borsat collectionneurs. Dessins français et étrangers du XVIIe au XIXe siècle*, éd. par Marianne Roland Michel, cat. exp. Marseille, Château Borély, Marseille, Éditions Jeanne Laffitte, 2001, p. 17.
140. Maurice Feuillet, « L'art français en péril. La ruée des barbares », *Le Gaulois artistique* 27, 16 décembre 1928, p. 70.

141. *Ibid.*, p. 71.
142. Voir Heinrich Wölfflin, *Kunstgeschichtliche Grundbegriffe. Das Problem der Stilentwickelung in der neueren Kunst*, Munich, Hugo Bruckmann Verlag, 1915, p. 50-51.
143. Jean-Claude Chirollet, « Heinrich Wölfflin et la photographie d'œuvres d'art », dans Jean-Claude Chirollet (éd.), *Heinrich Wölfflin, Comment photographier les sculptures, 1896, 1897, 1915*, Paris, L'Harmattan, 2008, p. 9. Voir également Jean-Claude Chirollet, *L'Interprétation photographique des arts. Histoire, technologies, esthétique*, Paris, L'Harmattan, 2013, p. 67-81.
144. Émile Mâle, « L'enseignement de l'histoire de l'art dans l'Université », *Revue universitaire* 1, Paris, Armand Colin, 1894, p. 19.
145. Maurice Feuillet, « L'art français en péril. Ses escroqueurs », *Le Gaulois artistique* 31, 29 mars 1929, p. 202.
146. *Ibid.*, p. 202-203.
147. Maurice Feuillet, *Les Dessins d'Honoré Fragonard et de Hubert Robert des bibliothèque et musée de Besançon*, Paris, Delteil, 1926.
148. *Donation Maurice et Pauline Feuillet de Borsat*, 1969 (note 135), p. 20.
149. Maurice Feuillet, « L'art français en péril. Ses défenseurs, ses ennemis », *Le Gaulois artistique* 30, 6 mars 1929, p. 168.
150. *Ibid.*, p. 170. Extrait du *Manifeste de la Ligue de la défense de l'Art*, publié par Maurice Feuillet : « Depuis le commencement de ce siècle, des mercantis et des métèques ont cherché et ont trop souvent réussi à imposer, dans toutes les formes de l'Art, des œuvres qui en sont la négation. L'impuissance a été érigée en originalité et l'ignorance a été muée en fraîche naïveté. Aucun effort n'a été omis pour faire abolir ce mouvement. Tout a été fait pour circonvenir les pouvoirs publics et pour pervertir la jeunesse. Des expositions à l'étranger, déshonorantes pour la France, ont été données avec des appuis officiels comme le dernier mot de l'Art français. Nos musées, tant à Paris qu'en province, ont été envahis par des œuvres indignes d'y figurer. De toutes parts s'élèvent des constructions qui, dans quelques années, paraîtront un défi à nos longues traditions de clarté et d'élégance. La force de ce mouvement n'est due qu'à la faiblesse de tous ceux, plus nombreux qu'on ne croit, qui souffrent de cet état de choses. La Ligue s'est donné pour but de les grouper et de rendre leurs protestations efficaces. Absolument étrangère à toutes les coteries, ouverte à tous les efforts sincères, respectueuse de toutes les recherches sérieuses d'originalité, elle n'entend lutter que contre ceux qui, manifestement, sont des roublards, des profiteurs ou des mercantis. » *Ibid.*
151. Louis Réau, *Histoire du vandalisme. Les monuments détruits de l'Art français*, Paris, Robert Laffont, 1994, p. 902.
152. Camille Mauclair, Maurice Feuillet, Robert Guillou, Maurice Duplay et René Brécy, « Manifeste de l'Association des critiques d'art français », *Le Gaulois artistique* 33/34, 28 mai 1929, p. 279.
153. Maurice Feuillet, « L'art français en péril. La beauté outragée », *Le Gaulois artistique* 28, 9 janvier 1929, p. 103.
154. Feuillet, 1929 (note 153), p. 204.
155. Voir *Paul Durand-Ruel. Le pari de l'Impressionnisme*, éd. par Sylvie Patry, cat. exp. Paris, musée du Luxembourg, Paris, Réunion des Musées nationaux, 2014.
156. *Donation Maurice et Pauline Feuillet de Borsat*, 1969 (note 135), p. 18.
157. Maurice Feuillet, « L'art français en péril. Ses mercantis et leurs dupes », *Le Gaulois artistique* 32, 30 avril 1929, p. 238.
158. *Ibid.*, p. 239-240.
159. Voir Éric Michaud, *Un art de l'éternité. L'image et le temps du national-socialisme*, Paris, Gallimard, 1996, p. 125-206.
160. Feuillet, 1929 (note 157), p. 201.
161. Maurice Feuillet, « L'art français en péril. Ses cannibales », *Le Gaulois artistique* 35, 25 juin 1929, p. 324.
162. Voir Arthur de Gobineau, *Essai sur l'inégalité des races humaines* (1853-1855), 2 vol., Paris, Librairie de Firmin Didot, 1884.
163. Feuillet, 1929 (note 161), p. 326.
164. Carl Einstein, *Negerplastik*, Leipzig, Verlag der Weißen Bücher, 1915.
165. Liliane Meffre, *Carl Einstein 1885-1940. Itinéraires d'une pensée moderne*, Paris, Presses de l'Université Paris-Sorbonne, 2002, p. 109.
166. *Ibid.*

167. Uwe Fleckner affirme au contraire : « An abundance of eloquent pictorial dialogues suggests rather that in his section of illustrations it was first and foremost a matter of a comparatist school of seeing. Thus again and again he juxtaposes typologically or iconographically similar objects in order to work out the distinctive style of individual artists and regions by means of the direct comparison of forms. » Uwe Fleckner, « An Avangardist's View of African Art », dans *The Invention of the 20th Century. Carl Einstein and the Avant-Gardes*, éd. par Uwe Fleckner, cat. exp. Madrid, Museo Nacional Centro de Arte Reina Sofia, Madrid, Museo Nacional Centro de Arte Reina Sofia, 2009, p. 38.
168. Ezio Bassani et Jean-Louis Paudrat, « Nota su un torso », dans Ezio Bassani et Jean-Louis Paudrat (éd.), *Carl Einstein, Scultura negra*, Milan, Abscondita, 2009, p. 151.
169. Maria Grazia Messina, « Un'illustrazione di "Emporium", 1922 e la fotografia della scultura negra intorno al secondo decennio del Novecento », dans Giorgio Bacci et Miriam Fileti Mazza (éd.), *Emporium II. Parole e figure tra il 1895 e il 1964*, Pise, Scuola Normale di Pisa, 2014, p. 437-438.
170. Voir *Cahiers d'art* 2/3, mars-avril 1929.
171. Maurice Feuillet, « L'art français en péril. Le sadisme du laid », *Le Gaulois artistique* 36, 25 juillet 1929, p. 359.
172. Hans Prinzhorn, *Bildnerei der Geisteskranken*, Berlin, Julius Springer Verlag, 1923.
173. Cesare Lombroso, *Les Palimpsestes des prisons*, Paris, Maloine, 1905.
174. Joseph Rogues de Fursac, *Les Écrits et les Dessins dans les maladies nerveuses et mentales*, Paris, Masson, 1905.
175. Feuillet, 1929 (note 171), p. 360.
176. Jean Frois-Wittmann, « Mobiles inconscients du suicide », *La Révolution surréaliste* 12, 15 décembre 1929, p. 41-44, image p. 43.
177. Feuillet, 1929 (note 171), p. 361.
178. *Ibid.*, p. 362.
179. Paul Schultze-Naumburg, *Kunst und Rasse*, Munich, J.F. Lehmanns Verlag, 1928.
180. *Ibid.*, p. 100-101. Voir également Michaud, 1996 (note 159), p. 242-245.

Notes du chapitre 3

1. La figure d'Adolphe Basler a déjà été l'objet de deux publications de l'auteur : Alessandro Gallicchio, « Adolphe Basler marchand en chambre et galeriste », dans Denise Vernerey-Laplace et Hélène Ivanoff (éd.), *Les Artistes et leurs galeries. Paris-Berlin (1900-1950)*, I : *Paris*, Rouen, Presses universitaires de Rouen et du Havre, 2018, p. 261-277, et Alessandro Gallicchio, « Adolphe Basler, critique et marchand d'art : de la période Apollinaire à la galerie de Sèvres », dans Wiesław Kroker (éd.), *Apollinaire à travers l'Europe*, Varsovie, Wydawnictwa Uniwersytetu Warszawskiego, 2015, p. 193-212.
2. Voir Jean Laude, « Retour ou rappel à l'ordre », dans *Le Retour à l'ordre dans les arts plastiques et l'architecture, 1919-1925*, Saint-Étienne, Centre d'études et de recherche sur l'expression contemporaine, 1975, p. 7-44.
3. Il convient de souligner que le prénom inscrit dans le registre d'état civil est Adolf. *Certificat de naissance d'Adolphe Basler*, Tarnów, Archives d'État, Bureau d'état civil Izraelickiego Okręgu Metrykalnego, registre n° 276, USC.T 3, Księga urodzeń 1863-1876, p. 469, n. 135.
4. École élémentaire traditionnelle où sont enseignés les rudiments du judaïsme et de l'hébreu.
5. Anna Wierzbicka, *We Francji i w Polsce (1900-1939)*, Cracovie, Instytut Sztuki, 2010, p. 28.
6. *Ibid.*, p. 30.
7. « À la fin du XIXe siècle et au début du XXe siècle, la maison du docteur Henryk Gierszynski fut réellement un lieu privilégié pour les émigrés polonais. Henryk Gierszynski occupait une place éminente au sein de la vie politique et culturelle de l'émigration polonaise, notamment au sein des courants de tendance socialiste. » Xavier Deryng, « Les variations Golberg : Ouarville », dans Catherine Coquio (éd.), *Mecislas Golberg passant de la pensée (1869-1907) : une anthropologie politique et poétique au début du siècle. Études critiques, bibliographie et documents réunis*, Paris, Maisonneuve et Larose, 1994, p. 148-149.

8. Lettre d'Adolphe Basler à Mieczysław Gierszyński, s.d., Paris, Bibliothèque polonaise de Paris, dossier AKC 2662.
9. « Né à Ouarville le 4 avril 1879, Stanislas Gierszynski avait été envoyé par ses parents au collège à Cracovie. [...] Au cours de ses études en Galicie, Stanislas Gierszynski s'était lié avec Adolphe Basler, lui-même collégien à Nowy-Sacz. » Deryng, 1994 (note 7), p. 156.
10. Anna Wierzbicka, *Dzieje krytyki artystycznej i mysli o sztuce, Malgorzata Geron i Jerzy Malinowski*, Cracovie, Wydawnictwo DiG, 2009, p. 216.
11. Adolphe Basler, « La peinture polonaise », *La Revue blanche* 22, 1er mai 1900, p. 63-64.
12. Cité dans Deryng, 1994 (note 7), p. 157.
13. Adolphe Basler, « B. Biegas sculpteur », *La Plume* 317, 1902, p. 818-823.
14. Jean-François Rodriguez, *Le Cafard après la fête... Naturisme e Rappel à l'ordre tra Francia e Italia*, Padoue, CLEUP, 2001, p. 78.
15. Wierzbicka, 2010 (note 5), p. 51.
16. Peter Read, « Apollinaire critique d'art : la sculpture en question », *Cahiers de l'Association internationale des études françaises* 47, 1995, p. 407.
17. *Ibid.*, p. 408.
18. Adolphe Basler, *Henri Rousseau, sa vie, son œuvre. Six reproductions de dessins dans le texte, un portrait du peintre d'après photographie, une planche en couleur et 56 phototypies*, Paris, Librairie de France, 1927, p. 12.
19. Adolphe Basler, « Dzisiejska kultura artystyczna we Francji. Malarstwo », *Sfinks* 4, 1908, p. 93.
20. Peter Read, « Apollinaire et Adolphe Basler. Passeurs culturels franco-polonais, médiateurs sans frontières », *Europe* 1043, mars 2016, p. 208.
21. Rodriguez, 2001 (note 14), p. 79.
22. Ardengo Soffici, *Il salto vitale. Autoritratto d'artista italiano nel quadro del suo tempo*, Florence, Vallecchi editore, 1954, p. 406-407.
23. Cité dans Rodriguez, 2001 (note 14), p. 80-81.
24. Cité *ibid.*, p. 81.
25. Florent Fels, « Adolphe Basler », *Art Documents* 9, 1951.
26. Cité dans Rodriguez, 2001 (note 14), p. 85.
27. Gallicchio, 2018 (note 1), p. 265.
28. Voir Adolphe Basler, *La Peinture... religion nouvelle*, Paris, Librairie de France, 1926 ; Adolphe Basler, *La Sculpture moderne en France*, Paris, G. Crès & Cie, 1928 ; et Adolphe Basler, *Le Cafard après la fête ou l'Esthétisme d'aujourd'hui*, Paris, Éditions Jean Budry, 1929.
29. Cité dans Malcolm Gee, *Dealers, Critics and Collectors of Modern Painting. Aspects of the Parisian Market between 1910 and 1930*, New York & Londres, Garland Publishing, 1981, p. 82.
30. Emanuele Audisio, « Risposta a Soffici », *Il Tevere*, 16-17 août 1926, p. 3.
31. Cité dans Rodriguez, 2001 (note 14), p. 63.
32. Basler, 1926 (note 28), p. 16.
33. Cité dans Rodriguez, 2001 (note 14), p. 102-103.
34. Giuseppe Raimondi, « Ardengo Soffici 1907-1920 », dans Giuseppe Raimondi et Luigi Cavallo (éd.), *Ardengo Soffici*, Florence, Nuovedizioni Enrico Vallecchi, 1967, p. 77 ; Giuseppe Raimondi, *Soffici. Immagini e documenti (1879-1964)*, Florence, Vallecchi editore, 1986, p. XVIII.
35. Rodriguez, 2001 (note 14), p. 139.
36. Carlo Carrà, « Ecatombe pittorica », *L'Ambrosiano*, 1er octobre 1926.
37. Adolphe Basler, *L'Art précolombien*, Paris, Librairie de France, 1928.
38. Adolphe Basler, *L'Art chez les peuples primitifs : Afrique – Océanie – Archipel malais – Amérique et Terres arctiques. Styles et civilisations*, Paris, Librairie de France, 1929.
39. Lettre de Camille Mauclair à Adolphe Basler, s.d., Los Angeles, Getty Research Library, Special Collections, *Adolphe Basler Correspondence and Newspaper Clippings (1912-1949)*, dossier 920031-4.
40. Lettre d'Adolphe Basler à Leo Stein, 9 août 1929, New Haven, Beinecke Rare Book and Manuscript Library, Yale Collection of American Literature, *Leo Stein Collection*, carton 3, dossier 68.
41. Lettre d'Adolphe Basler à Leo Stein, 20 juillet 1931-33 (?), New Haven, Beinecke Rare Book and Manuscript Library, Yale Collection of American Literature, *Leo Stein Collection*, carton 3, dossier 68.
42. Lettre d'Adolphe Basler à Nina Stein, s.d., New Haven, Beinecke Rare Book and Manuscript Library, Yale Collection of American Literature, *Leo Stein Collection*, carton 3, dossier 68.

43. *Ibid.*
44. Basler, 1929 (note 38), p. 5.
45. *Ibid.*, p. 71. « Des savantes recherches nous aident aujourd'hui à pénétrer cette mentalité “alogique” des primitifs. La gaucherie de leurs formes n'est qu'apparente : elle s'explique par l'extrême tension, le tourment dramatique de tout l'être chez les peuples que hante le surnaturel, l'art primitif ne relevant que de la magie. » Adolphe Basler et Charles Kunstler, *La Peinture indépendante en France*, Paris, G. Crès & Cie, 1929, p. 13.
46. Basler, 1929 (note 38), p. 6.
47. Basler, 1926 (note 28), p. 41.
48. *Ibid.*
49. *Ibid.*
50. *Ibid.*, p. 41-42.
51. *Ibid.*, p. 42.
52. Basler, 1929 (note 28), p. 69.
53. *Ibid.*
54. *Ibid.*, p. 69-71.
55. *Ibid.*, p. 93.
56. *Ibid.*, p. 92-93.
57. *Ibid.*, p. 94.
58. Basler et Kunstler, 1929 (note 45), p. 31.
59. Adolphe Basler, *Derain*, Paris, G. Crès & Cie, 1931, p. 9.
60. *Ibid.*, p. 10 ; voir également Adolphe Basler, *André Derain*, Les Albums d'Art Druet 21, Paris, Librairie de France, 1929, p. 2.
61. Basler, 1931 (note 59), p. 13.
62. La première livraison date du 6 mars, et la seconde du 10 avril 1932. Cet essai a été traduit en français par Antonio Aniante, qui adresse à Adolphe Basler une lettre où il évoque son travail : « Je vous fais parvenir un numéro de *L'Italia letteraria* avec le premier morceau de votre intéressant essai sur l'art, traduit par moi avec beaucoup d'amour et de foi. Je vous prie de l'agréer. » Lettre d'Antonio Aniante à Adolphe Basler, 9 mai 1932, Los Angeles, Getty Research Library, Special Collections, *Adolphe Basler Correspondence and Newspaper Clippings (1912-1949)*, dossier 920031-1.
63. Cité dans Rodriguez, 2001 (note 14), p. 195.
64. Adolphe Basler, « À la source de l'art moderne », dans Gaston Diehl (éd.), *Les Problèmes de la peinture*, Paris, Confluences, 1945, p. 56-57.
65. Yves Chevrefils Desbiolles, *Waldemar-George critique d'art. Cinq portraits pour un siècle paradoxal. Essai et anthologie*, Rennes, Presses universitaires de Rennes, 2016.
66. Yves Chevrefils Desbiolles, « Le critique d'art Waldemar-George. Les paradoxes d'un non-conformiste », *Archives juives*, vol. 41, 2008/2, p. 101-117.
67. Chevrefils Desbiolles, 2016 (note 65), p. 22.
68. Chevrefils Desbiolles, 2008 (note 66), p. 103.
69. Jean Finot, *Le Préjugé des races*, Paris, L'Alarme, 1906.
70. Jean Finot, *Préjugé et problème des sexes*, Paris, F. Alcan, 1912.
71. Georges Charensol, *D'une rive à l'autre*, Paris, Mercure de France, 1973, p. 44-45.
72. Waldemar-George, « Les idées et les livres. Le féminisme sous Louis-Philippe par Léon Abensour... », *La Voix des femmes*, 17 octobre 1918.
73. Chevrefils Desbiolles, 2008 (note 66), p. 103.
74. Matthew Affron, « Waldemar George: a Parisian Art Critic on Modernism and Fascism », dans Matthew Affron et Mark Antliff (éd.), *Fascists Visions. Art and Ideology in France and Italy*, Princeton, Princeton University Press, 1997, p. 172.
75. *Ibid.*, p. 173.
76. Voir Anna Wierzbicka, « The Polish-French Art Critic. Waldemar George on Cubism », *Umění* 5, 2006, p. 394-405.
77. Affron, 1997 (note 74), p. 176.
78. Les liens entre la droite française et *L'Amour de l'art* ont été analysés par Catherine Fraixe, « *L'Amour de l'art*. Une revue “ni droite ni gauche” au début des années trente », dans Yves Chevrefils Desbiolles et Rossella Froissart Pezone (éd.), *Les Revues d'art. Formes, stratégies et réseaux au XXe siècle*, Rennes, Presses universitaires de Rennes, 2001, p. 255-279.
79. Cité dans Chevrefils Desbiolles, 2008 (note 66), p. 104, note 15.
80. Chevrefils Desbiolles, 2016 (note 65), p. 96.
81. Louis Vauxcelles, « Divers », *Cahiers des ateliers*, 1932, Paris, bibliothèque de l'Institut national d'histoire de l'art, collections Jacques Doucet, *archives 080 Fonds Vauxcelles, Louis (2e moitié du 19e siècle-1re moitié du 20e siècle)*, carton 56, dossier 2.
82. Voir Pascal Balmand, « Les jeunes intellectuels

de l'"Esprit des années trente" : un phénomène de génération ? », *Les Cahiers de l'Institut d'histoire présente* 6, novembre 1987, p. 49-65.

83. Héloïse Romani, « Il pensiero neoumanista di Waldemar-George », dans *Il futuro alle spalle. Italia-Francia. L'arte tra le due guerre*, éd. par Federica Pirani, cat. exp. Rome, Palazzo delle Esposizioni, Rome, Edizioni de Luca, 1998, p. 109.
84. Robert Desnos, « L'étrange cas de M. Waldemar », *La Révolution surréaliste* 7, 15 juin 1926, p. 32.
85. Affron, 1997 (note 74), p. 184.
86. Waldemar-George, « La XVIIIe Biennale de Venise », *Formes* 7, juillet 1930, p. 19-21.
87. Yves Chevrefils Desbiolles, « Le "retour à Rome" de Waldemar-George », *Predella* 31, août 2012, URL : www.predella.it/archivio/indexa4fb.html?option=com_content&view=article&id=281&catid=86&Itemid=113 [dernier accès : 23.05.2019].
88. Waldemar-George, « Une entrevue avec M. Mussolini », *Quadrante* 3, juillet 1933, p. 41.
89. Voir Alessandro Gallicchio, « Parigi-Giappone: Shigetaro Fukushima (1895-1960) collezionista e direttore della rivista "Formes" », *The Izura Bulletin* 22, 2015, p. 2-28.
90. Héloïse Romani, « Antimodernismo, nazionalismo e xenofobia: *Formes*, una rivista d'arte francese fra le due guerre », *Storia dell'arte* 106, septembre-décembre 2003, p. 135.
91. René Leray, « L'exode des grandes ventes », *Formes* 1, décembre 1929, p. 2.
92. André Malraux, « Notes sur l'expression tragique en peinture, à propos d'œuvres récentes de Rouault », *Formes* 1, décembre 1929, p. 5-6.
93. Lettre de Waldemar-George à Yoko Fukushima, 18 février 1931, Paris, Fondation Georges Rouault.
94. Waldemar-George, « Appels de l'Occident. Christian Bérard », *Formes* 1, décembre 1929, p. 6-9.
95. Laura Iamurri, « La tradizione, il culto del passato, l'identità nazionale: un'inchiesta sull'arte francese », *Prospettiva* 105, janvier 2002, p. 86.
96. Waldemar-George, « École française ou École de Paris I », *Formes* 16, juin 1931, p. 92.
97. *Ibid.*
98. *Ibid.*, p. 93.
99. Waldemar-George, « École française ou École de Paris II », *Formes* 17, septembre 1931, p. 111.
100. Romy Golan, « The "École Française" vs. the "École de Paris". The debate about the status of Jewish Artists in Paris between the wars », dans *The Circle of Montparnasse. Jewish Artists in Paris (1905-1945)*, éd. par Romy Golan et Kenneth Silver, cat. exp. New York, The Jewish Museum, New York, The Jewish Museum, 1985, p. 86.
101. Iamurri, 2002 (note 95), p. 91.
102. *Ibid.*, p. 91-92.
103. Chevrefils Desbiolles, 2012 (note 87).
104. Romani, 1998 (note 83), p. 110.
105. Waldemar-George, « Vers un art humaniste. Paul Tchelitchew », *Formes* 9, novembre 1930, p. 6-7.
106. Waldemar-George, « Le néo-humanisme », *L'Amour de l'art-Formes* 4, avril 1934, p. 359-361.
107. Waldemar-George, *Chirico, avec des fragments littéraires de l'artiste*, Paris, Éditions des Chroniques du jour, 1928.
108. Voir Waldemar-George, « Ex Roma Lux », *Formes* 8, octobre 1930, p. 91-93; *id.*, « Rome et nous », *Quadrante* 1, mai 1933, p. 8-10, et *id.*, « La crise de l'esprit contemporain. L'art humaniste, l'art fasciste et la romanité », *Arte mediterranea*, octobre-novembre 1933, p. 40-41.
109. Romani, 1998 (note 83), p. 110.
110. Waldemar-George, *Profits et Pertes de l'art contemporain*, Paris, Éditions des Chroniques du jour, 1933, p. 47-48.
111. Chevrefils Desbiolles, 2016 (note 65), p. 51.
112. René Schwob, *Rome ou la mort...*, Paris, Desclée De Brouwer et Cie, 1938.
113. *Id.*, *Ni Grec, ni Juif*, Paris, Plon, 1931.
114. *Id.*, *Le Portail royal : cathédrale de Chartres*, Paris, B. Grasset, 1931.
115. *Id.*, *Chagall et l'âme juive*, Paris, Roberto A. Corrêa, 1931; *id.*, *Une mélodie silencieuse, avec un dessin inédit de Chagall*, Paris, Grasset, 1929.
116. Chevrefils Desbiolles, 2008 (note 66), p. 106-107.
117. Waldemar-George, 1933 (note 110), p. 60.
118. *Ibid.*, p. 84.
119. Wierzbicka, 2010 (note 5), p. 244-245.
120. Ardengo Soffici, *Periplo dell'arte. Richiamo all'ordine*, Florence, Vallecchi editore, 1928.
121. Waldemar-George, *Profitti e Perdite dell'arte*

contemporanea, Florence, Vallecchi editore, 1933.

122. *Ibid.*, p. 7.
123. Cité dans Elisabetta Berliocchi, « L'"Esprit du Nord" di Waldemar-George. La "vague" du Romantisme nel critico del ritorno all'ordine », *Commentari d'arte* 36/37, 2007, p. 72.
124. Waldemar-George, *L'Humanisme et l'idée de patrie*, Paris, Bibliothèque Charpentier, Fasquelle éditeur, 1936.
125. Affron, 1997 (note 74), p. 194.
126. *Ibid.*, p. 195.
127. Chevrefils Desbiolles, 2008 (note 66), p. 115, note 33.
128. Romy Golan, *Modernity and Nostalgia. Arts and Politics in France between the Wars*, New Haven & Londres, Yale University Press, 1995, p. 140.
129. Éric Michaud, *Histoire de l'art. Une discipline à ses frontières*, Paris, Hazan, 2005, p. 112.
130. Hans Sedlmayr, *Verlust der Mitte. Die bildende Kunst des 19. und 20. Jahrhunderts als Symptom und Symbol der Zeit*, Salzbourg & Vienne, Otto Müller, 1948.
131. Wierzbicka, 2010 (note 5), p. 326-327.
132. *Ibid.*, p. 331.
133. Christopher Green, « Humanisms: Picasso, Waldemar-George and the Politics of Man in the 1930s », *Comparative Criticism* 23, 2001, p. 241.
134. Gualtieri di San Lazzaro, *Parigi era viva* (1948), Milan, Mondadori editore, 1966, p. 65.
135. Chas Laborde, « L'humour de l'art », *L'Art vivant* 3, 1er février 1925, p. 39.
136. Touchagues, « L'humour de l'art », *L'Art vivant* 11, 1er juin 1925, p. 39.
137. Voir Jacques Guenne, « La vraie tradition de la peinture française », *L'Art vivant* 156, janvier 1932, p. 40-45.
138. Voir, par exemple, Paul Fierens, « La grâce dans la peinture française », *L'Art vivant* 167, décembre 1932, p. 576.
139. Gee, 1981 (note 29), p. 110.
140. Wierzbicka, 2010 (note 5), p. 202.
141. Waldemar-George, « Un grand écrivain allemand : Heinrich Wolflin [*sic*] », *L'Art vivant* 37, 15 mai 1927, p. 390-392.
142. *Ibid.*, p. 390.
143. Affron, 1997 (note 74), p. 189.
144. Voir Edmond Humeau, « Transmissions des pouvoirs », *Esprit* 18, 1er mars 1933, p. 1026.
145. Voir Walter Benjamin, *Pariser Brief. Malerei und Photographie*, dans Hella-Tiedemann Bartels (éd.), *Walter Benjamin. Gesammelte Schriften*, Francfort-sur-le-Main, Suhrkamp Verlag, 1972, p. 498.
146. Amédée Ozenfant, *Ceux qui ont choisi. Contre le fascisme en Allemagne. Contre l'impérialisme français*, Paris, Henri Barbusse, 1933, p. 15-16.
147. Golan, 1985 (note 100), p. 86-87.
148. Laurence Bertrand Dorléac, « L'École de Paris, suites », dans *L'École de Paris. 1904-1929, la part de l'Autre*, éd. par Jean-Louis Andral et Sophie Krebs, cat. exp. Paris, musée d'Art moderne de la Ville de Paris, Paris, Paris Musées, 2000, p. 149.
149. Waldemar-George, 1936 (note 124), p. 206.
150. *Ibid.*, p. 218.
151. Chevrefils Desbiolles, 2008 (note 66), p. 107.
152. Dominique Jarrassé, « L'éveil d'une critique d'art juive et le recours au "principe ethnique" dans une définition de l'"art juif" », *Archives juives* 1, 2006, p. 72.
153. Daniela Fonti, « Carlo Levi peintre juif à Paris et la question de la poésie ethnique », *Ligeia* 109-110-111-112, juillet-décembre 2011, p. 32-36 ; *id.*, « Carlo Levi negli anni di Parigi: Waldemar George e la poesia etnica ebraica », dans Ilaria Schiaffini et Claudio Zambianchi (éd.), *Contemporanea. Scritti di storia dell'arte per Jolanda Nigro Covre*, Rome, Campisano editore, 2013, p. 205-208.
154. Nous ne traiterons pas la question délicate de l'existence d'un art juif. Nous nous bornons à signaler une sélection d'ouvrages qui abordent cette problématique, parmi lesquels figurent toutes les contributions de Dominique Jarrassé citées dans notre texte et, par exemple, l'essai d'Emily Braun, « From the Risorgimento to the Renaissance. One Hundred Years of Jewish Artists in Italy », dans *Garden and Ghettos. The Art of the Jewish Life in Italy*, éd. par Vivian Mann, cat. exp. New York, The Jewish Museum, New York, The Jewish Museum, 1989, p. 137-189, ainsi qu'Elena Casotto, *Pittori ebrei in Italia (1800-1938)*, Vérone, Colpo di Fulmine Edizioni, 2008. Citons également un ouvrage de réfé-

rence : *L'Art juif*, Paris, Citadelles & Mazenod, 1995.
155. Waldemar-George, *Soutine*, Paris, Le Triangle, « Artistes juifs », 1928, p. 8.
156. *Ibid.*, p. 19.
157. *Ibid.*, p. 24.
158. Voir Éric Michaud, « Portraits du Juif en négateur de l'Incarnation », *Cahiers du Mnam* 103, printemps 2008, p. 102-117.
159. Citons les manuscrits illustrés de Paris, Hambourg ou Oxford ; les collections d'objets d'art juifs conservées à Strasbourg, Francfort, Vienne, Prague, Londres, Paris, Varsovie ou Dantzig. Voir Éric Michaud, *Les Invasions barbares. Une généalogie de l'histoire de l'art*, Paris, Gallimard, 2015, p. 198-170.
160. Kenneth Silver, « Where Soutine Belongs: His Art and Critical Reception in Paris Between the Wars », dans *An Expressionist in Paris. The Paintings of Chaim Soutine*, éd. par Norman L. Kleeblatt et Kenneth Silver, cat. exp. New York, The Jewish Museum, Los Angeles, Los Angeles County Museum of Art et Cincinnati, Cincinnati Art Museum, Munich, Prestel-Verlag, 1998, p. 36.
161. Waldemar-George, *Krémègne*, Paris, Le Triangle, « Artistes juifs », s.d., p. 10.
162. Jarrassé, 2006 (note 152), p. 72.
163. Waldemar-George, s.d. (note 161), p. 7.
164. Waldemar-George, *Epstein*, Paris, Le Triangle, « Artistes juifs », s.d., p. 9.
165. Dominique Jarrassé, « Expressionnisme et part de l'autre dans l'École de Paris : l'invention d'une "peinture juive" », dans Dominique Jarrassé et Maria Grazia Messina (éd.), *L'Expressionnisme : une construction de l'autre*, Le Kremlin-Bicêtre, Éditions Esthétique(s) du divers, 2012, p. 169.
166. Waldemar-George, *Max Band*, Paris, Le Triangle, « Artistes juifs », 1929, p. 10.
167. Waldemar-George, *John D. Graham*, Paris, Le Triangle, « Artistes juifs », s.d., p. 15.
168. Waldemar-George, *Lasar Segall*, Paris, Le Triangle, s.d.
169. *Lasar Segall : nouveaux mondes*, éd. par Stéphanie d'Alessandro, cat. exp. Paris, musée d'Art et d'Histoire du judaïsme, Paris, musée d'Art et d'Histoire du judaïsme et Adam Biro, 2000, p. 292.
170. Waldemar-George, s.d. (note 168), p. 16.
171. *Ibid.*, p. 17.
172. *Ibid.*, p. 18. Une analyse des rapports entre Lasar Segall et l'art juif a été proposée par Celso Lafer. Voir Celso Lafer, « Particularisme et universalité : le judaïsme dans l'œuvre de Lasar Segall », dans cat. exp. Paris, 2000 (note 169), p. 233-240.
173. Fonti, 2011 (note 153), p. 33.
174. *Ibid.*, p. 36.
175. *Jüdische Künstler unserer Zeit*, éd. par Waldemar-George, cat. exp. Zurich, Salon Henri Brendlé, Zurich, Salon Henri Brendlé, 1929, p. 7-8.
176. Waldemar-George, *Les Artistes juifs et l'École de Paris*, Alger, éditions du Congrès juif mondial, 1959, p. 8.
177. *Ibid.*, p. 10.
178. Fonti, 2011 (note 153), p. 33.
179. Waldemar-George, texte dactylographié incomplet, s.d. (1949 ?), cité dans Chevrefils Desbiolles, 2016 (note 65), p. 39.
180. Chevrefils Desbiolles, 2016 (note 65), p. 39-40.

Notes du chapitre 4

1. Une liste incomplète des monographies parues dans cette collection a été publiée dans le *Dictionnaire de la critique d'art à Paris (1890-1969)*, éd. par Claude Schvalberg, Rennes, Presses universitaires de Rennes, 2014, p. 573. Le livret de Basler est daté de 1932.
2. Adolphe Basler, *Indenbaum*, Paris, Le Triangle, « Artistes juifs », 1932, p. 10.
3. *Ibid.*, p. 11.
4. *Ibid.*, p. 13.
5. *Ibid.*
6. *Ibid.*, p. 14.
7. *Ibid.*, p. 16.
8. Claude Schvalberg, « Emil Szittya », dans *Dictionnaire de la critique d'art à Paris (1890-1969)*, éd. par Claude Schvalberg, Rennes, Presses universitaires de Rennes, 2014, p. 348.
9. Emil Szittya, *Arthur Bryks*, Paris, Le Triangle, « Artistes juifs », s.d.
10. Voir Martin Buber, *Les Récits hassidiques*, Monaco, Éditions du Rocher, 1985.

11. Szittya, s.d. (note 9), p. 9.
12. Efstratios Tériade, *Menkès*, Paris, Le Triangle, « Artistes juifs », 1932, p. 13.
13. Claude Schvalberg, « Efstratios Tériade », dans *Dictionnaire de la critique d'art à Paris (1890-1969)*, éd. par Claude Schvalberg, Rennes, Presses universitaires de Rennes, 2014, p. 354-355.
14. Tériade, 1932 (note 12), p. 20.
15. Claude Schvalberg, « Georges Charensol », dans *Dictionnaire de la critique d'art à Paris (1890-1969)*, éd. par Claude Schvalberg, Rennes, Presses universitaires de Rennes, 2014, p. 86.
16. Georges Charensol, *Pascin*, Paris, Le Triangle, « Artistes juifs », 1928, p. 12.
17. Georges Charensol, *Jean de Tscharner*, Paris, Le Triangle, « Artistes juifs », s.d., p. 8.
18. Florent Fels, *Kisling*, Paris, Le Triangle, « Artistes juifs », 1928, p. 7-8.
19. Florent Fels, *Kars*, Paris, Le Triangle, « Artistes juifs », 1930, p. 8.
20. Florent Fels, *Terechkovitch*, Paris, Le Triangle, « Artistes juifs », 1930, p. 8-10.
21. Claude Schvalberg, « Maximilien Gauthier », dans *Dictionnaire de la critique d'art à Paris (1890-1969)*, éd. par Claude Schvalberg, Rennes, Presses universitaires de Rennes, 2014, p. 178.
22. Maximilien Gauthier, *Eugène Zak*, Paris, Le Triangle, « Artistes juifs », s.d., p. 14.
23. André Levinson, *Jacques Loutchansky*, Paris, Le Triangle, « Artistes juifs », s.d., p. 9.
24. Dominique Jarrassé, « L'éveil d'une critique d'art juive et le recours au "principe ethnique" dans une définition de l'"art juif" », *Archives juives* 1, 2006, p. 71.
25. Jennings Tofel, *Benjamin Kopman*, Paris, Le Triangle, « Artistes juifs », s.d.
26. Jerzy Malinowski, *Malarstwo i rzeźba Żydów polskich w XIX i XX wieku*, Varsovie, Wydawnictwa Naukowe PWN, 2000, p. 164-165.
27. Tofel, s.d. (note 25), p. 11-12 : « What I have noted is that in the past four or five years Kopman has became in his work more specifically the Jew. And if we should divorce him of all his smaller contacts we will find him bone of the bone and flesh of the flesh of the Jew of the Old Testament, more so than any other painter I can think of. »
28. Benjamin Kopman, *Abraham Walkowitz* (en yiddish), Paris, Le Triangle, « Artistes juifs », s.d.
29. Waldemar-George, *Krémègne* (en yiddish), Paris, Le Triangle, « Artistes juifs », s.d.
30. Gustave Kahn, *Feder* (en yiddish), Paris, Le Triangle, « Artistes juifs », 1929.
31. Leo Koenig, *Pissarro* (en yiddish), Paris, Le Triangle, « Artistes juifs », 1927.
32. Leo Koenig, *Liebermann* (en yiddish), Paris, Le Triangle, « Artistes juifs », 1927.
33. Isaac Lichtenstein, *Marc Chagall* (en yiddish), Paris, Le Triangle, « Artistes juifs », 1927.
34. Isaac Lichtenstein, *Hirszenberg* (en yiddish), Paris, Le Triangle, « Artistes juifs », 1928.
35. Mark Warshavsky, *Krémègne*, Paris, Le Triangle, « Artistes juifs », 1928.
36. Marek Szwarc, *Modigliani*, Paris, Le Triangle, « Artistes juifs », 1927.
37. Je tiens à remercier Mme Claudia Rosensweig pour la traduction en anglais de ce passage : « In him slumber atavisms that give to this European nature, to his Latin nature, a grace all of its own. His conscious self is Italian. The rich Italian tradition reposes in him. This finds its expression in his urge to playfulness. » *Ibid.*, p. 7.
38. « We, Polish-Russian Jews, stay on the side and marvel. We are Slavs. We adhere to the earth as peasants. We go dressed in long black frocks and small round hats. We sport and wide dishevelled beards. We are large-boned and hoarse, we are Slavs, and to us the Italian-cultural is foreign. But we are Jews. In us the old rich culture slumbers. Therefore are we attached to Modigliani's line and we rejoice. Whether we like it or not we are Jews. Whether we like it or not we are Jewish artists. That Modigliani dreamt of Judaism like a groom dreams of his bride is unimportant, and even if he would not have been Jewish – he would have remained Jewish since he was their artist. We are numerous Pleiades of artists, who narrowly grow together with the Jewish masses; are they therefore more Jewish? We must rejoice for each free artist among us. » *Ibid.*, p. 13.
39. Laura Iamurri, « Espressionismo e identità ebraica: il caso Modigliani alla XVII Biennale di Venezia e la "scuola romana di via Cavour" », dans Dominique Jarrassé et Maria Grazia

Messina (éd.), *L'Expressionnisme : une construction de l'autre*, Le Kremlin-Bicêtre, Éditions Esthétique(s) du divers, 2012, p. 157.

40. Louis Vauxcelles, *Marek Szwarc*, Paris, Le Triangle, « Artistes juifs », 1932.
41. *Ibid.* La transcription de ce passage a été aimablement mise à ma disposition par les archives Marek Szwarc.
42. *Ibid.*
43. *Ibid.*
44. Marek Szwarc, *Mémoires entre deux mondes*, Paris, Ressouvenances, 2010, p. 245.
45. Marie Vacher, « Joseph Moiseevitch Tchaikov. De la Ruche des *Makhmadim* à l'idéologie soviétique (1910-1937) », *Les Cahiers de l'École du Louvre* [en ligne] 1, 2012, URL : https://journals.openedition.org/cel/661 [dernier accès : 19.06.2019].
46. Malinowski, 2000 (note 26), p. 27. Voir également Marek Bartelik, « Models of Freedom: A Group of Artists Jung Yiddish Lodz 1919-1921 », dans Rose-Carol Washton Long, Matthew Baigell et Milly Heyd (éd.), *Jewish Dimensions in Modern Visual Culture*, Hanovre & Londres, University Press of New England, 2009, p. 220-244.
47. Gladys Fabre, « Paris, les arts et l'internationale de l'esprit », dans *Paris. Capital of the Arts (1900-1968)*, éd. par Ann Dumas, Gladys Fabre, Norman Rosenthal et Sarah Wilson, cat. exp. Londres, Royal Academy of Arts et Bilbao, Guggenheim Museum, Paris, Hazan, 2002, p. 44.
48. Jarrassé, 2006 (note 24), p. 71.
49. Karl Schwartz, *Die Juden in der Kunst*, Berlin, Wert, 1928.
50. Ernst Cohn-Wiener, *Die jüdische Kunst. Ihre Geschichte von den Anfängen bis zur Gegenwart*, Berlin, Wasservogel, 1929.
51. Malcolm Gee, *Dealers, Critics and Collectors of Modern Painting. Aspects of the Parisian Market between 1910 and 1930*, New York & Londres, Garland Publishing, 1981, p. 122-123.
52. Adolphe Basler, *Suzanne Valadon*, Paris, G. Crès & Cie, 1929; *id.*, *Derain*, Paris, G. Crès & Cie, 1931, et *id.*, *Modigliani*, Paris, G. Crès & Cie, 1931.
53. Cité dans *L'École de Paris. 1904-1929, la part de l'Autre*, éd. par Jean-Louis Andral et Sophie Krebs, cat. exp. Paris, musée d'Art moderne de la Ville de Paris, Paris, Paris Musées, 2000, p. 382.
54. Jarrassé, 2006 (note 24), p. 70.
55. André Salmon, *Kanelba*, Paris, Le Triangle, « Artistes juifs », 1933.
56. André Salmon, *Léopold Lévy*, Paris, Le Triangle, « Artistes juifs », 1930.
57. Chil Aronson, *Artistes américains modernes de Paris*, Paris, Le Triangle, « Artistes juifs », 1932.
58. Jan Topass, *Terlikowski*, Paris, Le Triangle, « Artistes juifs », 1932.
59. Maximilien Gauthier, *Charles Kotasz*, Paris, Le Triangle, « Artistes juifs », s.d.
60. Lisa Albert Frouin, *Travaux scientifiques de Albert Frouin (1870-1926)*, Paris, Le Triangle, 1932.
61. Simon Lubowsky, *Recherches sur l'oxyde de titane cristallisé*, Paris, Le Triangle, 1933.
62. « Liste des adhérents », *L'Émancipation juive* 2, 20 janvier 1916, p. 6.
63. Michel Kiveliovitch, *Sur les points singuliers du problème des trois corps*, Paris, Gauthier-Villars, 1932.
64. Michel Kiveliovitch et Jacques Vialar, *Les Séries chronologiques et la théorie du hasard*, Paris, Service de documentation et d'information technique de l'aéronautique, 1957.
65. « La vie intérieure de la Ligue », *L'Émancipation juive* 13-14, 10-25 juillet 1916, p. 219.
66. Kiveliovitch, 1932 (note 63), p. 3 et Joseph Louis de Lagrange, *Œuvres*, Hildesheim & New York, Georg Olms Verlag, 1973, p. 230.
67. Valeria Iato, *Guido Ludovico Luzzatto. Critico d'arte militante 1922-1940*, Milan, Scalpeldi editore, 2014, p. 7-8.
68. Du 24 mai au 4 juillet et du 14 septembre au 19 octobre 1928; du 2 avril au 2 juillet 1929; du 3 au 31 mai 1930; de la fin du mois de janvier au 10 mars 1932, et du 13 au 18 juin 1933. *Ibid.*, p. 8, note 1.
69. Guido Ludovico Luzzatto, *Parigi 31 maggio 1928*, manuscrit inédit, Milan, Archivio Fondazione Guido Ludovico Luzzatto.
70. « Personnellement moi ça m'intéresserait beaucoup plus si vous voudriez organiser mon exposition particulière à Milano, et je vous serais très reconnaissant si vous vous occuperez de ça. » Lettre de Mané-Katz à Guido Ludovico

Luzzatto, 27 mars 1927, Milan, Archivio Fondazione Guido Ludovico Luzzatto.
71. Iato, 2014 (note 67), p. 29.
72. Guido Ludovico Luzzatto, Agenda 1928, 16 juin 1928, Milan, Archivio Fondazione Guido Ludovico Luzzatto.
73. Les 2 juillet et 1er octobre 1928, puis les 8, 9, 13 et 17 avril 1929. Guido Ludovico Luzzatto, Agenda 1929, 17 avril 1929, Milan, Archivio Fondazione Guido Ludovico Luzzatto.
74. Guido Ludovico Luzzatto, « Il pittore Moïse Kisling », dans Guido Ludovico Luzzatto, *Scritti d'Arte*, Milan, Franco Angeli editore, 1997, p. 205-209.
75. *Ibid.*, p. 208.
76. Cité dans Iato, 2014 (note 67), p. 36, note 49.
77. Michel Kiveliovitch, Carte postale, 23 octobre 1929, Milan, Archivio Fondazione Guido Ludovico Luzzatto.
78. Cité dans Iato, 2014 (note 67), p. 31-32.
79. *Esposizione ebraica*, cat. exp. Milan, Galleria Le Tre Arti, Milan, Galleria Le Tre Arti, 1934, Milan, Archivio Fondazione Guido Ludovico Luzzatto.
80. *Ibid.*, p. 2.
81. Iato, 2014 (note 67), p. 44-45.
82. Anna Foa, « Gli ottanta anni della *Rassegna* », *La Rassegna mensile di Israel* 1/2, 2009, p. 11.
83. Guido Ludovico Luzzatto, « Chagall », *La Rassegna mensile di Israel* 2, 1930, p. 112-118.
84. Guido Ludovico Luzzatto, « Chana Orloff », *La Rassegna mensile di Israel* 3-4, 1933, p. 159-168.
85. Lettre de Chana Orloff à Guido Ludovico Luzzatto, 10 novembre 1933, Milan, Archivio Fondazione Guido Ludovico Luzzatto.
86. Guido Ludovico Luzzatto, « Ebreo o Europeo », *Israel*, 17 juillet 1931, dans Guido Ludovico Luzzatto, *Scritti politici. Ebraismo e antisemitismo*, Milan, Franco Angeli editore, 1996, p. 52.
87. Guido Ludovico Luzzatto, « Ritratti. Il sionista », *La Libertà*, 30 juin 1932, dans Guido Ludovico Luzzatto, *Scritti politici. Ebraismo e antisemitismo*, Milan, Franco Angeli editore, 1996, p. 62.
88. Guido Ludovico Luzzatto, dactylographié inédit, Milan, Archivio Fondazione Guido Ludovico Luzzatto.
89. Fabre, 2002 (note 47), p. 46.
90. Catherine Nicault, « Les "Français israélites" et la ligue d'Action française. Des années 1900 à 1940 », dans Michel Lemayre et Jacques Prévotat (éd.), *L'Action française. Culture, société, politique*, Lille, Presses universitaires du Septentrion, 2008, p. 194.
91. Nadia Malinovich, « Une expression du "réveil juif" des années vingt : la revue *Menorah* (1922-1933) », *Archives juives* 1, 2004, p. 87.
92. *Ibid.*, p. 89.
93. Michel Abitbol, *Les Deux Terres promises : les Juifs en France et le sionisme (1897-1945)*, Paris, Olivier Orban, 1989, p. 106-109.
94. Catherine Nicault, *La France et le sionisme (1897-1948) : une rencontre manquée ?*, Paris, Calmann-Lévy, 1994, p. 140-141.
95. Lettre de I. Gheler à Guido Ludovico Luzzatto, s.d., Milan, Archivio Guido Ludovico Luzzatto.
96. Michel Winock, *La France et les Juifs de 1789 à nos jours*, Paris, Seuil, 2004, p. 29-49.
97. Jarrassé, 2006 (note 24), p. 64-65.
98. Joseph Milbauer, « Le Salon des Indépendants », *L'Univers israélite* 23, 24 février 1928, p. 715.
99. Joseph Milbauer, « Salon d'Automne », *L'Univers israélite* 16, 6 janvier 1928, p. 496.
100. Louis Vauxcelles, « Marek Szwarc batteur de métal », *L'Univers israélite* 17, 13 janvier 1928, p. 521.
101. Renée Poznanski, *Jacques Biélinky, un journaliste juif à Paris sous l'Occupation. Journal (1940-1942)*, Paris, Cerf, 1992, p. 14.
102. Jarrassé, 2006 (note 24), p. 66.
103. *Ibid.*
104. *Ibid.*
105. *Ibid.*, p. 519.
106. *Ibid.*, p. 520.
107. Jacques Biélinky, « La vie artistique juive à Paris », *L'Univers israélite* 4, 17 octobre 1924, p. 82.
108. *Ibid.*, p. 82-83.
109. Jacques Biélinky, « La vie artistique juive à Paris », *L'Univers israélite* 8, 14 novembre 1924, p. 176.
110. Poznanski, 1992 (note 101), p. 13.
111. Paris, Alliance israélite universelle, Fonds Jacques Biélinky, ms. 582. Nous n'avons malheureusement pas eu accès aux archives Biélinky conservées à l'Institute for Jewish Research (YIVO) de New York.
112. Dominique Jarrassé, « La critique d'art dans

les revues juives de langue française durant l'entre-deux-guerres : Jacques Biélinky et la part juive de l'École de Paris », dans Yves Chevrefils Desbiolles et Rossella Froissart Pezone (éd.), *Les Revues d'art. Formes, stratégies et réseaux au XXe siècle*, Rennes, Presses universitaires de Rennes, 2001, p. 85.

113. Jacques Biélinky, « Les artistes juifs à Paris », *L'Almanach juif*, 1931, Paris, Alliance israélite universelle, Fonds Jacques Biélinky, ms. 582 (1).

114. *Ibid.*

115. Jacques Biélinky, « Un peintre à Alger. André Hambourg », *Bulletin de la Fédération des sociétés juives d'Algérie*, septembre 1934, Paris, Alliance israélite universelle, Fonds Jacques Biélinky, ms. 582 (1).

116. Jacques Biélinky, « Max Band », *Menorah*, 1er mars 1928, Paris, Alliance israélite universelle, Fonds Jacques Biélinky, ms. 582 (1).

117. Jacques Biélinky, « Max Nordau », *L'Appui français*, août 1930, Paris, Alliance israélite universelle, Fonds Jacques Biélinky, ms. 582 (2).

118. Jacques Biélinky, « La Palestine vue par Anna Ticho », *La Terre retrouvée*, 28 mars 1935, Paris, Alliance israélite universelle, Fonds Jacques Biélinky, ms. 582 (1).

119. Jacques Biélinky, « Chez les Indépendants », *Paris-Journal*, 12 février 1933, Paris, Alliance israélite universelle, Fonds Jacques Biélinky, ms. 582 (2).

120. Jacques Biélinky, « L'œuvre de S. Dossik », *Le Mont-Parnasse*, 26 décembre 1931, Paris, Alliance israélite universelle, Fonds Jacques Biélinky, ms. 582 (1).

121. Jacques Biélinky, « Gli ebrei nelle arti plastiche a Parigi », *Davar* 3, mars 1938, p. 29, Paris, Alliance israélite universelle, Fonds Jacques Biélinky, ms. 582 (3).

122. Note rédactionnelle, *L'Illustration juive* 1, 15 septembre 1922, p. 2. Les premiers numéros de la revue portent le titre *L'Illustration juive*. Comme il existe une revue homonyme, elle deviendra ensuite *Menorah*.

123. Malinovich, 2004 (note 91), p. 88.

124. Gee, 1981 (note 51), p. 110.

125. « Une exposition d'objets d'art au Musée juif de Jérusalem », *L'Illustration juive* 6, 24 novembre 1922, p. 92-93.

126. Marie-Brunette Spire, « Gustave Kahn et la revue *Menorah* », dans Sophie Basch (éd.), *Gustave Kahn (1859-1936)*, Paris, Éditions classiques Garnier, 2009, p. 487.

127. M. H. (Gustave Kahn), « Au fil de la vie », *Menorah* 9, 15 mai 1924, note de l'éditeur.

128. Ségolène Le Men, « L'introduction de Gustave Kahn aux dessins de Georges Seurat : une biographie en pointillé », dans Sophie Basch (éd.), *Gustave Kahn (1859-1936)*, Paris, Éditions classiques Garnier, 2009, p. 251-302.

129. Françoise Lucbert, « Gustave Kahn », dans *Dictionnaire de la critique d'art à Paris (1890-1969)*, éd. par Claude Schvalberg, Rennes, Presses universitaires de Rennes, 2014, p. 217-218.

130. Spire, 2009 (note 126), p. 505.

131. Grâce à la publication des actes du congrès international qui s'est tenu en novembre 2006 à l'occasion de l'exposition « Gustave Kahn, écrivain symboliste et critique d'art », ainsi qu'aux documents inédits provenant des archives de la famille Kahn et mis à disposition du professeur Richard Schryok, il est devenu possible d'approfondir certains aspects encore inexplorés de son activité critique ; voir Françoise Lucbert et Richard Shryock (éd.), *Gustave Kahn : un écrivain engagé*, Rennes, Presses universitaires de Rennes, 2013.

132. Dominique Jarrassé, « Gustave Kahn critique d'art juif ? », dans Françoise Lucbert et Richard Shryock (éd.), *Gustave Kahn : un écrivain engagé*, Rennes, Presses universitaires de Rennes, 2013, p. 205.

133. Gustave Kahn, « Nos coreligionnaires aux Salons », *Menorah* 12-13, juin-juillet 1927, p. 199.

134. Gustave Kahn, « Art », *Mercure de France* 722, 15 juillet 1928, p. 434.

135. Gustave Kahn, « L'exposition du peintre Mané-Katz », *Menorah* 20, 10 juin 1923, p. 324.

136. *Ibid.*, p. 325.

137. Gustave Kahn, « Un peintre juif du Moghreb. André Suréda », *Menorah* 15, 1er septembre 1924, p. 226.

138. Gustave Kahn, « Images bibliques », *Menorah* 15, 1er septembre 1924, p. 226.

139. Gilya Gerda Schmidt, *The Art and Artists of the Fifth Zionist Congress 1901*, Syracuse, Syracuse University Press, 2003, p. 28-29.

140. Jarrassé, 2006 (note 24), p. 67.
141. Fabre, 2002 (note 47), p. 46.
142. « Exposition d'art juif », *Menorah* 5, 15 mars 1924, p. 73.
143. « Exposition d'artistes juifs », *Menorah* 6, 1er avril 1924, p. 89.
144. Jarrassé, 2006 (note 24), p. 68.
145. Fabre, 2002 (note 47), p. 46.
146. S. David, « L'exposition des artistes israélites », *Menorah* 8, 1er mai 1924, p. 121.
147. « Exposition d'art juif », *Menorah* 11, 1er juin 1928, p. 172.
148. Voir Léonard Rosenthal, *Mémoires d'un chercheur de perles*, Paris, Deux Rives, 1949.
149. Danielle Delmaire, « Les mouvements de jeunesse juifs en France (1919-1939) », dans Gérard Cholvy, *Mouvements de jeunesse chrétiens et juifs : sociabilité juvénile dans un cadre européen (1799-1968)*, Paris, Cerf, 1985, p. 318.
150. « L'exposition à Menorah », *Menorah* 13, 1er juillet 1928, p. 192.
151. Gustave Kahn, « L'exposition à "Menorah" », *Menorah* 13, 1er juillet 1928, p. 193.
152. *Ibid.*
153. Jarrassé, 2013 (note 132), p. 208-209.
154. Catherine Fhima, « De silence et d'or : un parcours singulier d'écrivain juif », dans Françoise Lucbert et Richard Shryock (éd.), *Gustave Kahn : un écrivain engagé*, Rennes, Presses universitaires de Rennes, 2013, p. 261.
155. Efstratios Tériade, « Artistes juifs », *L'Intransigeant*, 26 mai 1930.
156. Adolphe Basler, *Le Cafard après la fête ou l'Esthétisme d'aujourd'hui*, Paris, Éditions Jean Budry, 1929, p. 15 et p. 75.
157. Adolphe Basler, « Le cafard après la fête », *Cahiers d'art* 3-5, 1932, p. 168.
158. Voir également Eunice Lipton, *Picasso Criticism (1901-1939): The Making of an Artist Hero*, New York, Garland, 1976 ; Ray Anne Kybbey, *Picasso. A Comprehensive Bibliography*, New York, Garland, 1977, et Marilyn McCully (éd.), *A Picasso Anthology. Documents, Criticism, Reminiscences*, New Jersey, Princeton University Press, 1997.
159. Sebastian Ziedler, « Life and Death from Babylon to Picasso: Carl Einstein's Ontology of Art at the Time of "Documents" », *Papers of Surrealism* 7, 2007, p. 19-21.
160. Charles Miller, « La critica picassiana tra le due guerre », dans *Picasso 1917-1937. L'Arlecchino dell'arte*, éd. par Yve-Alain Bois, cat. exp. Rome, Complesso del Vittoriano, Milan, Skira, 2008, p. 37.
161. Michel Leiris, « Toiles récentes de Picasso », *Documents* 2, 1930, p. 85-98.
162. Eugenio d'Ors, *Pablo Picasso*, Paris, Éditions des Chroniques du jour, 1930.
163. Miller, 2008 (note 160), p. 43.
164. Olivier Philippe, *Léon Zamaron. Un flic ami des peintres de Montparnasse*, Paris, Arcadia, 2007.
165. *Ibid.*, p. 141.
166. « Aide amicale aux artistes, But de la société », 29 novembre 1921, Paris, Archives Gustave Kahn.
167. Philippe, 2007 (note 164), p. 161.
168. Gustave Kahn, « Bal de l'AAAA », 24 mai 1924, Paris, Archives Gustave Kahn.

Notes de la conclusion

1. Adolphe Basler, « À la source de l'art moderne », dans Gaston Diehl (éd.), *Les Problèmes de la peinture*, Paris, Confluences, 1945, p. 55-60.
2. Voir Gaston Diehl, « Conditions de l'œuvre d'art », dans Gaston Diehl (éd.), *Les Problèmes de la peinture*, Paris, Confluences, 1945, p. 17-25.
3. Laurence Bertrand Dorléac, *Histoire de l'art. Paris (1940-1944) : ordre national, traditions et modernités*, Paris, Publications de la Sorbonne, 1986, p. 18.
4. Basler, 1945 (note 1), p. 60.
5. Bernard Dorival, « Le génie français et la peinture française contemporaine », dans Gaston Diehl (éd.), *Les Problèmes de la peinture*, Paris, Confluences, 1945, p. 27.
6. *Ibid.*, p. 28.
7. Michela Passini, *L'Œil et l'Archive : une histoire de l'histoire de l'art*, Paris, La Découverte, 2017, p. 111-112.
8. Pierre-Henry Frangne et Jean-Marc Poinsot, « Préface. Histoire de l'art et critique d'art. Pour une histoire critique de l'art », dans *L'Invention de la critique d'art*, actes du colloque internatio-

nal de l'université de Rennes II, 1999, Rennes, Presses universitaires de Rennes, 2002, p. 9-10.

9. Camille Mauclair, Maurice Feuillet, Robert Guillou, Maurice Duplay et René Brécy, « Manifeste de l'Association des critiques d'art français », *Le Gaulois artistique* 33/34, 28 mai 1929, p. 279.

10. Yves Chevrefils Desbiolles, *Waldemar-George critique d'art : cinq portraits pour un siècle paradoxal. Essai et anthologie*, Rennes, Presses universitaires de Rennes, 2016, p. 101-104.

11. Waldemar-George, enquête « À quoi sert la critique d'art », *Arts*, 23 mars 1966.

12. Denise Vernerey-Laplace et Hélène Ivanoff, « Introduction », dans Denise Vernerey-Laplace et Hélène Ivanoff (éd.), *Les Artistes et leurs galeries. Paris-Berlin (1900-1950)*, I : *Paris*, Paris, Rouen, Presses universitaires de Rouen et du Havre, 2018, p. 13-14.

13. Marie Gispert et Catherine Méneux, « Introduction », dans Marie Gispert et Catherine Méneux (éd.), *Critique(s) d'art : nouveaux corpus, nouvelles méthodes* [en ligne], Paris, site de l'HiCSA, mars 2019, p. 14-16, URL : https://hicsa.univ-paris1.fr/page.php?r=133&id=1004&lang=fr [dernier accès : 27.02.2022].

14. Voir Diane Afoumado, *L'Affiche antisémite en France sous l'Occupation*, Paris, Berg International Éditeurs, 2008.

15. Voir, par exemple, Kenneth Silver, *Esprit de corps. The Art of the Parisian Avant-Garde and the First World War (1914-1925)*, Princeton, Princeton University Press, 1989, et Romy Golan, *Modernity and Nostalgia. Arts and Politics in France between the Wars*, New Haven & Londres, Yale University Press, 1995.

16. Dominique Jarrassé, « L'éveil d'une critique d'art juive et le recours au "principe ethnique" dans une définition de l'"art juif" », *Archives juives* 1, 2006, p. 63-75.

17. Dominique Jarrassé, « Gustave Kahn critique d'art juif ? », dans Françoise Lucbert et Richard Shryock (éd.), *Gustave Kahn : un écrivain engagé*, Rennes, Presses universitaires de Rennes, 2016, p. 201-214.

18. Voir Alya Aglan, Florian Besson *et al.* (éd.), *Zemmour contre l'histoire*, Paris, Gallimard, 2022.

Sources et bibliographie

Archives consultées

[en ligne], *AGORHA*, plateforme de données de la recherche de l'Institut national d'histoire de l'art, https://agorha.inha.fr/ [nouvelle version publiée en novembre 2021].
[en ligne], *La Rassegna mensile di Israel, 1925-2004*, https://ucei.it/cultura/rassegna-mensile-di-israel/ [dernier accès : 03.11.2018].
Los Angeles, Getty Research Institute Library, Special Collections : Fonds Adolphe Basler Correspondence and Newspaper Clippings, 1912-1949.
Milan, Fondazione Guido Ludovico Luzzatto.
New Haven, Beinecke Rare Book and Manuscript Library, Yale Collection of American Literature : Fonds Leo Stein Collection.
Paris, Alliance israélite universelle : Fonds Jacques Biélinky, ms. 582.
Paris, Archives privées Gustave Kahn (dispersées en novembre 2010).
Paris, Bibliothèque de l'Institut national d'histoire de l'art (INHA), collections Jacques Doucet : Fonds Archives 080 Fonds Vauxcelles, Louis (2e moitié du 19e siècle-1re moitié du 20e siècle).
Paris, Bibliothèque nationale de France.
Paris, Bibliothèque polonaise de Paris.
Paris, Fondation Georges Rouault.
Saint-Germain-la-Blanche-Herbe, Institut Mémoires de l'édition contemporaine (IMEC) : Fonds Waldemar-George.

Ouvrages et articles à caractère de sources

ARONSON, Chil, *Artistes américains modernes de Paris*, Paris, Le Triangle, 1932.
AUDISIO, Emanuele, « Risposta a Soffici », *Il Tevere*, 16-17 août 1926, p. 3.
BARRÈS, Maurice, *Le Culte du moi. Sous l'œil des barbares*, Paris, Alphonse Lemerre, 1888.
BARRÈS, Maurice, *Étude pour la protection des ouvriers français*, Nîmes, Lacour, 1893.
BARRÈS, Maurice, *Scènes et doctrines du nationalisme*, Paris, Félix Juven, 1902.
BASLER, Adolphe, « La peinture polonaise », *La Revue blanche* 22, 1er mai 1900, p. 63-64.
BASLER, Adolphe, « B. Biegas sculpteur », *La Plume* 317, 1902, p. 818-823.
BASLER, Adolphe, « Lettre polonaise », *La Plume* 323, 1902, p. 1196-1197.
BASLER, Adolphe, « Bazleriana (2) », *CAP* 3, août-septembre 1924, p. 18.
BASLER, Adolphe, « Réponse », *L'Art vivant* 16, 15 juillet 1925, p. 37.
BASLER, Adolphe, « Y a-t-il une peinture juive ? », *Mercure de France* 658, 15 novembre 1925, p. 111-118.

BASLER, Adolphe, *La Peinture... religion nouvelle*, Paris, Librairie de France, 1926.

BASLER, Adolphe, *Henri Rousseau, sa vie, son œuvre. Six reproductions de dessins dans le texte, un portrait du peintre d'après photographie, une planche en couleur et 56 phototypies*, Paris, Librairie de France, 1927.

BASLER, Adolphe, *L'Art précolombien*, Paris, Librairie de France, 1928 (rééd. Paris, Librairie Gründ, 1947).

BASLER, Adolphe, *La Sculpture moderne en France*, Paris, G. Crès & Cie, 1928.

BASLER, Adolphe, *André Derain*, Les Albums d'Art Druet, no 21, Paris, Librairie de France, 1929.

BASLER, Adolphe, *La Peinture indépendante en France*, Paris, G. Crès & Cie, 1929.

BASLER, Adolphe, *L'Art chez les peuples primitifs : Afrique - Océanie - Archipel malais - Amérique et Terres arctiques. Styles et civilisations*, Paris, Librairie de France, 1929.

BASLER, Adolphe, *Le Cafard après la fête ou l'Esthétisme d'aujourd'hui*, Paris, Éditions Jean Budry, 1929.

BASLER, Adolphe, *Suzanne Valadon*, Paris, G. Crès & Cie, 1929.

BASLER, Adolphe, *Derain*, Paris, G. Crès & Cie, 1931.

BASLER, Adolphe, *Modigliani*, Paris, G. Crès & Cie, 1931.

BASLER, Adolphe, *Indenbaum*, Paris, Le Triangle, 1932.

BASLER, Adolphe, « L'art italien au Petit Palais », *Les Marges* 221, juillet 1935, p. 82.

BIÉLINKY, Jacques, « La vie artistique juive à Paris », *L'Univers israélite* 4, 17 octobre 1924, p. 82-83.

BIÉLINKY, Jacques, « La vie artistique juive à Paris », *L'Univers israélite* 8, 14 novembre 1924, p. 176-178.

BIÉLINKY, Jacques, « Les artistes juifs à Paris », *L'Univers israélite* 54, 12 septembre 1924, p. 517-521.

BLANCHE, Jacques-Émile, « La fin de la peinture française », *L'Art vivant* 100, 1er avril 1929, p. 297-298.

CHANCEL, Jean-Louis, *Les Écuries d'Augias. Les campagnes de* L'Ami du peuple *en 50 dessins*, Paris, Leroy & H. Baille, 1929.

CHARENSOL, Georges, « Questionnaire de l'enquête », *L'Art vivant* 14, 15 juillet 1925, p. 35-36.

CHARENSOL, Georges, *Pascin*, Paris, Le Triangle, « Artistes juifs », 1928.

COHN-WIENER, Ernst, *Die jüdische Kunst. Ihre Geschichte von den Anfängen bis zur Gegenwart*, Berlin, Wasservogel, 1929.

Collection François Coty. Tableaux anciens, dessins anciens et modernes, aquarelles, tableaux modernes, gravures, objets d'art d'Extrême-Orient, objets d'art et d'ameublement anciens et modernes, objets divers, porcelaines anciennes, argenterie, sculpture, bronzes, pendules, lustres ornés de cristaux de roche, sièges et meubles, éd. par Henri Baudoin et Étienne Ader, Paris, Hôtel Drouot, 17-18 décembre 1936.

COTY, François, *Contre le communisme*, Paris, Grasset, 1927.

COURAJOD, Louis, *Les Origines de la Renaissance en France au XIVe et au XVe siècle : leçon d'ouverture du 2 février 1887*, Paris, H. Champion, 1888.

DAVID, S., « L'exposition des Artistes israëlites », *Menorah* 8, 1er mai 1924, p. 121.

DIEHL, Gaston (éd.), *Les Problèmes de la peinture*, Paris, Confluences, 1945.

DURTAIN, Luc, *L'Autre Europe : Moscou et sa foi*, Paris, Gallimard, 1928.

EINSTEIN, Carl, *Negerplastik*, Leipzig, Verlag der Weißen Bücher, 1915.

EINSTEIN, Carl, *Afrikanische Plastik*, Berlin, Warsmuth, 1921.

EINSTEIN, Carl, WESTHEIM, Paul (éd.), *Europa*, Potsdam, Gustav Kiepenheuer Verlag, 1925.

FEDGAL, Charles, *Essais critiques sur l'art moderne*, Paris, Librairie Stock, Delamain, Boutelleau et Cie, 1927.

FELS, Florent, « La question du Luxembourg », *Les Nouvelles littéraires* 139, 13 juin 1925, p. 7.
FELS, Florent, *Propos d'artistes*, Paris, La Renaissance du Livre, 1925.
FELS, Florent, *Kisling*, Paris, Le Triangle, « Artistes juifs », 1928.
FELS, Florent, *Kars*, Paris, Le Triangle, « Artistes juifs », 1930.
FELS, Florent, *Terechkovitch*, Le Triangle, « Artistes juifs », 1930.
FELS, Florent, « Adolphe Basler », *Art Documents* 9, 1951.
FEUILLET, Maurice, *Les Dessins d'Honoré Fragonard et de Hubert Robert des bibliothèque et musée de Besançon*, Paris, Delteil, 1926.
FEUILLET, Maurice, « L'art français en péril. La ruée des barbares », *Le Gaulois artistique* 27, 16 décembre 1928, p. 67-71.
FEUILLET, Maurice, « L'art français en péril. La beauté outragée », *Le Gaulois artistique* 28, 9 janvier 1929, p. 101-105.
FEUILLET, Maurice, « L'art français en péril. Ses cannibales », *Le Gaulois artistique* 35, 25 juin 1929, p. 323-327.
FEUILLET, Maurice, « L'art français en péril. Le sadisme du laid », *Le Gaulois artistique* 36, 25 juillet 1929, p. 359-364.
FEUILLET, Maurice, « L'art français en péril. Ses défenseurs, ses ennemis », *Le Gaulois artistique* 30, 6 mars 1929, p. 167-173.
FEUILLET, Maurice, « L'art français en péril. Ses escroqueurs », *Le Gaulois artistique* 31, 29 mars 1929, p. 201-205.
FEUILLET, Maurice, « L'art français en péril. Ses mercantis et leurs dupes », *Le Gaulois artistique* 32, 30 avril 1929, p. 237-241.
FEUILLET, Maurice, « Lettre aux lecteurs », *Le Gaulois artistique* 36, 25 juillet 1929, p. 355.
FIERENS, Paul, « La grâce dans la peinture française », *L'Art vivant* 167, décembre 1932, p. 576.
FINOT, Jean, *Le Préjugé des races*, Paris, L'Alarme, 1906.
FINOT, Jean, *Préjugé et Problème des sexes*, Paris, F. Alcan, 1912.
FLECHTHEIM, Albert, « Réponse », *L'Art vivant* 16, 15 août 1925, p. 36.
FOCILLON, Henri, *Les Pierres de France* (1919), Paris, Henri Laurens, 1928.
FOCILLON, Henri, *La Vie des formes*, Paris, Presses universitaires de France, 1934.
FROIS-WITTMANN, Jean, « Mobiles inconscients du suicide », *La Révolution surréaliste* 12, 15 décembre 1929, p. 41-44.
FROUIN, Lisa Albert, *Travaux scientifiques de Albert Frouin (1870-1926)*, Paris, Le Triangle, 1932.
GAFFÉ, René, « Réponse », *L'Art vivant* 16, 15 août 1925, p. 36.
GAUTHIER, Maximilien, *Charles Kotasz*, Paris, Le Triangle, « Artistes juifs », s.d.
GAUTHIER, Maximilien, *Eugène Zak*, Paris, Le Triangle, « Artistes juifs », s.d.
GOBINEAU, Arthur DE, *Essai sur l'inégalité des races humaines* (1853-1855), 2 vol., Paris, Librairie de Firmin Didot, 1884.
GUENNE, Jacques, « La vraie tradition de la peinture française », *L'Art vivant* 156, janvier 1932, p. 40-45.
HIVER, Marcel, « Explications et réponses à quelques objections (I) », *CAP* 1, avril 1924, p. 1.
HIVER, Marcel, « Bazleriana », *CAP* 2, mai-juin 1924, p. 18.
HIVER, Marcel, « Les Belles Phrases », *CAP* 3, août-septembre 1924, p. 17.
HIVER, Marcel, « Bazleriana (2) », *CAP* 3, août-septembre 1924, p. 18.
HIVER, Marcel, « Réponse à M. Vauxcelles », *CAP* 5, 1925, p. 16.
HIVER, Marcel, « Réflexions sur l'état de la peinture et de la critique contemporaines. Lettre aux amateurs et aux artistes qui sont de nos amis », *Les Cahiers du CAP* 7, 1927, p. 1-55.
HUMEAU, Edmond, « Transmissions des pouvoirs », *Esprit* 18, 1er mars 1933, p. 1026.

JACCARD, Pierre, « L'art grec et le spiritualisme hébreu. À propos de la peinture juive », *Mercure de France* 652, 15 août 1925, p. 80-93.
JEAN-AUBRY, Georges, *Camille Mauclair*, Paris, E. Sansot & Cie éditeurs, 1905.
Jüdische Künstler unserer Zeit, éd. par Waldemar-George, cat. exp. Zurich, Salon Henri Brendlé, Zurich, Salon Henri Brendlé, 1929.
KAHN, Gustave, « L'exposition du peintre Mané-Katz », *Menorah* 20, 10 juin 1923, p. 324-325.
KAHN, Gustave, « Anna Bass », *Menorah* 7, 15 avril 1924, p. 102-104.
KAHN, Gustave, « Au fil de la vie », *Menorah* 9, 15 mai 1924, p. 1.
KAHN, Gustave, « Un peintre juif du Moghreb. André Suréda », *Menorah* 15, 1er septembre 1924, p. 225-226.
KAHN, Gustave, « Images bibliques », *Menorah* 15, 1er septembre 1924, p. 226.
KAHN, Gustave, « Cinquante ans de peinture française : musée des Arts décoratifs », *Mercure de France* 650, 15 juillet 1925, p. 494-498.
KAHN, Gustave, « Nos coreligionnaires aux salons », *Menorah* 12-13, juin-juillet 1927, p. 198-199.
KAHN, Gustave, « L'exposition à "Menorah" », *Menorah* 13, 1er juillet 1928, p. 193-195.
KAHN, Gustave, « Art », *Mercure de France* 722, 15 juillet 1928, p. 434.
KAHN, Gustave, « Y a-t-il un art juif? », *Menorah* 17, 15 septembre 1925, p. 265-266.
KAHN, Gustave, *Feder* (en yiddish), Paris, Le Triangle, « Artistes juifs », 1929.
KAHNWEILER, Daniel-Henri, « Réponse », *L'Art vivant* 16, 15 août 1925, p. 37.
KISLING, Moïse, « Réponse », *L'Art vivant* 16, 15 août 1925, p. 37.
KIVELIOVITCH, Michel, *Sur les points singuliers du problème des trois corps*, Paris, Gauthier-Villars, 1932.
KIVELIOVITCH, Michel, VIALAR, Jacques, *Les Séries chronologiques et la théorie du hasard*, Paris, Service de documentation et d'information technique de l'aéronautique, 1957.
KOENIG, Leo, *Liebermann* (en yiddish), Paris, Le Triangle, « Artistes juifs », 1927.
KOENIG, Leo, *Pissarro* (en yiddish), Paris, Le Triangle, « Artistes juifs », 1927.
KOPMAN, Benjamin, *Abraham Walkowitz* (en yiddish), Paris, Le Triangle, « Artistes juifs », s.d.
LAGRANGE, Joseph Louis DE, *Œuvres*, Hildesheim & New York, Georg Olms Verlag, 1973.
Lasar Segall, cat. exp. Paris, Galerie Vignon, Paris, Galerie Vignon, 1931.
LATZARUS, Louis, *Un ami du peuple, Monsieur Coty*, Paris, Librairie Valois, 1929.
« La vie intérieure de la Ligue », *L'Émancipation juive* 13-14, 10-25 juillet 1916, p. 219.
LERAY, René, « L'exode des grandes ventes », *Formes* 1, décembre 1929, p. 2-3.
LEVEL, André, « Réponse », *L'Art vivant* 16, 15 août 1925, p. 37.
LEVINSON, André, *Jacques Loutchansky*, Paris, Le Triangle, « Artistes juifs », s.d.
LHOTE, André, « Première visite au Louvre », *La Nouvelle Revue française* 6, 1er septembre 1919, p. 523-532.
LICHTENSTEIN, Isaac, *Marc Chagall* (en yiddish), Paris, Le Triangle, « Artistes juifs », 1927.
LICHTENSTEIN, Isaac, *Hirszenberg* (en yiddish), Paris, Le Triangle, « Artistes juifs », 1928.
« Liste des adhérents », *L'Émancipation juive* 2, 20 janvier 1916, p. 6.
LOMBROSO, Cesare, *Les Palimpsestes des prisons*, Paris, Maloine, 1905.
LUBOWSKY, Simon, *Recherches sur l'oxyde de titane cristallisé*, Paris, Le Triangle, 1933.
LUZZATTO, Guido Ludovico, « Chagall », *La Rassegna mensile di Israel* 2, 1930, p. 112-118.
LUZZATTO, Guido Ludovico, « Chana Orloff », *La Rassegna mensile di Israel* 3-4, 1933, p. 159-168.
LUZZATTO, Guido Ludovico, *Scritti politici. Ebraismo e antisemitismo*, Milan, Franco Angeli editore, 1996.
LUZZATTO, Guido Ludovico, *Scritti d'Arte*, Milan, Franco Angeli editore, 1997.

Mâle, Émile, « L'enseignement de l'histoire de l'art dans l'Université », *Revue universitaire*, vol. I, Paris, Armand Colin, 1894, p. 10-20.
Malraux, André, « Notes sur l'expression tragique en peinture, à propos d'œuvres récentes de Rouault », *Formes* 1, décembre 1929, p. 5-6.
« Manifeste des intellectuels », *Le Figaro littéraire*, Paris, 19 juillet 1919, p. 1.
Massis, Henri, *Défense de l'Occident*, Paris, Plon, 1927.
Mauclair, Camille (avec Maurice Feuillet, Robert Guillou, Maurice Duplay et René Brécy), « Manifeste de l'Association des critiques d'art français », *Le Gaulois artistique* 33/34, 28 mai 1929, p. 279.
Mauclair, Camille, *Fragonard*, Paris, H. Laurens, 1904.
Mauclair, Camille, *L'Impressionnisme, son histoire, son esthétique, ses maîtres*, Paris, Librairie de l'art ancien et moderne, 1904.
Mauclair, Camille, *Le Vertige allemand. Histoire du crime délirant d'une race*, Paris, Hélios, 1916.
Mauclair, Camille, *L'Art indépendant français sous la Troisième République*, Paris, La Renaissance du Livre, 1919.
Mauclair, Camille, *Les États de la peinture française de 1850 à 1920*, Paris, Payot, 1921.
Mauclair, Camille, *Servitude et grandeur littéraires*, Paris, Ollendorff, 1922.
Mauclair, Camille, *Claude Monet*, Paris, Rieder, 1923.
Mauclair, Camille, *Les Maîtres de l'impressionnisme, leur histoire, leur esthétique, leurs œuvres*, Paris, Ollendorff, 1923.
Mauclair, Camille, « Enquête sur les maladies de la littérature actuelle », *Les Marges* 37, 15 septembre 1926, p. 88.
Mauclair, Camille, *La Folie picturale. Barioleurs, profiteurs, dupes, mercantis et métèques*, Paris, Imprimerie Watelet, 1928.
Mauclair, Camille, *La Farce de l'art vivant I. Une campagne picturale. 1928-1929*, Paris, Éditions de la Nouvelle Revue critique, 1929.
Mauclair, Camille, *La Farce de l'art vivant II. Les métèques contre l'art français*, Paris, Éditions de la Nouvelle Revue critique, 1930.
Mauclair, Camille, *L'architecture va-t-elle mourir ?*, Paris, Éditions de la Nouvelle Revue critique, 1933.
Milbauer, Joseph, « Salon d'Automne », *L'Univers israélite* 16, 6 janvier 1928, p. 496.
Milbauer, Joseph, « Le Salon des Indépendants », *L'Univers israélite* 23, 24 février 1928, p. 715-716.
Nebbia, Ugo, *La XVI esposizione internazionale d'arte Venezia - MCMXXVIII*, Milan, Luigi Alfieri Editori, 1928.
Nemours, Robert, « Paris », *L'Ami du peuple*, 2 septembre 1930.
Ojetti, Ugo, *L'Italia e la civiltà tedesca*, Milan, Rava & C., 1915.
Ors, Eugenio d', *Pablo Picasso*, Paris & Londres, Éditions des Chroniques du jour, 1930.
Ozenfant, Amédée, *Ceux qui ont choisi. Contre le fascisme en Allemagne. Contre l'impérialisme français*, Paris, Éditions Henri Barbusse, 1930.
P., S., « Une exposition d'objets d'art au Musée juif de Jérusalem », *L'Illustration juive* 6, 24 novembre 1922, p. 92-93.
Prinzhorn, Hans, *Bildnerei der Geisteskranken*, Berlin, Julius Springer Verlag, 1923.
Protocoles des Sages de Sion (1901), Paris, Grasset, 1921.
Renan, Ernest, *Histoire générale et système comparé des langues sémitiques*, Paris, Imprimerie impériale, 1855.
Renan, Ernest, *L'Antéchrist*, Paris, Michel Lévy Frères éditeurs, 1873.

ROGUES DE FURSAC, Joseph, *Les Écrits et les Dessins dans les maladies nerveuses et mentales*, Paris, Masson, 1905.
ROSENBERG, Léonce, « Réponse », *L'Art vivant* 18, 15 septembre 1925, p. 39.
SALMON, André, *L'Art vivant*, Paris, éditions Crès, 1920.
SALMON, André, *Léopold Lévy*, Paris, Le Triangle, « Artistes juifs », 1930.
SALMON, André, *Kanelba*, Paris, Le Triangle, « Artistes juifs », 1933.
SCHULTZE-NAUMBURG, Paul, *Kunst und Rasse*, Munich, J.F. Lehmanns Verlag, 1928.
SCHWARTZ, Karl, *Die Juden in der Kunst*, Berlin, Wert Verlag, 1928.
SCHWOB, René, *Une mélodie silencieuse, avec un dessin inédit de Chagall*, Paris, Grasset, 1929.
SCHWOB, René, *Chagall et l'âme juive*, Paris, éditions Roberto A. Corrêa, 1931.
SCHWOB, René, *Le Portail royal : cathédrale de Chartres*, Paris, B. Grasset, 1931.
SCHWOB, René, *Ni Grec, ni Juif*, Paris, Plon, 1931.
SCHWOB, René, *Rome ou la mort...*, Paris, Desclée De Brouwer et Cie, 1938.
SOFFICI, Ardengo, *Periplo dell'arte. Richiamo all'ordine*, Florence, Vallecchi editore, 1928.
SPENGLER, Oswald, *Der Untergang des Abendlandes*, Munich, Verlag C.H. Beck, 1918-1923.
SPENGLER, Oswald, *Preußentum und Sozialismus*, Munich, C.H. Beck'sche Verlagsbuchhandlung Oskar Beck, 1920.
SZITTYA, Émile, *Arthur Bryks*, Paris, Le Triangle, « Artistes juifs », s.d.
SZWARC, Marek, *Modigliani*, Paris, Le Triangle, « Artistes juifs », 1927.
SZWARC, Marek, « L'élément national dans l'art - Y a-t-il un art juif ? », *La Nouvelle Aurore*, mars 1925, p. 8.
SZWARC, Marek, *Mémoires entre deux mondes*, Paris, Ressouvenances, 2010.
TÉRIADE, Efstratios, « Artistes juifs », *L'Intransigeant*, 26 mai 1930.
TÉRIADE, Efstratios, *Menkes*, Paris, Le Triangle, « Artistes juifs », 1932.
TOFEL, Jennings, *Benjamin Kopman*, Paris, Le Triangle, « Artistes juifs », s.d.
TOLLET, Tony, *De l'influence de la corporation judéo-allemande des marchands de tableaux de Paris sur l'art français*, Lyon, Imprimeur de l'Académie, 1915.
TOPASS, Jan, *Terlikowski*, Paris, Le Triangle, « Artistes juifs », 1932.
UHDE, Wilhelm, *Picasso et la tradition française. Notes sur la peinture actuelle*, Paris, Éditions des Quatre Chemins, 1928.
UHDE, Wilhelm, *De Bismarck à Picasso*, Paris, Éditions du Linteau, 2002.
VANDERPYL, Fritz, « Existe-t-il une peinture juive ? », *Mercure de France* 650, 15 juillet 1925, p. 386-396.
VAUXCELLES, Louis, « Réponse », *L'Art vivant* 19, 1er octobre 1925, p. 36.
VAUXCELLES, Louis, « Marek Szwarc batteur de métal », *L'Univers israélite* 17, 13 janvier 1928, p. 521-522.
VAUXCELLES, Louis, *Marek Szwarc*, Paris, Le Triangle, « Artistes juifs », 1932.
VIGNY, Alfred DE, *Servitude et grandeur militaires*, Paris, Publications de la Revue des deux mondes, 1835.
WALDEMAR-GEORGE, *John D. Graham*, Paris, Le Triangle, « Artistes juifs », s.d.
WALDEMAR-GEORGE, *Krémègne* (en yiddish), Paris, Le Triangle, « Artistes juifs », s.d.
WALDEMAR-GEORGE, *Krémègne*, Paris, Le Triangle, « Artistes juifs », s.d.
WALDEMAR-GEORGE, « Les idées et les livres. Le féminisme sous Louis-Philippe par Léon Abensour... », *La Voix des Femmes*, 17 octobre 1918.
WALDEMAR-GEORGE, « Le Salon des Indépendants », *L'Amour de l'art* 2, février 1924, p. 42-45.
WALDEMAR-GEORGE, « Réponse », *L'Art vivant* 19, 1er octobre 1925, p. 37.

WALDEMAR-GEORGE, « Un grand écrivain allemand : Heinrich Wolflin [*sic*] », *L'Art vivant* 37, 15 mai 1927, p. 390-392.
WALDEMAR-GEORGE, *Chirico, avec des fragments littéraires de l'artiste*, Paris, Éditions des Chroniques du jour, 1928.
WALDEMAR-GEORGE, *Marc Chagall*, Paris, Éditions de la Nouvelle Revue française, 1928.
WALDEMAR-GEORGE, *Soutine*, Paris, Le Triangle, « Artistes juifs », 1928.
WALDEMAR-GEORGE, *Le Dessin français de David à Cézanne et l'esprit de la tradition baroque*, Paris, Éditions des Chroniques du jour, 1929.
WALDEMAR-GEORGE, *Max Band*, Paris, Le Triangle, « Artistes juifs », 1929.
WALDEMAR-GEORGE, « *Hannibal ad portas ?* Lettre ouverte à M. Jacques Guenne », *L'Art vivant* 104, 1er juin 1929, p. 377-379.
WALDEMAR-GEORGE, « Appels de l'Occident. Christian Bérard », *Formes* 1, décembre 1929, p. 6-9.
WALDEMAR-GEORGE, « La XVIIIe Biennale de Venise », *Formes* 7, juillet 1930, p. 19-21.
WALDEMAR-GEORGE, « Ex Roma Lux », *Formes* 8, octobre 1930, p. 91-93.
WALDEMAR-GEORGE, « École française ou École de Paris I », *Formes* 16, juin 1931, p. 92-93.
WALDEMAR-GEORGE, « École française ou École de Paris II », *Formes* 17, septembre 1931, p. 110-111.
WALDEMAR-GEORGE, « Enquête sur l'art français », *Formes* 20, décembre 1931, p. 180-194.
WALDEMAR-GEORGE, « L'art à Paris », *Formes* 3, mars 1930, p. 14.
WALDEMAR-GEORGE, « Vers un art humaniste. Paul Tchelitchew », *Formes* 9, novembre 1930, p. 6-7.
WALDEMAR-GEORGE, *Lasar Segall*, Paris, Le Triangle, 1932.
WALDEMAR-GEORGE, *Profits et Pertes de l'art contemporain*, Paris, Éditions des Chroniques du jour, 1933.
WALDEMAR-GEORGE, *Profitti e Perdite dell'arte contemporanea*, Florence, Vallecchi editore, 1933.
WALDEMAR-GEORGE, « Une entrevue avec M. Mussolini », *Quadrante* 3, juillet 1933, p. 41.
WALDEMAR-GEORGE, « La crise de l'esprit contemporain. L'art humaniste, l'art fasciste et la romanité », *Arte mediterranea*, octobre-novembre 1933, p. 40-41.
WALDEMAR-GEORGE, « Le néo-humanisme », *L'Amour de l'art-Formes* 4, avril 1934, p. 359-361.
WALDEMAR-GEORGE, *L'Humanisme et l'idée de patrie*, Paris, Bibliothèque Charpentier, Fasquelle éditeur, 1936.
WALDEMAR-GEORGE, *Les Artistes juifs et l'École de Paris*, Alger, Éditions du Congrès juif mondial, 1959.
WALDEMAR-GEORGE, enquête « À quoi sert la critique d'art ? », *Arts*, 23 mars 1966.
WARNOD, André, « La question des étrangers », *Comœdia*, 11 février 1924.
WARNOD, André, « École de Paris », *Comœdia*, 25 janvier 1925.
WARNOD, André, *Les Berceaux de la jeune peinture. L'École de Paris*, Paris, Albin Michel, 1925.
WARSHAVSKY, Mark, *Krémègne*, Paris, Le Triangle, « Artistes juifs », 1928.
WÖLFFLIN, Heinrich, *Kunstgeschichtliche Grundbegriffe. Das Problem der Stilentwickelung in der neueren Kunst*, Munich, Hugo Bruckmann Verlag, 1915.

Bibliographie générale

ABITBOL, Michel, *Les Deux Terres promises : les Juifs en France et le sionisme, 1897-1945*, Paris, Olivier Orban, 1989

AFFRON, Matthew, ANTLIFF, Mark (éd.), *Fascists Visions. Art and Ideology in France and Italy*, Princeton, Princeton University Press, 1997.

AGLAN, Alya, BESSON, Florian *et al.* (éd.), *Zemmour contre l'histoire*, Paris, Gallimard, 2022.

An Expressionist in Paris. The Paintings of Chaim Soutine, éd. par Norman L. Kleeblatt, Kenneth Silver, cat. exp. New York, The Jewish Museum, Los Angeles, Los Angeles County Museum of Art et Cincinnati, Cincinnati Art Museum, Munich, Prestel-Verlag, 1998.

ANTLIFF, Mark, LEIGHTEN, Patricia, *Cubisme et culture* (2001), Paris, Thames & Hudson, 2002.

APOLLINAIRE, Guillaume, *Cronache d'arte 1902-1918*, Palerme, Edizioni Novecento, 1989.

BACCI, Giorgio, FILETI MAZZA, Miriam (éd.), *Emporium II. Parole e figure tra il 1895 e il 1964*, Pise, Scuola Normale di Pisa, 2014.

BAIGELL, Matthew, HEYD, Milly, WASHTON LONG, Rose-Carol (éd.), *Jewish Dimensions in Modern Visual Culture*, Hanovre & Londres, University Press of New England, 2009.

BALMAND, Pascal, « Les jeunes intellectuels de l'"Esprit des années trente" : un phénomène de génération ? », *Les Cahiers de l'Institut d'histoire présente* 6, novembre 1987, p. 49-65.

BASCH, Sophie (éd.), *Gustave Kahn (1859-1936)*, Paris, Éditions classiques Garnier, 2009.

BASSANI, Ezio, PAUDRAT, Jean-Louis (éd.), *Carl Einstein, Scultura negra*, Milan, Abscondita, 2009.

BAZIN, Germain, *Histoire de l'histoire de l'art. De Vasari à nos jours*, Paris, Albin Michel, 1986.

BERLIOCCHI, Elisabetta, « L'"Esprit du Nord" di Waldemar George. La "vague" du Romantisme nel critico del ritorno all'ordine », *Commentari d'arte* 36/37, 2007, p. 69-79.

BERSTEIN, Serge, MILZA, Pierre, *Histoire du XXe siècle 1900-1945. La fin du monde européen*, Paris, Hatier, 1996.

BERTRAND DORLÉAC, Laurence, *Histoire de l'art, Paris 1940-1944 : ordre national, traditions et modernités*, Paris, Publications de la Sorbonne, 1986.

BERTRAND DORLÉAC, Laurence, *Contre-déclin. Monet et Spengler dans les jardins de l'histoire*, Paris, Gallimard, 2012.

BOLETSI, Maria, MOSER, Christian (éd.), *Barbarism Revisited. New Perspectives on an Old Concept*, Leyde, Brill, 2015.

BUBER, Martin, *Les Récits hassidiques*, Monaco, Éditions du Rocher, 1985.

CAHN, Jean-Paul, POLONI, Bernard (éd.), *Migrations et identités. L'exemple de l'Allemagne au XIXe et au XXe siècle*, Villeneuve-d'Ascq, Presses universitaires du Septentrion, 2009.

CARTER, Karen L., WALLER, Susan (éd.), *Foreign Artists and Communities in Modern Paris, 1870-1914. Strangers in Paris*, Londres, Routledge, 2015.

CASOTTO, Elena, *Pittori ebrei in Italia. 1800-1938*, Vérone, Colpo di Fulmine Edizioni, 2008.

CAVALLO, Luigi, RAIMONDI, Giuseppe (éd.), *Ardengo Soffici*, Florence, Nuovedizioni Enrico Vallecchi, 1967.

CAVALLO, Luigi, *Soffici. Immagini e documenti (1879-1964)*, Florence, Vallecchi editore, 1986.

CHARENSOL, Georges, *D'une rive à l'autre*, Paris, Mercure de France, 1973.

CHASTEL, Charles, « La naissance de la virologie », *Virologie* 1/2, mars-avril 1997, p. 103-110.

CHAUDONNERET, Marie-Claude (éd.), *Les Artistes étrangers à Paris, de la fin du Moyen Âge aux années 1920*, Paris, Lang, 2007.

CHEVREFILS DESBIOLLES, Yves, *Les Revues d'art à Paris, 1905-1940*, Paris, Ent'revues, 1993.

CHEVREFILS DESBIOLLES, Yves, « Le critique d'art Waldemar-George. Les paradoxes d'un non-conformiste », *Archives juives* 41/2, 2008, p. 101-117.

CHEVREFILS DESBIOLLES, Yves, « Le "Retour à Rome" de Waldemar-George », *Predella. Rivista semestrale di arti visive* 31, août 2012, en ligne, URL : www.predella.it/archivio/indexa4fb.html?option=com_content&view=article&id=281&catid=86&Itemid=113 [dernier accès : 23.05.2019].

CHEVREFILS DESBIOLLES, Yves, *Waldemar-George critique d'art. Cinq portraits pour un siècle paradoxal. Essai et anthologie*, Rennes, Presses universitaires de Rennes, 2016.

CHEVREFILS DESBIOLLES, Yves, FROISSART PEZONE, Rossella (éd.), *Les Revues d'art. Formes, stratégies et réseaux au XXe siècle*, Rennes, Presses universitaires de Rennes, 2001.

CHIROLLET, Jean-Claude, *L'Interprétation photographique des arts. Histoire, technologies, esthétique*, Paris, L'Harmattan, 2013.

CHOUGNET, Pauline, *L'Art diplomatique. Les expositions d'art français organisées par la France à l'étranger pendant l'entre-deux-guerres*, mémoire inédit, Paris, École nationale des chartes, 2010.

CLARK, Timothy J., *Image of the People. Gustave Courbet and the Second French Republic 1848-1851*, Londres, Thames & Hudson, 1973.

CLARK, William Charles, *Camille Mauclair and the Religion of Art*, thèse inédite, Berkeley, University of California, 1976.

COHN, Norman, *Warrant for Genocide. The Myth of the Jewish World Conspiracy and the Protocols of the Elders of the Zion*, Londres, Eyre & Spottiswoode, 1967.

COQUIO, Catherine (éd.), *Mecislas Golberg passant de la pensée (1869-1907) : une anthropologie politique et poétique au début du siècle. Études critiques, bibliographie et documents réunis*, Paris, Maisonneuve et Larose, 1994.

COTTINGTON, David, *Cubism in the Shadow of War. The Avant-Garde and Politics in Paris 1905-1914*, New Haven & Londres, Yale University Press, 1998.

Daniel-Henri Kahnweiler, marchand, éditeur, écrivain, éd. par Dominique Bazo, cat. exp. Paris, Centre Georges Pompidou, Paris, Centre Georges Pompidou, 1984.

DARD, Olivier, LEYMARIE, Michel, MCWILLIAM, Neil (éd.), *Le Maurrassisme et la culture. L'Action française. Culture, Société, Politique (III)*, Villeneuve-d'Ascq, Presses universitaires du Septentrion, 2010.

« Degenerate Art ». The Fate of the Avant-Garde in Nazi Germany, cat. exp. Los Angeles, Los Angeles County Museum of Art et Chicago, The Art Institute of Chicago, Los Angeles, Los Angeles County Museum of Art, 1991.

DELAPERRIÈRE, Maria, MARÈS, Antoine (éd.), *Paris « capitale culturelle » d'Europe centrale*, Paris, Centre d'études slaves et Institut d'études slaves, 1997.

DELMAIRE, Danielle, *Mouvements de jeunesse chrétiens et juifs : sociabilité juvénile dans un cadre européen, 1799-1968*, Paris, Cerf, 1985.

Dictionnaire critique des historiens de l'art actifs en France de la Révolution à la Première Guerre mondiale [en ligne], éd. par Philippe Sénéchal et Claire Barbillon, Paris, INHA, 2009, URL : www.inha.fr/fr/ressources/publications/publications-numeriques/dictionnaire-critique-des-historiens-de-l-art/mauclair-camille.html.

Dictionnaire de la critique d'art à Paris. 1890-1969, éd. par Claude Schvalberg, Rennes, Presses universitaires de Rennes, 2014.

DONAGGIO, Adriano, *Biennale di Venezia. Un secolo di storia*, Florence, Giunti editore, 1988.

Donation Maurice et Pauline Feuillet de Borsat, Marseille, musée Borély, 1969.

FABRE, Michel « Rediscovering Aïcha, Lucy and D'al-Al, Colored French Stage Artists », *The Scholar and Feminist Online* [en ligne], automne 2007/printemps 2008, URL : http://sfonline.barnard.edu/baker/mfabre_01.htm [dernier accès : 20.03.2019].

« Fastueux hôtels de Touraine, le château d'Artigny à Montbazon », *Le Magazine de la Touraine* 24, octobre 1987, p. 7-24.

FOA, Anna, « Gli ottanta anni della Rassegna », *La Rassegna mensile di Israel* 1/2, 2009, p. 9-26.

FONTI, Daniela, « Carlo Levi peintre juif à Paris et la question de la poésie ethnique », *Ligeia* 109-110-111-112, juillet-décembre 2011, p. 28-40.

FRAIXE, Catherine, POUPAULT, Christophe, PICCIONI, Lucia (éd.), *Vers une Europe latine. Acteurs et enjeux des échanges culturels entre la France et l'Italie fasciste*, Bruxelles, Peter Lang, 2012.

GAEHTGENS, Thomas W., ARNOUX, Mathilde, KITSCHEN, Friederike (éd.), *Perspectives croisées. La critique d'art franco-allemande 1870-1945*, Paris, Éditions de la Maison des sciences de l'homme, 2009 (Passages/Passagen, 22).

GALLICCHIO, Alessandro, « Adolphe Basler, critique et marchand d'art : de la période Apollinaire à la galerie de Sèvres », dans Wiesław Kroker (éd.), *Apollinaire à travers l'Europe*, Varsovie, Wydawnictwa Uniwersytetu Warszawskiego, 2015, p. 193-212.

GALLICCHIO, Alessandro, « Parigi-Giappone: Shigetaro Fukushima (1895-1960) collezionista e direttore della rivista "Formes" », *The Izura Bulletin* 22, 2015, p. 2-28.

GALLICCHIO, Alessandro, « Adolphe Basler marchand en chambre et galeriste », dans Denise Vernerey-Laplace, Hélène Ivanoff (éd.), *Les Artistes et leurs galeries. Paris-Berlin (1900-1950)*, I : *Paris*, Rouen, Presses universitaires de Rouen et du Havre, 2018, p. 261-277.

Garden and Ghettos. The Art of the Jewish Life in Italy, éd. par Vivian Mann, cat. exp. New York, The Jewish Museum, New York, The Jewish Museum, 1989.

GEE, Malcolm, *Dealers, Critics and Collectors of Modern Painting. Aspects of the Parisian Market between 1910 and 1930*, New York & Londres, Garland Publishing, 1981.

GEE, Malcolm, « The Nature of Twentieth-Century Art Criticism », dans Malcolm Gee (éd.), *Art Criticism since 1900*, Manchester & New York, Manchester University Press, 1993, p. 4-23.

GEE, Malcolm (éd.), *Art Criticism since 1900*, Manchester & New York, Manchester University Press, 1993.

GISPERT, Marie, MÉNEUX, Catherine, « Introduction », dans Marie Gispert, Catherine Méneux (éd.), *Critique(s) d'art : nouveaux corpus, nouvelles méthodes* [en ligne], Paris, site de l'HiCSA, mars 2019, p. 7, URL : https://hicsa.univ-paris1.fr/page.php?r=133&id=1004&lang=fr [dernier accès : 08.09.2019].

GOLAN, Romy, *Modernity and Nostalgia. Arts and Politics in France between the Wars*, New Haven & Londres, Yale University Press, 1995.

GREEN, Christopher, *Cubism and its Enemies. Modern Movements and Reaction in French Art, 1916-1928*, New Haven & Londres, Yale University Press, 1987.

GREEN, Christopher, *Art in France 1900-1940*, New Haven & Londres, Yale University Press, 2000.

GREEN, Christopher, « Humanisms: Picasso, Waldemar George and the Politics of Man in the 1930s », *Comparative Criticism* 23, 2001, p. 231-254.

GUALTIERI DI SAN LAZZARO, *Parigi era viva* (1948), Milan, Mondadori editore, 1966.

GUCHET, Yves, *Georges Valois. L'Action française. Le Faisceau. La République syndicale*, Paris, L'Harmattan, 2001.

HARGROVE, June, MCWILLIAM, Neil (éd.), *Nationalism and French Visual Culture, 1870-1914*, New Haven & Londres, Yale University Press, 2005.

HAUTCŒUR, Pierre-Cyrille, *La Crise de 1929*, Paris, La Découverte, 2009.

Hommage à André Warnod, 1885-1960, éd. par Jean Cassou et René Huyghe, cat. exp. Paris, musée d'Art moderne de la Ville de Paris, Paris, musée d'Art moderne de la Ville de Paris, 1985.

IAMURRI, Laura, « La tradizione, il culto del passato, l'identità nazionale: un'inchiesta sull'arte francese », *Prospettiva* 105, janvier 2002, p. 86-98.

IATO, Valeria, *Guido Ludovico Luzzatto. Critico d'arte militante 1922-1940*, Milan, Scalpeldi editore, 2014.

Il futuro alle spalle. Italia-Francia. L'arte tra le due guerre, éd. par Federica Pirani, cat. exp. Rome, Palazzo delle Esposizioni, Rome, Edizioni de Luca, 1998.

JARRASSÉ, Dominique, « De l'art judaïque à l'art juif. Linéaments d'une historiographie de l'art juif en France », *Archives juives* 3, 1998, p. 15-28.

JARRASSÉ, Dominique, « L'éveil d'une critique d'art juive et le recours au "principe ethnique" dans une définition de l'"art juif" », *Archives juives* 1, 2006, p. 63-75.

JARRASSÉ, Dominique, *Existe-t-il un art juif?* (2006), Le Kremlin-Bicêtre, Éditions Esthétique(s) du divers, 2013.

JARRASSÉ, Dominique, MESSINA, Maria Grazia (éd.), *L'Expressionnisme : une construction de l'autre*, Le Kremlin-Bicêtre, Éditions Esthétique(s) du divers, 2012.

JENGER, Jean (éd.), *Le Corbusier. Choix de lettres*, Bâle, Birkhäuser, 2001.

JOBERT, Barthélémy, « Philosophie de l'art, Hippolyte Taine », dans *Encyclopædia Universalis* [en ligne], URL : www.universalis.fr/encyclopedie/philosophie-de-l-art/v [dernier accès : 30.04.2019].

JOLY, Laurent, « *L'Ami du peuple* contre les financiers qui mènent le monde. La première campagne antisémite des années 1930 », *Archives juives* 39, 2006, p. 96-109.

KAMPF, Avram, *Jewish Experience in the Art of the Twentieth Century*, South Hadley, Bergin & Gavery Publishers, 1984.

KAUFFMANN, Grégoire, *Édouard Drumont*, Paris, Perrin, 2008.

KAUFFMANN, Grégoire, « L'héritage de Drumont dans les années 1930 », *Archives juives* 43/1, 2010, p. 12-22.

KROKER, Wiesław (éd.), *Apollinaire à travers l'Europe*, Varsovie, Wydawnictwa Uniwersytetu Warszawskiego, 2015.

KUPFERMAN, Fred, « François Coty, un politicien au parfum », *Historama* 48, février 1988, p. 44-53.

KYBBEY, Ray Anne, *Picasso. A Comprehensive Bibliography*, New York, Garland, 1977.

L'Art juif, Paris, Citadelles & Mazenod, 1995.

L'École de Paris. 1904-1929, la part de l'Autre, éd. par Jean-Louis Andral et Sophie Krebs, cat. exp. Paris, musée d'Art moderne de la Ville de Paris, Paris, Paris Musées, 2000.

Lasar Segall. Nouveaux Mondes, éd. par Stéphanie d'Alessandro, cat. exp. Paris, musée d'Art et d'Histoire du judaïsme, Paris, musée d'Art et d'Histoire du judaïsme et Adam Biro, 2000.

LAUGÉE, Thierry, RABILLER, Carole, « Discours nationalistes sur l'art au XIXe siècle », dans *Encyclopédie d'histoire numérique de l'Europe* [en ligne], 23 novembre 2015, URL : https://ehne.fr/node/142 [dernier accès : 08.09.2019].

Le Retour à l'ordre dans les arts plastiques et l'architecture, 1919-1925, Saint-Étienne, Centre d'études et de recherche sur l'expression contemporaine, 1975.

LEMAYRE, Michel (éd.), *La Postérité de l'affaire Dreyfus*, Lille, Presses universitaires du Septentrion, 1998.

LEMAYRE, Michel, PRÉVOTAT, Jacques (éd.), *L'Action française. Culture, société, politique*, Lille, Presses universitaires du Septentrion, 2008.

Les Italiens de Paris. De Chirico e gli altri a Parigi nel 1930, éd. par Maurizio Fagiolo dell'Arco, cat. exp. Brescia, Palazzo Martinengo, Genève & Milan, Skira, 1998.

Les Réalismes (1919-1939), éd. par Jean Clair, cat. exp. Paris, Centre Pompidou et Berlin, Staatliche Kunsthalle, Paris, Éditions du Centre Pompidou, 1980.

LIARDET, Olivier, « Un palais néo-régionaliste pour une grande institution : la construction de la nouvelle Bourse de commerce de Lille par Louis-Marie Cordonnier (1906-1920) », *Livraisons de l'histoire de l'architecture* 15, 2008, p. 67-88.

LIPTON, Eunice, *Picasso Criticism 1901-1939. The Making of an Artist Hero*, New York, Garland, 1976.

LUCBERT, Françoise, *Entre le voir et le dire. La critique d'art des écrivains dans la presse symboliste en France de 1882 à 1906*, Rennes, Presses universitaires de Rennes, 2005.

LUCBERT, Françoise, SHRYOCK, Richard (éd.), *Gustave Kahn : un écrivain engagé*, Rennes, Presses universitaires de Rennes, 2013.

MAINGON, Claire, *L'Âge critique des Salons : 1914-1925. L'École française, la tradition et l'art moderne*, Rouen, Presses universitaires de Rouen et du Havre, 2014.

MALINOVICH, Nadia, « Une expression du "réveil juif" des années vingt : la revue *Menorah* (1922-1933) », *Archives juives* 1, 2004, p. 86-96.

MALINOWSKI, Jerzy, *Malarstwo i rzeźba Żydów polskich w XIX i XX wieku*, Varsovie, Wydawnictwa Naukowe PWN, 2000.

Maurice et Pauline Feuillet de Borsat collectionneurs. Dessins français et étrangers du XVIIe au XIXe siècle, éd. par Marianne Roland Michel, cat. exp. Marseille, château Borély, Marseille, Éditions Jeanne Laffitte, 2001.

MCCULLY, Marilyn (éd.), *A Picasso Anthology. Documents, Criticism, Reminiscences*, New Jersey, Princeton University Press, 1997.

MCWILLIAM, Neil, MORÉTEAU, Constance, LAMOUREUX, Johanne (éd.), *Histoires sociales de l'art. Une anthologie critique*, 2 vol., Dijon, Les Presses du réel, 2016.

MEAD, George Herbert, *L'Esprit, le soi et la société* (1934), Paris, Presses universitaires de France, 2006.

MEFFRE, Liliane, *Carl Einstein 1885-1940. Itinéraires d'une pensée moderne*, Paris, Presses de l'Université Paris-Sorbonne, 2002.

MESSINA, Maria Grazia, *Le muse d'oltremare. Esotismo e primitivismo dell'arte contemporanea*, Turin, Einaudi editore, 1994.

MICHAUD, Éric, *Un art de l'éternité. L'image et le temps du national-socialisme*, Paris, Gallimard, 1996.

MICHAUD, Éric, *Histoire de l'art. Une discipline à ses frontières*, Paris, Hazan, 2005.

MICHAUD, Éric, « Portraits du Juif en négateur de l'Incarnation », *Cahiers du Mnam* 103, printemps 2008, p. 102-117.

MICHAUD, Éric, « Barbarian Invasion and the Racialization of Art History », *October* 139, 2012, p. 59-76.

MICHAUD, Éric, *Les Invasions barbares. Une généalogie de l'histoire de l'art*, Paris, Gallimard, 2015.

MICHAUD, Yves, MOREL, Jean-Paul (éd.), *Pour un musée français d'art moderne*, Paris, Éditions de la Réunion des Musées nationaux, 1996.

Między Montmartre'em a Montparnasse'em, éd. par Katarzyna Jarmuł-Niemczyk, cat. exp. Katowice, Muzeum Śląskie w Katowicach, Katowice, Muzeum Śląskie w Katowicach, 2017.

MONNIER, Gérard, VOVELLE, José (éd.), *Un art sans frontières. L'internationalisation des arts en Europe (1900-1950)*, Paris, Publications de la Sorbonne, 1994.

Montparnasse déporté. Artisti europei da Parigi ai lager, éd. par Sylvie Buisson, cat. exp. Turin, Museo Diffuso della Deportazione, della Guerra, dei Diritti e della Libertà, Turin, Elede editrice, 2007.

NICAULT, Catherine, *La France et le sionisme (1897-1948) : une rencontre manquée?*, Paris, Calmann-Lévy, 1994.

NIESZAWER, Nadine, *Artistes juifs de l'École de Paris 1905-1939*, Paris, Somogy éditions d'art, 2015.

NOCHLIN, Linda, GARB, Tamar (éd.), *The Jew in the Text. Modernity and the Construction of Identity*, Londres, Thames & Hudson, 1995.

ORIOL, Philippe, *L'Histoire de l'affaire Dreyfus de 1894 à nos jours*, Paris, Les Belles Lettres, 2014.

PAPANDREOPOULOU, Katia, *Camille Mauclair (1872-1945), critique et historien de l'art : une leçon de nationalisme pictural*, thèse inédite, Paris, Université Paris-Panthéon, 2013.

Paris. Capital of the Arts 1900-1968, éd. par Ann Dumas, Gladys Fabre, Norman Rosenthal et Sarah Wilson, cat. exp. Londres, Royal Academy of Arts et Bilbao, Guggenheim Museum, Paris, Hazan, 2002.

Paris-Berlin 1900-1933. Rapports et contrastes France-Allemagne : art, architecture, graphisme, littérature, objets industriels, cinéma, théâtre, musique, éd. par Pontus Hulten, cat. exp. Paris, Centre Pompidou, Paris, Éditions du Centre Pompidou, 1978.

Paris-Moscou 1900-1930, éd. par Pontus Hulten, cat. exp. Paris, Centre Pompidou, Paris, Éditions du Centre Pompidou, 1979.

PASSINI, Michela, *La Fabrique de l'art national. Le nationalisme et les origines de l'histoire de l'art en France et en Allemagne (1870-1933)*, Paris, Éditions de la Maison des sciences de l'homme, 2013 (Passages/Passagen, 43).

PASSINI, Michela, *L'Œil et l'Archive. Une histoire de l'histoire de l'art*, Paris, La Découverte, 2017.

Paul Durand-Ruel. Le pari de l'Impressionnisme, éd. par Sylvie Patry, cat. exp. Paris, musée du Luxembourg, Paris, Réunion des Musées nationaux, 2014.

PHILIPPE, Olivier, *Léon Zamaron. Un flic ami des peintres*, Paris, Arcadia éditions, 2007.

Picasso 1917-1937. L'Arlecchino dell'arte, éd. par Yve-Alain Bois, cat. exp. Rome, Complesso del Vittoriano, Milan, Skira, 2008.

PIERRE, Arnauld, *Francis Picabia. La peinture sans aura*, Paris, Gallimard, 2002.

POZNANSKI, Renée, *Jacques Biélinky, un journaliste juif à Paris sous l'Occupation. Journal 1940-1942*, Paris, Cerf, 1992.

Primitivism in 20th Century Art. Affinity of the Tribal and the Modern, éd. par William Rubin, cat. exp. New York, Museum of Modern Art, New York, Museum of Modern Art, 1984.

READ, Peter, « Apollinaire critique d'art : la sculpture en question », *Cahiers de l'Association internationale des études françaises* 47, 1995, p. 405-420.

READ, Peter, « Apollinaire et Adolphe Basler. Passeurs culturels franco-polonais, médiateurs sans frontières », *Europe* 1043, mars 2016, p. 204-215.

RÉAU, Louis, *Histoire du vandalisme. Les monuments détruits de l'art français*, Paris, Robert Laffont, 1994.

RODRIGUEZ, Jean-François, *Le Cafard après la fête... Naturisme e Rappel à l'ordre tra Francia e Italia*, Padoue, CLEUP, 2001.

ROMANI, Héloïse, « Antimodernismo, nazionalismo e xenofobia: *Formes*, una rivista d'arte francese fra le due guerre », *Storia dell'arte* 106, septembre/décembre 2003, p. 130-140.

ROSENTHAL, Léonard, *Mémoires d'un chercheur de perles*, Paris, Deux Rives, 1949.

SALMON, André, *Souvenirs sans fin. L'air de la Butte*, Paris, Éditions de la Nouvelle France, 1945.

SALMON, André, *Montparnasse*, Paris, Éditions André Bonne, 1950.

SCHIAFFINI, Ilaria, ZAMBIANCHI, Claudio (éd.), *Contemporanea. Scritti di storia dell'arte per Jolanda Nigro Covre*, Rome, Campisano editore, 2013.

SCHMIDT, Gilya Gerda, *The Art and Artists of the Fifth Zionist Congress 1901*, Syracuse, Syracuse University Press, 2003.

SCHOR, Ralph, « Xénophobie et extrême droite : l'exemple de *L'Ami du peuple* (1928-1937) », *Revue d'histoire moderne et contemporaine* 1, janvier-mars 1976, p. 116-144.

SEDLMAYR, Hans, *Verlust der Mitte. Die bildende Kunst des 19. und 20. Jahrhunderts als Symptom und Symbol der Zeit*, Salzbourg & Vienne, Otto Müller Verlag, 1948.

SICARD-PICCHIOTTINO, Ghislaine, *François Coty. Un industriel corse sous la Troisième République*, Ajaccio, Albiana, 2006.

SILVER, Kenneth, *Esprit de corps. The Art of the Parisian Avant-garde and the First World War, 1914-1925*, Princeton, Princeton University Press, 1989.

SOFFICI, Ardengo, *Il salto vitale. Autoritratto d'artista italiano nel quadro del suo tempo*, Florence, Vallecchi editore, 1954.

SONN, Richard D., « Jews, Expatriate Artists, and Political Radicalism in Interwar France », *Proceedings of the Western Society for French History* 37, 2009, p. 267-281.

The Circle of Montparnasse. Jewish Artists in Paris 1905-1945, éd. par Romy Golan et Kenneth Silver, cat. exp. New York, The Jewish Museum, New York, The Jewish Museum, 1985.

The Invention of the 20th Century. Carl Einstein and the Avant-Gardes, éd. par Uwe Fleckner, cat. exp. Madrid, Museo Nacional Centro de Arte Reina Sofia, Madrid, Museo Nacional Centro de Arte Reina Sofia, 2009.

TIEDEMANN-BARTELS, Hella (éd.), *Walter Benjamin. Gesammelte Schriften*, Francfort-sur-le-Main, Suhrkamp Verlag, 1972.

VACHER, Marie, « Joseph Moiseevitch Tchaikov. De la Ruche des *Makhmadim* à l'idéologie soviétique (1910-1937) », *Les Cahiers de l'École du Louvre* [en ligne] 1, 2012, URL : https://journals.openedition.org/cel/661 [dernier accès : 19.06.2019].

VAISSE, Pierre, « Le cas Mauclair », *Lendemains* 133, 2009, p. 192-207.

VALENTI, Simonetta, *Camille Mauclair, homme de lettres fin-de-siècle. Critique littéraire, œuvre narrative, création poétique et théâtrale*, Milan, Vita e Pensiero, 2003.

VAN VOOLEN, Edward, *50 Jewish Artists You Should Know*, Londres, Prestel, 2011.

VENTURI, Lionello, *Histoire de la critique d'art* (1964), Paris, Flammarion, 1969.

VERNEREY-LAPLACE, Denise, IVANOFF, Hélène (éd.), *Les Artistes et leurs galeries. Paris-Berlin (1900-1950)*, I : *Paris*, Rouen, Presses universitaires de Rouen et du Havre, 2018.

VIGATO, Jean-Claude, *L'Architecture régionaliste en France 1890-1950*, Paris, Norma, 1994.

WARNOD, Jeanine, *Les Artistes de Montparnasse. La Ruche*, Paris, Éditions Mayer-Van Wilder, 1988.

WEBER, Eugen, *L'Action française*, Paris, Hachette, 1990.

WIERZBICKA, Anna, « The Polish-French Art Critic. Waldemar George on Cubism », *Umění* 5, 2006, p. 394-405.

WIERZBICKA, Anna, *Dzieje krytyki artystycznej i mysli o sztuce, Malgorzata Geron i Jerzy Malinowski*, Cracovie, Wydawnictwo DiG, 2009.

WIERZBICKA, Anna, *We Francji i w Polsce 1900-1939*, Cracovie, Instytut Sztuki, 2010.

WINOCK, Michel, *Nationalisme, antisémitisme et fascisme en France*, Paris, Seuil, 1982.

WINOCK, Michel, *La Droite depuis 1789 : les hommes, les idées, les réseaux*, Paris, Seuil, 1995.

WINOCK, Michel, *La France et les Juifs. De 1789 à nos jours*, Paris, Seuil, 2004.

WÖLFFLIN, Heinrich, *Comment photographier les sculptures* (1896, 1897, 1915), présentation, traduction et notes par Jean-Claude Chirollet, Paris, L'Harmattan, 2008.

ZIEDLER, Sebastian, « Life and Death from Babylon to Picasso. Carl Einstein's Ontology of Art at the Time of *Documents* », *Papers of Surrealism* 7, 2007, p. 1-29.

Index

Remerciements

Ce livre est issu de ma recherche doctorale menée au sein des universités de Florence, Paris-Sorbonne et Bonn, dans le cadre du programme trinational *Miti fondatori dell'Europa nelle arti e nella letteratura*. Soutenue en 2016, ma thèse est le résultat d'un parcours de formation et de recherche en Italie, à l'Università degli Studi di Firenze. Je souhaite ainsi exprimer mes plus sincères remerciements à Maria Grazia Messina, ma directrice de thèse, pour son soutien indéfectible, ainsi qu'à Alessandro Nigro, qui est à l'origine de ce projet. Je remercie également mes codirecteurs, Arnauld Pierre et Anne-Marie Bonnet, de m'avoir encouragé tout au long de mes recherches doctorales.

Je souhaite de même témoigner ma vive reconnaissance à Katia Bienvenu, la traductrice de cet ouvrage, dont les remarques précises et toujours pertinentes ont considérablement amélioré la version originale.

Je tiens à exprimer ma profonde gratitude à Thomas Kirchner, ancien directeur du Centre allemand d'histoire de l'art Paris, pour la confiance qu'il m'a accordée ; à son successeur, Peter Geimer, pour l'accueil de mon projet éditorial, et à Mathilde Arnoux, sans laquelle ce livre n'aurait pas vu le jour. Merci également à Larisa Dryansky, qui m'a souvent aidé à surmonter les obstacles rencontrés pendant la rédaction du manuscrit ; à François-René Martin, pour ses suggestions avisées ; à Sira Luthardt, pour le suivi éditorial ; à Olivier Grussi et Guillaume d'Estève de Pradel, pour leurs relectures, et à Jacques-Antoine Bresch, pour la mise en pages.

Cet ouvrage a été réalisé avec le concours du Centre André Chastel et de la Fondation pour la Mémoire de la Shoah ; qu'ils en soient ici remerciés.

Je remercie également Dominique Jarrassé, Yves Chevrefils Desbiolles, Richard Shryock, Ewa Bobrowska et Noriyuki Kai de m'avoir inspiré, aidé et conseillé.

Mes pensées vont à Jean-Jacques† et Claude Moréteau, dont les bibliothèques et les références savantes m'ont été d'une aide immense.

Je souhaite de même exprimer ma reconnaissance aux proches, aux amis ainsi qu'à tous ceux qui m'ont accompagné dans ce parcours : Chiara Bettazzi, Ariana Guillamon Martinez, Ermal Korance, Rachel Morellet,

Caroline Moréteau, Viviane Moréteau, Michèle Raunet, Andrea, Francesco et Lisa Secci.

Enfin, une pensée toute particulière va à mes parents, Meris Bontempi et Giovanni Gallicchio, ainsi qu'à mes grands-parents, Antonio, Lucia, Davide et Lucia, sans lesquels je n'aurais jamais pu réaliser mes rêves.

Ce livre est dédié à Constance et à Adriana.

Crédits photographiques

Archives de l'auteur : 2, 9, 11, 21
Archives de Richard Shryock : 44, 46, 47 (Courtesy Pierrette et Thierry Bodin, Les Autographes)
Issy-les-Moulineaux, Succession Henri Matisse : ill. 12, 16
Jérusalem, The Israel Museum : ill. 34a-c
Milan, Fondazione Guido Ludovico Luzzatto : ill. 27, 32-33, 36-38
Paris, ADAGP : ill. 4, 20, 48
Paris, Agence photographique Roger-Viollet : ill. 19
Paris, Bibliothèque de l'Alliance israélite universelle : ill. 40-41
Paris, Bibliothèque de l'Institut national d'histoire de l'art / gallica.bnf.fr : ill. 24
Paris, Bibliothèque nationale de France : ill. 6-8, 10, 12-17, 25, 35, 39, 42-43, 45
Paris, Centre Pompidou, Bibliothèque Kandinsky (RMN-Grand Palais / Fonds Marc Vaux) : ill. 1
Paris, Centre Pompidou, MNAM-CCI (RMN-Grand Palais) : ill. 20
Paris, Médiathèque du musée d'Art et d'Histoire du judaïsme : ill. 28-31
Paris, musée Carnavalet (RMN-Grand Palais / Ville de Paris) : ill. 48
Paris, musée d'Art et d'Histoire du judaïsme : ill. 4
Paris, musée de l'Orangerie (RMN-Grand Palais) : ill. 26
Paris, Petit Palais, musée des Beaux-Arts de la Ville de Paris (Paris Musées, CC0) : ill. 3
Rovereto, Museo di arte moderna e contemporanea di Trento e Rovereto : ill. 22
Saint-Étienne, Bibliothèque du musée d'Art moderne / Médiathèques municipales : ill. 5
Saint-Étienne, Maison de vente Carlier Imbert : ill. 18

Responsable des éditions en langue française du DFK Paris : Mathilde Arnoux
Suivi éditorial : Sira Luthardt, avec le soutien de Katja Häckel et Hannah Goetze

Traduction : Katia Bienvenu
Relecture : Olivier Grussi et Guillaume d'Estève de Pradel
Maquette : ulli neutzling designbuero, Hambourg
Mise en pages : Jacques-Antoine Bresch, Paris
Impression et brochage : Chirat imprimeur-relieur, Saint-Just-la-Pendue

Édition électronique
books.openedition.org/editionsmsh/7428

Diffusion/Distribution
www.diaphanes.net (distribution hors de France)
www.fmsh.fr (distribution France)
www.lcdpu.fr (vente en ligne)

Achevé d'imprimer en mai 2023
Dépôt légal : juin 2023
N° 202304.0302

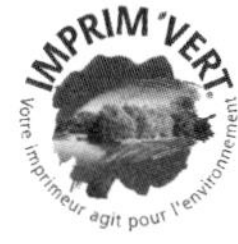

Imprimé en France